无机化学探究式教学丛书

第 4 分册

化学键与分子结构

主　编　李淑妮

副主编　杨　奇　魏灵灵

科学出版社

北　京

内 容 简 介

本书是“无机化学探究式教学丛书”的第4分册。全书共6章，包括化学键理论的产生、发展和展望，化学键概念，离子键理论及离子极化理论，共价键理论，金属键理论，原子之间的另一种作用力——氢键。编写时力图体现内容和形式的创新，紧跟学科发展前沿。作为基础无机化学教学的辅助用书，本书的宗旨是以促进学生科学素养的发展为出发点，突出创新思维和科学研究方法，以教师好使用、学生好自学为努力方向，以提高教学质量、促进人才培养为目标。

本书可供高等学校化学及相关专业师生、中学化学教师以及从事化学相关研究的科研人员和技术人员参考使用。

图书在版编目(CIP)数据

化学键与分子结构 / 李淑妮主编. —北京，科学出版社，2021.11

(无机化学探究式教学丛书；第4分册)

ISBN 978-7-03-067821-8

Ⅰ. ①化… Ⅱ. ①李… Ⅲ. ①化学键－高等学校－教材 ②分子结构－高等学校－教材 Ⅳ. ①O641

中国版本图书馆 CIP 数据核字(2020)第264830号

责任编辑：陈雅娴 / 责任校对：杨 赛
责任印制：吴兆东 / 封面设计：无极书装

科学出版社出版
北京东黄城根北街16号
邮政编码：100717
http://www.sciencep.com

北京中科印刷有限公司印刷
科学出版社发行 各地新华书店经销

*

2021年11月第 一 版 开本：720 × 1000 1/16
2025年 5 月第四次印刷 印张：16 1/2
字数：333 000

定价：118.00 元

(如有印装质量问题，我社负责调换)

“无机化学探究式教学丛书”

编写委员会

序

教材是教学的基石，也是目前化学教学相对比较薄弱的环节，需要在内容上和形式上不断创新，紧跟科学前沿的发展。为此，教育部高等学校化学类专业教学指导委员会经过反复研讨，在《化学类专业教学质量国家标准》的基础上，结合化学学科的发展，撰写了《化学类专业化学理论教学建议内容》一文，发表在《大学化学》杂志上，希望能对大学化学教学、包括大学化学教材的编写起到指导作用。

通常在本科一年级开设的无机化学课程是化学类专业学生的第一门专业课程。课程内容既要衔接中学化学的知识，又要提供后续物理化学、结构化学、分析化学等课程的基础知识，还要教授大学本科应当学习的无机化学中"元素化学"等内容，是比较特殊的一门课程，相关教材的编写因此也是大学化学教材建设的难点和重点。陕西师范大学无机化学教研室在教学实践的基础上，在该校及其他学校化学学科前辈的指导下，编写了这套"无机化学探究式教学丛书"，尝试突破已有教材的框架，更加关注基本原理与实际应用之间的联系，以专题设置较多的科研实践内容或者学科交叉栏目，努力使教材内容贴近学科发展，涉及相当多的无机化学前沿课题，并且包含生命科学、环境科学、材料科学等相关学科内容，具有更为广泛的知识宽度。

与中学教学主要"照本宣科"不同，大学教学具有较大的灵活性。教师授课在保证学生掌握基本知识点的前提下，应当让学生了解国际学科发展与前沿、了解国家相关领域和行业的发展与知识需求、了解中国科学工作者对此所作的贡献，启发学生的创新思维与批判思维，促进学生的科学素养发展。因此，大学教材实际上是教师教学与学生自学的参考书，这套"无机化学探究式教学丛书"丰富的知识内容可以更好地发挥教学参考书的作用。

我赞赏陕西师范大学教师们在教学改革和教材建设中勇于探索的精神和做

法，并希望该丛书的出版发行能够得到教师和学生的欢迎和反馈，使编者能够在应用的过程中吸取意见和建议，结合学科发展和教学实践，反复锤炼，不断修改完善，成为一部经典的基础无机化学教材。

中国科学院院士　郑兰荪

2020年秋

丛书出版说明

本科一年级的无机化学课程是化学学科的基础和母体。作为学生从中学步入大学后的第一门化学主干课程，它在整个化学教学计划的顺利实施及培养目标的实现过程中起着承上启下的作用,其教学效果的好坏对学生今后的学习至关重要。一本好的无机化学教材对培养学生的创新意识和科学品质具有重要的作用。进一步深化和加强无机化学教材建设的需求促进了无机化学教育工作者的探索。我们希望静下心来像做科学研究那样做教学研究，研究如何编写与时俱进的基础无机化学教材，“无机化学探究式教学丛书”就是我们积极开展教学研究的一次探索。

我们首先思考，基础无机化学教学和教材的问题在哪里。在课堂上，教师经常面对学生学习兴趣不高的情况，尽管原因多样，但教材内容和教学内容陈旧是重要原因之一。山东大学张树永教授等认为：所有的创新都是在兴趣驱动下进行积极思维和创造性活动的结果，兴趣是创新的前提和基础。他们在教学中发现，学生对化学史、化学领域的新进展和新成就，对化学在高新技术领域的重大应用、重要贡献都表现出极大的兴趣和感知能力。因此，在本科教学阶段重视激发学生的求知欲、好奇心和学习兴趣是首要的。

有不少学者对国内外无机化学教材做了对比分析。我们也进行了研究，发现国内外无机化学教材有很多不同之处，概括起来主要有如下几方面：

(1) 国外无机化学教材涉及知识内容更多，不仅包含无机化合物微观结构和反应机理等，还涉及相当多的无机化学前沿课题及学科交叉的内容。国内无机化学教材知识结构较为严密、体系较为保守，不同教材的知识体系和内容基本类似。

(2) 国外无机化学教材普遍更关注基本原理与实际应用之间的联系，设置较多的科研实践内容或者学科交叉栏目，可读性强。国内无机化学教材知识专业性强但触类旁通者少，应用性相对较弱，所设应用栏目与知识内容融合性略显欠缺。

(3) 国外无机化学教材十分重视教材的“教育功能”，所有教材开篇都设有使用指导、引言等，帮助教师和学生更好地理解各种内容设置的目的和使用方法。另外，教学辅助信息量大、图文并茂，这些都能够有效发挥引导学生自主探究的作用。国内无机化学教材普遍十分重视化学知识的准确性、专业性，知识模块的逻辑性，往往容易忽视教材本身的“教育功能”。

依据上面的调研，为适应我国高等教育事业的发展要求，陕西师范大学无机化学教研室在请教无机化学界多位前辈、同仁，以及深刻学习领会教育部高等学校化学类专业教学指导委员会制定的“高等学校化学类专业指导性专业规范”的基础上，对无机化学课堂教学进行改革，并配合教学改革提出了编写“无机化学探究式教学丛书”的设想。作为基础无机化学教学的辅助用书，其宗旨是大胆突破现有的教材框架，以利于促进学生科学素养发展为出发点，以突出创新思维和科学研究方法为导向，以利于教与学为努力方向。

1. 教学丛书的编写目标

(1) 立足于高等理工院校、师范院校化学类专业无机化学教学使用和参考，同时可供从事无机化学研究的相关人员参考。

(2) 不采取“拿来主义”，编写一套因不同而精彩的新教材，努力做到素材丰富、内容编排合理、版面布局活泼，力争达到科学性、知识性和趣味性兼而有之。

(3) 学习“无机化学丛书”的创新精神，力争使本教学丛书成为“半科研性质”的工具书，力图反映教学与科研的紧密结合，既保持教材的“六性”(思想性、科学性、创新性、启发性、先进性、可读性)，又能展示学科的进展，具备研究性和前瞻性。

2. 教学丛书的特点

(1) 教材内容“求新”。“求新”是指将新的学术思想、内容、方法及应用等及时纳入教学，以适应科学技术发展的需要，具备重基础、知识面广、可供教学选择余地大的特点。

(2) 教材内容“求精”。“求精”是指在融会贯通教学内容的基础上，首先保证以最基本的内容、方法及典型应用充实教材，实现经典理论与学科前沿的自然结合。促进学生求真学问，不满足于“碎、浅、薄”的知识学习，而追求“实、深、厚”的知识养成。

(3) 充分发挥教材的“教育功能”，通过基础课培养学生的科研素质。正确、适时地介绍无机化学与人类生活的密切联系，无机化学当前研究的发展趋势和热点领域，以及学科交叉内容，因为交叉学科往往容易产生创新火花。适当增加拓展阅读和自学内容，增设两个专题栏目：历史事件回顾，研究无机化学的物理方法介绍。

(4) 引入知名科学家的思想、智慧、信念和意志的介绍，重点突出中国科学家对科学界的贡献，以利于学生创新思维和家国情怀的培养。

3. 教学丛书的研究方法

正如前文所述，我们要像做科研那样研究教学，研究思想同样蕴藏在本套教学丛书中。

(1) 凸显文献介绍，尊重历史，还原历史。我国著名教育家、化学家傅鹰教授曾经多次指出："一门科学的历史是这门科学中最宝贵的一部分，因为科学只能给我们知识，而历史却能给我们智慧。"基础课教材适时、适当引入化学史例，有助于培养学生正确的价值观，激发学生学习化学的兴趣，培养学生献身科学的精神和严谨治学的科学态度。我们尽力查阅了一般教材和参考书籍未能提供的必要文献，并使用原始文献，以帮助学生理解和学习科学家原始创新思维和科学研究方法。对原理和历史事件，编写中力求做到尊重历史、还原历史、客观公正，对新问题和新发展做到取之有道、有根有据。希望这些内容也有助于解决青年教师备课资源匮乏的问题。

(2) 凸显学科发展前沿。教材创新要立足于真正起到导向的作用，要及时、充分反映化学的重要应用实例和化学发展中的标志性事件，凸显化学新概念、新知识、新发现和新技术，起到让学生洞察无机化学新发展、体会无机化学研究乐趣，延伸专业深度和广度的作用。例如，氢键已能利用先进科学手段可视化了，多数教材对氢键的介绍却仍停留在"它是分子间作用力的一种"的层面，本丛书则尝试从前沿的视角探索氢键。

(3) 凸显中国科学家的学术成就。中国已逐步向世界科技强国迈进，无论在理论方面，还是应用技术方面，中国科学家对世界的贡献都是巨大的。例如，唐敖庆院士、徐光宪院士、张乾二院士对簇合物的理论研究，赵忠贤院士领衔的超导研究，张青莲院士领衔的原子量测定技术，中国科学院近代物理研究所对新核素的合成技术，中国科学院大连化学物理研究所的储氢材料研究，我国矿物浮选的新方法研究等，都是走在世界前列的。这些事例是提高学生学习兴趣和激发爱国热情最好的催化剂。

(4) 凸显哲学对科学研究的推进作用。科学的最高境界应该是哲学思想的体现。哲学可为自然科学家提供研究的思维和准则，哲学促使研究者运用辩证唯物主义的世界观和方法论进行创新研究。

徐光宪院士认为，一本好的教材要能经得起时间的考验，秘诀只有一条，就是“千方百计为读者着想”[徐光宪. 大学化学, 1989, 4(6): 15]。要做到：①掌握本课程的基础知识，了解本学科的最新成就和发展趋势；②在读完这本书和做完每章的习题后，在潜移默化中学到科学的思考方法、学习方法和研究方法，能够用学到的知识分析和解决遇到的问题；③要易学、易懂、易教。朱清时院士认为最好的基础课教材应该要尽量保持系统性，即尽量保证系统、清晰、易懂。清晰、易懂就是自学的人拿来读都能够引人入胜[朱清时. 中国大学教学, 2006, (08): 4]。我们的探索就是朝这个方向努力的。

创新是必须的，也是艰难的，这套“无机化学探究式教学丛书”体现了我们改革的决心，更凝聚了前辈们和编者们的集体智慧，希望能够得到大家认可。欢迎专家和同行提出宝贵建议，我们定将努力使之不断完善，力争将其做成良心之作、创新之作、特色之作、实用之作，切实体现中国无机化学教材的民族特色。

“无机化学探究式教学丛书”编写委员会

2020 年 6 月

前　　言

化学反应的核心问题是化学键的变化，化学键的本质是解决化学问题的关键。化学键理论能够解释物质的外在性质与内部结构之间的依赖关系，即构效关系。

本分册立足于高等学校一年级本科生基础无机化学中“化学键与分子结构”教学内容，力图满足师生的教与学参考需求，并且可以作为无机化学研究人员的重要工具书。具体有以下特点：

(1) 通过引入化学键理论产生和发展的历史过程，介绍离子键、共价键、金属键形成的背景、概念、特点和应用等内容。与其他教材相比，增加了以下内容：

(i) 以专题“走向统一的自然力”为铺垫，讨论“化学键有走向统一的可能”。

(ii) 随着科学技术的进步，现有教材中氢键的定义已经远远不能涵盖氢键的范畴。从氢键与化学键、分子间作用力的定义、键能大小、共价性研究历史渊源进行剖析和说明，引入氢键研究和应用的最新进展，提出“氢键是原子间的另一种作用力”观点，为人们更深入地了解氢键提供基础。

(iii) 1998 年诺贝尔化学奖对量子化学计算进行表彰，阐述理论与计算化学在化学键发展中的重要作用，试图从另一角度深入揭示化学键的本质，说明化学研究中理论与计算化学和实验科学具有同等的重要性。在价键理论的发展过程中，计算化学也发挥了巨大的作用。分子轨道理论的研究、氢键本质的探究，都离不开计算化学。因此，以专题简单介绍“计算化学在无机化学中的应用”，为教师和学生了解计算化学做铺垫。

(2) 为了有利于教学使用和学生自学，精心编写设计了思考题、例题和练习题，并配有丰富的彩图。所有习题和正文思考题均附有参考答案和提示。

本分册由陕西师范大学李淑妮担任主编，西北大学杨奇(与李淑妮合编第 1～5 章)和陕西师范大学魏灵灵(与李淑妮合编第 6 章)担任副主编，本分册习题、专题的编写及统稿工作由李淑妮承担。

感谢本分册主审朱玉军教授提出的建设性意见、给予的支持和帮助。感谢科学出版社的支持，感谢责任编辑认真细致的编辑工作。书中引用了较多书籍、研究论文的成果，在此对所有作者一并表示诚挚的感谢。

鉴于编者水平有限，书中疏漏和不足之处在所难免，敬请读者批评指正。

李淑妮

2020 年 6 月

目　录

学习要求

1. 在了解化学键理论产生和发展的基础上，深入认识**化学键的本质**。

2. 掌握**离子键**的形成及其特点。

3. 掌握**离子的特征**、**离子极化**概念及其应用。

4. 会用**价键理论**解释共价键的特征，会用**价层电子对互斥理论**和**杂化轨道理论**解释简单分子的结构。

5. 初步认识**分子轨道**，掌握第二周期元素双原子分子的**轨道排布**。

6. 理解**金属键理论**，会用**能带理论**解释固体分类。

7. 认识**分子间作用力**和**氢键**的本质，并用其解释对物质性质的影响。

背景问题提示

(1) 半个多世纪以来，实验和理论化学家都在努力寻找最大配位数的碳分子体系，从而拓展对碳乃至化学键的根本性认识。中国科学院上海应用物理研究所高嶷等[1]通过理论计算预测，钛原子能够和碳形成七配位的超配位碳分子体系[CTi_7^{2+}]，这是目前为止理论上发现的最大配位且稳定的碳分子体系。你能就此谈谈这项研究对化学键概念的影响吗？

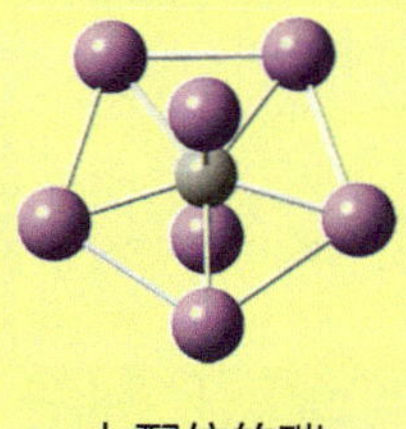

七配位的碳

(2) 美国的奥地利裔科学家科恩(W. Kohn)和英国的波普(J. A. Pople)因在量子化学计算方面的杰出贡献获得了1998年诺贝尔化学奖。颁奖者宣称“化学已不再是单纯的实验科学了，**量子化学**已成为广大化学家的工具，将和实验研究结果一道来阐明分子体系的性质”。你能谈谈量子化学对价键理论的推动和发展吗？

(3) 氢键在 DNA(脱氧核糖核酸)和 RNA(核糖核酸)中连接着互补编码基因的碱基对,并构成了各种蛋白质结构。传统理论认为，只有形成了**氢键**才能实现质子迁移，氢键网络就像一种“质子线”。2012 年，美国伯克利国家实验室的研究小组的一项研究表明:封锁氢键质子也能实现迁移[2]。你能就此谈谈对氢键的认识吗?

(4) 在学习化学键理论之后，你对氢键与共价键、分子之间作用力的异同有什么深刻理解吗?

参考文献

[1] Gao Y, Shao N, Zhou R, et al. The Journal of Physical Chemistry Letters, 2012, 3(16): 2264.

[2] Golan A, Bravaya K B, Kudirka R, et al. Nature Chemistry, 2012, 4(4): 323.

第1章

化学键理论的产生、发展和展望

美国国家科学院院士克劳福德(B. Crawford，1914—2011)曾经说过，化学键的本质是全部化学的核心问题。化学键理论能够解释物质的外在性质与内部结构之间的依赖关系。一般认为，化学键理论的产生与发展经历了经典理论、电子理论和量子化学理论三个阶段[1-4]。

1.1 化学键理论的发展与认识

公元13世纪，德国炼金家、元素砷的发现者马格努斯(A. Magnus，1193—1280)借喻人的“姻亲”关系，认为类似的物质之间具有较强的“亲和性”而易于结合，并第一次提出了亲和力(affinity)的概念[5]，以表征物质结合的难易程度，产生了化学键概念的萌芽。早期的化学键理论也正是围绕这一概念的探讨而逐步形成的。整体认识带有猜测性和笼统性，不是科学上的认识。

克劳福德

马格努斯

1.1.1 经典化学理论中的化学键概念——现象论阶段

在经典理论阶段，指出了化学结合的现象为化学键，从认识论讲属于现象论阶段，即认识、肯定、描述现象[6-7]。

(1) 贝采里乌斯(J. J. Berzelius，1779—1848)早年研究电解过程时发现，电解槽两极的电荷相反，电荷之间具有吸引或排斥的现象。因此，他于1811年提出了化学亲和力理论，即电化二元论[8]，把原子之间的化学结合归结为原子之间的静电相互作用。按照这个理论，物质粒子总是带电荷的，物质相互作用的亲和力就是电的吸引力。电化二元论的提出为化学家进一步探讨原子之间结合的原因起到了较好的示范作用。后来，随着有机化学的发展，特别是在研究取代反应中电化二元论才逐步显露出它本身的缺陷，出现了新的学说。但是电化二元论在探索原子之间是如何结合的方向上是正确的。

(2) 1858 年，英国化学家库珀(A. S. Couper，1831—1892)在《论新的化学理论》中指出，亲和力涉及量和质两个方面，原子有两种性质：一种称为亲和力程度；另一种称为电亲和力[9]。1861 年，俄国化学家布特列洛夫(A. M. Butlerov，1828—1886)区分了亲和力的强度和数量[10]。这两个特征后来分别演变成化学键和化合价，即电亲和力或亲和力强度是化学键概念的来源，亲和力程度或亲和力数量则是化合价概念的发端。

(3) 1863 年，布特列洛夫在《关于某些不同异构体的不同解释》[11]一文中曾提到“原子之间的化学键合的方式”，第一次使用了“化学结构”这个名词，并认为必须用单个结构式表达结构，这种结构式应当是能表明在物质的分子中每个原子是怎样结合起来的。他明确指出化合物的所有性质取决于该物质的分子结构，同时，他认为通过物质合成方法的研究应该有可能找出它的正确结构式。英国化学家弗兰克兰(E. Frankland，1825—1899)在 1852 年首先提出了“价键”的概念：每个元素的原子在形成化合物时总是和一定数量的其他元素的原子相结合。1866 年，他又指出：使用键这个词只想对化学家提出的不同名称，如原子数、原子力、等价性，提供一个更为具体的说法。他认为键是把原子结合成化合物的一种作用，代表了原子之间的化学吸引，它类似于太阳系各星球之间存在的万有引力。

(4) 1857 年，德国化学家凯库勒(F. A. Kekulé，1829—1896)把价键概念推广到了碳元素，指出碳通常为四价[12]。第二年，凯库勒又提出碳原子能够和不限数目的其他碳原子相结合形成长链，并第一次用元素符号之间的一条短线表示价键。1874 年，荷兰物理化学家范托夫(J. H. van’t Hoff，1852—1911)[13]和法国化学家勒贝尔(J. A. Le bel，1847—1930)提出了碳原子的四个价键朝向正四面体顶点的假设，从而建立了有机立体化学[14]。

(5) 1893 年，瑞士苏黎世大学维尔纳(A. Werner，1866—1919)发表了《论无机化合物的结构》[15]，提出了划时代的配位化学理论，这是无机化学和配位结构理论的开端，他因此荣获 1913 年诺贝尔化学奖。

在经典化学范围内，化学键的理论只是现象论，这一阶段回答了化学键的表现是化学结合，是由原子结合成分子。以此为基础的化学键概念只能反映化学结合的现象，所以它的直观表现形式就是经典化学结构式中原子之间的短线。

贝采里乌斯

库珀

布特列洛夫

弗兰克兰

凯库勒

范托夫

勒贝尔

维尔纳

1.1.2　电子理论中的化学键概念——实体论阶段

在电子理论阶段，揭示了化学结合的物质载体是电子，化学结合的结果或为电子转移，或为两原子共享电子对，从认识论讲属于实体论阶段，认识了现象背后的实体。

(1) 1897 年，英国物理学家汤姆孙(J. J. Thomson，1856—1940)发现了电子[16]，并于 1904 年提出了化学键理论[17]：原子分为负电性和正电性两类，当两种原子相互作用时，电子从正电性原子向负电性原子转移，结果负电性原子带负电荷，正电性原子带正电荷，相互吸引形成电价键。1908 年，英国化学家拉姆赛(W. Ramsay，1852—1916)提出：化学键的物质承担者是电子，电子代表原子之间的键，如 NaECl 表示通过电子 E 将 Na 和 Cl 结合成化合物。1913 年，玻尔(N. Bohr，1885—1962)提出化学键是电子在两个核之间运动的结果，分子中的化学键是由两个原子的电子所形成的共用电子轨道产生的，电子轨道平面垂直于核间连线。

(2) 1916 年，德国物理学家科塞尔(W. Kossel，1888—1956)和美国化学家路易斯(G. N. Lewis，1875—1946)从不同对象出发阐明了两种化学键概念。科塞尔离子键的形成机理[18]为：当两个原子发生作用时，每个原子都力图通过失去电子或获得电子达到八电子的稳定结构，即形成正、负离子，它们之间靠静电吸引结合成化合物。这个理论很好地解释了离子型化合物的形成，但在解释非极性分子时遇到了困难。路易斯的假设解决了这个困难[19]。原子由核与外壳组成，在中性原子的外壳中所含有的电子数等于核中多余的正电荷数，壳层中的电子数在 0～8

之间变化，原子电子壳中的电子倾向于形成八隅体，每个原子中的外部电子都可以进入两个原子的外壳成为共享。他提出用两个小点表示两个共享的电子，并在其著作《价键及原子和分子的结构》中明确提出了“电子对”概念，用一对即两个小点表示单键，用两对即四个小点表示双键，用三对即六个小点表示三键，这种电子对键及其表示方法今天仍在应用。

(3) 1919 年，美国化学家朗缪尔(I. Langmuir，1881—1957)在电子对键概念基础上提出：两原子间共享电子对形成的键称为共价键；由于电子转移形成的键为电价键，电子对由一个原子提供而为两个原子共享。1923 年，英国化学家劳里(T. M. Lowry，1874—1936)将其称为给予键。1927 年，西奇威克(N. V. Sidgwick，1873—1952)又将其称为配位共价键，用符号 A→B 表示，更加明确电子对是哪个原子提供、向哪个原子转移的。为了解决结构式表示键型与实验事实之间的矛盾，鲍林提出了“共振”概念，意思是电子对在分子的各种可能的构型之间共振，使电子的分布均匀化。

综上所述，在电子论阶段，把化学键概念建立在电子理论的基础上，认为化学键是奇电子的转移或配对而形成的原子之间的结合作用，包括离子键、共价键和配位键等形式，是对经典化学键概念的发展，它进一步确定了原子之间电子的转移或配对实现了化学结合。

汤姆孙

拉姆赛

玻尔

科塞尔

路易斯

朗缪尔

劳里

西奇威克

1.1.3 量子化学理论中的化学键概念——本质论阶段

量子化学理论阶段揭示了化学键的实质，即化学结合中电子遵循什么样的运动规律，从认识论讲属于本质论阶段，揭示实体运动的规律。

(1) 电子论的化学键概念建立后，化学家提出了很多有关原子和分子结构以及化学键本质的理论，如电子自旋、不相容原理、电子的波粒二象性、薛定谔波动方程。

1927 年，德国物理学家海特勒(W. H. Heitler，1904—1981)和伦敦(F. W. London，1900—1954)将量子力学处理原子结构的方法应用于氢气分子，第一次用量子力学理论和方法证明了中性的氢原子能够相互结合形成稳定的分子体系，两个氢原子相互结合是通过密集于两个核间的电子云实现的。这成功地定量阐释了两个中性原子形成化学键的过程，标志着量子力学与化学的交叉学科量子化学的诞生。

(2) 解释氢分子成键的海特勒-伦敦模型成功地解释了化学键的本质。然而，这个简单的理论无法直接用于氢分子以外的其他分子。在此基础上，鲍林(L. Pauling，1901—1994)通过引入共振结构式、轨道杂化等概念，将海特勒-伦敦理论成功推广到更大的分子中，由此诞生了价键理论：若两个原子轨道互相重叠，两个轨道上各有一个电子，且电子自旋相反，电子配对给出单重态形成一个电子对键。即化学键是基于自旋相反的两个电子配对而形成的原子之间的结合作用，价键理论中讨论的化学键的基本特征是定域键。因为价键理论有更加清楚的物理意义，所以广为实验化学家尤其是有机化学家所青睐，并基于价键理论开发出大量定性方法，对理解化学反应起到非常重要的作用。

(3) 几乎在价键理论诞生的同时，为了解释有机化合物分子的结构，美国化学家马利肯布(R. S. Mulliken，1896—1986)和德国物理学家洪德(F. Hund，1896—1997)以单电子近似为基础，提出了分子轨道理论。分子是一个整体而非原子的组合，每个价电子都属于分子整体并在核和其他电子形成的势场中运动，化学键是电子系统之间的相互作用。分子轨道理论讨论的化学键的基本特征是离域键，它可以解释多种多样的化学结合，如单质分子、化合物分子、分子离子、分子自由基、分子离子自由基等。

(4) 20 世纪 20 年代，英国化学家西奇威克引进了配键概念，以解释中心离子(或原子)与配体之间结合力的本质，他提出：配体至少有一对孤对电子，中心离子(或原子)含有空的价电子轨道，二者的结合是配体提供孤对电子与中心离子共享。20 世纪 30～50 年代初，鲍林将价键理论应用于配合物结构，并引入晶体场理论和分子轨道理论解释配合物中的化学结合和化学结构，形成了配位场理论。配位场理论是价键理论、晶体场理论和分子轨道理论的综合。

在量子化学理论阶段，人们从不同角度阐述对分子中电子运动的认识，回答了电子为什么和如何实现化学结合，无论是认识对象客观的电子运动还是认识本身，都达到了辩证统一。

海特勒

伦敦

鲍林

马利肯布

洪德

思考题

1-1 通过以上文字，谈谈你对化学键理论的发展有怎样的认识。

1.2 化学键理论的展望

化学键理论的发展表明，人类对化学运动本质的探索和物理学有密切的联系。例如，人们正是运用物理学提出的量子力学研究化学键问题，才形成了现代理论化学的主要内容之一——量子化学。量子化学的核心问题是化学键，它是理解分子的化学行为和反应特点的微观基础。

化学键理论历经百余年的发展，至今仍很不完善。例如，化学键理论无法解释氢键的本质和形成条件，桥式键是怎样的离域键，金属互化物、类金属氢化物等非规范性键是如何形成的等。现阶段化学键理论研究的核心问题及走向有以下几个方面。

1. 化学键理论自身的完善

目前化学键理论尚处于发展时期，还有许多地方有待完善。能否考虑用一种更简单的形式建构量子化学的体系，使其更具有可操作性？能否建立统一的化学键理论？理论的改造首先要借助于量子物理的新发展和其成果的应用，其次是引入适当的数学工具，最后是移植近年发展起来的新学科如系统论、突变论、协同学等的概念和方法，并与化学理论结合进行整体设计。量子论的一些基本概念如量子化、波粒二象性、测不准原理、零点能无疑是微观粒子的共同特征，以此为基础的化学键理论对原子、分子体系的处理具有普适性。但人们用它作为工具处理具体体系时，往往感到无所适从。一是因为数学上的困难限制了它的应用，二是因为处理结果常只具有定性或半定量的意义，难以精确化。因此，深入研究化学键理论本身仍是主要任务[20]。

2. 新的计算方法的研究及应用

薛定谔方程对多原子体系是不能精确求解的。因此，近似方法的发展对于计算多电子体系具有特殊的重要性。目前的计算方法有：不考虑电子间相互作用的单纯的分子轨道法；考虑电子间相互作用，但用实验值代替部分精确计算的半经验分子轨道法；精确计算电子间相互作用的非经验分子轨道法，即从头计算法。虽然半经验方法在过去直至今天仍在应用，特别是应用在计算化学中，但为了预测键能，需要一些新的理论方法。发展方向是建立更实用的新方法，改进老方法，以及大力开发新型实用软件。计算机技术特别是并行计算机的进步，已经接近对小分子实现定量精确预言的目标，不同的价键模型已经在物理解释方面取得了显著进展。

3. 化学键理论扩散到一切电子体系

化学键是一个从分子性质的表达式中抽提出来的部分、局域的表达式，描述从组分原子选出的一个亚组的体积当中的键合情况。因此，它的理论和方法会进入许多其他领域，形成一系列的分支学科。例如，固体材料的电子结构研究，微观化学反应的研究，表面与催化反应尤其是生物催化剂的研究，量子药理学药物构效关系的研究，生物大分子的量子化学研究，分子光谱与谱学理论的研究，分子与材料设计的微观研究，大分子、团簇、纳米材料及凝聚态的理论模拟研究等。任何分子或分子体系都可纳入化学键的研究范围。生物大分子的研究尤其引人注目，这也成为今后化学键理论研究的一个重点和热点。氢键对维持大分子的立体构型和构象有什么重要作用？生物催化剂与底物分子的构象有什么关系？药物分子与靶分子处于什么结构状态才匹配？电子结构与生物专一性有何关系？这一系列的问题将逐步得到答案。化学键理论为人们理解生物的多样性、整体性、协调性、专一性提供了微观基础。

历史事件回顾

1　走向统一的自然力

一、自然力及其特征

自然力(natural force)是指以物质在自然界客观存在的力。现代物理学认为，自然力包括主宰宇宙间物质运动的四种基本相互作用，即作用在一切物体(包括星体)之间的引力、作用在带电(磁)物体之间的电磁相互作用力(电磁力)，以及作用在微观粒子之间的强相互作用力(强力)和弱相互作用力(弱力)[21-22]。这四种自然力的主要特性见表 1-1。人类在探索自然界奥秘的过程中一直期盼能统一这四种自然力。然而，关于自然力的完全统一至今尚无自然科学的最终证明。

表 1-1 四种自然力的主要特性

名称	力程/m	相对强度	媒介子	参与物体或粒子
引力	∞	10^{-38}	引力子(?)	一切有质量的物体，包括强子和轻子
电磁力	∞	1/137	光子	带电(磁)的物体，包括带电(磁)的强子和轻子
强力	10^{-15}	1~10	胶子	强子
弱力	10^{-18}	10^{-5}	中间玻色子	强子和轻子

注：(?)表示仅有理论预言，尚无实验发现。

二、自然力统一的第一步——万有引力统一了天上力和地上力

17 世纪时，牛顿(I. Newton，1643—1727)在前人工作的基础上，包括伽利略(Galileo Galilei，1564—1642)、笛卡儿(R. Descartes，1596—1650)、胡克(R. Hooke，1635—1703)和莱布尼茨(G. W. Leibniz，1646—1716)的工作，对天上星星运动和地上物体运动的规律进行了总结，提出了运动三定律，建立了经典力学，并在开普勒(J. Kepler，1571—1630)三定律的启发下发现了万有引力定律，指出星星的圆周运动起因于相互吸引，物体自由下落也是因为物体与地球相互吸引，从而统一了天上力和地上力[23-24]。

1686 年，牛顿将 20 多年的研究成果总结成《自然哲学的数学原理》(*Mathematical Principles of Philosophy of Nature*)[25]。

万有引力定律的数学形式为

$$F = G\frac{m_1 m_2}{R^2} \tag{1-1}$$

式中，m_1 和 m_2 为两个天体(或物体)的质量；R 为两个天体(或物体)之间的距离；G 为引力常量(gravitational constant)。

牛顿提出万有引力之时，并不知道 G 值的大小，直到 100 多年后的 1789 年，英国的卡文迪许(H. Cavendish，1731—1810)利用他发明的扭秤，得出 G 值为 $6.67\times10^{-11}\ N\cdot m^2\cdot kg^{-2}$。由于测量过程异常烦琐、复杂，此后的 200 多年中，G 值测量精度的提高非常缓慢。2018 年，*Nature* 报道了中国科学家罗俊团队最新测量的引力常量 G 值结果[26]。罗俊团队使用扭秤周期法和扭秤角加速度反馈法测量

的 G 值分别为 $6.674184\times10^{-11}\ m^3\cdot kg^{-1}\cdot s^{-2}$ 和 $6.674484\times10^{-11} m^3\cdot kg^{-1}\cdot s^{-2}$，不确定度仅为 0.00116%，刷新了实验测量引力常量的精确度纪录。获得更高精度的 G 值对很多领域如天体物理、地球物理、计量学等都具有重要意义。

牛顿

伽利略

笛卡儿

胡克

莱布尼茨

开普勒

卡文迪许

三、自然力统一的第二步——电力和磁力的统一

(一) 电力和磁力的单独研究

1. 电力的认识和研究

人类对电的认识是从观察雷电开始的。公元前 600 年左右，古希腊哲学家泰勒斯记载了摩擦起电现象。摩擦起电的本质是电荷的转移，当两种材料发生摩擦时，由于物质原子核束缚核外电子能力的差异，电子会从一种材料上脱离而转移到另一种材料上，从而在接触表面带上等量、异号的电荷。得到电子的材料带负电，失去电子的材料带正电。

1747 年，富兰克林(B. Franklin，1706—1790)提出了电的一元流体理论：在正常条件下，电是以一定的量存在于所有物质中的一种元素；电跟流体一样，摩擦的作用可以使它从一个物体转移到另一个物体，但不能创造；任何孤立物体的电的总量是不变的。这就是电荷守恒定律(law of conservation of charge)[27]。

1785 年，库仑(C. A. de Coulomb，1736—1806)通过扭秤实验总结出了带电物体彼此吸引或排斥的规律，即库仑定律(Coulomb's law)：

$$F = k\frac{q_1 q_2}{r^2} \tag{1-2}$$

式中，k 为比例常数，$k = \frac{1}{4\pi\varepsilon_0}$，$\varepsilon_0$ 为真空介电常数[22]。

库仑定律使电学的研究从定性进入定量阶段，是电学史中重要的里程碑[28]，也为揭示电与磁的内在联系创造了条件。

1834 年，英国物理学家、化学家法拉第(M. Faraday，1791—1867)对电解过程进行研究，开始了对电的本质的深入认识。他发现：每析出 1 mol 单价元素都需要相等的电量，即法拉第常量，用 F 标记。这样 $e=F/N_A$，其中 N_A 为阿伏伽德罗常量[29]，e 为基本电荷[22]，非单价离子所带的电荷则是 e 的整数倍。法拉第的发现揭示了电荷的量子性。

富兰克林

库仑

法拉第

狄拉克

2. 磁力的认识和研究

人类对磁的认识开始于对天然磁铁矿石磁铁的观察，磁体有南、北两极，成对出现，同极相斥、异极相吸。电有基本电荷，那么磁是否也有单一的“磁荷”呢？1931 年，英国狄拉克(P. A. M. Dirac，1902—1984)从理论上预言存在带有单一磁荷的粒子，即磁单极子(图 1-1)[30]。北极(红球)与南极(蓝球)通过一条奇异的线——狄拉克弦相连。

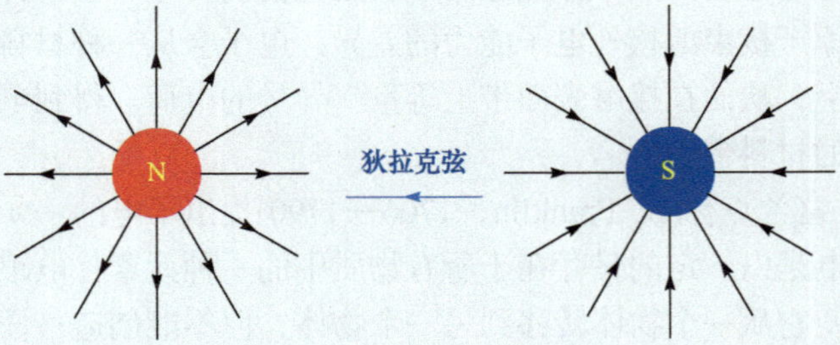

图 1-1 狄拉克磁单极子

现有的经典理论和量子理论都不能排除磁单极子的存在。开始人们认为磁单极子的数量很少，自然相互湮灭的概率也小，故而可能会长期保存起来，但无论在陨石、月岩还是在古老的云母和黑曜石上均未发现磁单极子。2008 年，美国颂提(S. Sondhi)等发文指出，自旋冰中可能包含磁单极子[31]。而 2009 年 9 月，德国莫里斯(D. J. P. Morris)和法国芬内尔(T. Fennell)的研究组也发文[32-33]宣布他们在自旋冰中观察到了类似磁单极子的准粒子。然而，迄今仍未能找到磁单极子。

就像通过大型强子对撞机(LHC)对撞实验制造希格斯玻色子一样，人们开始尝试在对撞实验中将磁单极子制造出来。2012 年，LHC 能实现更高能量(13 TeV)的对撞实验，因此也可能产生更大质量的磁单极子。2015 年，MoEDAL(磁单极子及未知粒子探测器)被用于寻找磁单极子的实验(图 1-2)[34]。

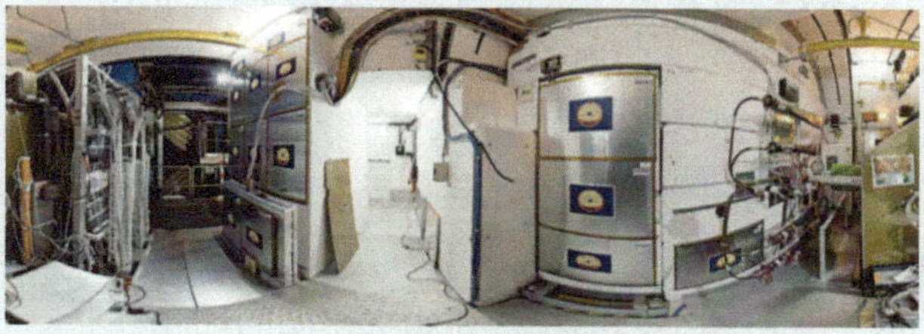

图 1-2　MoEDAL 实验装置

(二) 电力和磁力统一的重要进展——电磁感应

1. 奥斯特的电动生磁

1780 年，意大利伽伐尼(L. Galvani，1737—1798)根据电使蛙腿发生痉挛的现象制成了伽伐尼电池[图 1-3(a)]。伏特(C. A. G. A. A. Volta，1745—1827)根据动物电的现象于 1800 年发明了著名的伏打电堆[图 1-3(b)]。伏打电堆的发明为研究电流的各种效应(如化学效应、热效应和磁效应)创造了条件。

(a)　(b)　(c)

图 1-3　伽伐尼与蛙腿实验(a)、伏特与伏打电堆(b)、奥斯特与电动生磁实验(c)

丹麦奥斯特(H. C. Oersted，1777—1851)于 1820 年发现：处在通电直导线附近的小磁针确有偏转。后来，奥斯特又发现磁铁也可使通电导线发生偏转，从而揭示了电现象与磁现象的内在联系。1820 年，奥斯特发表了《关于磁针上的电流冲突的实验》一文[35]，并指出：在电流周围，小磁针的周围形成一个闭合的圆周[图 1-3(c)]。电流磁效应的发现使人们进入电和磁的研究领域，为实现物理学的一次大综合开辟了广阔的道路。

1820 年，法国物理学家安培(A. M. Ampère，1775—1836)重复了奥斯特的实验，提出了安培右手定则、分子电流假设、不同形状的电流之间的相互作用[图 1-4(a)]，得出磁现象的本质是电流的结论。

2. 法拉第发现电磁感应

奥斯特的电动生磁之后，不少物理学家做了磁能否生电的探索。法拉第坚持研究了 10 年，发现小磁针会沿着环绕导线的圆周取向，从而有了磁能转化为电的想法。对此，爱因斯坦曾做出高度评价，称法拉第是“具有科学想象力的非凡天才”。直到 1831 年 8 月，得到了电流磁效应的逆效应——电磁感应，引入感应电动势的概念，并认为这是解释电磁感应现象的关键[图 1-4(b)]。法拉第相信带电体或磁化体周围的空间里存在人们现在称之为场的物质。1833 年，俄国物理学家楞次(H. F. E. Lenz，1804—1865)对感应电流方向给出了明确的叙述：感应电流的方向总要使它所产生的磁场阻碍引起感应电流产生的那个磁场的变化，即楞次定律。电磁感应现象的发现和研究使电磁学摆脱了静止、恒定条件的束缚，向变化、运动的一般情形拓展；它所揭示的电现象和磁现象之间的相互联系和转化，不仅为电磁理论的建立奠定了基础，而且具有重大的应用价值。

(a) (b) (c)

图 1-4 安培及其分子电流假设(a)、法拉第及其电磁感应实验(b)、麦克斯韦及其《电磁通论》中译本(c)

3. 麦克斯韦建立电磁场理论

19 世纪 60 年代中期，麦克斯韦(J. C. Maxwell，1831—1879)在总结前人工作的基础上，鉴于电(磁)场和流速场都是矢量场，提出把电(磁)场强度比作流速，把电(磁)力线比作流线。他在法拉第发现的电磁感应现象的基础上提出了变化的磁场产生涡旋电场；创造性地引入位移电流代替安培环路定理中的稳恒传导电流来描述变化的电场产生涡旋磁场，从而建立了完整的电磁场理论[图 1-4(c)][36]。1887 年，赫兹(H. R. Hertz，1857—1894)通过实验发现了麦克斯韦预言存在的电磁波，为麦克斯韦电磁场理论提供了有力的实验验证。

四、自然力统一的第三步——弱力和电磁力的统一

初看起来，电磁力和弱力之间似乎很少有共同之处。然而，科学家确实在理

论与实验上实现了控制所有电磁现象和弱相互作用力的统一[37-38]。

(一) 弱力的概念

基本粒子间存在三种作用：强力、电磁力和弱力(对于基本粒子，引力作用可以忽略)。弱力强度比微观世界的强力和电磁力都弱。弱力仅在微观尺度上起作用，作用范围大约在 10^{-18} m 以内。弱力存在于两种情况中：一种是有轻子参与的反应，如 β 衰变、μ 子的衰变以及 π 介子的衰变等；另一种是奇异粒子，K 介子和 Λ 超子的衰变。

人类认识弱力是从研究原子核 β 衰变开始的。β 衰变是一种放射性衰变过程，在此过程中原子核放出一个电子，或者吸收一个在轨道上的电子而衰变成另一种原子核。描述弱力的第一个理论是费米为了解释 β 衰变而提出的 β 衰变理论，该理论指出弱力和电磁力一样，是矢量相互作用。传递弱力的粒子和传递电磁力的光子一样，都是自旋为 1 的矢量粒子。

(二) 弱力的研究

1. 理论研究

1) 费米提出 β 衰变理论

费米(E. Fermi，1901—1954)认为，β 跃迁是从一个中子态跃迁到“质子+电子+中微子”态的过程，概率正比于波函数 ψ_n、ψ_p、ψ_e 和 ψ_ν 乘积的平方。ψ_n、ψ_p、ψ_e 和 ψ_ν 分别是描述原子核内中子、质子、逸出核外的电子和中微子状态的量子力学波函数。由于波函数 ψ 是具有 4 个分量的旋量，由它们可以组成 5 种相对论不变的组合：标量耦合、矢量耦合、张量耦合、轴矢耦合和赝标耦合，即标量相互作用(S)、矢量相互作用(V)、张量相互作用(T)、轴矢相互作用(P)和赝标相互作用(A)，共 5 种普适弱相互作用。该理论于 1933 年发表在 *Zeitschrift für Physik* 上[39]。

2) 普适(V-A)费米相互作用

在这 5 种普适弱相互作用中，实验已经发现 P 的贡献极小，其余 4 种可以根据它们的选择规则分为两类：表征 S 和 V 的选择规则称为费米选择规则，S 和 V 称为费米相互作用；表征 T 和 A 的选择规则称为伽莫夫(G. Gamow，1904—1968)-泰勒(E. Teller，1908—2003)选择规则，T 和 A 称为伽莫夫-泰勒(G-T)相互作用。1953 年拉斯塔德(B. M. Rustad)和鲁比(S. L. Ruby)又从实验中确定了在 β 衰变中起作用的费米相互作用是 ST。

实验中显示的 μ 衰变与 β 衰变十分类似，构成所谓的普比三角形(图 1-5)的 3 条边；它们的相互作用强度，即耦合常数，与强作用相比都极小，而且彼此几乎相等。于是科学家产生了找到一种可以同时描述上述弱作用过程的普适(V-A)费米

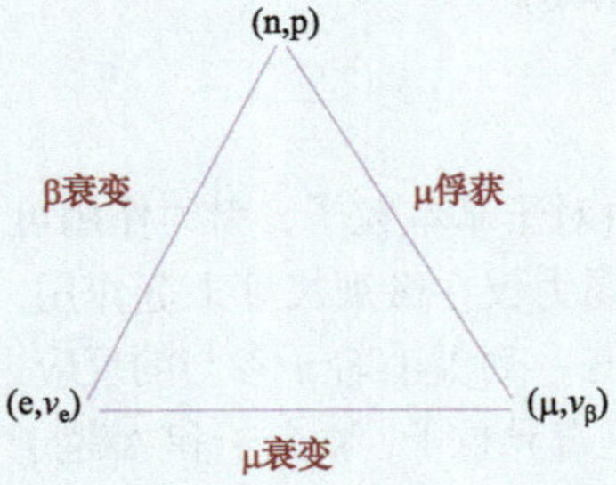

图 1-5 普比三角形

相互作用的想法。普适费米相互作用的概念就在那时产生了。

3) 费曼和盖尔曼提出守恒矢量流理论

深入的研究发现，核子不同于 μ 子，它可以发射或吸收虚 π 介子，因此在它的周围好像包着一层介子云。这层介子云对核子的衰变必然产生影响，包着 π 介子云的核子会与裸 μ 子有相同的弱力，这是一个令人困惑的问题。

为了解决这个疑难问题，费曼(R. Feynman，1918—1988)和盖尔曼(M. Gell-Mann，1929—2019)对照电磁学理论提出了守恒矢量流(CVC)理论[40]。在电磁跃迁中，由于电荷守恒，物理质子、裸质子和 π 介子云与电磁场相互作用的耦合常数都是 e，即包着介子云的物理质子和裸质子与电磁场的相互作用是相同的。由连续性方程可以知道：电荷守恒意味着电流的散度等于零，或称电流是无散流或守恒流。电流是由裸质子和 π 介子云贡献的，严格地讲应称为电磁流。在 β 衰变中，情况类似。只要由裸中子和 π 介子云贡献的弱矢量流是守恒流，包着 π 介子云的物理中子就会与裸中子有相同的弱矢量相互作用。

费曼和盖尔曼又对 CVC 理论加以发展，引入同位旋三重态统一地描述 $\beta^{\pm}$跃迁和电磁跃迁，提出了同位旋三重态矢量流理论：电磁跃迁中的电磁矢量流和 $\beta^{\pm}$ 衰变中的弱矢量流看作同位旋三重态矢量流的三个分量。后来，卡比博(N. Cabibbo，1935—2010)提出卡比博角理论，使 CVC 理论更加完善。

4) 李政道和杨振宁提出中间玻色子的概念

在低能情况下，普适(V-A)费米相互作用可以很好地解释 β 衰变和 μ 衰变等弱作用过程。在引入卡比博角后，又可以很好地解释奇异粒子的半轻子衰变过程。但是，当将其推广到高能情况时，就遇到了很大的困难。为了克服这些困难，李政道(Tsung-Dao Lee，1926—)和杨振宁(Chen-Ning Yang，1922—)对照核力的汤川理论(该理论认为核子之间的相互作用核力是通过介子传递的)，提出四费米子弱作用是通过中间玻色子 $W^{\pm}$ 传递的，即 $W^{\pm}$ 是一种带电的自旋为 1 的矢量粒子，寿命很短，质量很大。因此，在低能极限下，相互作用力程与粒子的德布罗意波长相比可忽略不计，于是便可以回到不需要通过第三者来传递的普适(V-A)费米相互作用。这就是著名的弱作用中宇称不守恒[41]：同一种粒子但具有不同的宇称态。这推翻了多年来一直奉为物理学基本规律的宇称守恒定律，把它下降为只适用于强相互作用和电磁相互作用的一般规律。李政道和杨振宁因此获得 1957 年诺贝尔物理学奖。

费米

伽莫夫

泰勒

费曼

盖尔曼

卡比博

李政道

杨振宁

2. 实验研究

1) 费米 β 衰变理论的实验验证

1939 年，劳森(J. L. Lawson)和科克(J. M. Cork)研究了 ^{114}In 的 β 能谱[36]；泰勒(J. C. Taylor)研究了 ^{64}Cu 的 β 能谱，都得到了大体上是线性分布的能谱，只是在低能部分(小于 200 keV)出现偏离。直到第二次世界大战后，吴健雄(Chien-shiung Wu，1912—1997)和艾伯特(R. D. Albert)才解释了低能部分的这种偏离[36]。他们还发现，^{64}Cu 既可发射 β^+ 粒子即正电子，又可发射 β^- 粒子即电子，两者的强度和衰变能量都一样，从而验证了费米理论。

2) 普适(V-A)费米相互作用的确立

1929 年，韦尔(H. Weyl，1885—1955)从数学上证明了用二分量旋量描述无质量狄拉克粒子(满足狄拉克方程的自旋为 1/2 的粒子，即费米子)的可能性。艾伦(J. S. Allen)做了纯费米型 β^+ 放射源 ^{35}Ar 的 β-ν 角关联实验；1958 年初，吴健雄和施瓦兹希尔德(A. Schwartzschild)重新检查了 ^{6}He β-ν 角关联，发现有很大的系统误差。随后，艾伦小组重新做了 ^{6}He 的 β-ν 角关联实验，发现在 G-T 相互作用 T 和 A 中应选择 A 而不是 T。进一步，伯吉(M. T. Burgy)等通过极化中子 β 衰变实验又明确了 V 和 A 有相反的相位，即 V-A。这样就确定了普适(V-A)费米相互作用。

3) CVC 理论的验证

1962 年，梅耶-库库克(T. Mayer-Kuckuk) 和米歇尔(F. C. Michel)首先测量了 ^{12}B 和 ^{12}N 的 β 能谱，得到 a_-、a_+ 和 $a_-a_\pm$ 的值。虽然他们得到的 $a_-a_\pm$ 值与 CVC 理论预言值符合得很好，但 $a_\pm$ 值与 CVC 理论预言值符合得并不好。随后吴健雄等在 1963 年用无铁中间聚焦磁谱仪更精确地测量了这两个 β 能谱，结果得到的 a_-、a_+ 和 $a_-a_\pm$ 值与 CVC 理论的预言值符合极好，从而成功地验证了 CVC 理论。

4) 中间玻色子 $W^\pm$ 和 Z^0 的实验发现

为了能够直接观测到中间玻色子 $W^\pm$ 和 Z^0，必须提高加速器的能量。1980 年，荷兰物理学家范德梅尔(S. van der Meer，1925—2011)小组建成了反质子储存环，使实现质子-反质子对撞进而实验发现 $W^\pm$ 和 Z^0 粒子成为可能。1981 年 10 月，欧洲核子研究中心建成质子-反质子对撞机(SPS)，使实验发现中间玻色子成为可能。1983 年 1 月 20～21 日，在这台对撞机上工作的两个实验组分别宣布发现了 $W^\pm$，也确定了 $W^\pm$ 的质量。接着，意大利物理学家鲁比亚(C. Rubbia，1934—)小组找到了 Z^0，并确定了其质量。

吴健雄

范德梅尔

鲁比亚

(三) 弱电统一理论的建立和初步的实验验证

费米在提出 β 衰变理论与费曼和盖尔曼提出 CVC 理论时，都将四费米子弱作用与电磁作用作了类比，认为这两种作用非常相似，只是它们的耦合方式不一样：费米子弱作用是直接作用，而电磁作用是通过电磁场传递的。李政道和杨振宁的中间玻色子理论的提出消除了这一差别，使人们猜测弱作用和电磁作用可能像电和磁一样，是一种作用的两种表现，它们的原始耦合常数可能是一样的，只是中间传递粒子的质量不一样，才在低能时显示出不同的力程和强度。

1961 年格拉肖(S. L. Glaschow，1932—)、1967 年温伯格(S. Weinberg，1933—)、1968 年萨拉姆(A. Salam，1926—1996)分别独立地提出了弱电统一理论。温伯格和萨拉姆又进一步引入希格斯机制使这 4 个规范场重新组合成 3 个有静止质量的规范场，其场量子为中间玻色子 $W^\pm$ 和 Z^0，以及一个没有静止质量的规范场——电磁场，其场量子为光子。这样，他们统一地描述了弱作用和电磁作用，并预言了中间玻色子 $W^\pm$ 和 Z^0 的质量。中间玻色子 $W^\pm$ 和 Z^0 的发现验证了格拉肖、温伯格和萨拉姆提出的弱电统一理论。鲁比亚和范德梅尔因此共同荣获了 1984 年诺贝尔物理学奖。

20 世纪，爱因斯坦(A. Einstein，1879—1955)提出狭义相对论和广义相对论，完善地描述了电磁力和引力。之后，他一直试图统一它们，但未能如愿[42-45]。他没想到的是，电磁力却与 20 世纪初人们刚刚认识的弱力统一了起来(弱电统一理论)。

格拉肖

温伯格

萨拉姆

五、自然力统一的第四步——强力、弱力和电磁力的大统一

(一) 统一场理论

统一场理论(unified field theory)是从相互作用是由场或场的量子来传递的观念出发，统一地描述和揭示基本相互作用的共同本质和内在联系的物理理论。阐明自然界各种相互作用的性质和规律是物理学基础研究的一个极其重要的方面。

统一场理论分为狭义统一场理论和广义统一场理论[46]。狭义统一场理论是指：电磁力与弱力、强力、万有引力的统一，即以电磁力为基本力，由电磁力延伸，通过数学计算和理论推导产生强力、弱力、万有引力，以及由此理论推导而发现万有斥力的存在，即物质和反物质之间、正磁物质和反磁物质之间存在万有斥力。广义统一场理论是指物质的结构和组成上的物质世界大统一，即物质世界最终由电和磁组成。物质由电和磁组成，电和磁组成正、负电子。正、负电子相结合形成 γ 光子，而 γ 光子又会再次转变成正、负电子。正、负电子的外表面存在正电场和负电场(γ 光子就是由电力线和磁力线组成，正、负电子外的正、负电场可以看成是由 γ 光子中的电力线组成)，正、负电子都存在自旋磁矩，且自旋磁矩的值比正、负电子外的正、负电场按照光速自旋所产生的磁矩大近 1000 倍，即充分说明正、负电子中存在磁结构。由此可得正、负电子是由电和磁组成的，进而得出正、负电子再组成基本粒子(包括中子、质子)，而中子和质子组成原子核，原子核再与核外的电子组成原子、分子。原子和分子组成了五彩缤纷的大千世界。同时，由广义统一场理论还可以得出经典理论、场论、量子理论、薛定谔方程之间的相互统一。

(二) 爱因斯坦：试图统一电磁力和引力未能如愿

在牛顿统一了天上力和地上力、麦克斯韦统一了电力和磁力之后，电力的库仑公式和磁力的安培公式与牛顿万有引力公式在数学形式上的相似，使人很容易联想到电磁力与引力的统一。20 世纪初，爱因斯坦破除牛顿的引力论中超距作用观念，把场的观点引进引力理论而创立了广义相对论[47]，在改进和完善了麦克斯韦电磁理论和牛顿引力理论之后，试图统一电磁力和引力[48-50]，但未能如愿。

(三) 强力、弱力和电磁力的大统一

1. 量子电动力学的创建

量子力学恰当地解释了如原子稳定性和线状光谱等经典电磁理论无法解释的微观电磁现象，但是它对电磁场的描述仍是经典的，没有反映电磁场的粒子性，未能给予连续分布的电磁场和作为场源的、具有离散结构的带电粒子以统一的、量子化的描述。量子力学虽然能很好地说明原子和分子结构，却不能直接处理光的自发辐射和吸收，或者称不能容纳光子，更不能描述光子的产生和湮灭。

1927～1928 年，狄拉克先后实现了经典电磁场的量子化和量子力学的相对论化[51-53]，率先为量子电动力学的建立做出了贡献。1929 年，海森堡(W. Heisenberg，1901—1976)和泡利(W. Pauli，1900—1958)继狄拉克之后也提出了辐射的量子理论，构建了量子场论的普遍形式[54]。1947 年，贝特(H. A. Bethe，1906—2005)、朝永振一郎(S. Tomonaga，1906—1979)、施温格(J. S. Schwinger，1918—1994)和费曼陆续提出了重整化方法，成功地解决了使用狄拉克方程计算电磁质量和感应电荷引起的发散困难，对量子电动力学的发展和完善做出了特别突出的贡献。费曼、施温格和朝永振一郎对量子电动力学的发展提出了各自独特的想法，使其成为物理学中描述电子、光子及其相互作用的近乎完美的基本理论，并经受住了高度精确的实验检验，他们共享了 1965 年诺贝尔物理学奖。

海森堡

泡利

贝特

朝永振一郎

施温格

2. 大统一理论的提出

弱力和电磁力在能量远高于中间玻色子质量时，它们是统一的，而在低能时，弱电对称性自发破缺，表现为两种不同的相互作用，即弱力和电磁力；同样，量子色动力学告诉人们，强力的耦合常数也是“跑动”的，在高能时会变得很弱。那么，当能量更高时，强力的耦合常数是否会与弱力、电磁力的趋于一致，从而实现强力、弱力和电磁力的大统一呢？

乔治(H. Georgi，1947—)和格拉肖于 1980 年指出：量子电动力学、量子色动力学[55]和最近公认的弱相互作用理论充分描述了小到 10^{-17} m(约为质子半径的百

分之一)的基本粒子间的作用力，这是目前加速器所能探测到的最短距离[56]。猜想在距离 L 达到 10^{-31} m 数量级时，SU(5)对称性破缺为 SU(3)和 SU(2)×U(1)，所有三种相互作用以及其他尚未观测到的相互作用将会统一起来。也就是说，所有的相互作用会有相同的强度，而夸克、反夸克和轻子之间的区别将会消失。大统一理论就是试图依照电弱统一理论的同样观念和方法(规范场加自发对称性破缺)来实现强、电磁和弱三种相互作用的统一，不过要将规范群推广为包含子群 SU(3)×SU(2)×U(1)的一个更大的单纯群如 SU(5)而已。按照这种理论，各种相互作用的强度是随能量而变化的。能量增加时强作用逐渐变弱，而电弱作用则变强。能量达到大约 10 eV 时，三种作用强度变成相等而统一为一种规范作用。大统一规范理论有一个惊人的预言，即质子是不稳定的，它会衰变为其他粒子，其寿命估计大于 10^{33} 年。这个预言还没有在实验上得到证实。因此，现在还不能称强力、弱力和电磁力的大统一已经实现。

乔治

物理学家一方面试图在杨振宁-米尔斯规范场理论的基础上，将弱电统一理论与描述强子内部夸克之间强力的量子色动力学加以综合，以统一强力、弱力和电磁力；另一方面，又希望在超弦理论框架里将四种自然力都统一起来[46-50]。

思考题

1-2 通过阅读“走向统一的自然力”资料，思考从“自然力的大统一思想”能否联想到“创立统一的化学键理论的可能性”。

参 考 文 献

[1] 廖正衡. 化学教育, 1986, 7(6): 54.
[2] 曲行文. 科学技术哲学研究, 1986, (1): 8.
[3] 杨承印. 化学教学, 1997, (7): 11.
[4] 余天桃, 王云. 化学世界, 2010, 51(5): 318.
[5] Magnus A. On the causes of the properties of the elements. Milwaukee: Marquette University Press, 2010.
[6] 罗金娜. 化学通报, 1957, (3): 63.
[7] 张嘉同. 北京师范大学学报(自然科学版), 1982, (4): 73.
[8] Winderlich R. J Chem Educ, 1948, 25(9): 500.
[9] Couper A S. London Edinburgh Dublin Philos Mag J Sci, 1858, 16(105): 104.
[10] Kluge F F, Larder D F. J Chem Educ, 1971, 48(5): 289.
[11] Butlerov A M. Chem, 1863, 6: 500.
[12] Kekulé F A. Justus Liebigs Ann Chem, 1857, 104(2): 129.

[13] Jones H C. Science, 1900, 11(268): 241.
[14] Hirschmann H, Hanson K R. Top Stereochem, 1983, 14: 183.
[15] Werner A. Z Anorg Chem, 1893, 3(1): 267.
[16] Thomson J J. London Edinburgh Dublin Philos Mag J Sci, 1897, 44(269): 293.
[17] Thomson J J. London Edinburgh Dublin Philos Mag J Sci, 1904, 8(45): 331.
[18] Kossel W. Ann Phys, 1916, 354(3): 229.
[19] Lewis G N. J Am Chem Soc, 1916, 38(4): 275.
[20] 恩里科 · 克莱门蒂, 乔吉纳 · 科伦吉乌. 化学通报, 2008, 71(8): 563.
[21] 厉光烈. 走向统一的自然力. 北京: 科学出版社, 2019.
[22] 厉光烈. 现代物理知识, 2012, 24(1): 17.
[23] 厉光烈, 黄艳华. 现代物理知识, 2012, 24(3): 19.
[24] 厉光烈, 黄艳华. 现代物理知识, 2012, 24(2): 3.
[25] 牛顿. 自然哲学的数学原理. 北京: 北京大学出版社, 2006.
[26] Li Q, Xue C, Liu J P, et al. Nature, 2018, 560(7720): 582.
[27] 苟现奎, 曹江陵. 西南师范大学学报(自然科学版), 2000, 25(3): 336.
[28] 孔德有, 王洪鹏. 现代物理知识, 2016, 28(6): 55.
[29] Kuramoto N, Mizushima S, Zhang L, et al. Metrologia, 2017, 54(5): 716.
[30] Dirac P A M. Proc Roy Soc London Ser A, 1931, 133 (821): 60.
[31] Castelnovo C, Moessner R, Sondhi S. Nature, 2008, 451: 42.
[32] Morris D J P, Tennant D, Grigera S, et al. Science, 2009, 326(5951): 411.
[33] Fennell T, Deen P, Wildes A, et al. Science, 2009, 326(5951): 415.
[34] Rajantie A. Phys Today, 2016, 69(10): 40.
[35] Oersted H. Ann Philos, 1820, 16: 273.
[36] Maxwell J C. A Treatise on Electricity and Magnetism. Oxford: Clarendon Press, 1881.
[37] 厉光烈, 鹿桂花. 现代物理知识, 2013, 25(6): 12.
[38] 厉光烈, 鹿桂花. 现代物理知识, 2014, 26(1): 30.
[39] Fermi E, Segrè E. Z Phys, 1933, 82(11-12): 729.
[40] Feynman R, Gell-Mann M. Murray Gell Mann Selected Papers, 1958, 109(1): 193.
[41] Lee T D, Yang C N. Phys Rev, 1956, 104(1): 254.
[42] 厉光烈, 赵洪明. 现代物理知识, 2013, 25(4): 3.
[43] 厉光烈, 赵洪明. 现代物理知识, 2013, 25(3): 3.
[44] 厉光烈, 赵洪明. 现代物理知识, 2013, 25(2): 44.
[45] 厉光烈, 赵洪明. 现代物理知识, 2013, 25(1): 41.
[46] 厉光烈, 刘明. 现代物理知识, 2015, 27(4): 25.
[47] 厉光烈, 刘明. 现代物理知识, 2016, 28(1): 28.
[48] 厉光烈, 刘明. 现代物理知识, 2016, 28(3): 18.
[49] 厉光烈, 刘明. 现代物理知识, 2016, 28(4): 46.
[50] 厉光烈, 刘明. 现代物理知识, 2016, 28(2): 33.
[51] Dirac P A M, Fowler R H. Proc Roy Soc London Ser A, 1927, 113(765): 621.
[52] Dirac P A M, Fowler R H. Proc Roy Soc London Ser A, 1928, 117(778): 610.

[53] Dirac P A M, Fowler R H. Proc Roy Soc London Ser A, 1928, 118(779): 351.
[54] Heisenberg W, Pauli W. Z Phys, 1929, 56(1): 1.
[55] 曹天予, 沈健. 自然辩证法通讯, 2014, 36(1): 1.
[56] Georgi H, Glashow S L. Phys Today, 1980, 33(9): 30.

第 2 章

化学键概念

2.1 化学键与分子结构

分子是参与化学反应的基本单元，是由原子组成且能保持原物质化学性质的基本微粒。最简单的分子为单原子分子，这样的分子为数不多，如稀有气体；绝大多数分子为多原子分子，其数目巨大。例如，一颗钻石可看作一个巨大分子，其中的原子数取决于钻石的大小。一般把由数目确定的原子组成、具有一定稳定性的物种称为分子。其中，两个原子组成的分子称为双原子分子，如 Cl_2 分子和 N_2 分子等；多于两个原子组成的分子称为多原子分子，如 H_2O 分子、O_3 分子、S_8 分子、C_6H_6 分子等。

要把氢气 H_2 和氮气 N_2 拆分为 H 原子和 N 原子需要供给巨大的能量(分别为 436 $kJ \cdot mol^{-1}$ 和 946 $kJ \cdot mol^{-1}$)[1]，这说明分子中各原子之间存在一种强大的作用力。这种分子内部原子之间的强相互作用力称为化学键。阐释化学键的学说是化学键理论，化学键理论可解释为什么有些原子之间(如 Na 与 Cl 之间)能够相互结合而有些原子之间(如 Na 与 Ne 之间)则不能，为什么由原子构成的单质(如 N_2 与 P_4)和化合物(如 HCl 与 HI)具有不同的稳定性，结合在一起的原子为什么这样排布而不那样排布(如 CO_2 分子的三个原子处在一条直线上，而不像 H_2O 分子那样形成小于 180°的角)等诸如此类的问题，以及为什么同样的组成、原子之间的连接方式不一样就导致形成的分子具有完全不同的性质和用途。换言之，化学键理论能够解释物质的外在性质与内部结构之间的依赖关系。因此，化学键的教学内容包括：详细介绍离子键、共价键和金属键 3 种基本类型的化学键理论，包括其形成、能量曲线、键的参数等；阐述不同化学键与分子结构相关的概念，以及其如何构架物质分子结构和影响其稳定性。这种学习安排也是为了给后续物理化学、结构化学、合成化学等课程打好基础。

2.2　化学键的定义

钠与氯气反应生成氯化钠，反应涉及的三种物质显示截然不同的物理和化学性质(图 2-1)。从图 2-2 中可知三种物质的导电性能的差别：钠的导电性比熔融态氯化钠高出 1×10^5 倍。

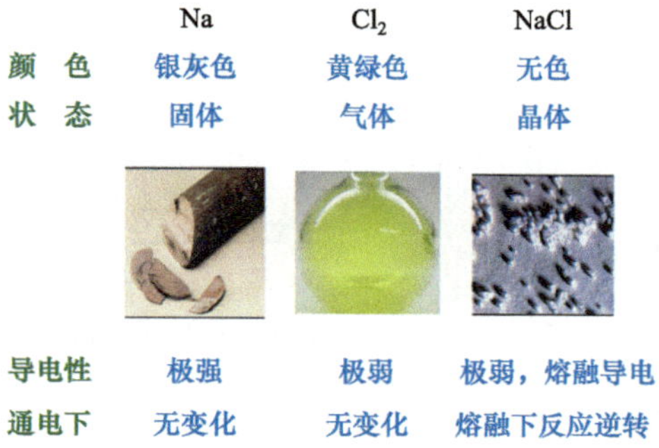

图 2-1　生成氯化钠反应的三种物质的性质

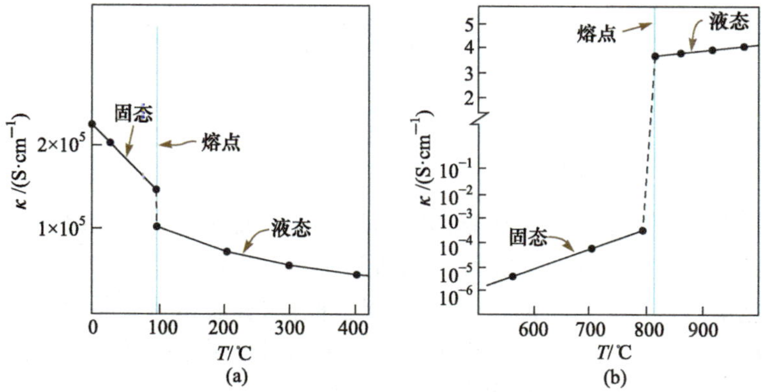

图 2-2　金属钠(a)和氯化钠(b)的电导率

不同的外在性质反映了不同的内部结构。是什么结合力让钠原子组成金属钠？是什么结合力使氯原子组成单质氯？又是什么结合力将钠原子和氯原子结合成晶体氯化钠？生成氯化钠的反应中，涉及三种不同的结合力，人们不难由此想象千姿百态的化合物中结合状态的复杂性。这种复杂性使得化学键成为化学上为数不多的难以确切定义的术语之一。现有的几个定义中，鲍林在其化学史上有划时代意义的专著 *The Nature of the Chemical Bond*(《化学键的本质》)中提出的定义被引用得最广泛：如果两个原子或原子团之间的作用力强得足以形成足够稳定的、可被化学家看作独立分子物种的聚集体，它们之间就存在化学键[2-3]。简单地说，化学键(chemical bond)是指分子内部原子之间的强相互作用力。

上述反应中三种物质表现的性质，要用下面分别要讲的金属键理论、共价键理论和离子键理论解释。化学键在本质上是电性的，原子在形成分子时，外层电子发生重新分布(转移、共用、偏移等)，从而产生正、负电性间的强烈作用力。但这种电性作用的方式和程度有所不同，所以又可将化学键分为离子键、共价键和金属键等。已明确了的化学键类型可用图 2-3 说明[4]。

- 化学键
  - 共价键
    - 双原子共价键
      - 电子对键(单、双、三键)
        - 极性键(包括配位键)
        - 非极性键
      - 单电子键 H_2^+、Li_2^+
      - 三电子键 氧分子中的 π_2^3
    - 多原子共价键 多中心共轭 π 键 π_3^4、π_4^6、π_4^4、π_6^6
  - 离子键
  - 金属键

图 2-3 已明确了的化学键类型

2.3 化学键的统一

化学键的统一似乎是一个很难回答的问题，然而又是人们在研究中不断思考的问题。曲行文曾提出了“试论化学键理论的统一”的问题[5]。他认为，目前流行的各种化学键理论，从不同角度出发，处理方法和表达形式各异，适用范围和精确程度都有一定局限，对化学键本质的揭示和对分子结构及性质的解释也有一定差别，但若仔细分析，仍能找到它们的相似之处和内在联系。如果化学键理论能对化学键的描述达到主观认识与客观实在相一致，把科学思想与科学实践完美地结合起来，那对化学乃至整个科学的发展都会有极大意义。侯汉娜等在《化学键理论分析及应用》[6]一文中就建立在量子力学基础上的价键理论、分子轨道理论、配位场理论进行了举例分析，认为它们既有共性又有个性，并随着人们对微观世界认识的不断深化而逐渐融合。

化学键只是为了研究化学物质世界方便，从一个分子性质的表达式中抽提出来的部分、局域的表达式，显然存在人为性。若从原子之间对成键区的电子共享来考虑化学键的形成，就为合理了。共享电子同时吸引着各原子(基因)，克服了各原子(基因)之间的核与核的排斥、电子与电子的排斥，达到吸引和排斥的稳定平衡，此时就形成了化学键。正确把握化学键、化学作用本质的共性和个性，扬弃不符合客观存在的猜想，用量子化学正确模拟微观化学键和相互作用，通过计算结果对化学键进行正确分析，对研究化学体系的结合、结构和性质至关重要。于是，通过量子化学计算，进行分子轨道和电子密度差分析，从 Hellman-Feynman 静电定理的视角[7]，发现所有化学键以及化学作用的本质是统一的：都是电子在核之间共享引起的结合力[8-10]，包含离子键、共价键和金属键(金属晶体)，直至包含氢键、范德华力等。这些科学的计算结果和提供的信息，预示着化学键有走向统一的可能。

历史事件回顾

2　鲍林及其《化学键的本质》

一、鲍林简介

鲍林是美国著名化学家，量子化学和结构生物学的先驱者之一，被认为是 20 世纪对化学科学影响最大的科学家之一。他所提出的许多概念和理论：电负性、共振理论、价键理论、杂化轨道理论、蛋白质二级结构等，如今已在化学领域应用非常广泛。

鲍林大学毕业照

英文版封面

中文版封面

老年时的鲍林

鲍林在探索化学键理论时，遇到了甲烷的正四面体结构的解释问题。传统理论认为，原子在未化合前外层有未成对的电子，这些未成对电子如果自旋反平行，则可两两结成电子对，在原子间形成共价键。一个电子与另一电子配对以后，就不能再与第三个电子配对。在原子相互结合成分子时，靠的是原子外层轨道重叠，重叠越多，形成的共价键就越稳定。但是，这种理论无法解释甲烷的正四面体结构。为了解释甲烷的正四面体结构，说明碳原子四个键的等价性，鲍林在 1928～

1931 年提出了杂化轨道理论。该理论的依据是电子运动不仅具有粒子性，同时具有波动性，而波是可以叠加的。鲍林认为，碳原子和周围四个氢原子成键时，所使用的轨道不是原来的 s 轨道或 p 轨道，而是二者经混杂、叠加而成的“杂化轨道”，这种杂化轨道在能量和方向上的分配是对称均衡的。杂化轨道理论很好地解释了甲烷的正四面体结构。鲍林于 1931 年 2 月发表价键理论，此后陆续发表相关论文，1939 年出版了在化学史上有划时代意义的《化学键的本质》一书。该书彻底改变了人们对化学键的认识，将其从直观的、臆想的概念上升到定量的和理性的高度。由于在化学键本质以及复杂化合物物质结构阐释方面做出的杰出贡献，鲍林获得了 1954 年诺贝尔化学奖。

鲍林在研究化学键键能的过程中发现，对于同核双原子分子，化学键的键能会随着原子序数的变化而发生变化。为了半定量或定性描述各种化学键的键能及其变化趋势，他于 1932 年首先提出了用以描述原子核对电子吸引能力的电负性概念，并且提出了定量衡量原子电负性的计算公式。电负性这一概念简单、直观、物理意义明确并且不失准确性，因此获得广泛应用，是描述元素化学性质的重要指标之一。

在有机化学结构理论中，鲍林提出的共振论是 20 世纪最受争议的化学理论之一。为了求解复杂分子体系化学键的薛定谔方程，鲍林使用了变分法。在原子核位置不变的前提下，提出体系所有可能的化学键结构，写出每个结构所对应的波函数，将体系真实的波函数表示为所有可能结构波函数的线性组合，经过变分法处理后，得到体系总能量最低的波函数形式。这样，体系的化学键结构就表示为若干种不同结构的杂化体。为了形象地解释这种计算结果的物理意义，他提出共振论，即体系的真实电子状态是介于这些可能状态之间的一种状态，分子是在不同化学键结构之间共振的。他将共振论用于对苯分子结构的解释并获得成功，使得共振论成为有机化学结构基本理论之一。随着分子轨道理论的出现和发展，共振论作为一种相对粗糙的近似处理也较少使用了，但是在有机化学领域，共振论仍是解释物质结构尤其是共轭体系电子结构的有力工具。

1932 年，鲍林预言稀有气体可以与其他元素化合生成化合物。稀有气体原子最外层都被 8 个电子所填满，形成稳定的电子层，按传统理论不能再与其他原子化合。但鲍林的量子化学观点认为，较重的稀有气体原子可能会与特别易接受电子的元素形成化合物，这一预言在 1962 年被证实。

鲍林还把化学研究推向生物学，他是分子生物学的奠基人之一。他花了很多时间研究生物大分子，特别是蛋白质的分子结构。20 世纪 40 年代初，他开始研究氨基酸和多肽链，发现多肽链分子内可能形成两种螺旋，一种是 α 螺旋，另一种是 β 折叠。经过研究他进而指出：一个螺旋是依靠氢键连接而保持其形状的，也就是长的肽键螺旋缠绕，是因为在氨基酸长链中某些氢原子形成氢键。作为蛋白质二级结构的一种重要形式——α 螺旋已在晶体衍射图上得到证实，这一发现为蛋白质空间构象的确定打下了理论基础。这些研究成果是鲍林 1954 年获得诺贝尔化学奖的原因之一。

1954 年以后，鲍林开始转向大脑的结构与功能的研究，提出了有关麻醉和精神病的分子学基础。他还研究了分子医学，写了一篇论文《矫形分子的精神病学》，指出分子医学的研究对解开记忆和意识之谜有决定性的意义。

鲍林坚决反对把科技成果用于战争，特别反对核战争。由于鲍林对和平事业的贡献，他在 1962 年获得诺贝尔和平奖。

二、《化学键的本质》

(一) 早期的杂化轨道理论

《化学键的本质》于 1939 年出版，是鲍林依据自己于 1931～1933 年发表在 *Journal of American Chemical Society* 和 *Journal of Chemical Physics* 上总题目为《化学键的本质》的 7 篇系列论文[2, 11-16]编写而成。共振、杂化和相对电负性等概念都在系列论文中首次提出或进一步论述。

最初鲍林认为碳原子的 2s 波函数的径向部分与三个 2p 波函数的径向部分没有很大差别，因此假定这些径向部分彼此相同也不会带来很大的误差。这个假定使得量子力学方程非常简单，即只涉及函数角度部分的计算。s 波函数的角度部分归一化为 4π，为常数。归一化了的 p_x、p_y 和 p_z 的波函数分别为 $3^{1/2}\sin\theta\cos\varphi$、$3^{1/2}\sin\theta\sin\varphi$ 和 $3^{1/2}\cos\theta$。电子所占据轨道在某个方向成键的能力可认为正比于波函数在该方向上的数值。s 轨道是球对称的，各个方向的数值为 1。p_x 轨道在 x 方向的数值是 1.732，其他方向较小。类似地，p_y 在 y 轴方向的数值是 1.732，其他方向较小。因此，含 p 轨道的键倾向于彼此互成 90°的键角。例如硫化氢 H_2S 分子中，键角的实验值是 92.3°，s 轨道被孤对电子所占据，基本上是剩下两个 p 轨道(稍具 s 性)成键。

在碳原子中不必直接用 s 轨道和三个 p 轨道成键，而是 s 轨道和 p 轨道经线性组合形成的杂化轨道。通过简单的计算发现，最好的 sp 杂化轨道具有 25%的 s 性、75%的 p 性，而且能够形成四个这样的轨道，它们指向正四面体的四个顶点。即碳原子所能形成的最佳键轨道互成 109.47°，四面体角的成键方向上有它们的极大值。

当有两个 d 轨道可用来和 s 轨道及三个 p 轨道杂化时，能形成六个等性键轨道的最佳组合，相应于键的正八面体排布。当只利用一个 d 轨道时，可形成四个最佳杂化轨道，它们在同一平面上且指向正方形的四个顶点。如果没有利用 d 轨道，则像碳原子中那样，四个键指向四面体的顶点。

鲍林最初的 spd 杂化轨道理论为探讨当时金属有机化合物，特别是过渡金属有机化合物领域中的实验结果奠定了坚实的基础。

(二) 价键理论中的共振问题

1926 年 6 月海森堡发表了题为《量子力学中的多体问题和共振》的文章，在讨论氦原子的量子态时将共振引入了量子力学。鲍林通过更多的分子案例使共振从量子力学概念演化到化学概念。鲍林总结出的六条电子对键的性质规则，规定了共振成键的条件：① 电子对键的形成，需要成键的两个原子各提供一个未成对电子。② 两个成键电子的自旋相反，分子的顺磁性与它们无关。③ 成键的两个电子不能再组成其他电子对。④ 一个电子对单键中，双方原子各只有一个本征函数包含于主共振项。⑤ 成键的两个本征函数的 r 相同时，在成键方向上的函数值更大的一方会增大键的强度；对于给定的 r，其最大值所在的方向最容易成键。⑥ 成键的两个本征函数的 θ 和 φ 程度相同时，r 平均值更小，即能级更低的一方会增大键的强度。在这六条规则中，前三条是对路易斯、海特勒和伦敦等在化学和量子力学方面的研究的归纳，而后三条则是鲍林通过量子力学语言对化学成键的论述[17]。分子通常在几个价键结构间共振，因此不能只用一个电子结构式来完全表达分子的结构，如一氧化二氮、苯和萘等。共振也可以存在于多个电子结构的分子，并形成共轭体系。在只用一种电子结构表达的化合物中，多数也存在共振现象，如二氧化碳、羧酸、酰胺、碳酸根等，以及氮/硫杂环有机物。共轭体系一般存在于碳碳单键和双键连续交替的结构中，如十氢萘、1,3-丁二烯和联苯等。

(三) 电负性

共价键呈现部分离子性的特征，因而产生相对电负性的概念。将电负性最小的氢的电负性定为 0.0，最大的氟的电负性定为 2.0，则可以获得其余元素的相对电负性，进而判断不同元素共价键的形成和离子键的形成。硼、碳和氮等电负性小的元素更容易形成共价键，因此更容易出现杂化现象；而氧和氟的电负性太大，所以不容易杂化，易于形成离子键。

在鲍林的化学键理论问世并备受关注的背后，存在化学和物理学的多种理论，包括路易斯化学键理论、经典结构化学、化学热力学、X 射线晶体学和量子力学等，它们对化学键理论的形成做出了不同程度的贡献。

参考文献

[1] Lide D R. CRC Handbook of Chemistry and Physics. 89th ed. Boca Raton: CRC Press, 2008.

[2] Pauling L. J Am Chem Soc, 1931, 53(4): 1367.

[3] Pauling L. The Nature of the Chemical Bond. Ithaca: Cornell University Press, 1939.

[4] 徐光宪. 物质结构. 北京: 人民教育出版社, 1961.
[5] 曲行文. 科学技术哲学研究, 1986, (1): 8.
[6] 侯汉娜, 华丽, 邓樱花. 湖北第二师范学院学报, 2011, (8): 21.
[7] Ira N. 赖文. 量子化学. 宁世光, 佘敬曾, 刘尚长, 译. 北京: 人民教育出版社, 1980.
[8] 周光耀. 物理化学进展, 2018, 7(1): 9.
[9] 周光耀. 物理化学进展, 2018, 7(2): 95.
[10] 周光耀. 物理化学进展, 2018, 7(3): 121.
[11] Pauling L. J Am Chem Soc, 1931, 53(9): 3225.
[12] Pauling L. J Am Chem Soc, 1932, 54(3): 988.
[13] Pauling L. J Am Chem Soc, 1932, 54(9): 3570.
[14] Pauling L, Wheland G W. J Chem Phys, 1933, 1(6): 362.
[15] Pauling L, Sherman J. J Chem Phys, 1933, 1(8): 606.
[16] Pauling L, Sherman J. J Chem Phys, 1933, 1(10): 679.
[17] 陈功东. 化学通报, 2019, 82(6): 566.

第3章

离子键理论及离子极化理论

3.1　离子键理论

离子键(ionic bond)又称为盐键(salt bond)，是化学键的一种，通过两个或多个原子或化学基团失去或获得电子而成为离子后形成。带相反电荷的原子或基团之间存在静电吸引力，两个带相反电荷的原子或基团靠近时，带负电和带正电的原子或基团之间产生静电引力以形成离子键。离子键往往在金属与非金属间形成。失去电子的往往是金属元素的原子，而获得电子的往往是非金属元素的原子。

离子键理论是 20 世纪初由德国化学家科塞尔根据稀有气体原子具有稳定结构的事实提出的[1]。他认为，电离能小的金属原子和电子亲和能大的非金属原子相互靠近时失去或获得电子，生成具有稀有气体稳定电子结构的正、负离子，然后通过库仑静电引力生成离子化合物。

3.1.1　离子键理论形成的背景

瑞典化学家阿伦尼乌斯(S. Arrhenius，1859—1927)在其酸碱电离理论[2]的基础上于 1887 年提出溶液电离理论。他认为，食盐溶解于水中能离解成大量的钠离子和氯离子，溶解前仍然是 NaCl 分子。1974 年的确发现了氯化钠溶液中的 $NaCl \cdot 2H_2O$(图 3-1，图 3-2)[3]。

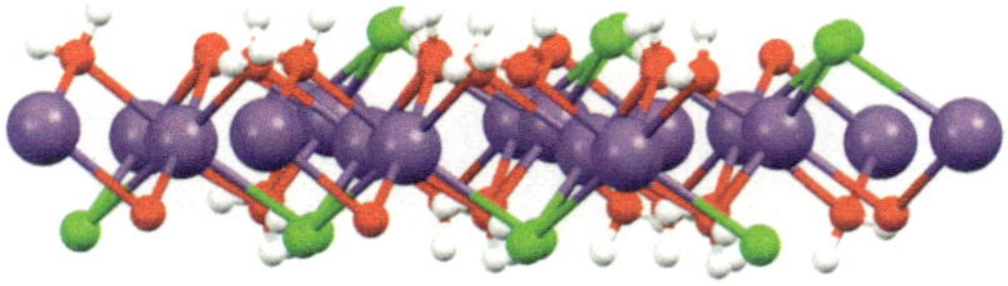

图 3-1　氯化钠溶液中的 $NaCl \cdot 2H_2O$(红色 O，白色 H，绿色 Cl，紫色 Na)

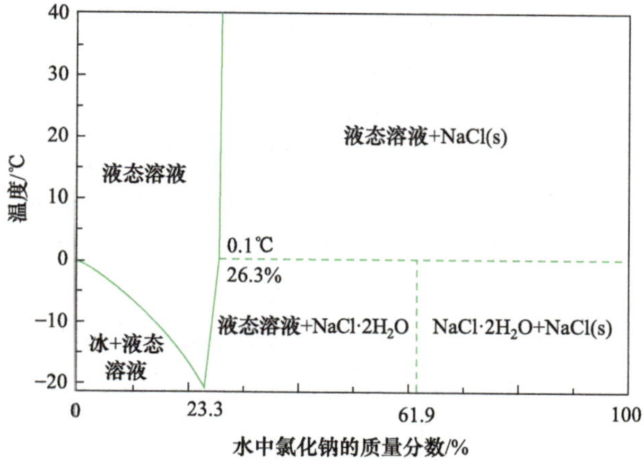

图 3-2　常压下水盐体系的相图

1913 年，英国物理学家威廉 · 亨利 · 布拉格(W. H. Bragg，1862—1942)和威廉 · 劳伦斯 · 布拉格(W. L. Bragg，1890—1971)父子通过 X 射线衍射法测定了 NaCl 和 KCl 的晶体结构(氯化钠晶体的内部结构是人类测试的第一个晶体结构)[4]，发现并无阿伦尼乌斯所阐述的单个分立的分子，而是由 Na^+ 和 Cl^- 在空间周期排列的无限结构，即每个钠离子周围有 6 个氯离子，每个氯离子周围有 6 个钠离子(图 3-3)。

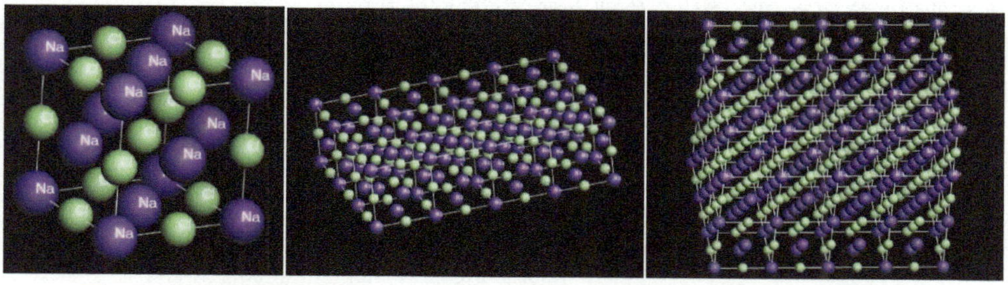

图 3-3　氯化钠的晶格结构(左)、氯化钠周期性结构(中)和氯化钠三维周期性(右)

阿伦尼乌斯

威廉 · 亨利 · 布拉格

威廉 · 劳伦斯 · 布拉格

德国物理学家科塞尔经过测定许多有代表性化合物离子所带的电子数，于1916年提出了他的化合价理论：化学中稳定离子的形成，是由原子获得电子或失去电子以达到稀有气体稳定电子结构造成的。科塞尔的理论主要以极性分子与离子化合物为对象，成功地解释了典型金属和非金属相互作用的化学行为。例如，钾原子失去一个电子达到8电子稀有气体稳定结构，从而形成K^+。氯原子获得一个电子达到8电子稀有气体稳定结构，成为Cl^-。钾离子和氯离子都具有氩原子的稳定结构，二者靠库仑力结合成化合物KCl。根据玻尔模型，在各种元素电子排布中，金属元素的外层电子一般少于4，非金属元素原子的外层电子一般多于4。因此，金属元素的原子容易失去电子变成阳离子，非金属元素的原子容易得到电子变成阴离子，二者靠静电引力相结合。

科塞尔的理论非常成功地解释了KCl、$CaCl_2$、CaO等化合物。科塞尔在提出他的理论时，不仅依据了短周期的化学元素排布和玻尔模型，还对X射线晶体结构资料进行了分析，体现了理论和事实相结合的原则。但是，他的理论是建立在化学元素的原子中电子完全得失的极端化基础上，因此在解释离子化合物时是成功的，而对于非离子化合物如氢气、氯气等则无法解释。他的成功之处在于将离子化合物区别出来，并把这种化合物的形成与玻尔的原子结构模型相联系，这在化合价的电子理论发展中是一大进步。至于H_2、N_2、CO_2等化合物还不能解释，只能作为问题存留下来。正是科塞尔尊重物质的客观存在，没有牵强附会地去解释这些问题，为其他科学家研究和完善化合价理论奠定了良好的基础。

3.1.2 离子键的形成

按照科塞尔的离子键理论，NaCl的形成过程如图3-4所示[5-6]。

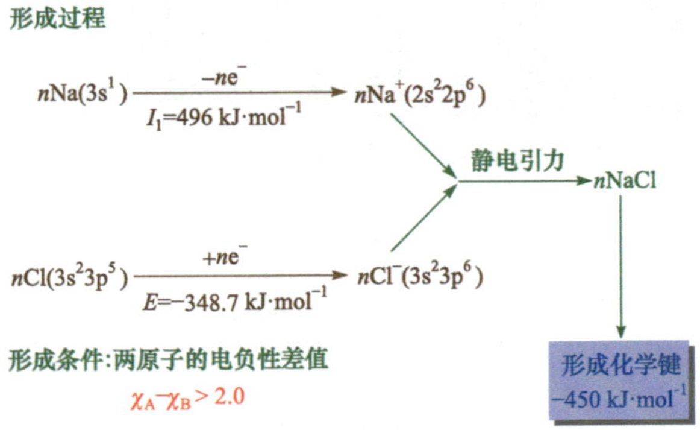

图 3-4 离子键形成过程示意图

图3-5表示离子键形成过程的能量分析[5-6]。先考虑气态的正、负离子从相距无穷远到结合成离子型分子而保持平衡距离r_0时所做的功，即结合能。假设离子为刚性球(不考虑离子的极化和变形)，则离子间的作用力与方向无关。依据库仑

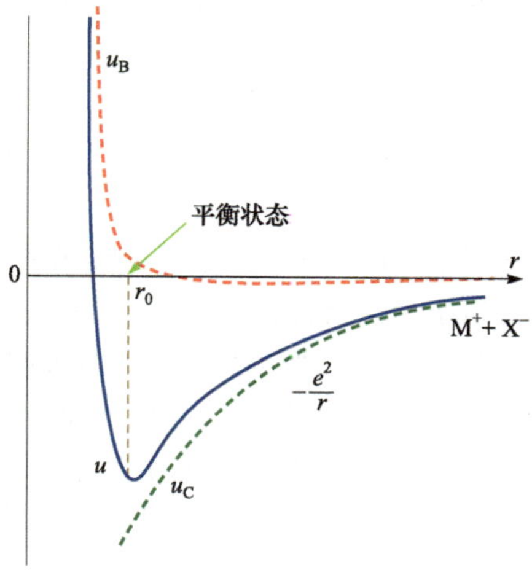

图 3-5　正、负离子的吸引和排斥

玻恩

定律，正、负离子间的吸引力为

$$u_C = -\frac{Z_+ Z_- e^2}{r} \tag{3-1}$$

式中，Z_+、Z_- 分别为正、负离子的电荷数；e 为电子的电量；r 为正、负离子间的距离。除吸引力之外，正、负离子间还存在排斥力。德国犹太裔理论物理学家、量子力学奠基人之一玻恩(M. Born，1882—1970)提出，这种排斥力可用下式表示：

$$u_B = \frac{B}{r^n} \tag{3-2}$$

式中，B 为玻恩常数；n 为玻恩指数。当离子间距离 r 缩短时，吸引力增大，即势能下降；当 r 很小时，排斥力开始出现，且很快增大，势能回升。结合能 u 与距离 r 的关系可表示为

$$u = u_C + u_B = -\frac{Z_+ Z_- e^2}{r} + \frac{B}{r^n} \tag{3-3}$$

当 $r=r_0$ 时，u 极小，即

$$\left(\frac{\mathrm{d}u}{\mathrm{d}r}\right)_{r=r_0} = \frac{Z_+ Z_- e^2}{r_0^2} - \frac{nB}{r_0^{n+1}} = 0 \tag{3-4}$$

$$B = \frac{Z_+ Z_- e^2 r_0^{n-1}}{n} \tag{3-5}$$

故

$$u = -\frac{Z_+ Z_- e^2}{r_0}\left(1 - \frac{1}{n}\right) \tag{3-6}$$

此即图 3-5 中的平衡状态。正如恩格斯所说“一切化学过程都归结为化学的吸引和排斥过程”。[7]

将式(3-6)乘以阿伏伽德罗常量 N_A，再归并式中各常数，可得

$$u=-\frac{1.389\times10^5 Z_+Z_-}{r_0}\left(1-\frac{1}{n}\right)\ \mathrm{kJ\cdot mol^{-1}} \tag{3-7}$$

式(3-7)中，r_0 可用 X 射线衍射法测得，n 是从离子晶体的压缩系数估计出来的。按离子的类型不同，取 n=5～12(表 3-1)。一般取 n=9，因为 n 每改变 1，对 u 值仅有 1%～2%的影响。如果正、负离子属于不同类型，则 n 取平均值。例如 NaCl，n=(7+9)/2=8。Cu^+ 型离子的外电子层是 $3d^{10}$，尽管与 Ar 型不同，但由于 3p 电子比 3d 电子更接近核，在 Cu^+ 型离子外层 10 个 d 电子的密度差不多等于 Ar 型离子外层 6 个 p 电子的密度，故定其 n 值为 9。Kr 型和 Ag^+ 型、Xe 型和 Au^+ 型的情况也是如此。

表 3-1　各类离子的玻恩指数

离子类型	n	离子类型	n
He	5	Kr，Ag^+	10
Ne	7	Xe，Au^+	12
Ar，Cu^+	9		

3.1.3　离子键的特点

库仑力的性质决定了离子键区别于共价键的特点：既没有方向性，也不具有饱和性。没有方向性是指晶体中被看作带电小圆球的正、负离子在空间任何方向上吸引相反电荷离子的能力是等同的。不具有饱和性则包含两重含义：① 正、负离子周围邻接的异电荷离子数主要取决于正、负离子的相对大小，与各自所带的电荷无直接关系；② 一个离子除吸引最邻近的异电荷离子外，还可吸引远层异电荷离子。

由于电荷作用力伸向四面八方，晶体中每种离子都被相反电荷的其他离子包围。如图 3-6 所示，氯离子在钠离子和铯离子周围的排布尽管有一定方向，NaCl 中排在以钠离子为中心的八面体顶角，CsCl 中排在以铯离子为中心的立方体顶角，但这完全是出自空间稳定性的需要，与作用力的方向无关。为了便于理解，可以设想将钠离子或铯离子原位旋转任意角度，周围的氯离子不会改变原先的位置。与 CsCl 晶体相比，NaCl 中与正离子邻近的氯离子数较少，这一事实也是空间因素造成的。钠离子周围不能排布更多的氯离子，是因为钠离子体积小，而不是因为正离子电场作用力已饱和。MO(M=Mg，Ca，Sr，Ba)中构成晶体的正、负离子电荷数都是 2，却具有与 NaCl 相同的排布方式。这说明一个离子周围的异电

荷离子数与各自所带电荷的多少无关，或者说与电荷产生的作用力强弱无关。

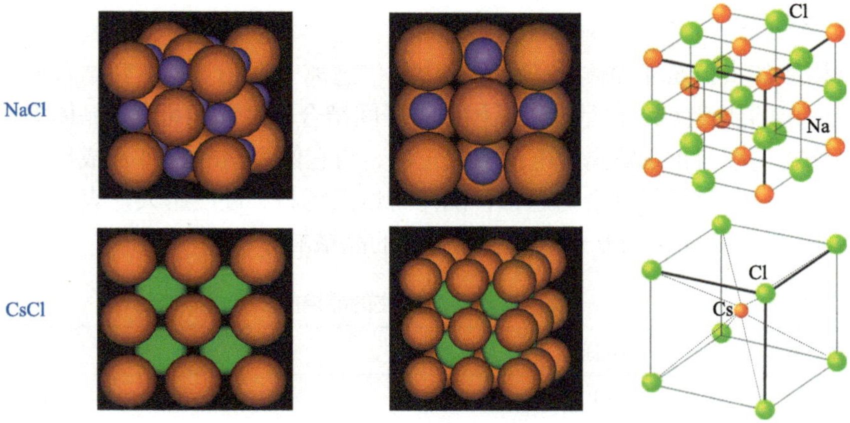

图 3-6　NaCl 和 CsCl 晶体中离子的排布

3.1.4　离子键的键能

若以碱金属卤化物 MX 为例，离子键的键能是指将 1 mol $M^+X^-(g)$拆散成为 M(g)原子和 X(g)原子时所需要的能量(E_B)：

$$MX(g) \xrightarrow{E_B} M(g) + X(g) \tag{3-8}$$

在此过程中体系吸热，E_B 为正值，它可以由结合能 u、电离能 I(为正值)和电子亲和能 E(为负值)求得

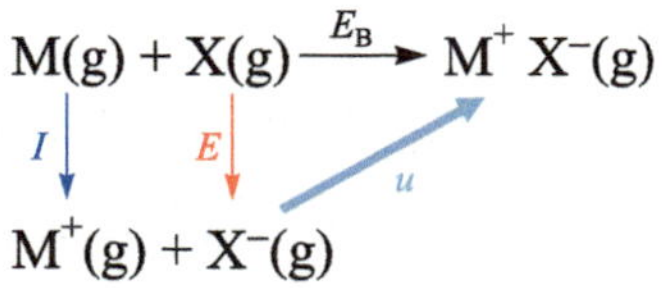

则

$$-E_B = I + E + u \tag{3-9}$$

几种碱金属卤化物的键能见表 3-2 中。由理论计算的离子键能值的误差约为 10%，主要是没有考虑离子极化，所以离子键的静电吸引理论基本上是正确的。

表 3-2　一些 MX 的 E_B

碱金属卤化物	$E_B/(kJ \cdot mol^{-1})$	
	计算值	实验值
NaCl	355.64	410.03
NaBr	322.14	368.19
KCl	384.93	435.14
KBr	351.46	380.74

3.1.5 离子晶体的晶格能

1. 晶格能的定义

晶格能是指 1 mol 固体离子化合物中的气态离子从相互远离到结合成离子晶体时所放出的能量(U)，它是离子晶体中离子间结合力强弱的量度。晶体类型相同时，晶格能大小与正、负离子电荷数成正比，与它们之间的距离 r_0 成反比。晶格能越大，正、负离子间结合力越强，晶体的熔点越高、硬度越大。表 3-3 列出几种与 NaCl 具有相同排列方式的离子化合物的晶格能和熔点。

表 3-3 某些离子型化合物的晶格能和熔点

化合物	离子的电荷	r_0/pm	U/(kJ · mol^{-1})	熔点/℃
NaF	+1，−1	231	−923	993
NaCl	+1，−1	282	−786	801
NaBr	+1，−1	298	−747	747
NaI	+1，−1	323	−704	661
MgO	+2，−2	210	−3791	2852
CaO	+2，−2	240	−3401	2614
SrO	+2，−2	257	−3223	2430
BaO	+2，−2	275	−3054	1918

2. 晶格能的测定和理论计算

晶格能一般不能直接测定，这是因为当离子晶体气化时，气相是由离子型分子组成的，但在能够准确测定的最高温度，气态分子通常离解为其组分原子而不是相应的离子，即很难估算出 $MX(g) \longrightarrow M^+(g) + X^-(g)$ 的焓变。通常所说的晶格能实验值是指依据玻恩-哈伯热化学循环，通过升华热(S)、离解热(D)、电离能(I)、电子亲和能(E)、生成热($\Delta_f H_m$)等实验数据计算出来的。例如，对于 NaCl 晶体，其玻恩-哈伯热化学循环如图 3-7 所示。

$$\Delta_f H^{\ominus}_{m,NaCl(s)} = S + \frac{1}{2}D + I + E + U \tag{3-10}$$

$$U = \Delta_f H^{\ominus}_{m,NaCl(s)} - S - \frac{1}{2}D - I - E \tag{3-11}$$

$$= -410.9 - 108.8 - 119.7 - 493.3 - (-361.9)$$

$$= -770.8(kJ \cdot mol^{-1})$$

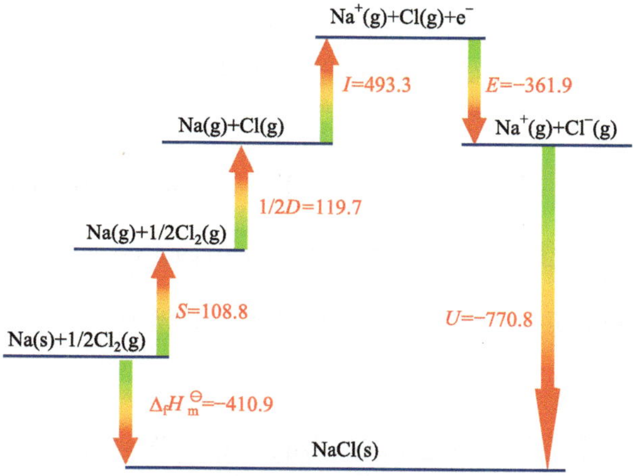

图 3-7 形成离子晶体时的能量变化($kJ \cdot mol^{-1}$)

在上述热化学循环中，常先求得晶体的生成热($\Delta_f H_m^\ominus$)，然后从手册中查出固体的升华热、液体的蒸发热、气体分子的离解热、气态原子的电离能、气态原子的电子亲和能等热力学数据，然后计算得出晶格能。然而，在通常计算中，往往由于热化学循环设计有漏洞，或者所取热力学数据有误或不自洽，因而所得数据与手册不一致。

在上述循环中，焓(ΔH)是指 298 K、10^5 Pa 下的数值，而晶格能、电离能、电子亲和能的数据都是指 0 K、10^5 Pa 下的。焓和能的数据之间有一些差别，但差别很小或者互相抵消。

根据热力学第一定律

$$\Delta U=Q-W \tag{3-12}$$

等压条件下

$$\Delta U=\Delta H-p\Delta V=\Delta H-\Delta nRT \tag{3-13}$$

在图 3-7 中，$\Delta n=-2$，故

$$\Delta U=\Delta H+2RT \tag{3-14}$$

可见，在晶格能与晶格焓之间只相差 $2RT=2\times 8.314\times 298\ J \cdot mol^{-1} \approx 4.96\ kJ \cdot mol^{-1}$，这个数值很小，可以忽略不计。

又根据

$$Na(g) \longrightarrow Na^+(g)+e^- \tag{3-15}$$

有

$$\begin{aligned}\Delta H_{I,Na} &= I_{Na}+\int_0^{298}[C_p(Na^+,g)+C_p(e^-)-C_p(Na,g)]dT \\ &= I_{Na}+\frac{5}{2}R\times 298 \approx I_{Na}+6.19\ kJ \cdot mol^{-1}\end{aligned} \tag{3-16}$$

根据

$$\mathrm{Cl(g)} + \mathrm{e}^- \longrightarrow \mathrm{Cl}^- \tag{3-17}$$

有

$$\begin{aligned}\Delta H_{E,\mathrm{Cl}} &= E_{\mathrm{Cl}} + \int_0^{298} [C_p(\mathrm{Cl}^-,\mathrm{g}) - C_p(\mathrm{Cl,g}) - C_p(\mathrm{e}^-)]\mathrm{d}T \\ &= E_{\mathrm{Cl}} + \frac{5}{2}R \times 298 \approx E_{\mathrm{Cl}} - 6.19\ \mathrm{kJ \cdot mol^{-1}}\end{aligned} \tag{3-18}$$

相加时，$+6.19\ \mathrm{kJ \cdot mol^{-1}}$ 与 $-6.19\ \mathrm{kJ \cdot mol^{-1}}$ 正好互相抵消。

例题 3-1

根据下列数据，计算溴化镁的晶格能：$\Delta_f H_m^\ominus(\mathrm{MgBr_2}) = -524.3\ \mathrm{kJ \cdot mol^{-1}}$，$\Delta_{atm} H_m^\ominus(\mathrm{Mg,s}) = 146\ \mathrm{kJ \cdot mol^{-1}}$，$I_1(\mathrm{Mg}) = 738\ \mathrm{kJ \cdot mol^{-1}}$，$I_2(\mathrm{Mg}) = 1451\ \mathrm{kJ \cdot mol^{-1}}$，$\Delta_{vap} H_m^\ominus(\mathrm{Br_2,l}) = 37\ \mathrm{kJ \cdot mol^{-1}}$，$\Delta_D H_m^\ominus(\mathrm{Br_2}) = 193\ \mathrm{kJ \cdot mol^{-1}}$，$EA(\mathrm{Br}) = 348.6\ \mathrm{kJ \cdot mol^{-1}}$。

【解】 设计玻恩-哈伯热化学循环

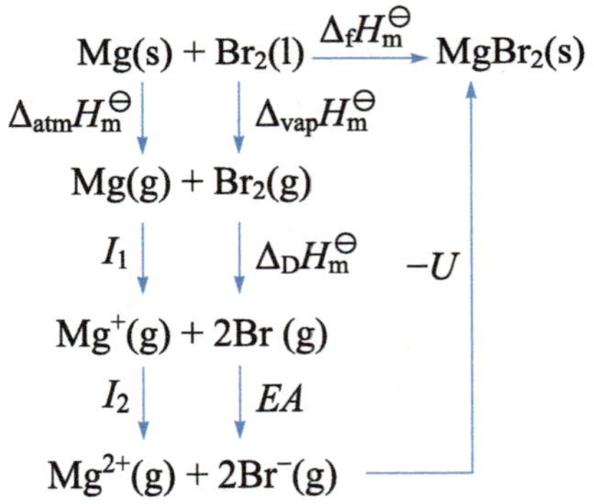

$$\begin{aligned}U &= \Delta_{atm}H_m^\ominus + I_1 + I_2 + \Delta_{vap}H_m^\ominus + \Delta_D H_m^\ominus - \Delta_f H_m^\ominus \\ &= 146+738+1451+37+193-2\times348.6+524.3 \\ &= 2392.1(\mathrm{kJ \cdot mol^{-1}})\end{aligned}$$

从热化学循环计算得到的晶格能与化合物是否真正是离子键或者有多大的共价性没有关系。除了利用一些已知的实验数据进行计算外，晶格能一般很难直接测定。因此，晶格能的理论计算极为重要。

玻恩和朗德(A. Landé，1888—1976)把离子看作刚性的小球，当离子靠拢到接触时，库仑作用力就受到推斥力的对抗，且随核间距的缩短，推斥力极迅速地增加，当库仑作用力和推斥力达平衡时，其正、负离子保持一定的平衡距离，即核间距。因此玻恩和朗德提出在离子晶体中，其晶格能主要来自两个方面：一是带相反电荷离子间的吸引能 $E_{吸引}$；二是异号离子相互吸引接近到一定距离时，它们的电子云之间产生排斥作用的排斥能 $E_{排斥}$。

朗德

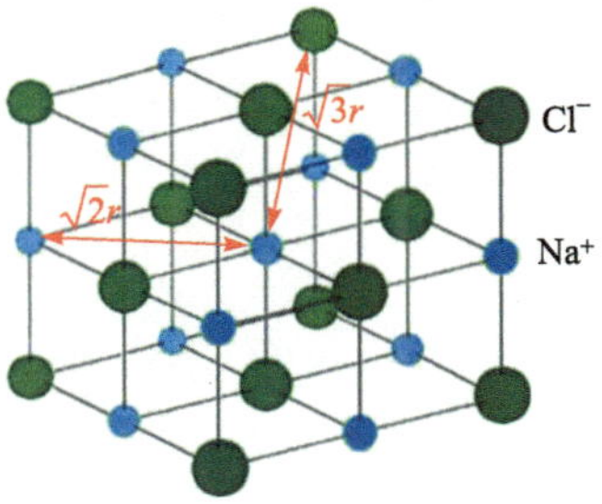

图 3-8 NaCl 晶体中正、负离子的排列方式

以 NaCl 为例，在其晶体(图 3-8)中，每个 Na^+ 在距离 r(Na^+和 Cl^-之间的最短距离)处有 6 个 Cl^-，在相距 $\sqrt{2}r$ 处有 12 个 Na^+，在相距 $\sqrt{3}r$ 处有 8 个 Cl^-。因此，晶体内部每个正、负离子都处在一个库仑场中，其势能为

$$-6\frac{e^2}{r}+12\frac{e^2}{\sqrt{2}r}-8\frac{e^2}{\sqrt{3}r}+\cdots=-\frac{e^2}{r}\left(6-\frac{12}{\sqrt{2}}+\frac{8}{\sqrt{3}}-\cdots\right)=-1.748\frac{e^2}{r} \tag{3-19}$$

对于 1 mol NaCl 来说，共有 $2N$(其中 N 为阿伏伽德罗常量)个离子，而每对离子间的势能都重复一次，所以体系的总库仑作用力为

$$\frac{1}{2}\times 2N\left(-1.748\frac{e^2}{r}\right)=-NA\frac{e^2}{r} \tag{3-20}$$

式中，A 为马德隆常数(Madelung constant)，其值与晶格的类型有关(表 3-4)。

表 3-4 一些固体离子化合物的马德隆常数

晶体	结构	配位	A
CsCl	体心立方	8:8	1.763
NaCl	面心立方	6:6	1.748
纤锌矿(ZnS，wurtzite)	六方晶系	4:4	1.641
闪锌矿(ZnS，zinc blende)	六方晶系	4:4	1.638
萤石(CaF_2，fluorite)	立方晶系	8:4	2.520
金红石(TiO_2，rutile)	四方晶系	6:3	2.408

相邻离子之间的近程排斥力为 NKB/r^2，其中 K 为配位数，B 为玻恩常数，则 NaCl 的晶格能为

$$U=-NA\frac{e^2}{r}+\frac{NKB}{r^n} \tag{3-21}$$

令 U 对 r 求导，并使之等于零

$$\left(\frac{\mathrm{d}U}{r}\right)_{r=r_0}=\frac{AMe^2}{r_0^2}-\frac{nNKB}{n_0^{n+1}}=0 \tag{3-22}$$

得到

$$KB=\frac{Ae^2r_0^{n+1}}{n} \tag{3-23}$$

因此，对于 NaCl 型晶体

$$U=-\frac{NAe^2}{r_0}\left(1-\frac{1}{n}\right) \tag{3-24}$$

如果一种离子晶体的正、负离子的电荷数为 Z_+、Z_-，则得到玻恩-朗德公式：

$$U=-\frac{NAZ_+Z_-e^2}{r_0}\left(1-\frac{1}{n}\right)=-\frac{1.389\times10^5AZ_+Z_-}{r_0}\left(1-\frac{1}{n}\right)\mathrm{kJ\cdot mol^{-1}} \tag{3-25}$$

鲍林根据量子力学提出，外层电子之间的斥力与离子之间距离 r 的关系是自然对数的底 e 的指数关系。据此，玻恩和迈耶(Mayer)又将排斥力表示为 $NB'\mathrm{e}^{-\frac{r}{\rho}}$，则晶格能为

$$U=-\frac{NAZ_+Z_-e^2}{r}+NB'\mathrm{e}^{-\frac{r}{\rho}} \tag{3-26}$$

通过令 $\left(\frac{\mathrm{d}U}{\mathrm{d}r}\right)_{r=r_0}=0$，求得 B'，再代入式(3-26)，得到 Born-Mayer 方程式[8]：

$$U=-\frac{NAZ_+Z_-e^2}{r_0}\left(1-\frac{\rho}{r_0}\right)=-\frac{1.389\times10^5AZ_+Z_-}{r_0}\left(1-\frac{\rho}{r_0}\right)\mathrm{kJ\cdot mol^{-1}} \tag{3-27}$$

式中，ρ 为常数。对于碱金属卤化物及大多数盐，其值约等于 0.0345 nm。需要注意的是，公式中 r 的单位为 pm，后续相同。用式(3-25)和式(3-27)计算晶格能时，数值差别不大。

Ladd 和 Lee 考虑到离子的偶极矩和多极矩对于吸引力的贡献以及零点能对排斥力的贡献，提出了一个比较复杂的公式，即 Ladd-Lee 方程式[9]：

$$U=-\frac{NAZ_+Z_-e^2}{r_0}\left(1-\frac{\rho}{r_0}\right)-\frac{NC}{r_0^6}\left(1-\frac{6\rho}{r_0}\right)-\frac{ND}{r_0^8}\left(1-\frac{8\rho}{r_0}\right)+\frac{9}{4}Nh\nu_{\max} \tag{3-28}$$

式中，第一项是库仑吸引能和玻恩排斥能；第二、三项分别为离子间偶极矩、多极矩相互作用能，是由离子极化引起的，属于色散力，其中系数 C 和 D 与晶体里处于不同位置的各种离子之间的距离有关；第四项为零点能，即在 0 K 时物质所具有的动能，它是根据德拜理论导出的，其中 h 为普朗克常量，ν_{max} 为德拜最大振动频率，此值可由红外吸收光谱的数据准确估计。实际上，对于大多数盐尤其是较重的碱金属盐，式中后面三项的数值都很小且可部分抵消，忽略它们所引起的误差常在 16.74 $kJ \cdot mol^{-1}$ 以下，这表明在离子晶体内部，色散力及零点能都只起很次要的作用。

Ladd-Lee 方程式有严格的物理意义，但用于解决具体问题时常遇到数据不足的困难，计算也十分繁杂。

Kapustinskii 注意到离子晶体的马德隆常数 A 与化学式中离子总数 v 的近似关系，用 v 代替 Born-Mayer 方程式中的 A 并用离子半径代替核间平衡距离，引出了计算二元离子晶体晶格能的半经验公式：

$$U = -\frac{1.202\times10^5 vZ_+Z_-}{r_+ + r_-}\left(1-\frac{0.345}{r_+ + r_-}\right)\mathrm{kJ\cdot mol^{-1}} \tag{3-29}$$

由于避免了 A 值，因此不知道晶格类型以及含有不能假设为球形离子的化合物的晶格能也可以计算，扩大了使用范围。以后他又将上式加以修正，改为

$$U = -\frac{1.202\times10^5 vZ_+Z_-}{r_+ + r_-}\left[1-\frac{0.345}{r_+ + r_-}+0.00453(r_+ + r_-)\right]\mathrm{kJ\cdot mol^{-1}} \tag{3-30}$$

计算值与实验值的误差呈统计分布。对于 MX 型盐，平均偏差为 3.35 $kJ \cdot mol^{-1}$，即约为 0.5%；对于 MX_2 型盐则为 21.76 $kJ \cdot mol^{-1}$，即约为 1%。这个公式的缺点是比前一式烦琐。

Яцимирский 后来将式(3-30)修正为

$$U = -\frac{1.202\times10^5 vZ_+Z_-}{r_+ + r_-}\left[1-\frac{0.345}{r_+ + r_-}+0.00870(r_+ + r_-)\right]\mathrm{kJ\cdot mol^{-1}} \tag{3-31}$$

使计算结果更加精确。

考察两种不同类型离子晶体晶格能的理论值和实验值(表 3-5)发现：对于稀有气体构型金属离子所形成的“标准型”离子晶体如 NaCl、KCl，晶格能的理论值与实验值已经相当吻合，尤其是在考虑了色散力和零点能之后；对于由非稀有气体构型金属离子形成的“非标准型”离子晶体如 AgCl、AgI，即使考虑了色散力和零点能，差值仍然不小。

表 3-5　两种类型离子晶体的晶格能　(单位：$kJ \cdot mol^{-1}$)

化合物	理论值		实验值	理论值与实验值差	
	(1)不考虑色散力	(2)考虑色散力		Δ(1)	Δ(2)
NaCl	749.77	765.67	766.09	−16.32	−0.42
KCl	682.83	702.49	691.20	−8.37	−11.29
AgCl	730.11	846.84	898.30	−168.19	−51.46
AgI	669.02	794.54	882.82	−213.80	−88.28

对于晶格能理论值和实验值之间的偏差，有不少学者尝试进行解释。

(1) 用晶体场稳定化能进行解释。Hush 和 Pryce 用晶体场稳定化能来解释晶格能的理论值与实验值之差[10]，但只取得了有限的成功(表 3-6)，对于大多数化合物的差值问题依旧无法解决，这正好说明稳定化能不是唯一的或主要的影响因素。

表 3-6　MF_2的晶格能和稳定化能　(单位：$kJ \cdot mol^{-1}$)

d^n	MF_2	晶格能理论值	晶格能实验值	差值	稳定化能
d^0	CaF_2	2602.44	2610.82	+8.38	0
d^2	TiF_2	2836.75	2757.26	−79.49	+71.13
d^3	VF_2	2910.81	2763.81	−147.00	+96.23
d^4	CrF_2	2876.92	2886.96	+10.04	+125.52
d^5	MnF_2	2786.54	2803.28	+16.74	0
d^6	FeF_2	2849.30	2912.06	+62.76	+92.05
d^7	CoF_2	2878.59	2979.30	+100.71	104.60
d^8	NiF_2	2903.37	3045.95	+142.58	+146.44
d^9	CuF_2	2886.70	3066.69	+179.99	+1122.97
d^{10}	ZnF_2	2878.59	2970.64	+92.05	0

(2) 用组成离子的电负性进行解释。杨丕鹏[11]指出，当理论值与实验值发生偏差时，几乎都是$\Delta U \approx U_{实验} - U_{理论} > 0$。这说明当晶体中的化学键偏离纯离子键型时，会使晶格能出现某种附加值，主要可归结于原有的离子键中出现一定的共价性的结果，即离子键中的部分共价性对晶格能所做的贡献。由于离子性的贡献，共价键的键能产生一定的附加值，因此有了元素的电负性[10]。杨丕鹏认为，晶格能的附加值也应该是离子晶体的组成离子的电负性的函数，对于“非标准型”离子晶体，其晶格能的经验公式为

$$U = U_1 + \Delta U = U_1\left[1 + 0.23(\chi_+ - 0.35\chi_-)\right] \tag{3-32}$$

式中，U_1 由式(3-31)求得；χ_+ 和 χ_- 为构成晶体的正、负离子的电负性。式(3-32)表明离子键的部分共价性主要取决于正离子的电负性，负离子的电负性只起次要的作用。

(3) 用离子极化进行解释。肖慎修和陈天朗不同意把负离子的电负性对离子键的部分共价性的贡献作为次要因素来对待，认为这和离子键的部分共价性与电负性关系的一般概念及实际情况均不相符，例如，由同一正离子与不同负离子形成的“非标准型”离子晶体，它们的共价性和极化能都可以相差很大[12]。他们从离子极化的一般概念出发，分析了大量实验数据，发现对于所有“非标准型”离子晶体，正、负离子的电负性对极化能 U_p 都有明显的影响，一般 U_p 随电负性差值减少而增加。金属离子 d 轨道上的电子数目 n_d 的影响也很大，对于过渡元素和 18 电子结构的金属离子，U_p 随 n_d 的增加而增加；对于 18+2 电子结构的金属离子，d 轨道电子的影响要小一半(约只相当于 d^5 的情况，可能是由于 s 电子的屏蔽作用)。此外，金属离子的电荷 Z_+ 和在该化合物中的数目 m 都对 U_p 有一定的影响。因此，他们建议用式(3-33)计算“非标准型”离子晶体的 U_p：

$$U_p = -\frac{4.5mZ_+n_d}{\Delta\chi} \tag{3-33}$$

式中，$\Delta\chi$ 为正、负离子的电负性差值；4.5 是一个经验常数。由此式可以近似地量度离子间相互极化作用的大小。

因此，晶格能计算公式为

$$U = U_1 + U_p \tag{3-34}$$

式中，U_1 为把晶体作为“标准型”离子晶体所具有能量，可由式(3-31)求得。

他们用该经验公式对 200 多个化合物的晶格能进行了计算，结果显示对于常见的 $M^{II}X_2$ 和 $M^{II}Y$ 型化合物的一致性较好，而对于 M^{I}_2Y 型和其他类型的某些化合物则较差，这可能是由于它们的共价性较强。显然，对于由极化作用大的金属离子形成的盐，晶体中的离子键有较大的共价成分，负离子变形性大时更是如此。

温元凯和邵俊在详细研究离子极化和变形后，得到了“非标准型”离子晶体的离子极化能，可近似地表示为以下的经验公式[13-14]：

$$U_p = a\frac{Z^{*2}}{r} + b\alpha + c \tag{3-35}$$

式中，第一项是阳离子极化力对离子极化能的贡献；第二项是阴离子变形性对离子极化能的贡献；a、b、c 是经验常数，随晶体分子类型而定。表 3-7 列出了根据各类化合物离子极化能实验值的变化率求得的 a、b、c 数值。

表 3-7　式(3-35)各类型晶体的经验常数

分子类型	a	b	$4c$
$M^{I}X^{I}$	1.6	4	−34.7
$M_2^{I}X^{II}$	4	6	−66.1
$M^{II}X_2^{I}$	1	11	−28.6
$M^{II}X^{II}$	1	11	−34.3
$M^{III}X_3^{I}$	1.5	35	−135
$M_2^{III}X_3^{II}$	3.5	60	−377
$M^{IV}X_4^{I}$	1	90	−205
$M^{IV}X_2^{II}$	1	60	−264

对于某些类型晶体如$M_2^{I}X^{II}$型，阳离子极化力对极化能贡献较大，成为支配极化过程的主要因素，而对另一些类型晶体如$M^{IV}X_4$型，则是阴离子变形性对极化能影响较大，成为支配极化过程的主要因素。至于低价稀有气体构型阳离子所形成的标准型离子晶体，由于阳离子极化力很小，尽管离子极化作用实际上是存在的，一般都忽略不计。

思考题

3-1　如何证明离子晶体的结构质点是正、负离子？

3-2　你认为理论计算晶格能的意义何在？

3-3　1962 年，巴特列在合成 $O_2[PtF_6]$的基础上，通过比较 Xe 与 O_2 的第一电离能和直径，合成了第一个稀有气体化合物 $Xe[PtF_6]$，轰动了整个科学界。请分析巴特列这一发现的理论基础。

晶格能的大小可以用来说明和预言许多典型的离子晶体物质的物理、化学性质及其变化规律。另外，它在许多学科领域也有广泛的应用。在热力学中，晶格能数据可以用来判断键型，结合玻恩-哈伯循环可以计算元素和原子团的电离势、电子亲和能，估算化合物的生成热和稳定性，判断化合物存在的可能性。在矿物学中，晶格能可以解释许多关于从溶液或熔融状态中生成矿物的天然过程，研究矿物的生成次序，判定某些矿物的稳定范围和平衡条件。在地球化学方面，晶格能可以帮助研究地球的构造和历史。总之，晶格能是离子晶体最重要的性质之一，在理论和实际应用上都有重要意义[15-16]。

3.1.6 离子的特征

离子型化合物的性质取决于离子键的强度，由晶格能的概念又知该强度取决于组成化合物的离子的电荷(charge)、半径(radius)和电子组态(electronic configuration)三大特征。

1. 离子的电荷

阳离子通常由金属原子形成，其电荷等于中性原子失去电子的数目。此外，出现在离子晶体中的正离子还可以是多原子离子(如 NH_4^+)，可以是Ⅰ族、Ⅱ族和ⅩⅢ族金属元素形成的电荷等于族号(或族号减 10)的稳定阳离子(如 Li^+、Na^+、K^+、Rb^+、Cs^+、Be^{2+}、Mg^{2+}、Ca^{2+}、Sr^{2+}、Ba^{2+}、Al^{3+})，但并不意味着这些物种总是形成离子化合物，如 Li^+、Be^{2+}、Al^{3+}会形成不少共价化合物。周期表中位于过渡元素之后的主族金属元素(特别是第 5、6 周期元素)可形成稳定的“低价”阳离子，这里的“低价”是指离子电荷数等于以罗马数字表示的族号减去 2(如 In^+、Tl^+、Sn^{2+}、Pd^{2+}、Sb^{3+}、Bi^{3+})。在过渡金属中，Ⅲ族形成稳定的 3 价阳离子(如 Sc^{3+}、Y^{3+}、La^{3+})，其余各族元素形成的稳定离子的电荷通常为+2 和+3，个别为+4。元素形成的阳离子的电荷数一般不大于 4，+4 价离子往往是由半径较大、电离能较小的过渡元素和内过渡元素形成的，如 Th^{4+}和 Ce^{4+}。

阴离子通常由非金属原子形成，其电荷等于中性原子获得电子的数目。同样，出现在离子晶体中的阴离子也可以是多原子离子(如 SO_4^{2-})。最常见的阴离子是由ⅩⅦ族、ⅩⅥ族和ⅩⅤ族上部元素分别获得 1 个、2 个和 3 个电子形成的。Mg_3N_2中也许存在真正的阴离子 N^{3-}，而元素负离子的电荷通常不大于 3。氢在周期表中往往排在碱金属元素锂的上方，而 H^+(裸质子)却很难存在于离子型晶体中。氢的化合物几乎都是共价化合物，形成离子化合物(如 NaH)时以−1 价形式(H^-)出现，显得与卤素更相似。

2. 离子的半径

1) 离子半径数值的确定

不论是负离子还是正离子，其电荷密度都随半径的增大而减小。可以设想，在负、正离子相互“接触”的那一点上，电荷密度是最小的。如果能测得相邻离子间电荷密度的变化曲线并找出极小值所在的部位，该部位就是离子间的分界线。

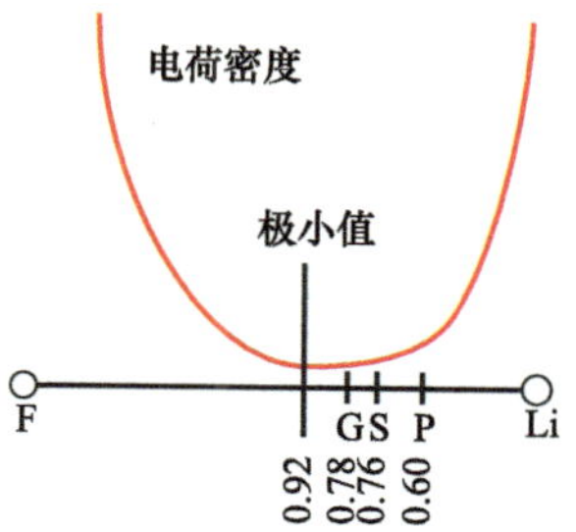

图 3-9　LiF 中电荷密度沿 Li—F 键轴的变化

然而，极小值的精确位置很难确定(图 3-9)，它极易受实验不精确性和两个相邻离子本身性质的影响，电荷密度曲线上出现的是范围颇大的一个最低密度区，而不是一个极小值。图 3-9 给出 LiF 中电荷密度沿键轴的变化，P、G、S 各点分别表示离子 Li^+ 的 Pauling 半径、Goldschmidt 半径和 Shannon 半径。因此，与原子半径一样，由于电子云没有边界，离子半径这个概念也没有确定的含义，严格来讲不能得到真正的离子半径。一般把晶体中两个相互接触的离子之间的平衡距离看作是这两个离子的接触半径之和。在晶体结构中，两个离子之间的平衡距离除取决于离子本身的电子分布外，还要受结构类型和正、负离子半径比 r_+/r_- 的影响。

在离子晶体中，正、负离子相互接触，可以把它们看成是不等径圆球的周期性排列。离子键的键长也就可以被看成是正、负离子不等径圆球相切的核间距。因此，离子半径是指在离子晶体中的接触半径(图 3-10)，即离子键的键长是相邻两种离子的半径之和。通常从 NaCl 型离子晶体出发推引离子半径。在这些晶体中，离子的配位数为 6，r_+/r_- 约为 0.75。离子在这种晶体中的半径称为离子的晶体半径。

NaCl 型离子晶体属面心立方晶格结构，正离子和负离子相间排列，利用 X 射线衍射法可以精确测定 NaCl 型晶体的晶胞常数 a，它的一半就是两种异号电荷离子的半径之和 d(平衡距离即核间距，图 3-11)，即

$$d = \frac{a}{2} = r_+ + r_- \tag{3-36}$$

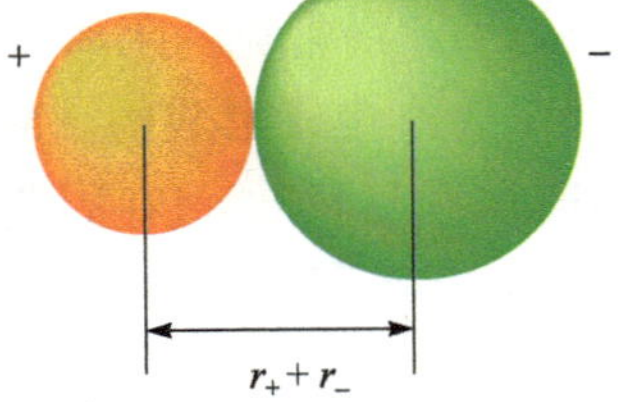

图 3-10 接触半径

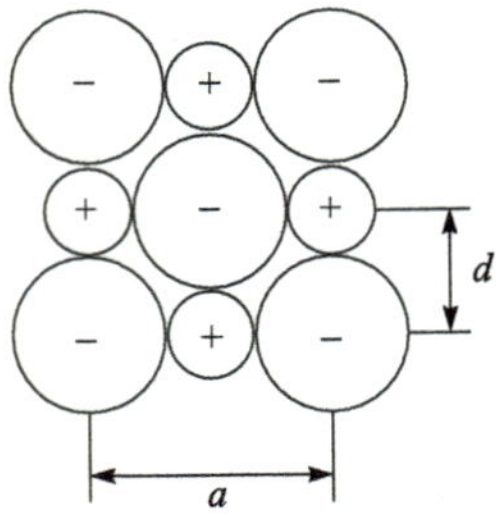

图 3-11 NaCl 型离子晶体的晶胞参数和核间距

离子半径有加和性，这可以从表 3-8 中化合物的核间距之差看出。

表 3-8 **MX** 的核间距 (单位：pm)

	Li	Na	K
Br	275	297	329
Cl	257	281	314
$r_{Br}-r_{Cl}$	18	16	15
	Cl	Br	I
K	314	329	353
Na	281	297	323
r_K-r_{Na}	33	32	30

在由最大的负离子和最小的正离子构成的离子晶体中，发生负离子与负离子接触，而正、负离子之间不接触，如图 3-12(a)所示。

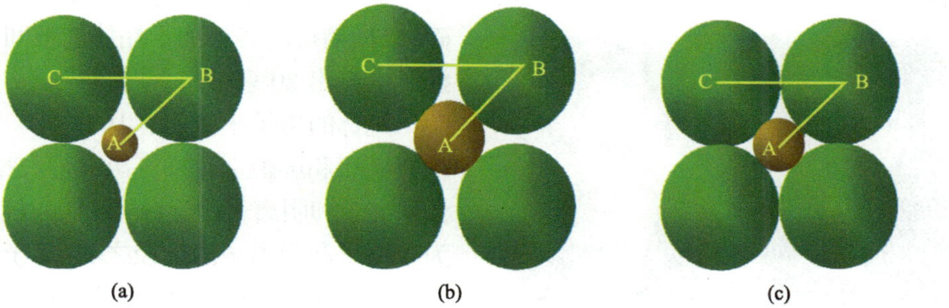

图 3-12　正离子 A 和负离子 B 的三种接触情况

从图 3-12 中可以看出：

$$r_{-} = \frac{d_{A-B}}{\sqrt{2}} \tag{3-37}$$

例如，从 Li 的卤化物(负离子与负离子接触)的晶格常数得出卤素离子的半径 r_{-}，然后利用 NaF、KCl 等晶体中正离子与负离子接触情况分析，推算出金属的离子半径 r_{+}。

又如，从表 3-9 所列的数据可以看出，在硫化物和硒化物中，M—S 与 M—Se 的核间距几乎都没有改变，这就意味着这些化合物的晶体中存在负离子与负离子接触。因此，可以通过表 3-9 的核间距数据，计算出 S^{2-} 和 Se^{2-} 的半径分别为 184 pm 和 193 pm。

其他两种接触情况[图 3-12(b)、(c)]也可用类似的办法从核间距求出正、负离子的半径。

表 3-9　一些离子晶格的核间距　　(单位：pm)

化合物	核间距	化合物	核间距
MgO	210	MnO	224
MgS	260	MnS	259
MgSe	273	MnSe	273

2) 几套离子半径数值的确定

瓦萨斯耶那的离子半径：1923 年，瓦萨斯耶那(J. A. Wasastjerna，1896—1972)[17]按照离子的摩尔折射度正比于它的体积的方法划分离子的大小，获得 8 个正离子和 8

个负离子的半径，包括 F^-(r=133 pm)和 O^{2-}(r=132 pm)的离子半径。

戈尔德施米特的离子半径[18]：1926 年，挪威地球化学家、晶体化学家和矿物学家戈尔德施米特(V. M. Goldschmidt，1888—1947)以瓦萨斯耶那的离子半径为基础，根据测得的各种离子晶体的核间距数据，推算出 80 多种离子的半径。

瓦萨斯耶那

戈尔德施米特

鲍林的离子半径[19]：1927 年，鲍林从核电荷和屏蔽常数推算出一套数据。假设阳离子和阴离子是接触的，认为核间距为阳离子和阴离子的半径之和。对于给定的稀有气体电子构型，假定其半径和外层电子所能感受到的有效核电荷成正比，即

$$r_1 = \frac{C_n}{Z-\sigma} \quad 和 \quad r = r_1 W^{-\frac{2}{(m-1)}} \tag{3-38}$$

式中，r_1 为离子的单价半径；Z 为核电荷数；σ 为屏蔽常数；$(Z-\sigma)$为有效核电荷；C_n 为取决于离子最外电子层的主量子数 n 的常数；r 是电价为 W 的离子的半径；m 为玻恩指数。

3) 离子半径与配位数的关系

对于某个给定的离子，它的离子半径并不是一定的，而是随配位数(图 3-13)、自旋态和其他因素而发生变化。由上述三种方法推算出来的离子半径数据适用于配位数为 6 的 NaCl 型晶体。当配位数改变时，离子半径会发生变化。例如，NH_4Cl 晶体在 184.3℃以上为 CsCl 型，配位数为 8；在 184.3℃以下为 NaCl 型，配位数为 6。例如，鲍林同时考虑到配位数(表 3-10)、几何构性等其他因素的影响，认为配位数为 6 的 O^{2-}的离子半径取 140 pm 更合理些。

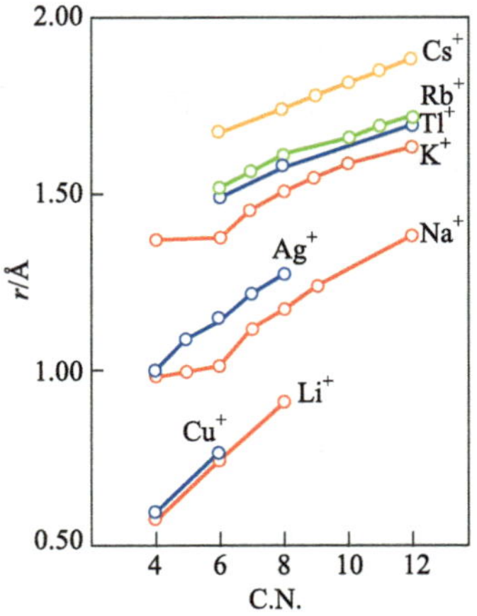

图 3-13 配位数对离子半径的影响

1976 年，香农(R. D. Shannon)等归纳整理实验测定的上千个氧化物、氟化物中正离子和负离子的核间距 d，并假定核间距为阳离子和阴离子的半径之和，还考虑到配位数、几何构型和电子自旋状况等对离子半径的影响，经多次校正，提出一套较完整的离子半径数据[20]，被认为更加接近离子晶体中准确的正、负离子相对大小。

表 3-10 配位数对核间距的影响

配位数	A—B 距离/pm	增加或减少的百分数
12	112	+12
8	103	+3
6	100	0
4	94	−6

4) 半径比效应

上述离子半径数据的引出，除了以 NaCl 型晶体为标准之外，还规定了 $r_+/r_-\approx 0.75$ 的条件。对于 r_+/r_- 不符合这个规定的 NaCl 型晶体(表 3-11)，有四种不同的情况：

(1) $r_+/r_-\approx 0.75$，$(r_+/r_-)=a/2$(a 为正、负离子核间距)，正离子与负离子接触。

(2) $r_+/r_-\approx 0.414$，r_- 相对变大，此时每个负离子既与正离子接触又与负离子接触，外电子层受电子层的双重斥力，故$(r_+/r_-)<a/2$。

(3) $r_+/r_-<0.414$，即 r_- 进一步变大，每个负离子只能与相邻的负离子接触，斥力更大，$(r_+/r_-)<a/2$，而且比(2)小得还要多。

(4) $r_+/r_->0.75$，由于 r_+ 相对变大，负离子与负离子的外层电子之间的斥力减小，缩短了正、负离子的平衡距离，$(r_+/r_-)>a/2$。

鲍林用负离子接触及离子之间斥力解释了半径比对离子半径的影响，并重新规定了离子半径，这套离子半径的数值使 $a/2$ 的计算值与实验值的平均误差在 0.1 pm 以内，而离子半径本身的数值除 F^- 和 Cs^+外，与离子的晶体半径(在 $r_+/r_-\approx 0.75$ 的 NaCl 型晶体中的半径)差别在 0.8 pm 之内。

表 3-11 半径比对 NaCl 型 MX 晶体数据的影响 (单位：pm)

			Li^+		Na^+		K^+	Rb^+	Cs^+	
$(r_+ + r_-)$	F^-		196	(2)	231		269	284	305	(4)
$\frac{a}{2}$			201		231		267	288	301	
$(r_+ + r_-)$	Cl^-		241		276		314	329	350	
$\frac{a}{2}$		(3)	257		281		314	329	347	
$(r_+ + r_-)$	Br^-		255		290	(1)	328	343	364	
$\frac{a}{2}$			275		298		329	343	262	
$(r_+ + r_-)$	I^-		276		331		349	364	385	
$\frac{a}{2}$			302		323		353	366	383	

5) 多原子离子(络离子)的热化学半径

如果已知晶体的晶格能数值，就可以通过晶格能计算公式求得离子的半径。例如，对于 $KClO_4$，U=−590.78 kJ · mol^{-1}，则

$$590.78=\frac{1.202\times10^5\times2\times1\times1}{r_+ + r_-}\left(1-\frac{0.345}{r_+ + r_-}\right)$$

得 $r_+ + r_-$=369 pm。因为 K^+ 的离子半径 r_+=133 pm，所以 ClO_4^- 的离子半径 r_-=369−133=236(pm)。同样可以计算出其他一些多原子离子的半径(表 3-12)。

表 3-12 一些多原子离子的半径 (单位：pm)

离子	CO_3^{2-}	NO_3^-	SO_4^{2-}	PO_4^{3-}	ClO_4^-
r_-	185	189	230	238	236

对于离子半径的几点说明：

(1) 对于某一个给定的离子，它的离子半径随配位数、自旋态和其他因素而发生变化。总体来说，离子半径随正电荷的增多而减小，随负电荷的增多而增大(图 3-14)。

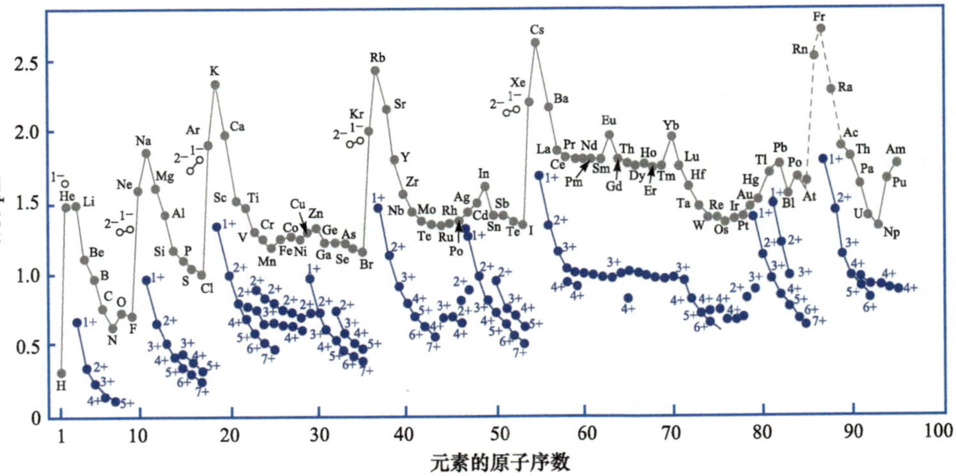

图 3-14 离子半径的周期性显示

其变化规律如下：

对同一主族具有相同电荷的离子而言，半径自上而下逐渐增大。例如：

$$Li^+ < Na^+ < K^+ < Rb^+ < Cs^+;\ F^- < Cl^- < Br^- < I^-$$

对同一元素的正离子而言，半径随离子电荷的升高而减小。例如，$Fe^{3+}<Fe^{2+}$。

对等电子离子而言，半径随负电荷的降低和正电荷的升高而减小。例如：

$$O^{2-} > F^- > Na^+ > Mg^{2+} > Al^{3+}$$

(2) 化学键中不存在彻底的离子键，特别是过渡金属的离子化合物中，具有较强的共价性。这可以利用表 3-13 中钠和银的卤化物的晶胞参数来说明。如果以氟为参照，可以得出 Ag^+ 的离子半径大于 Na^+；但如果以氯或溴为参照，会得到相反的结论。这是因为较强的共价性缩短了 AgCl、AgBr 的键长，所以比较的 Ag^+ 的离子半径出现异常。

表 3-13 NaX 和 AgX 中离子半径的比较 (单位：pm)

X^-	NaX	AgX
F^-	464	492
Cl^-	564	555
Br^-	598	577

注：钠、银卤化物的晶胞边长相当于两个 M—X 键长。所有晶体均为 NaCl 晶形。

(3) 用离子半径解释化合物的性质时应该注意选用同一套数据，混用来源不同的数据多半会导致错误的结论。比较离子半径大小时应使用同一配位数得来的数值，因为离子半径随配位数的增大而增大。

3. 离子的电子组态

元素负离子大都具有稀有气体元素的电子组态，而正离子则随元素在周期表中的不同位置，显示出电子组态的多样性。大体可分为四大类：

(1) 稀有气体组态(8 电子和 2 电子组态)。周期表中靠近稀有气体元素之前和之后的元素得到或失去电子成为这种组态的阴、阳离子(表 3-14)。

表 3-14 具有稀有气体电子组态的离子

15	16	17	18	1	2	3	13
		H^-	[He]	Li^+	Be^{2+}		
N^{3-}	O^{2-}	F^-	[Ne]	Na^+	Mg^{2+}		Al^{3+}
P^{3-}	S^{2-}	Cl^-	[Ar]	K^+	Ca^{2+}	Sc^{3+}	
	Se^{2-}	Br^-	[Kr]	Rb^+	Sr^{2+}	Y^{3+}	
	Te^{2-}	I^-	[Xe]	Cs^+	Ba^{2+}	La^{3+}	

(2) 拟稀有气体组态(18 电子组态)。Ⅺ族、Ⅻ族以及ⅩⅢ族和ⅩⅣ族的长周期元素形成的电荷数等于族号减 10 的正离子具有这种组态(表 3-15)。

表 3-15 具有拟稀有气体电子组态的离子

11	12	13	14
Cu^+	Zn^{2+}	Ga^{3+}	Ge^{4+}
Ag^+	Cd^{2+}	In^{3+}	Sn^{4+}
Au^+	Hg^{2+}	Tl^{3+}	Pb^{4+}

(3) 含惰性电子对的组态(18+2 电子组态)。XIII族、XVI族、XV族长周期元素(特别是它们当中的第 6 周期元素)形成离子时往往只失去最外层的 p 电子，而将两个 s 电子保留下来。例如，Ga^+，In^+，Tl^+；Ge^{2+}，Sn^{2+}，Pb^{2+}；Sb^{3+}，Bi^{3+}。Tl^+、Pb^{2+}和 Bi^{3+}都是非常稳定的阳离子。

(4) 不规则组态(9～17 电子组态)。许多过渡元素形成这种组态的离子，如 Ti^{3+}、V^{3+}、Cr^{3+}、Mn^{2+}、Fe^{3+}、Co^{2+}、Ni^{2+}、Cu^{2+}、Au^{3+}等。一般来说，不同类型的阳离子对同种负离子的结合力大小顺序为

8 电子组态<9～17 电子组态<18 或 18+2 电子组态

3.2 离子极化理论

在晶格能的计算中，由于一般的离子晶体不是接近纯离子型的标准型晶体，当按照纯离子型晶体计算其晶格能时，晶格能的计算值出现一定的偏差。同样，对于一些无机化合物，其熔点、沸点、热稳定性及其他物理性质常会出现反常现象。例如，对于 $BeCl_2$ 和 $MgCl_2$，阳离子的结构和电荷都相同，只有离子半径不同，分别为 27 pm 和 72 pm，熔点却与预测的相反，分别为 688 K 和 981 K。这说明结构中离子间的相互作用影响物质的性质。

3.2.1 离子极化的定义

离子极化是离子在外电场中发生的外层电子云的变形。1923 年，波兰化学家法扬斯(K. Fajans，1887—1975)提出[21]，除 H^+外，其他所有正、负离子都包含带正电的部分(原子核)和带负电的部分(电子)。简单离子没有极性，但它们在外界电场作用下，由于原子核和电子云的相对位移，离子发生变形，产生诱导偶极，这种过程称为离子的极化(ionic polarization，图 3-15)。在离子晶体中，可把晶格看成是由带相反电荷的正、负离子堆砌构成的。每个离子都可看作是处在邻近离子的电场中，因此都受到周围其他离子的作用发生变形而被极化。

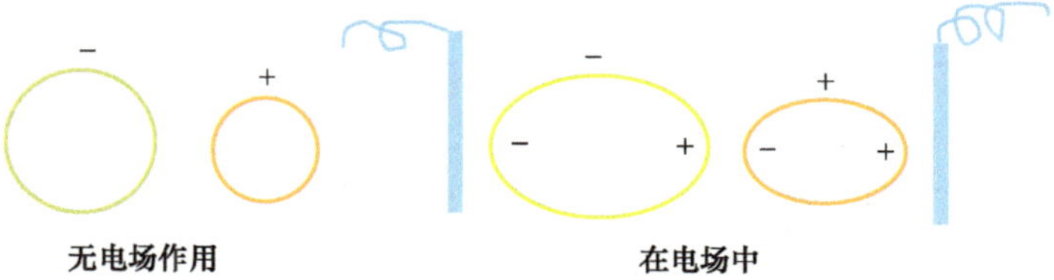

图 3-15　离子在电场中的极化和变形

3.2.2　离子的极化和变形

1. 离子的极化

离子的极化能力取决于晶格中离子对邻近离子作用的静电场强度。Cartledge[22]和徐光宪[23]从离子价电数和离子半径的比值分别提出离子势 $\varphi = \dfrac{Z}{r}$ 和 $\dfrac{Z^2}{r}$ 度量离子极化力，这对解释稀有气体构型离子及其化合物性质方面有一定意义，但用于非稀有气体构型离子就遇到很大困难。例如，Na^+和 Cu^+，电荷数相等，离子半径接近，因此离子势几乎相等。但实验事实表明，Cu^+的极化力远大于 Na^+，原因在于二者的电子构型不同。前者是非稀有气体构型，后者是稀有气体构型。

温元凯和邵俊在前人研究的基础上提出，要较好地反映离子极化的客观规律，应该采用有效核电荷的概念[14]。有效核电荷能较好地反映原子中电子间的相互作用和影响，因此比较符合离子对其他离子外层电子云作用的真实情况。表 3-16 列出了以 $\dfrac{Z^{*2}}{r}$ (其中 Z^*为有效核电荷)作为阳离子极化力的标度。表 3-16 是以斯莱特(J. C. Slater，1900—1976)的屏蔽规则为基础制定的[24]，但斯莱特规则对重原子不尽适用[25]。温元凯和邵俊参考了徐光宪等[26]和 Burns[27]对电子屏蔽规则的讨论，对斯莱特规则做了某些修正，得到表 3-17，可以更好地解释一些化学事实，如无机化学中的 s 电子效应。

表 3-16　离子的极化力 (Z^{*2}/r)

Li^+ 3.8	Be^{2+} 21.8											B^{3+} (60)	C^{4+} (139)	N^{3+} (116)	O^{2-} 0.5	F^- 0.03
Na^+ 4.9	Mg^{2+} 13.1											Al^{3+} 31.0	Si^{4+} 69.4	P^{3+} (42)	S^{2-} 0.4	Cl^- 0.02
															S^{4+} (76)	
K^+ 3.6	Ca^{2+} 9.7	Sc^{3+} 21.3	Ti^{2+} 12.7	V^{2+} 19.7	Cr^{2+} 25.8	Mn^{2+} 30.3	Fe^{2+} 41.9	Co^{2+} 52.3	Ni^{2+} 66.5	Cu^{2+} 77.0	Zn^{2+} 64.2	Ga^{3+} 99.7	Ge^{4+} 160.2	As^{3+} 69.0	Se^{2-} 0.3	Br^- 0.02
			Ti^{3+} 19.3	V^{3+} 28.5	Cr^{3+} 38.3	Mn^{3+} 47.8	Fe^{3+} 58.3	Co^{3+} 74.4	Ni^{3+} 95.0	Cu^+ 42.6			Ge^{2+} 38.7		Se^{4+} (125)	

续表

			Ti^{4+} 42.3	V^{4+} 35.5		Mn^{4+} 70.8										
Rb^{+} 3.2	Sr^{2+} 8.1	Y^{3+} 16.6	Zr^{4+} 31.1	Nb^{4+} 53.1	Mo^{4+} 69.2	Tc^{4+} 84.4	Ru^{3+} 86.1	Rh^{3+} 101.3	Pd^{2+} 86.0	Ag^{2+} 92.0	Cd^{2+} 57.6	In^{3+} 82.3	Sn^{4+} 127.1	Sb^{3+} 30.3	Te^{2-} 0.3	I^{-} 0.02
								Rh^{2+} 79.0		Ag^{+} 39.7			Sn^{2+} 16.3		Te^{4+} (56)	
Cs^{+} 2.9	Ba^{2+} 7.2	La^{3+} 14.5	Ce^{3+} 15.6							Au^{+} 71.0	Hg^{2+} 105.3	Tl^{3+} 133.9	Pb^{4+} 196.8	Bi^{3+} 62.6		
			Ce^{4+} 26.5									Tl^{+} 26.7	Pb^{2+} 40.4			

注：稀有气体构型离子(包括镧系)吸引更外一层的 s 电子。

表 3-17　离子中电子屏蔽系数

		屏蔽电子														
		1s	2s	2p	3s	3p	3d	4s	4p	4d	5s	5p	4f	5d	6s	6p
屏蔽电子	1s	0.30	0	0	0	0	0	0	0	0	0	0	0	0	0	0
	2s	0.64	0.35	0.35	0	0	0	0	0	0	0	0	0	0	0	0
	2p	0.85	0.35	0.35	0	0	0	0	0	0	0	0	0	0	0	0
	3s	1	0.85	0.85	0.35	0.35	0	0	0	0	0	0	0	0	0	0
	3p	1	0.85	0.85	0.35	0.35	0	0	0	0	0	0	0	0	0	0
	3d	1	1	1	1	1	0.35	0	0	0	0	0	0	0	0	0
	4s	1	1	1	0.85	0.85	0.59	0.35	0.35	0	0	0	0	0	0	0
	4p	1	1	1	1	0.85	0.83	0.35	0.35	0	0	0	0	0	0	0
	4d	1	1	1	1	1	1	0.84	0.82	0.35	0	0	0	0	0	0
	5s	1	1	1	1	1	1	0.85	0.85	0.55	0.35	0.35	0	0	0	0
	5p	1	1	1	1	1	1	1	0.96	0.93	0.35	0.35	0	0	0	0
	4f	1	1	1	1	1	1	1	1	1	1	0.75	0.35	0	0	0
	5d	1	1	1	1	1	1	1	1	1	0.76	0.75	0.69	0.35	0	0
	6s	1	1	1	1	1	1	1	1	1	0.85	0.85	0.91	0.36	0.35	0.35
	6p	1	1	1	1	1	1	1	1	1	1	1	0.95	0.67	0.35	0.35

1987 年，蒲生森提出计算离子的极化力时，不应省略掉看似“可以忽略不计的”附加极化力，得到计算极化力的经验公式[28]：

$$F=\frac{Z_e^2}{r}+\frac{M_eA-Z_e}{Z_e} \tag{3-39}$$

式中，F 为阳离子的极化力；Z_e 为阳离子的电荷数；M_e 为阳离子的电子层数；A 为经验常数，随离子的电子层构型和离子的电子层数的不同而不同(表 3-18)。由此可得到常见金属离子极化力顺序表 3-19。

表 3-18 计算离子极化力的经验常数 A 值

离子层	离子构型				
	2 电子	8 电子	9～17 电子	18 电子	18+2 电子
1	2.5	—	—	—	—
2	—	0	—	—	—
3	—	0	6.55	6.50	—
4	—	0	—	6.50	—
5	—	0	—	6.50	7.70
6	—	—	—	—	7.70

表 3-19 一些常见金属离子极化力顺序表

离子	构型	r	Z_e^2/r	$(M_eA-Z_e)/Z_e$	F	顺序
Ti^{4+}	8	0.68	23.53	0	23.53	1
Al^{3+}	8	0.51	17.65	0	17.65	2
Cr^{3+}	9～17	0.63	14.29	2.18	16.47	3
Fe^{3+}	9～17	0.64	14.06	2.18	16.24	4
Bi^{3+}	18+2	0.96	9.37	3.57	12.94	5
Be^{2+}	2	0.35	11.43	1.25	12.68	6
Sc^{3+}	8	0.73	12.33	0	12.33	7
Sn^{2+}	18+2	0.93	4.30	5.35	9.65	8
Ni^{2+}	9～17	0.69	5.80	3.78	9.52	9
Cu^{2+}	9～17	0.72	5.56	3.78	9.34	10
Co^{2+}	9～17	0.72	5.56	3.78	9.34	10
Ag^{+}	18	1.26	0.79	8.50	9.29	11
Fe^{2+}	9～17	0.74	5.41	3.78	9.19	12
Pb^{2+}	18+2	1.20	3.33	5.85	9.18	13
Zn^{2+}	18	0.74	5.41	3.75	9.16	14
Mn^{2+}	9～17	0.80	5.00	3.78	8.78	15
Cd^{2+}	18	0.97	4.12	3.75	7.87	16
Hg^{2+}	18	1.10	3.64	3.75	7.39	17
Mg^{2+}	8	0.66	6.06	0	6.06	18
Ca^{2+}	8	0.99	4.04	0	4.04	19
Li^{+}	2	0.68	1.47	2.5	3.97	20
Sr^{2+}	8	1.12	3.57	0	3.57	21
Ba^{2+}	8	1.34	2.99	0	2.99	22
Na^{+}	8	0.97	1.03	0	1.03	23
K^{+}	8	1.33	0.75	0	0.75	24
Rb^{+}	8	1.47	0.68	0	0.68	25
Cs^{+}	8	1.67	0.60	0	0.60	26

从这些结果可以看出，离子的正电荷越多、半径越小，极化力越强。当两种离子的电荷相同和半径相近时，离子的极化力取决于外层电子的结构：8 电子外层的离子，极化力弱；9～17、18 以及 18+2 电子外层的离子，极化力较强。

2. 离子的变形

负离子的半径一般较大，外壳上有较多的电子，易于被诱导，变形性大。通常考虑离子间的相互作用时，考虑正离子的极化作用和负离子的变形性。离子的变形性(被极化的程度)的大小也受离子的电荷、半径和外电子层结构的影响。离子的正电荷越少或负电荷越多、离子的半径越大，就越易被其他离子的电荷极化。在其他离子的电场作用下，离子中产生的诱导偶极的大小是变形性的直接量度，而偶极的大小则又取决于外层电子轨道位移的大小以及发生位移的轨道数。众多电子轨道的微小位移所产生的偶极要比少数电子轨道的较大位移所产生的偶极大。因此，当其他条件相同时，18 电子外层的离子比 8 电子外层的离子变形性大。

离子的变形性可由离子极化率 α 量度。极化率定义为粒子在单位电场中被极化所产生的偶极矩。在电场作用下，离子的电子云分布偏离原子核，造成负电荷中心偏离，产生诱导偶极矩

$$\alpha = \frac{\mu}{E} = \frac{el}{E} \tag{3-40}$$

式中，E 为离子的静电场强度；μ 为被极化离子所产生的偶极矩；e 为电子的电荷；l 为偶极的长度。

Born 等[29]、Kordes[30]对于等电子序列离子提出过离子极化率和有效核电荷及离子半径、电价、玻恩推斥指数之间的经验关系式。巴查诺夫[31]和 Pirenne 等[32]补充和分析了离子极化率的数值。因为离子极化率计算过程复杂，不同来源的数值彼此有一定偏差，所以法扬斯于 1924 年用实验方法得到的离子极化率数值[33]仍被广为应用。表 3-20 列出了根据晶体折光数据求得的晶体中离子的极化率数据[34]。

表 3-20　离子极化率　　(单位：$Å^3$)

				Li^+	0.03		
O^{2-}	(2.4)	F^-	0.64	Na^+	0.41		
S^{2-}	(5.5)	Cl^-	2.96	K^+	1.33	Ca^{2+}	1.1
Se^{2-}	(7.0)	Br^-	4.16	Rb^+	1.98	Sr^{2+}	1.6
Te^{2-}	(9.0)	I^-	6.43	Cs^+	3.34	Ra^{2+}	2.5

Cu^+ 1.6　Cu^{2+} 0.2　As^+ 2.4　Zn^{2+} 0.8　Cd^{2+} 1.8　Pb^{2+} 4.9　Ge^{4+} 1.0　Sn^{4+} 3.4　OH^- 3.78*
NO_3^- 2.59　$HCOO^-$ 1.90*　CH_3COO^- 2.07*　CN^- 5.56*　SCN^- 2.30*　SO_4^{2-} 3.56*　CO_3^{2-} 2.27*

注：标*者为温元凯和邵俊的补充数据。

1927 年，鲍林用半经验的方法进行了一些离子的极化率数值的计算[35]，虽然鲍林的公式用于主量子数较大的一些离子极化率计算时误差较大，但至今仍是常用的比较完整的数值之一。

1931 年，斯莱特建立了离子极化率 α 的关系式

$$\alpha = \frac{Sa_0^3}{Z^{*4}} \cdot \frac{n^{*4}(n^*+1)^2\left(n^*+\frac{1}{2}\right)^2}{2} \tag{3-41}$$

式中，n^*为离子最外层轨道有效主量子数；Z^*为有效核电荷数；S 是最外层轨道的电子数；a_0 为玻尔半径。

对于等电子系列离子，式(3-41)可表示为

$$\alpha = \frac{an}{Z^{*4}} = \frac{an}{(Z-\sigma)^4} \tag{3-42}$$

其中

$$an = \frac{Sa_0^3}{2} n^{*4}(n^*+1)^2\left(n^*+\frac{1}{2}\right)^2 \tag{3-43}$$

与有效主量子数 n^*和外层电子数 S 有关，对同一等电子系列离子为常数。

原则上，对于已知电子结构的离子，如果知道了有效主量子数 n^*和屏蔽系数 σ 值，就可以计算出离子的极化率。

1974 年，游效曾[36]将原子的电负性扩大到离子，并考虑离子的极化力，得到应用更为广泛的极化率计算公式：

$$\alpha = 0.138\left(\frac{r^2}{Z^*}\right)^{0.830} n^* C \tag{3-44}$$

式中，参数 C 为常数，对 18 电子构型为 2.80，对其他电子构型为 2.68；Z^*和 n^*分别为按斯莱特规则计算的作用于最外层上电子的有效核电荷及有效主量子数。

式(3-44)摆脱了实验数据的限制，可以获得较为广泛的离子极化率。将鲍林的原有数据[35]和此公式计算所补充的数据相配合，就得到了较为完整的离子极化率数据(表 3-21)[36]。

法扬斯

游效曾

表 3-21　自由离子的极化率α　　(单位：Å³)

1H 1− 1.02																	2He 0.201
3Li 1+ 0.029	4Be 2+ 0.008											5B 3+ 0.003	6C 4+ 0.0013	7N 3+ 0.012 5+ 0.0008	8O 2− 3.88 6+ 0.0004	9F 1− 1.04 7+ 0.0003	10Ne 0.390
11Na 1+ 0.179	12Mg 2+ 0.094											13Al 3+ 0.054	14Si 4+ 0.033	15P 3+ 0.162 5+ 0.0198	16S 2− 10.2 4+ 0.107 6+ 0.014	17Cl 1− 3.66 5+ 0.0828 7+ 0.010	18Ar 1.62
19K 1+ 0.839	20Ca 2+ 0.472	21Sc 3+ 0.286	22Ti 2+ 0.710 3+ 0.557 4+ 0.185	23V 2+ 0.781 3+ 0.498 4+ 0.126 5+ 0.369	24Cr 2+ 0.702 3+ 0.383 6+ 0.087	25Mn 2+ 0.527 3+ 0.329 4+ 0.234 7+ 0.063	26Fe 2+ 0.470 3+ 0.336	27Co 2+ 0.453 3+ 0.294	28Ni 2+ 0.386	29Cu 1+ 0.428 2+ 0.294	30Zn 2+ 0.288	31Ga 3+ 0.198	32Ge 2+ 0.513 4+ 0.143	33As 3+ 0.496 5+ 0.103	34Se 2− 10.5 4+ 0.259 6+ 0.0753	35Br 1− 4.77 5+ 0.214 7+ 0.0594	36Kr 2.46
37Rb 1+ 1.40	38Sr 2+ 0.86	39Y 3+ 0.55	40Zr 4+ 0.37	41Nb 4+ 0.910 5+ 0.261	42Mo 4+ 0.708 6+ 0.190	43Tc 7+ 0.186	44Ru 4+ 0.543	45Rh 3+ 0.667 4+ 0.504	46Pd 2+ 0.716 4+ 0.468	47Ag 1+ 1.72 2+ 0.793	48Cd 2+ 1.09	49In 3+ 0.730	50Sn 2+ 1.16 4+ 0.499	51Sb 3+ 0.927 5+ 0.360	52Te 2− 14.0 4+ 0.750 6+ 0.261	53I 1− 7.10 5+ 0.75 7+ 0.194	54Xe 3.99
55Cs 1+ 2.42	56Ba 2+ 1.55	57La 3+ 1.04	72Hf 4+ 0.494	73Ta 5+ 0.358	74W 4+ 0.750 6+ 0.280	75Re 4+ 0.881 7+ 0.208	76Os 4+ 1.13 6+ 0.690	77Ir 4+ 0.647	78Pt 2+ 1.43 4+ 0.586	79Au 1+ 1.88 3+ 0.887	80Hg 2+ 1.24	81Tl 1+ 3.13 3+ 0.868	82Pb 2+ 2.00 4+ 0.618	83Bi 3+ 1.74 5+ 0.457	84Po 6+ 0.419	85At 7+ 0.346	86Rn 4.31
87Fr 1+ 2.80	88Ra 2+ 1.73	89Ac 3+ 1.17															

57La 3+ 1.04	58Ce 3+ 0.736 4+ 0.736	59Pr 3+ 0.971 4+ 0.715	60Nd 3+ 0.949	61Pm 3+ 0.923	62Sm 3+ 0.900	63Eu 2+ 1.18 3+ 0.889	64Gd 3+ 0.859	65Tb 2+ 0.821 3+ 0.473	66Dy 3+ 0.791	67Ho 3+ 0.757	68Er 3+ 0.738	69Tm 3+ 0.730	70Yb 2+ 0.968 3+ 0.689	71Lu 3+ 0.661
89Ac 3+ 1.1	90Th 4+ 0.857	91Pa 3+ 1.06 4+ 0.789 5+ 0.640	92U 3+ 1.04 4+ 0.767 6+ 0.500	93Np 3+ 0.995 4+ 0.731	94Pu 3+ 0.957 4+ 0.703	95Am 3+ 0.929 4+ 0.684	96Cm	97Bk	98Cf	99Es	100Fm	101Md	102No	103Lr

1983 年，陈天朗等[37]认为，只考虑最外层电子对极化率的贡献是不够的。对于 18+2 电子构型的离子，还必须考虑次外层轨道电子对极化的贡献。此外，考虑到主量子数相同，l 不同的轨道，有效核电荷 Z^*也不同，因此他们认为应把斯莱特的极化率公式加以改进和扩充，使它计算的结果不仅更正确，而且可以推广至非球形对称离子。改进后的公式为[38]

$$\alpha = \frac{a_0^3}{2}\sum_{n^*l}\frac{S_{n^*l}n^{*4}(n^*+1)^2\left(n+\frac{1}{2}\right)^2}{Z_{n^*l}^{*4}} = \sum_{n^*l}\frac{S_{n^*l}N^{*4}C_n^*}{Z_{n^*l}^{*4}} = \sum_{n^*l}\alpha_{n^*l} \tag{3-45}$$

综上所述，在研究离子极化率计算值的准确性方面，研究者主要集中在对有效核电荷、有效主量子数和屏蔽系数值的修正，以及对考虑外层轨道电子、次外层轨道电子对极化的贡献两方面。然而，众人所得数据各有千秋，并非一致，加之目前在理论计算上的不足，真正深入细致的探究还需要时间。但总体来说，离子半径越大，核外电子越多，极化率越大。负离子极化率一般大于正离子。负离子价越高，极化率越大；正离子价越高，极化率越小。含 d 电子多的正离子极化率大。

3. 附加极化作用

附加极化又称相互极化或反极化。负离子被极化后，在一定程度上增强了负离子对正离子的极化作用，它也会对正离子产生反极化作用，尤其是正离子也较易变形时，这种极化就不能忽略。结果正离子被极化后，又增加了它对负离子的极化作用。这种加强的极化作用称为附加极化。因此，起极化作用离子的极化能力与被极化离子的可变形性共同决定了极化作用的程度。

3.2.3 离子极化对化合物性质的影响

1. 极化对离子晶体晶形的影响

1) 离子极化与键型关系

随着离子极化的增强，离子间的核间距缩短，会引起化学键型的变化，键的性质可能从离子键逐步过渡到共价键，即经过一系列中间状态的极化键，最后可转变为极化很强的共价键(图 3-16)。例如，极化力强和变形性大的离子间，特别是含 d^n 电子的正离子(如 Ag^+、Hg^{2+} 等)与变形性大的负离子(如 I^-、Br^-、S^{2-} 等)之间，会产生较大的相互极化，导致离子键向共价键过渡(表 3-22，图 3-17)。

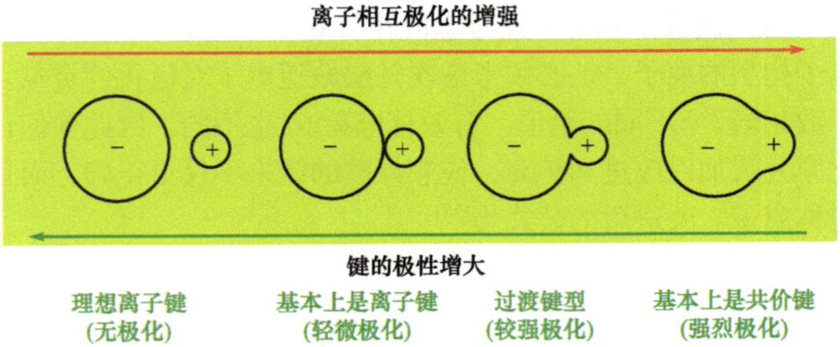

图 3-16 极化作用与键型过渡

表 3-22 卤化银的核间距和化学键型

卤化银	理论值/pm	实测值/pm	差值/pm	键型	晶体类型	配位数
AgF	126+136=262	246	16	离子型	NaCl	6∶6
AgCl	126+181=307	277	30	过渡型	NaCl	6∶6
AgBr	126+195=321	288	33	过渡型	NaCl	6∶6
AgI	126+216=342	299	43	共价型	ZnS	4∶4

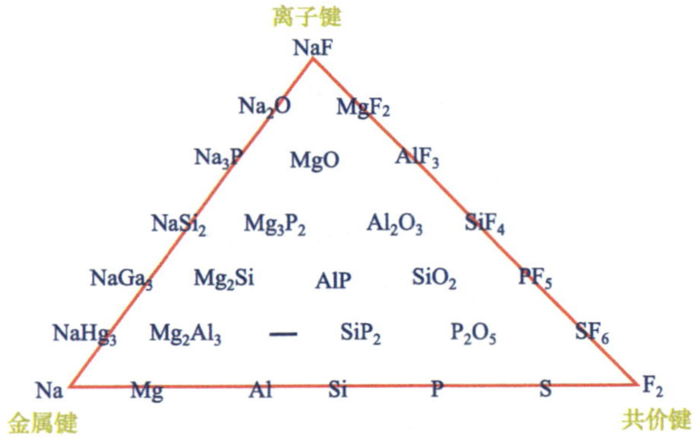

图 3-17 若干化合物的键型示意图

图 3-17 是按周期表规律排列的若干化合物的键型示意图。图 3-17 中除三角形的三个顶点上所标明的化合物外，其余的化合物多少包含有其他键型的因素并逐渐过渡，这种现象称为键型的变异现象。键型变异是和离子的极化、电子的离域以及轨道的重叠成键等因素密切相关的，只要某种条件具备，就会产生和这种条件相应的成键作用。这正好解释了表 3-22 的现象。

2) 单键的离子性百分率

近代实验证实，CsF 是最典型的离子键，但是其键也只有 92%的离子性。因此，从离子间极化观点来看，人们平常所说的离子型化合物和共价型化合物也只是相对的，不存在严格的分界线，因为当正、负离子靠近成键时总会有电子云的重叠交盖，那便是“共价键成分”了。关于对单键离子性百分率的认识和半经验、经验计算公式的研讨可归纳如下：

(1) 鲍林认为[38]，极端的共价型分子和离子型分子之间可以通过调整分子的结构参数而发生连续过渡。对于两原子单键分子，当这些参数取某些数值时，可以得到极端的共价型分子 $\psi_{\mathrm{A:B}}$ 和极端的离子型分子 $\psi_{\mathrm{A^+B^-}}$；取中间数值时，可以得到处于中间状态的过渡性分子，其分子结构用 $a\psi_{\mathrm{A:B}}+b\psi_{\mathrm{A^+B^-}}$ 表示，其中 A 和 B 为成键的两种元素的原子。对于每一组结构参数，组合系数 a 和 b 的比值 b/a 应使键能最大。随着比值 b/a 从零到无限大变化，键型随之发生无间断的变化。

实际上，由于各种元素间固有的电负性和电子的波动性，两种极端的键型不能存在，而客观上存在的只能是鲍林意义下的中间状态。为了描述这些处于中间状态的分子的特性和差别，鲍林把共价分子的离子性定义为该分子实际电偶极矩 μ 与 μ_0 之比，这里 μ_0 是假定该分子为极端离子型分子时的分子偶极矩，$\mu_0=eR_0$，其中 R_0 为平衡时两核间的距离。鲍林还指出可以用下式计算 A—B 键的离子性：

$$i=\frac{\mu}{\mu_0}\approx 1-\mathrm{e}^{-\frac{1}{4}(\chi_\mathrm{A}-\chi_\mathrm{B})^2} \tag{3-46}$$

式中，χ_A、χ_B 为元素 A、B 的电负性值，其理论计算与实验观测值间关系如图 3-18 所示。从图 3-18 中可以看出，通常所称的共价型分子 IBr、HI、HCl、HBr 等的离子性实验值和鲍林所给出的理论曲线符合较好，而对离子型分子，则相差较大。也就是说，鲍林的近似式只适用于共价成分较大的分子，而对离子成分较大的分子需另作考虑。

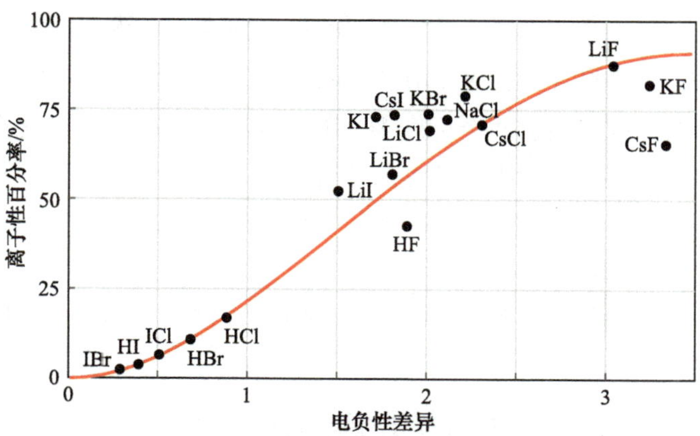

图 3-18　分子离子性与电负性间的关系(点为实验值，线为计算值)

与鲍林持有相同观点的还有 Coulson[39]。他与鲍林一直主张离子性的观测值应用 μ_{ob}/eR 表示。按照现代概念，一个异极键的观测值偶极矩 μ_{ob} 应由下述四项构成：

$$\mu_{ob} = \mu_p + \mu_s + \mu_h + \mu_i \tag{3-47}$$

式中，μ_p 为初级偶极矩，$\mu_p = (\lambda^2-1)eR/(1+\lambda^2+2\lambda S)$，它由键的初级极化产生；$\mu_s$ 为同极矩；μ_h 和 μ_i 分别为由轨道杂化和非键电子极化产生的偶极矩。显然，只有 μ_p 与键的离子性有关。高德(W. Gordy，1909—1985)通过计算指出[40]，氢卤分子的 μ_p 比 μ_{ob} 大约 3 倍。可见，用 μ_{ob}/eR 作为离子性标度会引进不能容许的误差。

(2) 威尔姆休斯特(J. K. Wilmshust，1931—2010)用电负性分数差 δ 代替鲍林公式中的$\Delta\chi$对键的离子性百分数进行计算：

$$i = \delta = \frac{\chi_- - \chi_+}{\chi_- + \chi_+} \tag{3-48}$$

表 3-23　用$\Delta\chi$和 δ 对化合物键型的判断

化合物	$\Delta\chi$	δ	键型判断结果
BF_3	1.94	0.32	共价键型
LiBr	1.98	0.50	离子键型
LiI	1.84	0.53	离子键型
Al_2O_3	1.83	0.36	共价键型

在表 3-23 所示的 4 种化合物中，LiBr、LiI 具有典型的离子键，而 Al_2O_3、BF_3 则显出部分共价性。用$\Delta\chi$ 难以对这 4 种化合物进行判别，用 δ 却可以明显地对它们进行判别，因此 δ 应该是离子极化作用的更好标度。当然，Z^2/r 反映了静电势能的大小，静电势能的增加也附加增强了阳离子的极化能力，因此 Z^2/r 值也是阳离子极化能力的标度。在这两个标度中，δ 越小、Z^2/r 越大，极化作用就越大，使得离子键向共价键转化，因此从这两个标度应该可以判别键型，其中各值的大小是极化作用的主要标度。图 3-19 所示的结果表明，当 $Z^2/r > 80\delta-11$ 时为共价键；反之为离子键，交界处为过渡键型。

(3) 1970 年，汉纳(N. B. Hannay)和斯迈思(C. P. Smyth)仍从电负性出发提出了一个半经验公式[41]：

$$离子性百分率=[16(\Delta\chi)+3.5(\Delta\chi)^2] \tag{3-49}$$

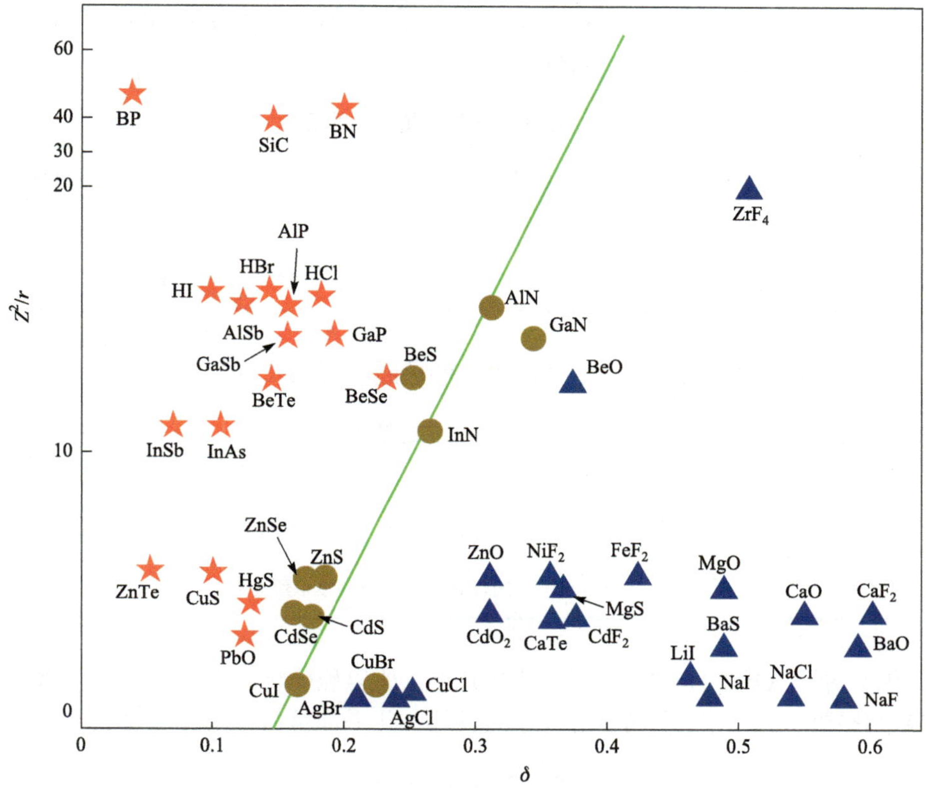

图 3-19 Z^2/r 及 δ 对键型的判断

(4) 1984 年，曾旭[42]在肯定键的离子性百分率与电负性有关的前提下，考虑到有些分子的原子个数不同，影响分子中原子间排布，从而影响分子的形状，使得诸如 SO_2 和 SO_3 的性质不同，提出如下键的离子性百分率的新经验公式

$$离子性百分率 = \sqrt{\frac{n_+}{n_-}} \cdot \chi_2^2 \lg\left[10(\Delta\chi)^2(\chi_1 + \chi_2)\right] \tag{3-50}$$

式中，n_+ 表示电负性较小的原子个数；n_- 表示电负性较大的原子个数；χ_1 表示较小的电负性；χ_2 表示较大的电负性。他们经过计算认为新经验公式与实验值的符合性较汉纳和斯迈思公式好，并且新经验公式与实验值相差较小。

2. 极化对无机化合物颜色变化规律的影响

离子极化之后，电子能级改变，致使激发态和基态间的能量差变小，物质对光的特征吸收就随着极化作用的加强而向较长波长段移动，致使物质颜色逐步加深。极化程度越强，颜色越深。

在离子化合物中，阳离子的极化力越强，化合物的颜色越深。例如第 4 周期元素的离子，从 K^+ 到 Mn^{7+}，电子构型均为 s^2p^6，但极化力逐渐加强，因此它们的氧化物颜色也逐渐加深(表 3-24)。

表 3-24 第 4 周期元素氧化物的颜色

化合物	K_2O	CaO	Sc_2O_3	TiO_2	V_2O_5	CrO_3	Mn_2O_7
颜色	白色	白色	白色	白色	橙色	暗红色	黑绿色
极化力	3.6	9.7	21.3	42.7	9.7	148	225

在离子晶体中，阴离子变形性越大，颜色越深(表 3-25)。

表 3-25 卤化钴的颜色

化合物	CoF_2	$CoCl_2$	$CoBr_2$	CoI_2
颜色	浅红	浅蓝	亮绿	黑色
变形性	随着卤离子半径增大变形性增大			

因为 S^{2-}、O^{2-}、OH^- 的变形性依次减小，所以硫化物的颜色总比氧化物深，而氢氧化物的颜色则除金属本身有色的以外，几乎都是白色的(表 3-26)。

表 3-26 氢氧化物、氧化物和硫化物的颜色

氢氧化物	颜色	氧化物	颜色	硫化物	颜色
$Fe(OH)_2$	白色	FeO	黑色	FeS	黑色
$Co(OH)_2$	白色	CoO	灰绿色	CoS	黑色
$Sn(OH)_2$	白色	SnO	灰色	SnS	棕黄色

然而，物质的颜色问题是一个十分重要但又非常复杂的问题。因为颜色涉及色彩学、光学、化学、心理学等诸多不同的领域，其显色又受到物质本性、温度、湿度、分散度等各种因素的影响，仅从某一方面描述物质显色规律常会出现很大的偏差[43]。例如，无机物的生色还有 d-d 跃迁或 f-f 跃迁，荷移跃迁等机理。不能简单地使用离子极化理论解释一切化合物颜色的生成机理。

3. 极化对无机化合物溶解度变化规律的影响

物质在水中的溶解度主要取决于其键型及组分离子的水合能。键型趋近离子键的，溶解度大；组分离子水合能大的，溶解度大。如前所述，离子的极化能使

键型由离子键向共价键过渡。因此，随着极化程度的加强，溶解度将变小。例如，

(1) ⅠA 族金属卤化物的溶解度比ⅠB 族的大。

(2) AgX 的溶解度随 Cl^-、Br^-、I^- 的次序递减(表 3-27)。

表 3-27　AgX 的溶解度

AgX	AgCl	AgBr	AgI
溶解度/[g · (100 g H_2O)$^{-1}$]	1.54×10^{-4}	8.4×10^{-6}	2.7×10^{-7}

(3) 金属碳酸盐ⅠA 族比ⅡA 族易溶。

(4) 同种金属的硝酸盐溶解度大于碳酸盐。

4. 极化对无机化合物热稳定性变化规律的影响

随着极化程度的增强，晶格能降低，热稳定性降低，越易分解。例如，$NaHCO_3$ 在 150℃左右即分解，而 Na_2CO_3 在 850℃左右才分解。Na^+与 H^+相比，半径大，又是稀有气体型外壳，它极化 CO_3^{2-} 的能力远比 H^+ 差。因此，Na_2CO_3 中的 CO_3^{2-} 基本上可看作是对称的等边三角形结构，有一定的稳定性。但在 $NaHCO_3$ 中，由于 H^+ 的强极化作用和钻透能力，C—O 键被削弱，结构的对称性也因为 H^+ 的存在而被破坏，故稳定性变差。

极化对含氧酸盐的热稳定性也有影响(表 3-28)。

表 3-28　铍族碳酸盐的分解温度

MCO_3	$BeCO_3$	$MgCO_3$	$CaCO_3$	$SrCO_3$	$BaCO_3$
M^{2+}极化力/($\times10^{-2}$ pm^{-1})	21.8	13.1	9.7	8.1	7.2
分解温度/K	298	813	1183	1563	1633

$BeCO_3$ 和 $BaCO_3$ 是同族元素的同类型含氧酸盐，它们的分解温度却相差很大。从表 3-28 可以看出：金属离子的极化力越大，其碳酸盐加热时越不稳定。图 3-20(a)表示在稳定的 CO_3^{2-} 中，把 C 原子看成 C^{4+}，它使周围的三个 O^{2-}变形。M^{2+}可看作是外电场，主要极化邻近那个 O^{2-} [图 3-20(b)]，最终导致 CO_3^{2-} 的解体。可以看出，M^{2+}的极化力越强，碳酸盐越不稳定，分解温度越低。由于 M^{2+}对 O^{2-} 的极化与 C^{4+} 方向相反，产生了反极化作用力。在铍族碳酸盐中，由于 Be^{2+}的极化力最强，必然导致 Be^{2+}对 CO_3^{2-} 的反极化作用也最强，所以 $BeCO_3$ 的分解温度最低。

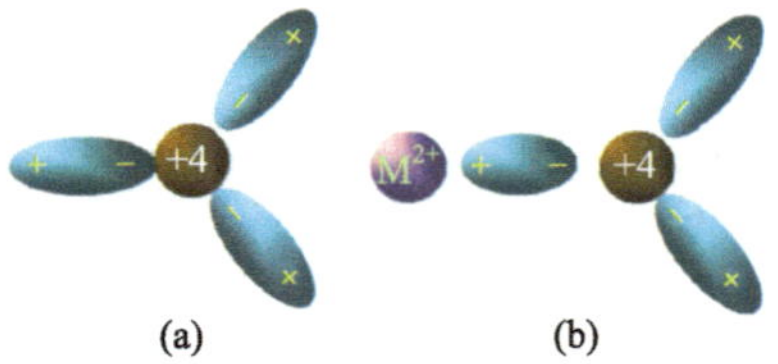

图 3-20 M^{2+} 对 CO_3^{2-}的反极化作用

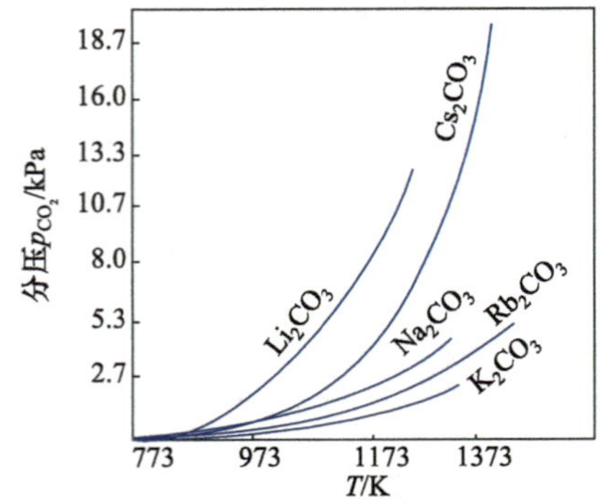

图 3-21 碱金属碳酸盐的热分解曲线

图 3-21 为碱金属碳酸盐的热分解曲线。可以看出，最易分解的是 Li_2CO_3，最难分解的是 K_2CO_3(表 3-29)。

表 3-29 碱金属碳酸盐的热分解顺序

M_2CO_3	Li_2CO_3	Cs_2CO_3	Na_2CO_3	Rb_2CO_3	K_2CO_3
热分解由易到难顺序	1	2	3	4	5
极化力/(10^{-2} pm^{-1})	9.6	2.9	4.9	3.2	3.6
变形性/(10^{-6} pm^3)	0.029	2.42	0.1789	1.40	0.839

如果单纯考虑碱金属离子的极化力，然后用离子反极化作用判断，在同一温度下碱金属碳酸盐热分解的蒸气压应是如下顺序：

$$Li_2CO_3>Na_2CO_3>K_2CO_3>Rb_2CO_3>Cs_2CO_3$$

但上述判断并不符合实验事实。这是由于对低电荷数、大半径的阳离子，还应考虑它们的离子变形性，在高温下如 Cs^+会被阴离子极化而变形，Cs^+变形后获得附加极化力，使得总极化力就有可能超过 Na^+，因此呈现表 3-29 的顺序。

5. 极化对化合物熔点、沸点变化规律的影响

离子晶体的熔化或气化可以看成是克服离子间静电引力的过程。因此，离子半径小、电荷数高的晶体熔点、沸点高。在极化程度不大的晶体中，熔点、沸点变化的规律是：电荷数相等，半径越大，熔点、沸点越低；如果半径相当，电荷数越高，熔点、沸点越高。在极化程度较强的晶体中，由于键型趋于共价键，随极化程度的加深，熔点、沸点变低。所有极化能力较强的过渡元素(非稀有气体型外壳的离子)的晶体，它们的熔点、沸点比相应的稀有气体型外壳的离子晶体的低。

6. 极化对无机含氧酸酸性变化规律的影响

无机含氧酸强度大小意味着释放质子(H^+)的难易程度，影响因素多，但归根到底反映在与质子直接相连的原子对它的束缚力的强弱上。这种束缚力的强弱又与该原子的电子密度大小有直接关系，它表明了某原子吸引带正电荷的原子或原子团的能力。因此，与质子相连的原子的电子密度是决定无机酸强度的直接因素，对含氧酸而言，其酸性强弱取决于与 H 相连的氧原子的电子密度的大小，而氧原子上电子密度的大小又取决于成酸元素极化作用的大小。对 ROH 或 H_nRO_m 酸，如果 R 的氧化态高，原子半径小，电负性大，极化作用强，则它对 O—H 键中氧原子外层电子的吸引力强，从而使氧原子的电子密度减小，O—H 键易释放出质子，含氧酸的酸性越强。

因此，对同周期元素形成的含氧酸，其酸性如下：

$$H_4SiO_4 < H_3PO_4 < H_2SO_4 < HClO_4$$

对同主族元素的含氧酸，其酸性如下：

$$HNO_3 > H_3PO_4,\ H_2CO_3 > H_4SiO_4,\ HClO > HBr > HIO$$

对同一元素不同氧化数含氧酸，酸性如下：

$$HNO_3 > HNO_2,\ H_2SO_4 > H_2SO_3,\ HClO_4 > HClO_3 > HClO_2 > HClO$$

离子极化理论是离子键理论的重要补充，在无机化学中有多方面的应用。但是由于无机化合物中离子型化合物只占一部分，因此在应用这个学说时应该注意其局限性。

思考题

3-4　离子晶体的配位数常利用半径比规则计算，讨论离子的极化和变形对离子配位数的影响。

参 考 文 献

[1] Kossel W. Ann Phys, 1916, 354(3): 229.

[2] Arrhenius S. Recherches sur la conductibilité galvanique des électrolytes. Stockholm: PA Norstedt & Söner, 1884.

[3] Klewe B, Pedersen B. Acta Crystallogr B, 1974, 30(10): 2363.

[4] Bragg W L, Bragg W H. Proc Roy Soc London Ser A, 1913, 89(610): 248.

[5] 冯慈珍. 无机化学教学参考书. 北京：高等教育出版社, 1985.

[6] 周公度. 无机化学丛书(第十一卷　无机结构化学). 北京：科学出版社, 1982.

[7] 中共中央马克思恩格斯列宁斯大林著作编译局. 马克思恩格斯全集(第 20 卷). 北京：人民出版社, 1956.

[8] Born M, Mayer J E. Z Phys, 1932, 75(1-2): 1.
[9] Ladd M F C, Lee W H. Trans Faraday Soc, 1958, 54: 34.
[10] Pauling L. Proc Natl Acad Sci U S A, 1958, 44(2): 211.
[11] 杨丕鹏. 化学学报, 1963, 29(2): 143.
[12] 肖慎修, 陈天朗. 吉林大学自然科学学报, 1965, (2): 54.
[13] 温元凯, 邵俊. 地球化学, 1973, (4): 276.
[14] 温元凯, 邵俊. 地球化学, 1975, (1): 35.
[15] Sharpe A G. Endeavour, 1968, 27(102): 120.
[16] Waddington T C. Adv Inorg Chem Radiochem, 1959, 1(12): 157.
[17] Wasastjerna J A. On the Refraction Equivalents of Ions, and the Structure of Compound Ions. Fennica: Finska vetenskaps-societeten, 1923.
[18] Goldschmidt V M. Chem Ber, 1927, 60: 1263.
[19] Pauling L. J Am Chem Soc, 1927, 49(3): 765.
[20] Shannon R D. Acta Crystallogr A, 1976, 32(1-2): 751.
[21] Fajans K. Naturwissenschaften, 1923, 11(10): 165.
[22] Cartledge G H. J Am Chem Soc, 1928, 50(11): 2855.
[23] 徐光宪. 物质结构. 北京: 高等教育出版社, 1983.
[24] Slater J C. Phys Rev, 1930, 35(5): 509.
[25] Slater J C. Philos Sci, 1953, 20(4): 344.
[26] 徐光宪, 赵学庄. 化学学报, 1956, 22(6): 28.
[27] Burns G. J Chem Phys, 1964, 41(5): 1521.
[28] 蒲生森. 西北师范大学学报(自然科学版), 1987, (1): 96.
[29] Born M, Heisenberg W. Z Phys, 1924, 23(1): 388.
[30] Kordes E. Z Phys Chem, 1939, 44(1): 249.
[31] 巴查诺夫. 结构的折光测定法. 北京: 科学出版社, 1962.
[32] Pirenne J, Kartheuser E. Physica, 1964, 30(11): 2005.
[33] Fajans K, Joos G. Z Phys, 1924, 23(1): 1.
[34] Tessman J R, Kahn A H, Shockley W. Phys Rev, 1953, 92(4): 890.
[35] Pauling L. Proc R Soc London Ser A, 1927, 114(767): 181.
[36] 游效曾. 科学通报, 1974, 19(9): 419.
[37] 陈天朗, 肖慎修, 高孝恢. 分子科学学报, 1983, (4): 95.
[38] Ingold C K. The Nature of the Chemical Bond and the Structure of Molecules and Crystals. Ithaca: Cornell University Press, 1960.
[39] Coulson C A. Valence. 2nd ed. Oxford: Oxford University Press, 1961.
[40] Gordy W. Discuss Faraday Soc, 1955, 19: 14.
[41] Heslop R B. Numerical Aspects of Inorganic Chemistry. Amsterdam: Elsevier Publishing Company, 1970.
[42] 曾旭. 自然杂志, 1985, 8(4): 317.
[43] 陈震寰. 化学通报, 1963, (10): 45.

第4章

共价键理论

共价键(covalent bond)是化学键的一种。两个或多个原子共同使用它们的外层电子，在理想情况下达到电子饱和的状态，由此组成比较稳定的化学结构称为共价键。其本质是原子轨道重叠后，高概率地出现在两个原子核之间的电子与两个原子核之间的电性作用。与离子键不同，进入共价键的原子向外不显示电荷，因为它们并没有获得或损失电子。共价键的强度比氢键强，与离子键差不多或有些时候比离子键强。同一种元素的原子或不同元素的原子都可以通过共价键结合。

4.1 现代价键理论简介

美国化学家路易斯(G. N. Lewis，1875—1946)于 1916 年最先提出共价键的电子对理论，并于 1923 对该理论进行完善。他把弗兰克兰结构式中的“短棍”解释为两个原子各取出一个电子配对，即“—”是一对共用电子，“═”是两对共用电子，“≡”是三对共用电子。经典的费兰克兰化合价被假定为原子能够提供来形成共用电子对的电子数。他还认为，分子中的原子都有形成稀有气体电子结构的趋势(8 电子稳定构型，又称八隅律)，以达到稳定。达到这种结构并非通过电子转移形成离子键来完成，而是通过共用电子对实现。他把“共用电子对”维系的化学作用力称为共价键，后人称这种观念为路易斯共价键理论。这种用“—”表示共价键，同时用两个小黑点表示一对孤对电子的结构式称为路易斯结构式，也称电子结构式。

路易斯的贡献在于提出了一种不同于离子键的新键型，解释了两元素电负性差值 $\Delta\chi$ 比较小的元素之间原子的成键事实，但在解释 BCl_3(缺电子中心)、PCl_5(多电子中心)等未达到稀有气体结构的分子时遇到困难。BCl_3 分子中，B 原子提供 3 个单电子，分别与 3 个氯原子的一个单电子配对成键，此时每个氯原子的价层为

8 电子稳定构型，但 B 原子周围只有 6 个电子，不满足八隅律。同样，在 PCl_5 分子中，每个氯原子满足八隅律，但 P 原子周围有 10 个电子，也不满足 8 电子稳定构型。

1927 年，海特勒和伦敦用量子力学处理氢分子，用近似方法算出了氢分子体系的波函数，首次用量子力学方法解决共价键问题，揭示了共价键的本质是电性的。

1929 年，贝特(H. A. Bethe，1906—2005)等提出配位场理论，最先用于讨论过渡金属离子在晶体场中的能级分裂，后来又与分子轨道理论结合，发展成为现代的配位场理论。

1930 年，美国化学家鲍林在研究碳的正四面体构型时提出轨道杂化理论，认为能级相近的轨道在受激时可以发生杂化，形成新的简并轨道，其理论依据就是电子的波粒二象性，而波是可以叠加的。他计算出了多种杂化轨道的形状，并因在价键理论方面的突出贡献而获得 1954 年诺贝尔化学奖。

1932 年，洪德(F. Hund，1896—1997)将共价键分为 σ 键、π 键、δ 键三种，使价键理论进一步系统化，与经典的化合价理论有机地结合起来。

1932 年，密立根(R. S. Mulliken，1896—1986)与洪德提出分子轨道理论。他们认为，化合物中的电子不属于某个原子，而是在整个分子内运动。他们的方法和经典化学相距太远，计算又很烦琐，一时不被化学界所接受。后来经过伦纳德(P. Lenard，1862—1947)、休克尔(E. Hückel，1896—1980)等的完善，才在化学界逐渐得到认可。

1940 年，西奇威克和鲍威尔(H. M. Powell，1906—1991)在总结实验事实的基础上提出了一种简单的理论模型，用以预测简单分子或离子的立体结构。这种理论模型后经吉列斯比(R. J. Gillespie，1924—2021)和尼霍尔姆(R. S. Nyholm，1917—1971)在 20 世纪 50 年代加以发展，定名为价层电子对互斥(valence shell electron pair repulsion)理论，简称 VSEPR 理论。VSEPR 理论与杂化轨道理论相结合，可以半定量地推测分子的成键方式与分子结构。

1952 年，日本科学家福井谦一(K. Fukui，1918—1998)提出前线轨道(frontier orbital)理论，认为分子中能量最高的最高占据分子轨道(HOMO)和没有被电子占据的、能量最低的最低未占分子轨道(LUMO)是决定一个体系发生化学反应的关键，其他能量的分子轨道对于化学反应虽然有影响但是影响很小，可以暂时忽略。

1965 年，美国化学家伍德沃德(R. B. Woodward，1917—1979)与霍夫曼(R. Hoffmann，1937—)参照福井谦一的前线轨道理论，提出了分子轨道对称守恒原理。分子轨道理论得到了新的发展。

由于计算机技术的迅猛发展，量子化学与计算机化学日新月异，对分子结构的推算变得愈发精确，在技术发展的同时诞生了一大批优秀的化学家，他们的研究成果极大地推动着现代共价键理论的发展。

鲍威尔

吉列斯比

尼霍尔姆

福井谦一

伍德沃德

霍夫曼

4.2　共价键的电子对理论

4.2.1　电子对理论形成的背景

离子键理论能更合理地解释几乎全部无机化合物的结合原因，但在解释由非金属元素形成的无机化合物和有机化合物时遇到了困难。例如，两个氯原子结合成氯分子时，如果采用得失电子来解释显然是不能令人满意的，因为两个氯原子吸引或失去电子的能力是一样的。在有机化学的取代反应中，氯原子外层有 7 个电子，倾向于得到电子，而氢原子外层只有一个电子，倾向于失电子，根据离子键理论，原子的结合主要依靠电子转移产生的静电引力而作用，如果氯原子能取代氢原子，只有将氯原子的电子转移情况发生逆转。但是没有实验证明这种逆转的存在，矛盾由此而生。如何解决矛盾?当科学实验向理论提出无法解释的问题时，原子论的维护者首先想到的是修缮原来的理论以适应新的实验事实。美国物理化学家诺易斯(W. A. Noyes，鲍林的导师)奋斗了 20 年试图修补离子键理论以扩大它的解释域面。按照化学家弗瑞(H. Fry)的构想，有机化合物中同样存在带电原子，每个原子都可能同时带有同样数目的正电荷或负电荷。例如，在 HCl 中，有 H^+Cl^-

这样的结构，同时有 $H^{-}Cl^{+}$ 的结构。为了证明弗瑞建议的合理性，诺易斯试图分离出 $H^{-}Cl^{+}$，但是没有成功[1]。

路易斯等美国的一些化学家注意到，科塞尔的理论是建立在化学元素的原子中电子完全得失的极端化的基础上的，没有考虑到互相若即若离的过渡状态，因此，在解释离子化合物时是成功的，而对于非离子化合物，如氢气、氯气等则无法解释。离子型化合物在溶液中一般能自由释放它们的带电原子，是电解质，有较大的偶极矩和较强导电能力，而非离子型化合物则不能。两种化合物在电行为上有明显差异，也预示着结构的差异性。

路易斯在研究思考中形成了一种思想，即一个化学键不仅产生于电子的转移，而且产生于电子共用的观念。科塞尔曾明确指出，电子转移模型不适应于非离子型有机化合物，并预测可能需要构建共用电子的模型。但是当时的物理学家和化学家在观念上受到八隅律的干扰，不能确定原子之间共用电子的数目。例如，科塞尔利用二因次分析方程构建出一种环形结构模型，认为所有参与形成化合价的电子环状对称地分布在两个原子之间[1] 。

同时，路易斯注意到，如果按照科塞尔构造的模型来解释，原子之间的相互作用只有在最高氧化物状态下才可能实现，而无法解释较低氧化物状态的构造情况。为了构建起能合理解释非离子型化合物形成原因的模型，路易斯突破了原有思路，将共用电子的概念限定在两个原子之间，共用电子数限定为 2，并进一步应用他的这种简单性原则将一对共用电子用两个小圆点表示，共价键理论在这种简单性思维观念中浮出了水面。

4.2.2 电子对理论的形成

1. 路易斯发表《原子和分子》论文

路易斯进一步于 1916 年提出了共价键理论，使化学键理论在量子力学最终完善之前又向前跨越了一步。他在 1916 年发表了《原子和分子》的论文[2]，解释的问题正是科塞尔遗留的问题。基本思想为：① 原子之间共用电子；② 原子之间所共用的电子对是由两个电子形成的；③ 原子之间共用电子的目标是最终达到稀有气体所具有的外层电子结构；④ 一对电子不仅能被两个原子共用，而且根据原子的电负性大小的不同，它并不是不偏不倚正好在两个原子之间的中点上，通常总是偏向电负性大的原子，当原子的电负性大到足以夺取对方原子的电子时，则形成离子型化合物，也就是离子键所解释的情况。这就确立了一种思想，即化学键不仅产生于电子的转移，而且产生于电子的共用。

在共价键中，被共用的电子被所有进入共价键的原子吸引，由此使这些原子结合在一起。虽然其原子核之间和电子之间会因电荷相同而互相排斥，但这些排斥作用被位于原子核间的电子减弱，而电子与原子核之间的相互作用更加强(图 4-1)。

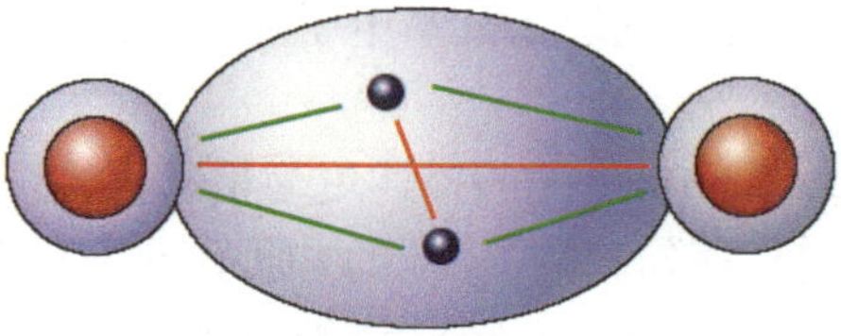

图 4-1 共价单键形成的示意图

——共用的电子受两个原子核的吸引；——电子之间和原子核之间互相排斥

2. 朗缪尔的补充

美国化学家朗缪尔在路易斯理论的基础上进行了深入研究，使其共价键理论得到了补充和发展。实际上，“共价键”一词是朗缪尔总结出来的，他给这一概念规定了具体含义。朗缪尔的理论不仅采用了新的原子模型，而且比路易斯理论更加明确地提出了“电子对”和“共用电子对”的概念。朗缪尔还第一次提出“等电子原理”，即认为只有具有相同数目电子的分子或基团才有相似的结构。据此，他通过 N_2 结构的类比，解释了 CO、CN^- 的结构。朗缪尔在路易斯理论的基础上，从电子对和共用电子对出发，解释了多核体系的结构，填补了路易斯理论的不足。例如，“原子倾向于生成由偶数电子组成的外壳，通常是 8 个电子，这些电子对称地分布在正立方体的 8 个顶点上”的观点。路易斯这样评价：“使我比较满意的一个原因是，在绝顶聪明地应用这个新理论的过程中，朗缪尔博士没有改变我提出的理论。别人不时怂恿他，认为他的某些规则或趋势在范围上比我以往论文中的看法更加适用，甚至比我现在的观点还要适用，对这些问题我们以后有机会加以讨论。这种理论在几个月中被称为路易斯-朗缪尔理论，这可能是暗示某些合作。事实上，朗缪尔博士完全是独立进行研究的，而且他对我论文中所阐述或指出的观点的某种补充，也应该归于他一个人。”[3]

3. 泡利给路易斯共用电子对概念完善的理论解释

如果说当路易斯提出共价键理论时只是天才的猜想而并没有理论依据，那么，当 1925 年泡利利用量子力学的理论基础发表其著名的排斥原则时，他已经给予了路易斯共用电子对概念完善的理论解释：之所以只能是两个电子配对，其原因在于原子中每个电子的 4 个量子状态不能完全一样。换句话说，当两个电子有相同的 n、l、m 量子数时，它们必然具有相反的旋转方向(用量子数 m_s 表示)。路易斯的共价键理论在泡利不相容原理中找到了解释依据。

4. 对于共价键理论的评价

鲍林撰文《评路易斯的化学键理论》[3]，评述了路易斯在化学键理论方面的杰出贡献："路易斯是 20 世纪最伟大的化学家之一，他在化学热力学和其他研究领域的研究工作，也像他提出的原子共享电子对化学键理论的贡献一样，对奠定当代化学的基础颇有帮助。"

库赫尔(R. E. Kohler Jr，1937—)的描述更为精彩："第一幅令人满意的化学键图画是 1916 年早期由路易斯勾勒的[4]。他的《原子和分子的价键与结构》(*Valence and the Structure of Atoms and Molecules*)[5]详细描述了键和共用电子对，这本书是新一代有机化学家的教科书。如果有路易斯的共用电子对概念，拉普沃斯(A. Lapworth，1872—1941)、劳里(T. M. Lowry，1874—1936)、英果尔德(C. K. Ingold，1893—1970)、罗宾逊(R. Robinson，1886—1975)等对反应机理的解释就不能发展得那么深入。同样，如果没有共用电子对概念，20 世纪 20 年代后期，伦敦、薛定谔和鲍林将量子力学用于化学键就不会那么确定。"

4.2.3 电子对理论的相关概念

路易斯提出，分子中原子之间可以通过共享电子对而使每一个原子具有稳定的稀有气体电子组态，这样构成的分子称为共价分子。原子通过共用电子对而形成的化学键称为共价键。两原子间共用一对电子的共价键称为共价单键，共用两对、三对电子的分别称为共价双键和共价三键，分别简称为单键、双键和三键。两个键合原子间共享电子对的数目称为该共价键的键级(bond order)，$H_2N—NH_2$、HN═NH 和 N≡N 分子中，两个氮原子之间的键级分别为 1、2 和 3。

电子对的电子既可由键合原子双方提供，也可由一方提供。后一种方式形成的共价键称为配位共价键(coordinate covalent bond)，提供电子对的原子称为给予体原子(donor atom)或电子对给予体(electron-pair donor)，另一方则称为接受体原子(acceptor atom)或电子对接受体(electron-pair acceptor)。

在 H_2、Cl_2、N_2 分子中，共用电子对同等程度地属于两个键合原子，这种类型的共价键称为非极性共价键(nonpolar covalent bond)。不同元素原子具有不同的电负性，形成共价键的电子对不再可能同等程度地属于两个键合原子，从而导致一个原子周围的电子密度大于另一个。电子对偏向一个键合原子的共价键称为极性共价键(polar covalent bond)。两个键合原子中的一个带上了部分负电荷，用符号 δ^- 表示，另一个则带上了部分正电荷，用符号 δ^+ 表示。δ^- 和 δ^+ 数值相等，整个分子仍保持电中性。例如：

$$\overset{\delta^+}{\mathrm{H}}—\overset{\delta^-}{\mathrm{F}} \qquad\qquad \overset{\delta^+}{\mathrm{H_3C}}—\overset{\delta^-}{\mathrm{CF_3}}$$

氟化氢分子中的共用电子对被吸向 F 而远离了 H 原子。非极性共价键只能由两个相同的原子形成，并不意味着两个相同原子间的共价键都是非极性共价键。

三氟乙烷是一个实例，其中碳原子间的键为极性共价键。这种状况是由两个键合原子以外的其他原子吸电子能力差别造成的，三氟乙烷分子中，氟原子吸电子能力大于氢原子。

从极性大小的角度，可将非极性共价键(极性为零)和离子键(极性最强)看作极性共价键的两个极端，或者说极性共价键是非极性共价键和离子键之间的某种中间状态。极性的大小依赖于成键原子的电负性差：电负性差越大，键的极性就越大。下面以卤化氢分子为例，示出键极性变化趋势对成键原子电负性差的依赖关系：

化学键	H—F	H—Cl	H—Br	H—I
电负性差	1.78	0.96	0.76	0.46

电负性差减小的方向同时是共价键极性减小的方向。

4.2.4　路易斯结构式

路易斯用元素符号之间的小黑点表示分子中各原子的键合关系，代表一对键合电子的一对小黑点也可用“—”代替。路易斯结构式能够简洁地表达单质和化合物的成键状况，其基本书写步骤如下：

(1) 按原子的键合关系写出元素符号并将相邻原子用单键连接。在大多数情况下，原子间的键合关系是已知的。例如，NO_2 中的键合关系不是 N—O—O，而是 O—N—O。有时还可做出某些有根据的猜测。例如，对 3 个或多于 3 个原子的物种而言，中心原子通常是电负性较小的元素，NO_2 中的键合关系符合这种推测。

(2) 将各原子的价电子数相加，计算可供利用的价电子总数。如果被表达的物种带有正电荷，价电子总数应减去正电荷数；如果被表达的物种带有负电荷，价电子总数应加上负电荷数。

(3) 扣除与共价单键对应的电子数(单键数×2)后，将剩余的价电子分配给每个原子，使其占有适当数目的非键合电子。对第 2 周期元素而言，非键合电子数与键合电子数之和往往能使每个原子满足八隅律。

(4) 如果剩余的电子不够安排，可将一些单键改为双键或三键。

例如，氯酸根 ClO_3^- 的路易斯结构式，合理的排布应该如图 4-2(a)所示。因为 Cl 原子的电负性小于 O 原子，意味着 Cl 原子是中心原子。ClO_3^- 中价电子总数等于 26(4 个原子的价电子数相加再加 1)，扣除 3 个单键的 6 个电子，余下的 20 个电子以孤对方式分配给 4 个原子，使它们均满足八隅律的要求，见图 4-2(b)。

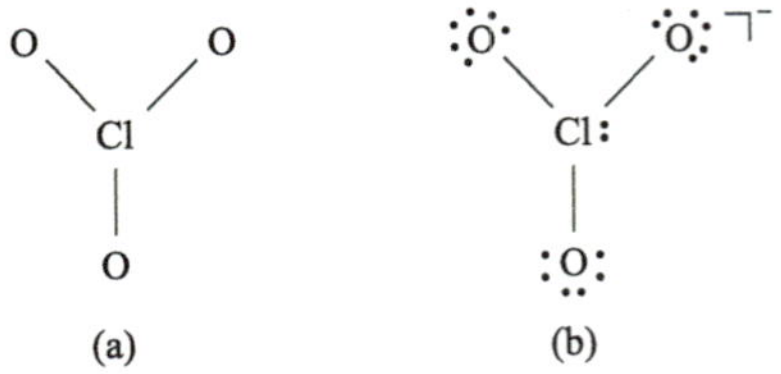

图 4-2　书写 ClO_3^- 的路易斯结构式

再如书写 NO^+ 的路易斯结构式。NO^+只可能有一种排布方式[图 4-3(a)]。NO^+中价电子总数等于 10(2 个原子的价电子数相加再减 1)，扣除与 1 个单键对应的 2 个电子，余下的 8 个电子待分配。然而，无论按图 4-3(b)以孤对方式分配给两个原子，还是按图 4-3(c)和(d)将 N—O 单键改为双键，都无法让两个原子同时满足八隅律的要求。这一要求只有将单键改为三键才能满足，见图 4-3(e)。

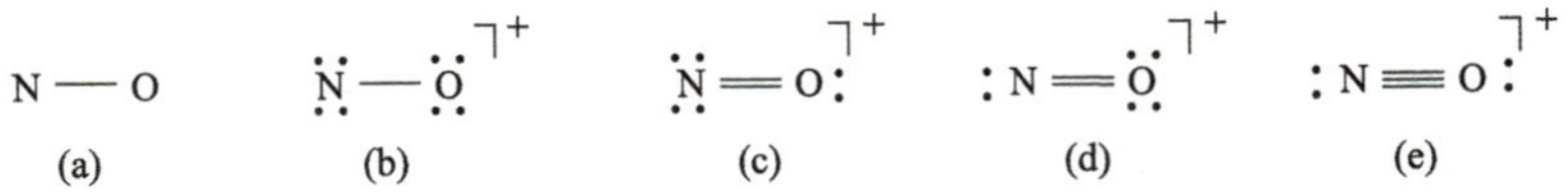

图 4-3　书写 NO^+ 的路易斯结构式

这就是路易斯结构图的画法规则，又称八隅体规则(octet rule)。

路易斯

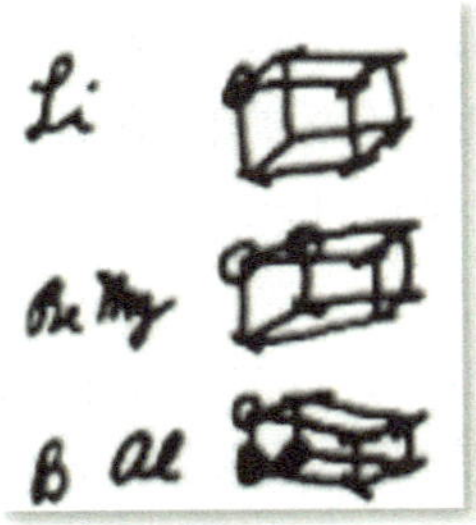

路易斯的手稿

泡利

4.2.5　路易斯方法的局限性

(1) 没有说明这种化学键的本质，也不能解释共价键的特性(如方向性、饱和性)，适应性不强。

(2) “中心原子价层电子数为 8”的设定不完全符合实际。对第 3 周期及其以下周期的元素而言，价层电子数可以大于 8。例如，$[SiF_6]^{2-}$、PCl_5 和 SF_6，其中 Si、P 和 S 的价层电子数分别为 12、10 和 12。这是因为这些中心原子的价层空 d 轨道容许容纳更多的电子，第 2 周期元素则不具有这种轨道。路易斯规则来自于对主族元素化合物的观察，因此并未包括复杂化合物以及过渡元素化合物的成键规律。

(3) 路易斯理论强调电子对键，因此不适用于单电子体系。例如 NO，N 有单电子，无论怎样排都不能满足 8 电子规则。

(4) 有些物种能写出不止一种合理结构，如对 NO_3^- 可以写出能量相同的三个式子(图 4-4)。在这种场合，路易斯表示法即陷入困境。结构测定结果表明，NO_3^- 中三个 N—O 键等长(121 pm)，三个键角∠ONO 均为 120°。这意味着三个式子中的任何一个都不代表 NO_3^- 的实际结构。在这种情况下，鲍林的“共振论”应运而生。

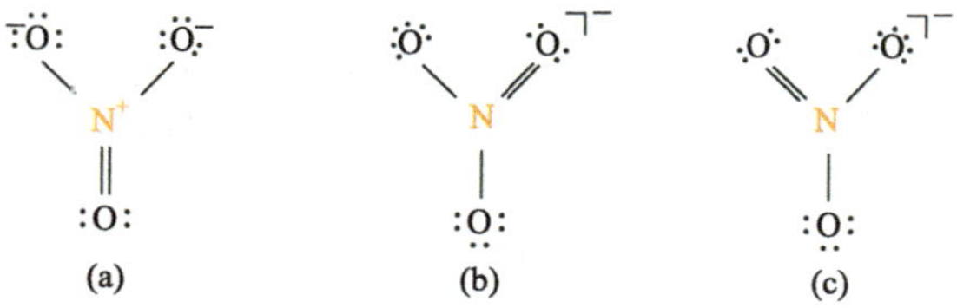

图 4-4　NO_3^- 可能的路易斯结构式

虽然路易斯方法显示了这么多的局限性，但它毕竟有划时代的意义。甚至可以这样设想：两个键合原子中的一个带上了部分负电荷，另一个则带上了部分正电荷，而没有说是“整电荷”，是否给人们今天对复杂分子结构进行量化计算时留有了空隙?

4.3　共价键的价层电子对互斥理论

4.3.1　VSEPR 理论的形成

1940 年，西奇威克和鲍威尔在总结实验事实的基础上，把原子结构中的泡利不相容原理，即“自旋相同的电子必须远离”这一原则推广至分子结构中，提出在一些简单的共价分子 AX_n 中，中心原子 A 的价层轨道电子对是环绕中心原子 A 排列成对称的几何结构，这种结构使得各电子对相互远离，电子对之间的净斥力达到最小，分子体系的能量达到最低。据此可以推测这些简单分子中中心原子价电子对的几何分布情况，进一步推测分子的几何构型。他们认为价层电子对是 2 时，为线形排列；是 3 时，为三角形排列；是 4 时，为四面体排列；是 5 时，为三角双锥排列[6]。由于这只是一种经验性的定性判断，其对一些复杂化合物的结构并不能给予合理解释，因此这种观点在当时没有得到重视。直到 1957 年，吉列斯比和尼霍尔姆在其论文中扩展了这一思想，详细介绍了主族元素和过渡金属的分子几何构型[7]，并于 1963 年将其正式命名为价层电子对互斥理论，简称 VSEPR 理论[8-10]。该理论在预言简单多原子分子形状方面取得了令人惊奇的成功，但理论本身只是路易斯思路的简单延伸。因此，对分子形状的判断也可从路易斯结构式入手。理论上可以通过计算中心原子的价层电子数和配位数预测分子的几何构型，并构建一个合理的路易斯结构式以表示分子中所有键和孤对电子的位置。VSEPR 理论成为近代化学键理论中有关分子几何形状的定性定理中比较成功的一种模型。

许多学习者对共价键的认识往往停留在“只是路易斯思路的简单延伸”，而对其中一些内容不太清楚，例如：

(1) 价层电子对产生相互排斥作用的原因是什么，究竟是哪种作用力使价层电子对相互排斥。

(2) VSEPR 理论不适用于过渡金属化合物构型预测的合理解释，以及一些分子构型不能用 VSEPR 理论预测。

(3) 未能清楚地理解 VSEPR 理论与杂化轨道理论的本质区别。

4.3.2 VSEPR 理论的内容

价层电子对互斥理论的主要内容如下：

(1) 分子或离子的几何构型主要取决于与中心原子相关的电子对之间的排斥作用。该电子对既可以是成键的，也可以是没有成键的(称为孤对电子)。只有中心原子的价层电子才能对分子的形状产生有意义的影响。

(2) 分子或离子中价层电子对间的排斥分三种情况：孤对电子(LP)间的排斥(孤-孤排斥)、孤对电子和成键电子对(BP)之间的排斥(孤-成排斥)、成键电子对之间的排斥(成-成排斥)。

(3) 分子或离子会尽力避免这些排斥以保持稳定。当排斥不能避免时，整个分子倾向于形成排斥最弱的结构(与理想形状有最小差异的方式)。

(4) 价层电子对(VP=BP+LP)尽可能远离，以使斥力最小：

$$\text{LP-LP} > \text{LP-BP} > \text{BP-BP}$$

因此，分子或离子更倾向于最少的 LP-LP 排斥。

(5) 配体较多的分子中，电子对间甚至无法保持 90°的夹角，因此它们的电子对更倾向于分布在多个平面上。

价层电子对互斥理论认为，即使自旋相反的一对价电子在配位体作用下共居于同一定域轨道里，静电相关特别是自旋相关仍迫使定域轨道之间有尽可能大的间隔。主要是价层电子对之间的斥力决定了配位体在中心原子周围的排布方式。

总之，合理的排布方式使能量最低，结构最稳定。

4.3.3 VSEPR 的理论基础

1. 泡利效应

在许多教材以及教学过程中，介绍价层电子对相互排斥的原因时，都仅仅强调价层电子对应该在空间尽量远离，却未能给出合理的解释。这会使一些学生想当然地认为，价层电子对相互排斥是因为它们之间的静电排斥作用，这成为许多学生学习 VSEPR 理论时的一个误区。其实，早在吉列斯比提出 VSEPR 理论时就已明确指出，价层电子对相互排斥的主要原因在于泡利效应(Pauli effect)产生的相互排斥力而不是它们之间的静电斥力[11]。

泡利效应是电子在原子或分子体系中的一种基本性质[12]。根据泡利不相容原理[13]，自旋相反的电子倾向于在一起，电子的这种相关效应称为泡利效应。而库仑斥力可表述为静电效应，这种作用力使电子彼此分离。由泡利效应产生的斥力主要是自旋同向电子间轨道回避的量子效应，是一种近程相互作用。也就是说，泡利不相容原理不仅适用于自旋相反的单电子形成价键，对于所形成的价键也可看作是“同性”的。根据泡利不相容原理，这种“同性”的价键也应该相互排斥，在空间上表现为呈几何上相距最远的构型。这种泡利斥力与自旋同向电子间距离的 8～10 次方成反比，相比之下，静电斥力与同性电荷之间距离的 2 次方成反比。这表明在中心原子周围很小的范围内，泡利斥力比静电斥力更重要，是价层电子对相互排斥的主要原因。由于随着距离的增大，泡利斥力急剧下降，因此，只有在价层电子对的近程作用时才提及泡利斥力，当相互作用距离增大一些时，静电斥力就成了主要因素。虽然泡利斥力的大小很难精确计算和测量，并且泡利斥力与静电斥力是协同关系，但是不能把静电斥力与泡利斥力混为一谈。

2. 球面点模型

VSEPR 理论把中心原子的价层视为球面，把价层电子对数目视为点电荷数目，从而认为决定分子或离子几何形状的主要因素是中心原子的价层电子对数目。将电子对作为一个点，就是吉列斯比提出的电子运动的范围，即“域”的概念。域可以定义为发现电子对可能性高的空间或者发现大部分电子对，电子云的空间。电子对域包围着电子云密度最大的点，因此在水分子中存在 4 个电子对域，2 个成键的域，2 个非键的域，以四面体形式排列。这就是使用最多的电子对域分布模型之一的球面点模型(图 4-5)。吉列斯比用电子密度拓扑图形分析成键情况，解释了 VSEPR 的模型[8]。

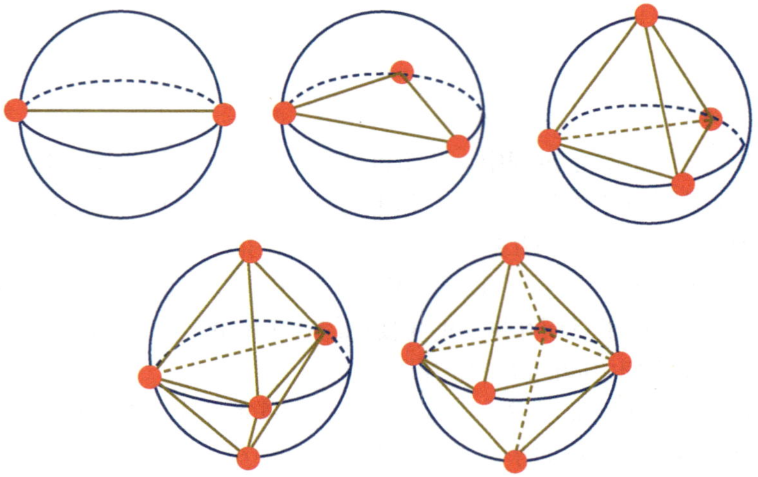

图 4-5　点在球面上的模型

在球面上距离最远时 2、3、4、5、6 对电子对的最可几排列

4.3.4　VSEPR 理论的应用

1. 确定中心原子中价层电子对数的方法

可以用不同的方法确定中心原子中价层电子对数，即确定 VP=BP+LP。

1) 由总电子数得出

大多数教材推荐的是将中心原子 A 原有的价电子数加上配位原子 X 提供的共用电子之和除以 2 ，即可得到中心原子的价层电子对总数。若是离子，则在前一项要加减离子的电荷数，即

$$\mathrm{VP}=\frac{1}{2}(\text{A的价电子数}+\text{X提供的价电子数}\pm\text{离子电荷数}) \tag{4-1}$$

或者直接求算成键电子对和孤对电子对之和，即

$$\begin{aligned}\mathrm{VP}&=\mathrm{BP}+\mathrm{LP}\\&=\text{与中心原子成键的原子数}\\&\quad+\frac{1}{2}(\text{中心原子价电子数}-\text{配位原子未成对电子数之和})\end{aligned} \tag{4-2}$$

使用该方法时的一些规定如下：

(1) 作为配体，卤素原子和 H 原子提供 1 个电子，氧族元素的原子不提供电子。

(2) 作为中心原子，卤素原子按提供 7 个电子计算，氧族元素的原子按提供 6 个电子计算。

(3) 对于复杂离子，在计算价层电子对数时，还应加上负离子的电荷数或减

去正离子的电荷数。

(4) 计算电子对数时，若剩余 1 个电子，也当作 1 对电子处理。

(5) 双键、三键等多重键作为 1 对电子看待。

2) $8n+2m$ 规则[14-16]

将化合物表示为 AX_nE_m，其中 A 表示中心原子，X 表示配位原子，E 表示中心原子价层上的孤对电子。V 为中心原子和配位原子价层电子总数，V 满足通式 $8n+2m=V$。如果 V 为偶数，$n+m$ 就为总的电子对数。如果 V 为奇数，$n+m+1$ 即为总的电子对数(有单电子)。例如 SO_3^{2-}，$V=24+2=26$，$n=3$ 时 $8n$ 为小于 26 的整数，则 $m=1$，$n+m=4$，故总电子对数为 4，应为正四面体。而对于 ClO_2，$V=19$，$n=2$ 时 $8n$ 为小于 19 的整数，则 $n+m+1=4$，应为正四面体。

这种方法具有以下优点：

(1) 不必计算中心原子的价层电子总数，只需计算形成分子或离子的所有原子的价层电子总数，前者主要通过分析得到，后者主要通过累加得到，简便得多。

(2) 不必写出路易斯电子结构式，只需用 $8n+2m$ 规则就可确定电子对的空间排布方式。

2. 预测分子或离子的空间构型

首先按中心原子上不含孤对电子的共价分子的几何形状选择标准空间构型(表 4-1)，按照分子排斥力最小的原则排列成键电子对和孤对电子对(表 4-2)。

表 4-1　中心原子上不含孤对电子的共价分子的几何形状

通式	共用电子对	原子 A 在原子 B 周围的排列方式 (理想的 BAB 键角)	结构
AB_2	2	直线(180°)	
AB_3	3	平面三角形(120°)	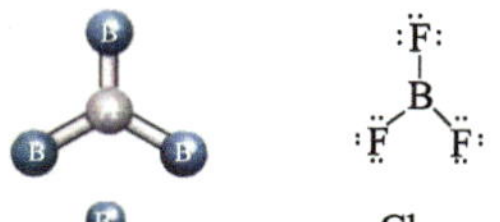
AB_4	4	正四面体(109°28′)	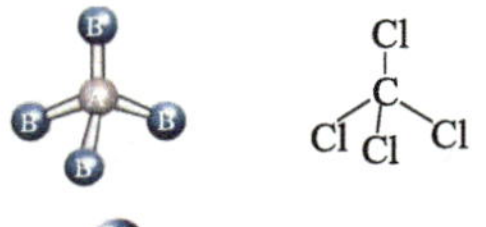
AB_5	5	三角双锥(B^aAB^a，180°) (B^eAB^e，120°)(B^eAB^e，90°) B^a 轴向 B 原子，B^e 平伏 B 原子	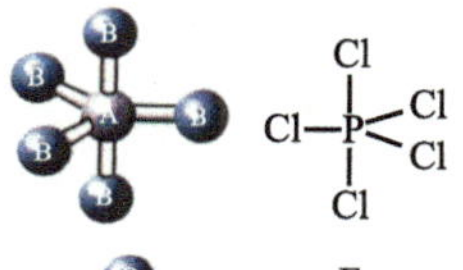
AB_6	6	正八面体(90°，180°)	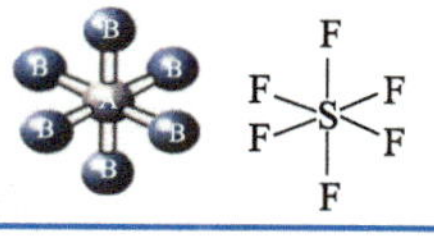

表 4-2 价层电子对互斥理论预测的分子形状

分子类型	分子形状	中心原子价电子对排布方式(孤对电子以淡黄色球体表示)	分子或离子的实际几何构型(不包含孤对电子的构型)	实例
AX_1E_n	双原子分子(直线形)			HF、O_2
AX_2E_0	直线形			$BeCl_2$、$HgCl_2$、CO_2
AX_3E_0	平面三角形	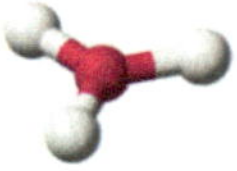	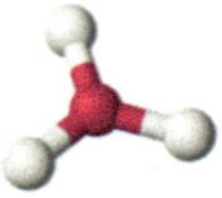	BF_3、CO_3^{2-}、NO_3^-、SO_3
AX_2E_1	角形		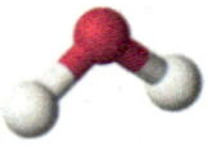	NO_2^-、SO_2、O_3
AX_4E_0	四面体形		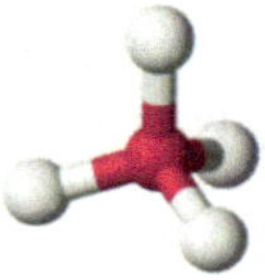	CH_4、PO_4^{3-}、SO_4^{2-}、ClO_4^-
AX_3E_1	三角锥形		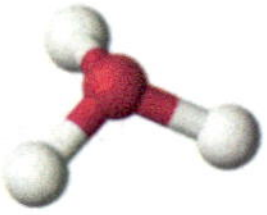	NH_3、PCl_3
AX_2E_2	角形		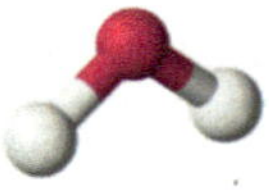	H_2O、OF_2
AX_5E_0	三角双锥形			PCl_5
AX_4E_1	变形四面体形			SF_4
AX_3E_2	T 字形	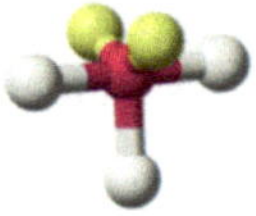	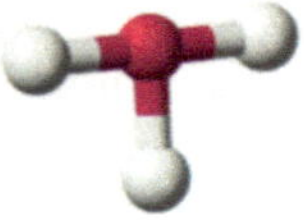	ClF_3、BrF_3
AX_2E_3	直线形	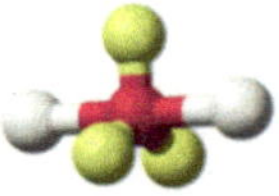		XeF_2、I_3^-

续表

分子类型	分子形状	中心原子价电子对排布方式(孤对电子以淡黄色球体表示)	分子或离子的实际几何构型(不包含孤对电子的构型)	实例
AX_6E_0	八面体形			SF_6
AX_5E_1	四方锥形	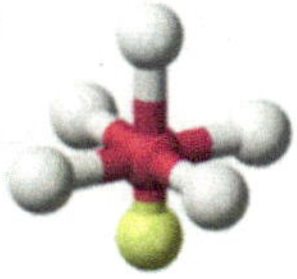		ClF_5、BrF_5
AX_4E_2	平面四边形	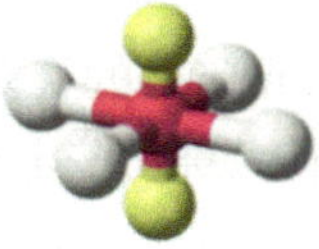	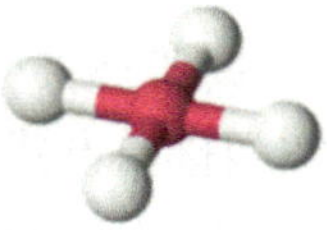	XeF_4
AX_7E_0	五角双锥形	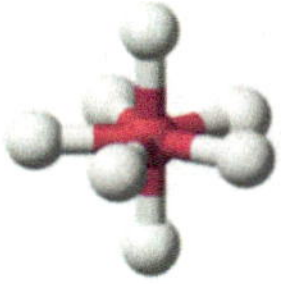		IF_7
AX_6E_1	五角锥形		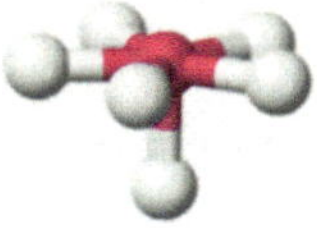	$XeOF_5^-$ 、 IOF_5^{2-}
AX_5E_2	平面五角形	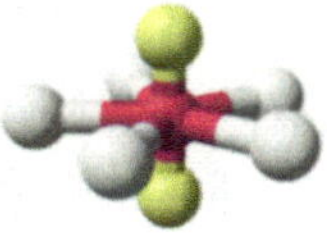		XeF_5^-
AX_8E_0	四方反棱柱形			XeF_8^{2-} 、 ZrF_8^{4-} 、 ReF_8^-
AX_9E_0	三帽三棱柱形			ReH_9^{2-}

3. 影响分子或离子空间构型的其他因素

从上面的分析可知，VSEPR 理论可以用来解释和预见许多主族元素化合物的立体结构，但由于实际成键情况要复杂得多，一些因素改变了表 4-1 和表 4-2 所预测的键角。实际上，只有当孤对电子数等于零时，价层电子对的形状才和分子的形状一致。

1) 孤对效应

孤对效应即为孤对电子对分子形状的影响[12]。

由于配体的吸引，定域共价键中的电子聚集于成键原子之间。孤对电子没有配体吸引，电子云就显得十分“肥大”，对邻近电子对产生更大的排斥力。因此，价层电子对之间斥力大小顺序是：

$$\text{LP-LP} > \text{LP-BP} > \text{BP-BP}$$

这种孤对效应有助于选择分子或离子的稳定几何构型。

(1) 若电子对空间排布方式只有一种，按上述作用对斥力次序判断即可得到分子或离子的几何构型，如 SO_2，V=18，电子对空间排布方式仅有三角形，由于 LP-BP>BP-BP，故分子构型为 V 形(图 4-6)。其中，孤对电子对分子几何构型无影响。

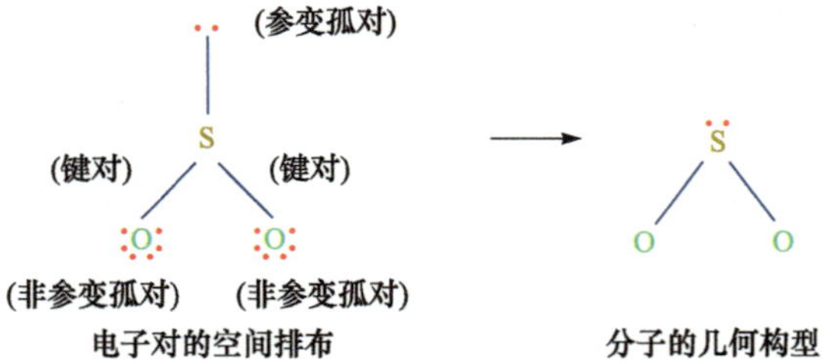

图 4-6 SO_2 的分子几何构型

(2) 若电子对的空间排布方式有几种，则按上述作用对斥力次序，筛选最小角度(如 90°)而且作用对数目最少的空间排布，按作用对的斥力次序判断分子或离子的几何构型。例如，ClF_3，V=28，电子对空间排布方式为三角双锥，但可能有三种排布(图 4-7)，分析列于表 4-3。可以判断出图 4-7(i)为最稳定的几何构型。

表 4-3 ClF_3 分子几何构型中的作用对斥力分析

方向角(90°)	作用对数目			筛选结果
	(i)	(ii)	(iii)	
LP-LP	0	1	0	(i)(iii)
LP-BP	4	不再考虑	6	(i)
BP-BP		不再考虑		

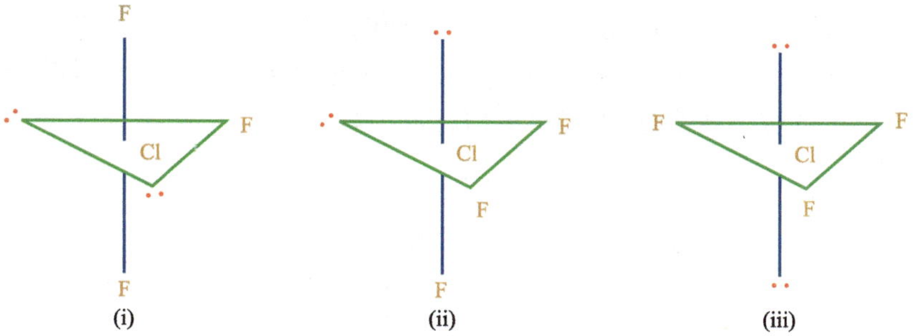

图 4-7　ClF_3 的分子几何构型

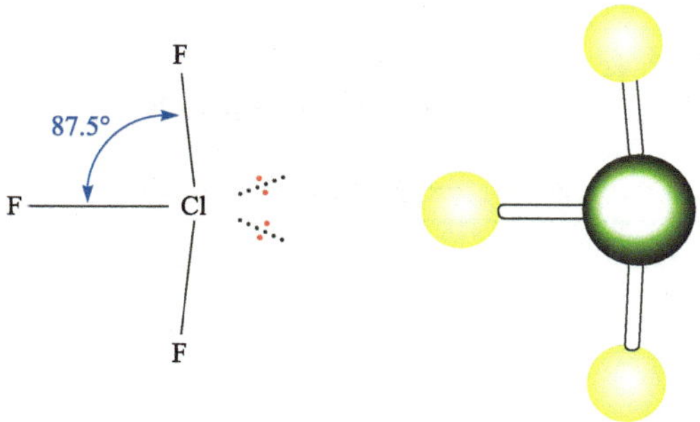

(3) 孤对效应可简明地解释价层电子对数相同而孤对电子数不同时，孤对电子越多，键角越小的事实。例如，CH_4(P=4，n=0)、NH_3(P=4，n=1)和 H_2O(P=4，n=2)的键角分别为 109°28′、107.3°和 104.5°。

2) 重键效应

重键效应[12, 14, 17]是指相互键合的原子形成多重建时，其键角总是大于仅有单键的键角，斥力顺序为

三键-单键 > 双键-单键 > 单键-单键

例如，光气 $COCl_2$，V=24，电子对的空间排列以及分子的几何构型均为三角形，但 ClCO 键角大于 ClCCl 键角。

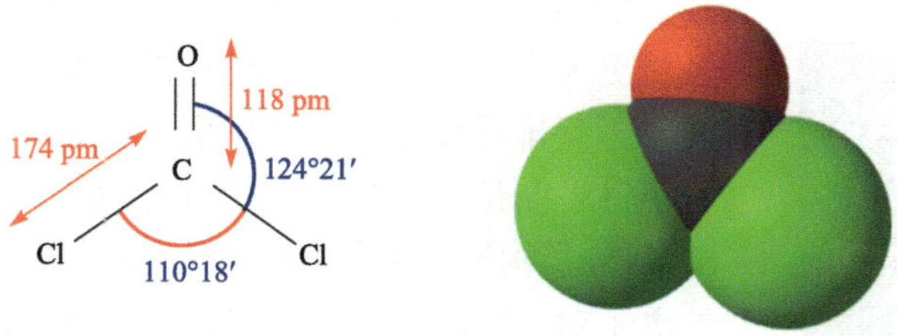

虽然 VSEPR 理论规定将双键、三键等多重键作为 1 对电子看待，但是根据四电子组模型(图 4-8)，当中心原子与配体生成共价单键时，两者分别提供一个自旋相反的电子，这两个电子出现于两者的四面体公共顶点附近的概率最大；当生成双键时，四个成键电子出现于两个四面体公共边两顶点附近的概率最大；在三

键中，六个成键电子的最可几位置是公共平面的三个顶点。显而易见，三键的体积最庞大，双键次之，单键最小。这才造成了上述斥力次序。含重键的键角往往大于仅含单键的键角就是这种差别的体现(表 4-4)。

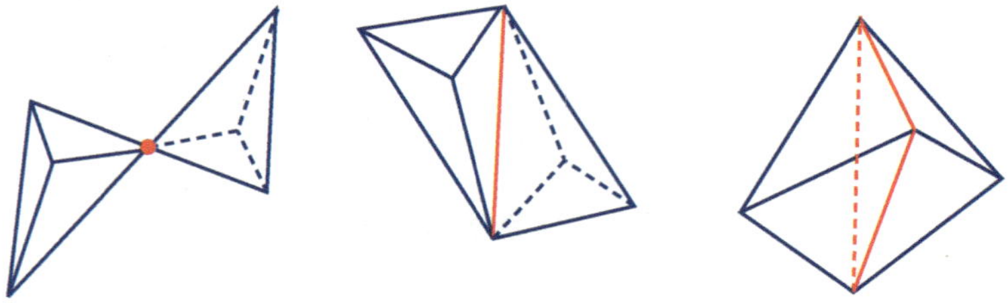

图 4-8　价键的四电子组模型

表 4-4　一些含双键分子的键角

分子	键角/(°)		
	XAX	XAO	OAO
$F_2C{=}O$	112.5	123.2	
$Cl_2C{=}O$	111.3	124.3	
$Cl_2S(=O)_2$	96.1		124.0
$F_2S(=O)_2$	112.2		119.8
$F_2Xe(=O)_2$	174.7	91.6	105.7

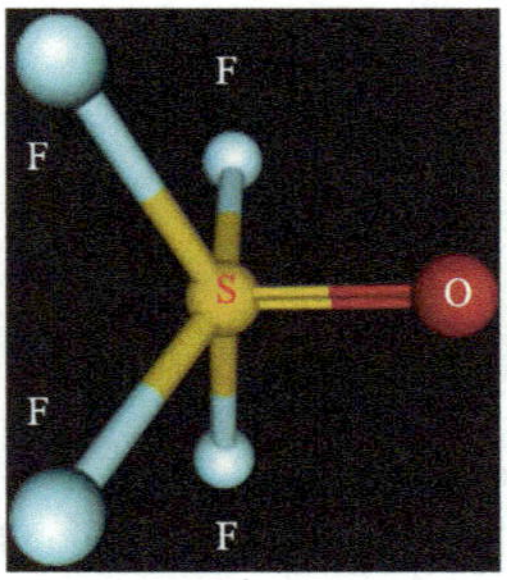

图 4-9　SOF_4的分子构型

根据电子密度区域理论，多重键所形成的电子密度区域更大，因此多重键之间的相互排斥作用大于单键之间的相互排斥作用。与中心原子形成多重键的配体优先居于锥平面位置以减小电子对之间的相互排斥作用。以SOF_4分子构型为例，由于双键的电子密度区域强于单键的电子对之间的相互排斥，因此 O 与 S 形成的双键应该优先位于三角锥平面以使相互之间的作用力减小，同时，由于 O═S 双键的强排斥作用，轴线呈小角度的弯曲(图 4-9)。

3) 电负性效应

如果把孤对电子视为与电负性为零的配体生成的成键电子对，随着配体电负性的增大，键区的电子对由“肥大”轨道逐渐收缩变“瘦”，结果它对邻近电子对的斥力相应减小[12, 14]。换言之，键对斥力随键合配体电负性的增大而减小。这就是孤对或低电负性配体生成的键对使高电负性配体生成的键对夹角减小的原因。例如，NF_3(102.5°)和 OF_2(103°)的键角小于 NH_3 和 H_2O 的键角。

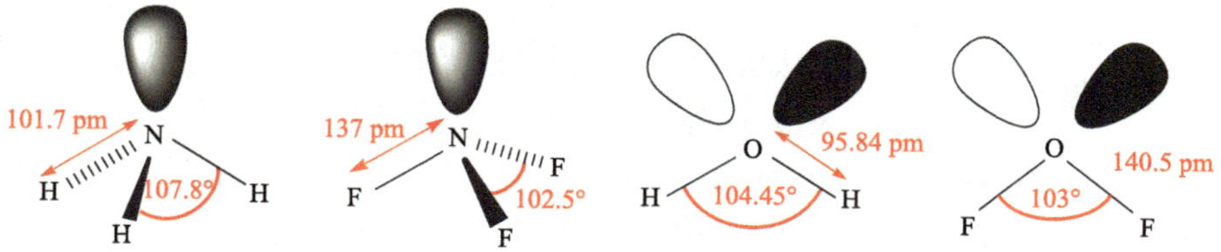

相反，如果中心原子电负性越大，则键角越大。例如 PBr_3 键角是 101.5°，而 $AsBr_3$ 键角是 99.7°[18]。

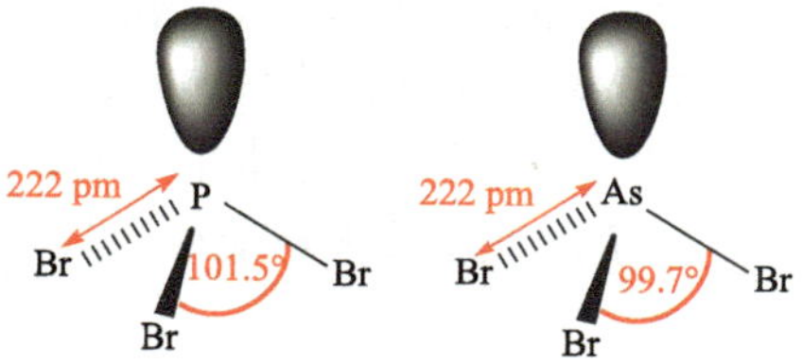

4.3.5 VSEPR 理论的使用范围和局限

VSEPR 理论作为定性理论得到了广泛的应用，在解释和预测主族元素化合物的立体结构方面发挥了很好的作用，甚至对于 d^0、d^{10} 和高自旋的 d^5 电子结构的过渡金属元素的化合物，也可以预测其几何构型，因为这些构型的过渡金属离子的 d 轨道为球形对称分布，如 $TiCl_6^{2-}$、FeF_6^{3-}、$Ag(NH_3)_2^+$ 等。但是，作为一种定性理论，VSEPR 理论有使用范围。例如，不能定量地处理多原子小分子的几何参数如键长和键角等，有时简化性的假设得出一些与实验事实不符合的预言，不能解释某些反常现象，如 $N(CH_3)_3$、$O(CH_3)_3$、OCl_2 的键角大于 109.5° 等。下面列出一些 VSEPR 理论不能正确预测的化合物。

1. 过渡金属化合物

许多过渡金属化合物的几何构型不能用 VSEPR 理论解释，可以归结于价层电子中没有孤对电子以及 d 电子与配体的相互作用[9]。这些化合物的结构可以用价键理论预测，包括金属氢化物和烷基配合物(如六甲基钨)，理论基础是 sd 杂化轨道和三中心四电子键模型[19]。以现今最高价态的金属氢化物 WH_6 为例(图 4-10) [17]，解释 VSEPR 理论不适用于过渡金属化合物的原因是很清楚的。

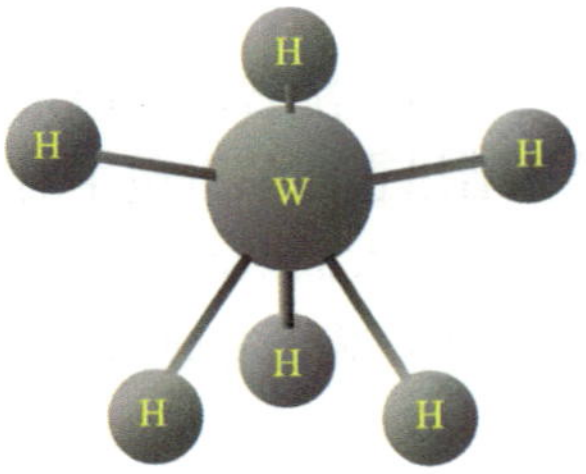

图4-10 WH_6的畸变三角锥构型(C_{3v})

若根据 VSEPR 理论，价层电子对数目为 6 的 WH_6，其构型应该是正八面体(O_h)。但是，经量子化学计算[20]，WH_6呈上方开口较大、下方开口较小的畸变三角锥构型(C_{3v})。显然，仅通过 VSEPR 理论中价层电子对的相互排斥作用不能合理解释产生这样不规则构型的原因。对于 WH_6，中心原子 W 的杂化方式为 sd^5。在经典价键理论中有最大重叠原理，即成键电子的原子轨道在对称性一致的前提下发生重叠，原子轨道的重叠程度越大，两核间电子的概率密度就越大，形成的共价键就越稳定。依据该理论，配体在与中心原子成键的过程中，为使成键最稳定，必定采取和中心原子杂化轨道重叠最大的方向成键。由于 s 轨道为球形，配体在任意方向都可与其最大程度重叠成键。因此，sd^n杂化轨道更多的是体现 d 轨道的形状。由于 d 轨道呈花瓣状，相比于直线形的 p 轨道，其杂化轨道不是常见的规则形状。根据量子计算结果，为满足 d 轨道最大限度地参与成键，sd^5 杂化轨道的形状为畸变三角锥形[21]。同时，相应的分子轨道模型也得出了同样的结果[22]。由于 WH_6 分子中 H 配体在与中心原子成键后不存在孤对电子的排斥作用，因此，其分子构型能够很好地显示其中心原子 sd^5 杂化轨道的原貌。

2. ⅡA 族卤化物

较重碱土金属的三原子卤化物(如钙、锶、钡的卤化物，MX_2)的气相结构并不像预测的那样为直线形，而是 V 形。X—M—X 的大致键角：CaF_2，145°；SrF_2，120°；BaF_2，108°；$SrCl_2$，130°；$BaCl_2$，115°；$BaBr_2$，115°；BaI_2，105°[23]。吉列斯比提出这是因为配体与金属原子的内层电子发生相互作用，极化使得内层电子云不是完全球面对称，所以分子构型发生变化[9]。

3. 一些 AX_2E_2 型分子

氧化锂 Li_2O 的中间构型是直线形而不是弯曲的，这一点可以归结于如果构型是弯曲的，锂原子之间将产生强烈排斥作用[24]。二甲硅醚 $O(SiH_3)_2$ 的 Si—O—Si 键的键角为 144.1°，与其他分子中的键角相比差别较大，如 Cl_2O 的键角为 110.9°、$(CH_3)_2O$ 的键角为 111.7°以及 $N(CH_3)_3$ 的键角为 110.9°。合理解释是孤对电子的位置不同。当配体的电负性与中心原子类似或更大时，孤对电子有能力排斥其他电子对，导致键角较小[9]。当中心原子电负性较大时，如 $O(SiH_3)_2$ 中，孤对电子的定域不明显，排斥作用较弱，这种结合导致强配体(—SiH_3 与上面的例子相比是一个比较大的配体)之间的排斥，因此 Si—O—Si 键的键角比预想的大[9]。

4. 一些 AX_6E_1 型分子

一些 AX_6E_1 型分子，如含有 Te(Ⅳ)或 Bi(Ⅲ)离子的化合物(如 $TeCl_6^{2-}$、$TeBr_6^{2-}$、$BiCl_6^{3-}$、$BiBr_6^{3-}$ 和 BiI_6^{3-})是正八面体结构，其孤对电子并不影响其构型[15]。一种合理解释是配体原子排列拥挤而没有给孤对电子留下空间[9]，另一种合理解释是惰性电子对效应。

4.4　共价键的价键理论

4.4.1　价键理论的产生

1928 年 3 月，鲍林在《共用电子化学键》一文中谈到了他的价键思想的来源，该文开始写道："随着量子力学的发展，显然，泡利的不相容原理和海森堡、狄拉克的共振现象是造成化学键的主要因素。"[25]

1. 海森堡的量子共振观念

量子共振观念是海森堡在讨论氦原子的量子态时引入量子力学的。1926 年 6 月海森堡发表了题为《量子力学中的多体问题和共振》一文，计算了氦原子的能量态，确立了氦谱线的正氦与仲氦之间的能量差。氦原子有两个电子，他把这个简单的多体问题设想为一个连接两个振子的系统，原子中电子的运动由给定频率的简谐振动描述：假定两个振子的振动是相同的，每个具有相同的质量 m 和频率 $\nu(=\omega/2\pi)$。用 q_1 和 q_2 分别表示振子 1 和振子 2 的位置变量，p_1 和 p_2 分别表示动量，λ 表示相互作用恒量[26]。这个系统的哈密顿函数确定为

$$H=\frac{1}{2m}(p_1^2+m^2\omega^2q_1^2)+\frac{1}{2m}(p_2^2+m^2\omega^2q_2^2)+m\lambda q_1q_1 \tag{4-3}$$

式中，$m\lambda q_1q_2$ 表示相互作用能。海森堡很快认识到在量子力学中耦合振动的这个经典例子将产生与经典力学类似的结果。在经典力学中这个系统将产生共振和干涉。由原始频率引起的两个改变了频率的新的振动将引起干涉。

研究表明，氦谱线的确具有类似于人们在两个耦合的、具有相同频率的线性振子情形下推导出的许多特征。海森堡把仲氦和正氦两个相应项之间的能量差归因于两个电子之间的相互作用，他认为库仑斥力使系统处于这两种状态，产生共振。他设想两个电子不断地、定时地交换位置。这个交换能就是仲氦和正氦两个相应项之间的能量差[27]。

2. 海特勒和伦敦对氢分子的近似处理

1927 年 6 月，海特勒和伦敦发表了题为《中性原子的相互作用和按照量子力学的单向结合》的论文[28]，将量子力学处理原子结构的方法应用于氢气分子，得到氢分子能量的两个表达式和与能量相对应体系的状态波函数：

$$E_{\mathrm{S}}=2E_{\mathrm{H}}+\frac{Q+A}{1+S_{ab}^{2}}\qquad E_{\mathrm{A}}=2E_{\mathrm{H}}+\frac{Q-A}{1+S_{ab}^{2}}\tag{4-4}$$

$$E_{\mathrm{S}}:\psi_{\mathrm{S}}=\frac{1}{\sqrt{2+S_{ab}^{2}}}\left[\varphi_a(1)\varphi_b(2)+\varphi_a(2)\varphi_b(1)\right]\tag{4-5}$$

$$E_{\mathrm{A}}:\psi_{\mathrm{A}}=\frac{1}{\sqrt{2-S_{ab}^{2}}}\left[\varphi_a(1)\varphi_b(2)-\varphi_a(2)\varphi_b(1)\right]\tag{4-6}$$

他们根据能量随核间距变化情况得出：E_{S} 比两个氢原子的能量低，说明形成了稳定氢分子；E_{A} 比两个氢原子的能量高，说明不能形成稳定的氢分子。由 ψ_{S} 和 ψ_{A} 作两种状态的电子等概率密度面图表明：相应于 E_{S} 的 ψ_{S}，两核间电子密度大；相应于 E_{A} 的 ψ_{A}，两核外侧电子密度大。第一次用量子力学理论和方法证明了中性的氢原子能够相互结合形成稳定的分子体系，两个氢原子相互结合是通过密集于两个核间的电子云实现的。化学键是基于电子交换而形成的原子之间的结合作用。他们成功地定量阐释了两个中性原子形成化学键的过程，这标志着量子力学与化学的交叉学科——量子化学的诞生。

他们得到了两个中性氢原子相互作用结合成键的能量曲线(图 4-11，教材常用图 4-12 表示)，得知相互作用能曲线具有明显的极小点，这相当于稳定分子的形成。根据能量 E_+ 公式计算的结果，H_2 分子的能量以核距 R=0.86 时为最低，$E_+=2E_{\mathrm{H}}-$ 302.7 kJ/mol，即电子结合能是 302.7 kJ/mol，这与实验值 456.4 kJ/mol 已比较接近；E_- 曲线与 E_+ 曲线不同，不呈现最低点，能量始终高于 $2E_{\mathrm{H}}$，表示此种分子状态是不稳定的，称为推斥态。平常的 H_2 分子是处于 E_+ 状态(或 ψ_+ 状态)，即基态，而 ψ_- 的 H_2 分子是处于激发态。从光谱的研究知道处于激发态的 H_2 分子，其两电子自旋是平行的。

海特勒和伦敦对化学键的解释为：两个带有自己电子的相同的氢原子互相靠近时，一个电子越来越被另一原子的原子核所吸引，在某一点上，一个电子会跳向另一个原子，随后就发生了每秒数十亿次频率的电子交换。在一定的意义上，人们无法确认某一个电子是某一个原子核的。海特勒和伦敦发现，正是这种电子交换产生了把两个原子联结在一起的能量。他们的计算结果表明，电子密度在两个原子核之间最大(图 4-13)，这样就降低了两个带正电的原子核之间的静电斥力。在某一点上，正电之间的斥力正好与其对电子云密集处的引力相平衡，这样就建立了一定长度的化学键[29]。从光谱的研究可知，处于激发态的 H_2 分子，其两电子自旋是平行的。

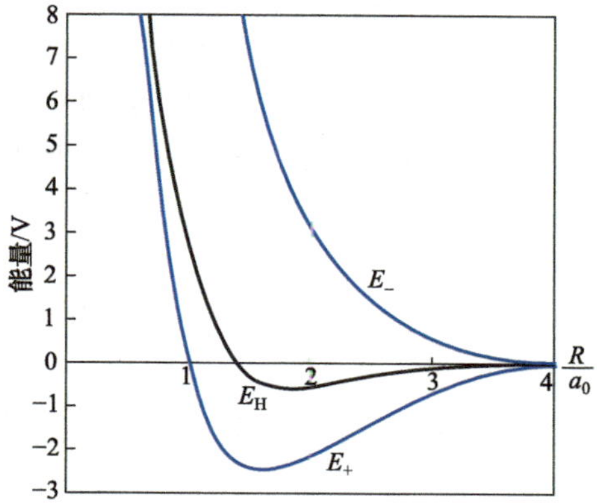

图 4-11　相互作用能量曲线

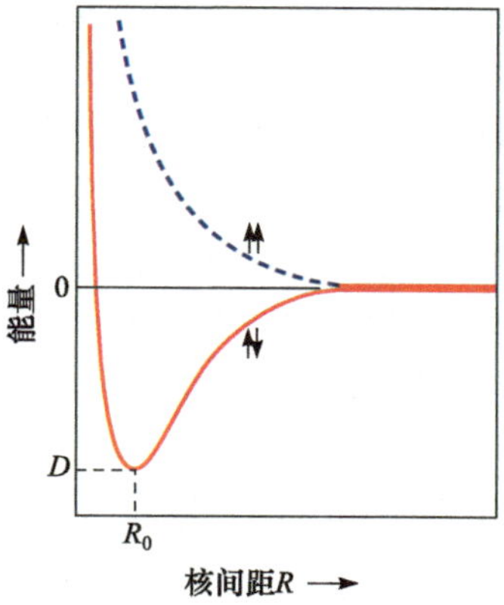

图 4-12　H_2 形成过程能量随核间距的变化

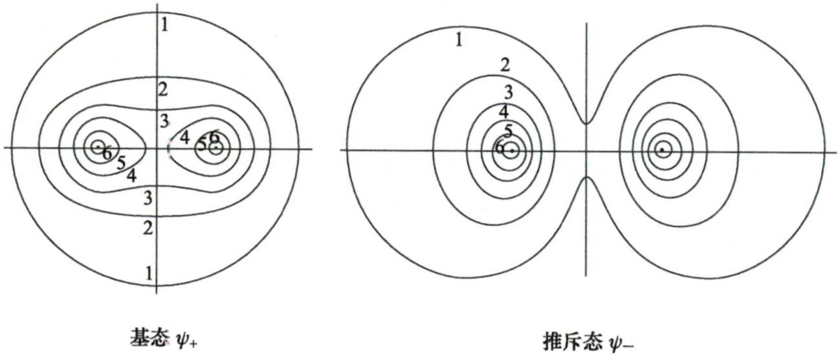

图 4-13　基态和排斥态电子云密度线

1931 年 4 月，鲍林的《化学键的本质》论文全面阐述电子对键的性质，完善了价键理论。鲍林指出，“海特勒和伦敦对氢分子波动方程的讨论表明，两个正常的氢原子能够以两种方式中的任一种方式相互作用，其一是引起排斥，不能组成分子；其二是引起吸引，形成稳定的分子。这两种相互作用是两个电子同一性的结果。这种量子力学的特殊的共振现象使氢分子中产生了总是以两个电子出现的稳定的键。即使两个电子附着的核不同，一个核上带有一个电子，而另一个核上带有另一个电子，这种非扰动系统的能量与电子的交换能相同。因此，可以预期找到通常出现的电子对键”。

接着，鲍林又指出：“带有超过一个电子的原子间的相互作用，通常并不导致分子的形成。一个正常的氦原子和一个正常的氢原子只能以排斥的方式相互作用，而两个正常的氦原子除了在很大的距离处有很微弱的吸引作用以外，只有相互的排斥作用。两个锂原子相互作用时，既有排斥作用，也有吸引作用。只有吸引作用才能形成稳定分子，即两个原子接近时，只有每个原子在开始时具有一个不配对的电子，它们之间才能形成稳定的分子。这个由海特勒和伦敦已经获得的一般结论是，电子对键由两个原子中每个原子上的一个不配对电子的相互作用形成。这个键能主要是共振能或两个电子的交换能。虽然电子自旋决定了是出现吸引势还是排斥势，或者二者兼而有之，但是这个键能主要取决于电子和核之间的静电力，而不是由于磁的相互作用”[30]。

鲍林提出了电子对键的六条规则：

(1) 相互结合的两个原子各贡献一个不配对电子(孤对电子)，它们相互作用，形成电子对键。

(2) 两个电子形成键时，其自旋方向必定相反，以至于它们对物质的磁性没有贡献。

(3) 两个形成共用电子对的电子不能再参与别的电子对的形成。

(4) 单电子对键的主要的共振项只涉及每个原子的一个本征函数。

(5) 在同样依赖于 r 的两个本征函数中，在键的方向上具有较大值的将产生强键，而对于一个给定的本征函数，这个键将趋于在具有本征函数的最大值的方向上形成。

(6) 在同样依赖于 θ 和 ϕ 的两个本征函数中，具有较小的 r 平均值的将产生强键，也就是对应于这个原子的较低能级的将产生强键。

这六条规则体现了电子对键的基本性质，前三条规则是对路易斯、海特勒、伦敦和鲍林自己早期工作的重申，是直接从量子力学对氢分子的应用中推导出来的。后三条规则是鲍林在研究碳原子的四面体构型以及原子中电子的杂化轨道时推测出来的。

鲍林关于电子对键的六条规则首次向人们显示了量子力学是理解物质分子结构的基础。他从量子力学中最大限度地吸取了精确的信息，再加上简单、具有想象力的观点，解决了大量的实际问题，取得了大量的成果。

1939 年鲍林正式出版了他的《化学键的本质》一书[30-31]，这部书将化学键的概念升华到定量和理性的高度，鲍林也因此获得 1954 年诺贝尔化学奖。

4.4.2 价键理论的基本内容

1. 共价键的形成条件

在以上讨论中已明确价键理论(valence bond theory，VB 理论)的成键本质。从电子对键的六条规则可知共价键的形成条件如下：

(1) 键合原子双方各提供自旋方向相反的未成对电子。这也解释了形成双键和三键的原子间能共享 2 对和 3 对电子的问题。

(2) 键合双方原子轨道应尽可能最大限度地重叠，以便形成一个最大的电子云密度区域(负电性的，图 4-14)，降低两个带正电的原子核之间的静电斥力。显然，轨道重叠程度越大，核间的电子密度越大，形成的共价键越强，由共价键结合的分子越稳定。

(3) 符合能量最低原理。虽然两个中性原子(包括相同原子如 A 与 A，不同原子如 A 和 B)相互接近形成共价键时，在能量曲线形成的“井”会比相反电荷离子形成的“井”浅得多(与离子键相比较，离子正、负电荷间的强吸引力不复存在)，但毕竟存在“井”。例如，对 H_2 分子进行的量子力学处理，得到的就是深“井”曲线(图 4-15)。共用电子对在这样的轨道中显然使作用体系处于最低能量。

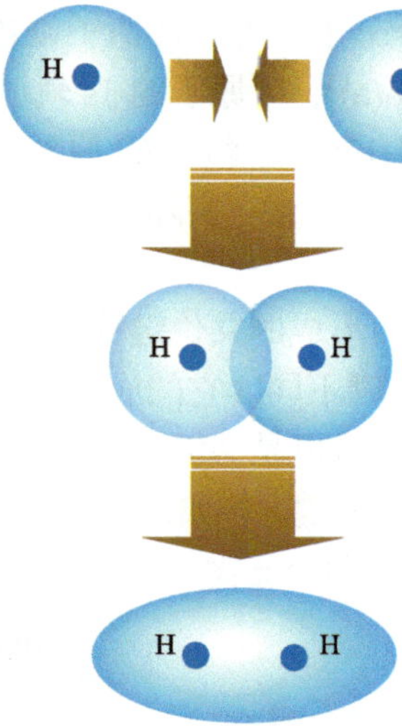

图 4-14　H_2 分子形成的示意图

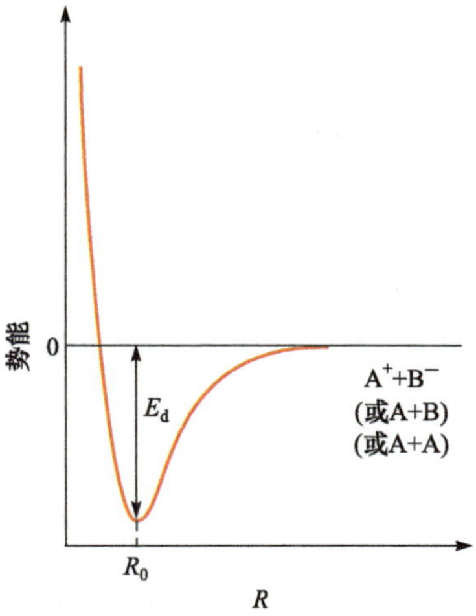

图 4-15　离子键和共价键形成过程中系统势能与质点间距离的关系

2. 共价键的特点

共价键的主要特点是具有饱和性和方向性。饱和性是指每种成键原子能提供用于形成共价键的轨道数是一定的，其结果是共价分子中每个原子的最大成键数也一定。第 2 周期元素原子的价层只有 4 条轨道，形成共价分子时最多只能形成 4 个共价单键。第 3 周期元素原子的价层有 9 条轨道，这一事实被用来解释相关的某些化合物为什么不服从八隅律。尽管总体上可将原子看成球体，但除 s 轨道以外的其他轨道在核外空间都有一定的伸展方向。形成共价键时，原子轨道总是尽可能沿着电子出现概率最大的方向重叠，以尽量降低系统的能量。正是原子轨道在核外空间的取向和轨道重叠方式的要求决定了共价键的方向性。

3. 共价键的类型

共价键可按成键方式进行分类。1932 年，洪德将共价键分为 σ 键、π 键、δ 键三种，使价键理论进一步系统化[32]。

由两个原子轨道沿轨道对称轴方向相互重叠导致电子在核间出现概率增大而形成的共价键称为 σ 键(sigma bond)，形象地记为“头碰头”。σ 键属于定域键，它可以是一般共价键，也可以是配位共价键。一般的单键都是 σ 键。后面讲的原子轨道发生杂化后形成的共价键也是 σ 键。由于 σ 键是沿轨道对称轴方向形成的，轨道间重叠程度大，因此通常键能比较大，不易断裂，而且由于有效重叠只有一次，两个原子间至多只能形成一个 σ 键。讨论由 H 原子(电子组态为 $1s^1$)、Cl 原子(价层电子组态为 $3s^2\ 3p^2\ 3p^2\ 3p^1$)形成的三种双原子分子：两个 H 原子以各自的 1s 轨道相互重叠使电子自旋配对形成 H_2 分子[图 4-16(a)]，H 原子的 1s 轨道与 Cl 原子中单电子占据的 3p 轨道重叠形成 HCl 分子[图 4-16(b)]，两个 Cl 原子以其各自原子中单电子占据的 3p 轨道重叠形成 Cl_2 分子[图 4-16(c)]。实际上，原子轨道之间重叠可以形成的 σ 键就是这三种形式。

成键原子的未杂化 p 轨道通过平行、侧面重叠而形成的共价键称为 π 键(pi bond)，形象地记为“肩并肩”[图 4-17(a)]。π 键与 σ 键不同，它的成键轨道必须是未成对的 p 轨道。π 键性质各异，有 2c-2e 的定域键，也可以是共轭 π 键[图 4-17(b)]和反馈 π 键[图 4-17(c)]。两个原子间最多可以形成 2 个 π 键。例如，碳碳双键中存在一个 σ 键和一个 π 键，而碳碳三键中存在一个 σ 键和两个 π 键。

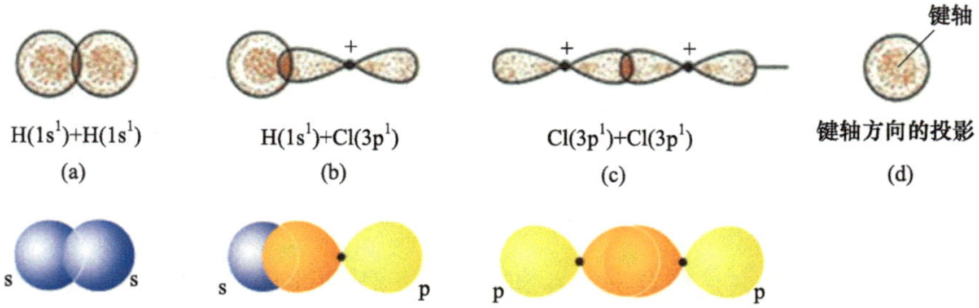

图 4-16　原子轨道重叠形成 σ 键

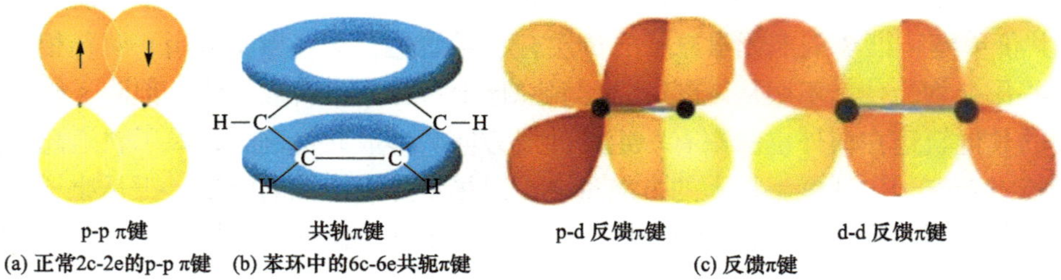

图 4-17　各种 π 键

在一定条件下由两个 d 轨道四重交盖会形成共价键吗？答案是肯定的。δ 键(delta bond)是共价键的一种，由两个 d 轨域四重交叠而成。δ 键有两个节面(电子云密度为零的平面)。从键轴方向看，δ 键的轨道对称性与 d 轨道的没有区别。δ 键常出现在有机金属化合物中，尤其是钌、钼和铼所形成的化合物。参考书中常以 $Re_2Cl_8^{2-}$ 中的四重键介绍 δ 键[33]，图 4-18 表示由两个 $d_{x^2-y^2}$ 轨道互相重叠形成 δ 键的示意图，而这四重键中包含 1 个 σ 键、2 个 π 键和 1 个 δ 键。σ 键是“头碰头”，π 键是“肩并肩”，而 δ 键则可形象地记为“面对面”。

图 4-18 由两个 $d_{x^2-y^2}$ 轨道互相重叠形成 δ 键

π 反键轨道与 δ 键的对称性一致，因此从乙炔能量低的非键轨道中激发电子，使得在碳碳三键上再形成一个 δ 键是可能的。从 δ 键可以推出涉及 f 轨道和 g 轨道的可能新键型：ϕ 键和 γ 键，它们涉及原子轨道更多重瓣的重叠。ϕ 键由两个 f 轨道六重交叠而成，电子云以“面对面”的形式叠加。由于 δ 键的存在，理论化学家推测有由两个 f 轨域叠加形成的 ϕ 键。2005 年化学家声称已发现 ϕ 键，存在于双铀分子(U_2)的铀铀单键[34]，但还没有观测到 γ 键。

4. 配位共价键

配位共价键(coordinate covalent bond)简称配位键或配键，是一种特殊的共价键，它的特点在于共用的一对电子出自同一原子。配位键的形成需要两个条件：一是中心原子或离子，其必须有能接受电子对的空轨道；二是配位体，组成配位体的原子必须能提供配对的孤对电子。当路易斯碱供应电子对给路易斯酸而形成化合物时，配位键就形成了。例如，气态氨 NH_3 和气体三氟化硼 BF_3 形成固体 NH_3BF_3。配位共价键与一般共价键的区别只体现在成键过程中，它们的键参数是相同的。例如，铵根离子的氮氢键中，有三个是一般共价键，一个是配位共价键，但这四个键完全等价，铵根离子也是完全对称的正四面体形(图 4-19)。在书写时，一般共价键使用符号“—”，配位共价键使用符号“→”，箭头从配体指向受体。

5. 共价键参数[30]

化学键的性质在理论上可由量子力学计算作定量讨论，也可以通过表征键的性质的某些物理量——键参数(bond parameter)描述，如电负性(electronegativity，以一组数值的相对大小表示元素原子在分子中对成键电子的吸引能力)、键能

(bond energy)、键长(bond length)、键角(bond angle)和键级(bond order)。其中键长和键角两个参数可以通过 X 射线单晶衍射等实验手段测量得到，如配合物 $Cu(Mtta)_2(NO_3)_2$ 的键长和键角参数见表 4-5，详细晶体结构信息见图 4-20。[35]

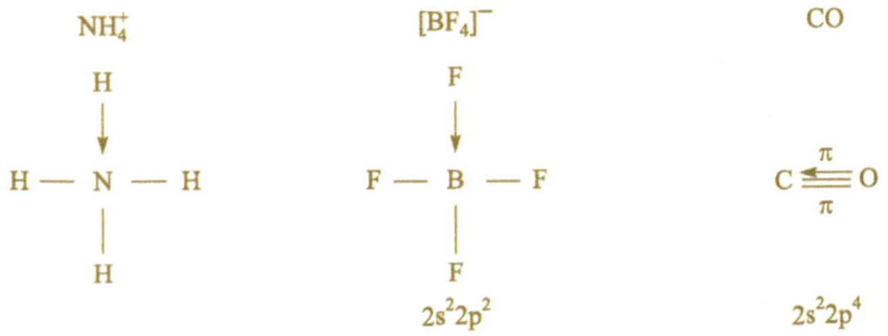

图 4-19　常见的配位键化合物

表 4-5　$Cu(Mtta)_2(NO_3)_2$ 主要的键长和键角

键长/Å		键角/(°)	
Cu1-N4	1.967(6)	N4-Cu1-O1	90.9(2)
Cu1-O1	2.004(5)	N4A-Cu1-O1	89.1(3)
Cu1-O2	2.638(5)	N4-Cu1-N4A	180.0(1)

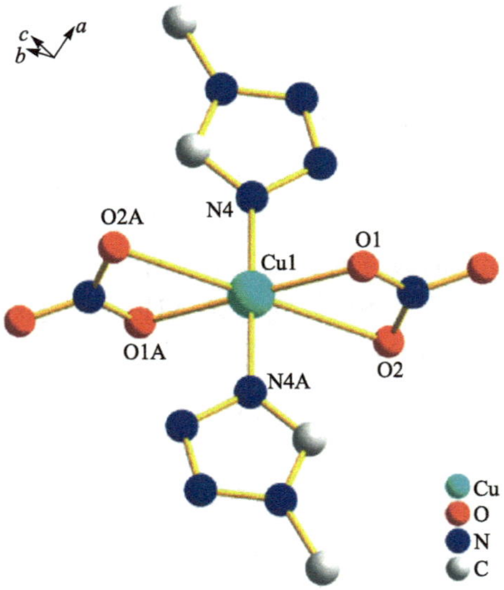

图 4-20　配合物 $Cu(Mtta)_2(NO_3)_2$ 的结构

1) 键长

分子内相邻原子之间的平衡核间距称为键长或键距，即成键两原子核之间的距离。键长数据可以用分子光谱或 X 射线衍射方法测得。一般键长越小，键越强。例如：

	键长/pm	键能/(kJ · mol^{-1})
C—C	154	345.6
C═C	133	602.0
C≡C	120	835.1

另外，相同的键在不同化合物中，其键长和键能不相等。例如，CH_3OH 和 C_2H_6 中均有 C—H 键，它们的键长和键能不同。键长数据通常是统计平均值。键长与原子大小、原子核电荷以及化学键的性质(单键、双键、三键、键级、共轭)、环境(共轭效应、空间阻碍效应和相邻基团电负性的影响)等因素有关，同一种化学键键长还有一定差异。例如 O_2^+、O_2、O_2^-、O_2^{2-} 中的氧氧键键长依次增长，氢卤键键长顺序为 $d_{(H—F)}<d_{(H—Cl)}<d_{(H—Br)}<d_{(H—I)}$。

共价键的键长可以理解成键合原子的共价半径之和[36]。用同核共价半径的一半可以求出许多元素的共价半径，还可以估计 $d_{(A—B)}$测定值。例如，$d_{(C—C)}$= 154 pm，$d_{(Cl—Cl)}$=198.8 pm，两者的算术平均值 $d_{(C—Cl)}$= 176.4 pm，与 CCl_4分子中测出的 $d_{(C—Cl)}$=176.6 pm 很接近。当然，共价半径的通用数据总是经过经验或理论校正的平均值，不同方法得到的数据并不一定相等。为比较不同原子的共价半径，共价键的性质必须相同，为此建立了单键共价半径的概念。经常呈重键而不呈单键的元素的单键共价半径需经理论计算获得。主族元素共价半径显示很好的周期性——从上到下半径增大，从左到右半径减小。

影响键长的因素有：① 原子半径，一般原子半径越大，键长越长；② 能影响有效核电荷对价电子吸引力的因素对键长都有影响，正电荷会使键长缩短，负电荷会使键长增大；③ 电负性，由于键极性的影响，并不是在任何情况下键长值都有严格的加和性。例如在甲硅烷类中，$d_{(Si—C)}$的实验值为 187 pm，而按下式计算键长为 194 pm：

$$d_{(Si—C)}=\frac{1}{2}[d_{(Si—Si)}+d_{(C—C)}]=\frac{1}{2}(234+154)=194(pm) \tag{4-7}$$

斯科梅克(V. Schomaker，1914—1997)和斯蒂文森(D. P. Stevenson，1914—1999)于 1941 年提出了一个校正公式[31, 37]：

$$d_{(A—B)}=\frac{1}{2}[d_{(A—A)}+d_{(B—B)}]-9|\chi_A-\chi_B| \tag{4-8}$$

式中，χ_A、χ_B分别为 A、B 的电负性。若用此式校正上例键长数值，可得 $d_{(Si—C)}$= 188 pm，与 $d_{(Si—C)}$的实验值 187 pm 较好吻合。④ 键级，两个确定的原子之间如果形成不同的化学键，其键级越高键长就越短[31, 38]。⑤ 键型，π 配键的形成可能是造成键长缩短的原因。当分子中有离域 π 键存在时，键长也会缩短。

2) 键角

键角是指多原子分子中相邻键与键之间的夹角。键角不同于键长和键能，不可能形成通用的标准。同样，键角数据可以用分子光谱或 X 射线衍射方法测得。键角的大小严重影响分子的许多性质如极性，从而影响其溶解度、沸点等。键角是决定分子几何构型的重要因素。影响键角的因素主要是中心原子的杂化类型，在电子构型相同的分子中，其中心原子的孤对电子、中心原子的电负性以及配位原子的电负性等因素对分子的键角有较大影响。

孤对电子的影响：孤对电子的负电集中，可以排斥其余成键电子对，使键角变小，NH_3 分子中 4 对电子对构型呈四面体，分子构型为三角锥。键角∠HNH 为 107°，这是由于孤对电子对 N—H 成键电子对的排斥，键角从 109°28′变小为 107.3°。同理，水分子的键角∠HOH 从 109°28′变小为 104.5°，因为两对孤电子对成键电子对排斥更大。

中心原子电负性的影响：在等性杂化中，中心原子的电负性对分子的键角没有影响，但对于不等性杂化，中心原子的电负性对键角有影响。中心原子的电负性越大，其电子云密度就越大，成键电子对电子云之间的排斥力就越大，使键角变大。例如，NH_3(107 °)>PH_3(93.08°)>AsH_3(91.8 °)。

配位原子电负性的影响：中心原子相同，配位原子电负性大时，成键电子对距离中心原子远，彼此间斥力变小，键角变小。例如，PCl_3(100°)<PBr^3(101.5°)<PI_3(102°)。

3) 键能

键能是指标准状态下把基态 1 mol 化学键分解成气态基态原子所需的能量[39]：

$$AB(g) \longrightarrow A(g)+B(g) \qquad \Delta H=E_{A-B}=D_{A-B} \tag{4-9}$$

化学反应中化学键的断裂涉及体系热力学能的改变。因此，当测量、计算断键的能量变化时，严格地说应考虑热力学能的变化，即以ΔU 表示。但基于$\Delta H=\Delta U+p\Delta V$，考虑到一般化学反应中体积功很小，$p\Delta V$ 可忽略，因此可用焓变近似表示热力学能的变化，即$\Delta U \approx \Delta H$。

化学成键能和键离解能的差值主要是振动能，其次是转动能和平动能[37]。

0 K 下，断裂 1 mol 理想气态物质分子(或基团)AB 为气态的 A 和 B 时过程(假想反应)的焓变 $\Delta H_0^\ominus$，称为 0 K 的键离解能，严格讲是键离解焓，通常用 $D_{0,A-B}^\ominus$ 表示[38, 40]。

如果 AB 的离解发生在某温度 T 而不是 0 K，完成离解所需要的能量中还应该包含温度 T 下 1 mol A、B 的平动能(各为 3/2RT)。但由于 AB 在该温度下的平动、转动和振动的能量可以部分补偿 A—B 键离解所需要的能量，因此 $D_T^\ominus$ 与 $D_0^\ominus$

的关系可近似表示为

$$D_T^\ominus = D_0^\ominus + \frac{3}{2}RT \tag{4-10}$$

对于双原子分子，解离能 D_{AB} 等于键能 E_{AB}，可以用热化学方法和光谱实验测出。对于多原子分子，解离能只是一种统计平均值，或者说是近似值。因此，要注意多原子分子的解离能与键能的区别与联系。例如 NH_3：

$$NH_3(g) \longrightarrow H(g)+NH_2(g) \quad D_1=435.1\ kJ \cdot mol^{-1}$$

$$NH_2(g) \longrightarrow H(g)+NH(g) \quad D_2=397.5\ kJ \cdot mol^{-1}$$

$$NH(g) \longrightarrow H(g)+N(g) \quad D_3=338.9\ kJ \cdot mol^{-1}$$

三个 D 值不同，而且 $E_{N-H}=(D_1+D_2+D_3)/3=390.5\ kJ \cdot mol^{-1}$。另外，$E$ 可以表示键的强度，E 越大，则键越强(表 4-6)。

表 4-6 一些常见化学键的键能 (单位：$kJ \cdot mol^{-1}$)

	H	C	N	O	S	F	Cl	Br	I
单键									
H	436								
C	416	356							
N	391	285	160						
O	467	336	201	146					
S	347	272	—	—	226				
F	566	485	272	190	326	158			
Cl	431	327	193	205	255	255	242		
Br	366	285	—	234	213	—	217	193	
I	299	213	—	201	—	—	209	180	151
多重键									
C═C	598	C═N	616	C═O	803	在 CO_2 中			
C≡C	813	C≡N	866	C≡O	1073				
N═N	418	O═O	498						
N≡N	946								

标准键离解能 $D^{\ominus}_{298.15,\text{A-B}}$ 可通过式(4-10)或者热力学方法得到

$$D^{\ominus}_{298.15,\text{A—B}} = \Delta H^{\ominus}_{298.15} = \Delta H^{\ominus}_{\text{f,A}} + \Delta H^{\ominus}_{\text{f,B}} - \Delta H^{\ominus}_{\text{f,A—B}} \tag{4-11}$$

式中，$\Delta H^{\ominus}_{\text{f,A}}$、$\Delta H^{\ominus}_{\text{f,B}}$ 和 $\Delta H^{\ominus}_{\text{f,A—B}}$ 分别为 A、B 和 AB 的标准生成焓。

影响键能的因素很多，一般原子半径越大，键能越小。同种键的键能值与成键原子的价态有关[37]。例如，SeF_6、SeF_4 和 SeF_2 的 $D^{\ominus}_{298.15,\text{Se—F}}/(\text{kJ}\cdot\text{mol}^{-1})$ 分别为 284.9、310 和 351。对 A—B 键而言，在键长相近的前提下，键能随 A、B 电负性差值的增大而增大[41]。

鲍林根据键能与键极性的关系提出如下关系式：

$$D_{(\text{A—B})} = \frac{1}{2}[D_{(\text{A—A})} + D_{(\text{B—B})}] + 23(\chi_\text{A} - \chi_\text{B})^2 \tag{4-12}$$

另外，成键原子轨道的种类、键型和孤对电子的存在等因素因为影响键合程度，所以也影响键能的大小。

键能与反应热有密切关系。因为化学反应过程的实质是旧键断裂和新键形成的过程，即反应物分子中化学键的改组，而反应热正是化学键在改组前后键能总和的变化。有了键能的概念，就可以通过键能变化估算化学反应中的能量变化，或者称可以从分子水平上的能量变化揭示化学反应的本质。例如，分析氢气燃烧反应(图 4-21，表 4-7)，可以得出键能与反应焓变之间的关系。

$$2\text{H—H} + \text{O=O} \longrightarrow 2\,\text{H—O—H} \tag{4-13}$$

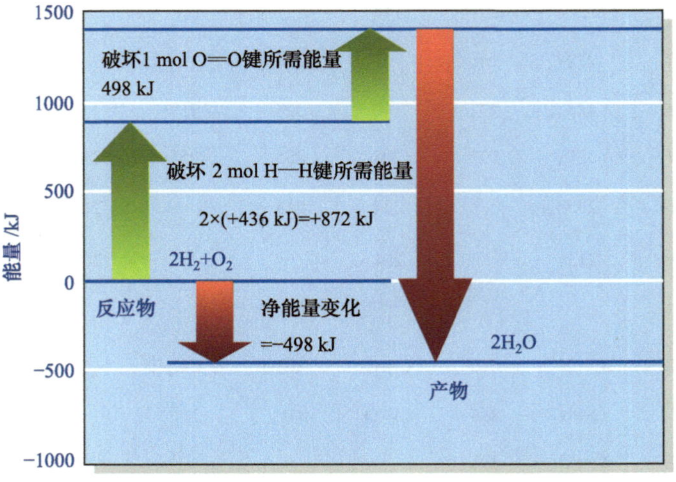

图 4-21　氢气燃烧反应前后的化学键和能量变化示意图

表 4-7　氢气燃烧反应前后的化学键和能量变化

分子	1 个分子中的化学键数	物质的量/mol	总键数/mol	化学键变化	键能 /(kJ · mol^{-1})	总能量/kJ
H—H	1	2	1×2=2	断裂	+436	2×(+436) = +872
O═O	1	1	1×1=1	断裂	+498	1×(+498) = +498
H—O—H	2	2	2×2=4	生成	−467	4×(−467) = −1868

显然，从图 4-21 中可以看出氢燃烧生成水的反应中，破坏的旧键和生成的新键的数目和能量的变化，因而可计算该反应总能量的变化为−498 kJ。由该例可以推演到一般反应

$$aA+bB \longrightarrow yY+zZ \tag{4-14}$$

由键能估算反应热的公式：

$$\Delta_r H_m^{\ominus}=\sum v_i \Delta E(\text{反应物})-\sum v_j \Delta E(\text{生成物}) \tag{4-15}$$

之所以使用“估算”一词，一是因为假设反应首先打破反应物分子中所有的化学键，然后生成产物分子中所有的化学键，而实际情况可能不是这样的；二是因为计算中使用的键能数据实际上是平均值，必然引起误差。但是，这种方法仍然是广泛用于估算能量变化的有效方法。

4) 键的极性与分子的极性

极性是一个电学概念，度量极性的物理量称为偶极矩(dipole moment，μ)，它是偶极子两极(带相同电量的正电端和负电端)的电量(电偶极子的电量)q 和偶极子两极的距离 d 的乘积。偶极矩为

$$\mu=qd \tag{4-16}$$

偶极矩是矢量，由电负性弱的一端指向电负性强的一端，即从正到负。键矩也可以由实验测得。

μ 以 deb(德拜)为单位，当 $q=1.62\times10^{-19}$ C，$d=1.0\times10^{-10}$ m 时，$\mu=4.8$ deb。偶极矩 $\mu=0$ 的共价键称为非极性共价键，偶极矩 $\mu\neq0$ 的共价键称为极性共价键，对应的分子分别称为非极性分子和极性分子。一些分子的偶极矩见表 4-8。

表 4-8　一些分子的偶极矩

分子	H_2	N_2	CO_2	CS_2	H_2S	H_2O	SO_2	HCl	HBr	HI	CO	HCN
$\mu/(\times10^{-30}$ C · m)	0	0	0	0	3.66	6.16	5.33	3.43	2.63	1.27	0.4	6.99

对双原子分子而言，分子偶极矩等于键的偶极矩；对多原子分子而言，分子

偶极矩则等于键偶极矩的矢量和。图 4-22 列举出几个实例，箭头由偶极的正端指向负端。H_2O 分子和 NH_3 分子的偶极矩不为零。极性分子的这种固有偶极称为永久偶极(permanent dipole)，非极性分子在极性分子诱导下产生的偶极则称为诱导偶极(induced dipole)。另一种偶极称为瞬间偶极(instantaneous dipole)，它是由不断运动的电子和不停振动的原子核在某一瞬间的相对位移造成分子正、负电荷重心分离而引起的(图 4-23)。多原子分子的极性不仅取决于键的极性，而且取决于分子的几何形状。C—O 和 C—Cl 键都是极性键，分子几何形状的对称性导致 CO_2 和 CCl_4 都是非极性分子。

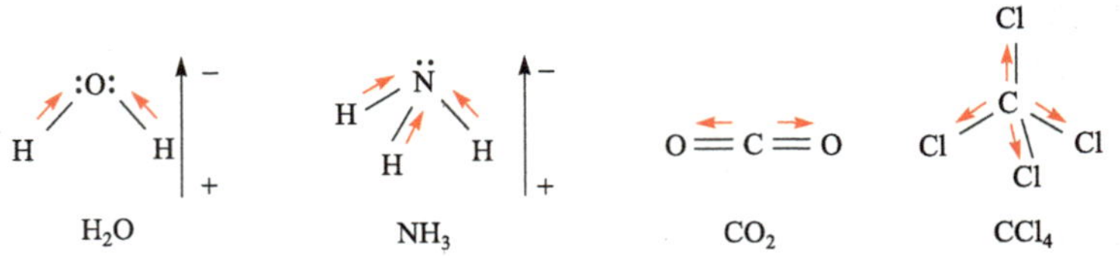

图 4-22　几种气体多原子分子的偶极矩

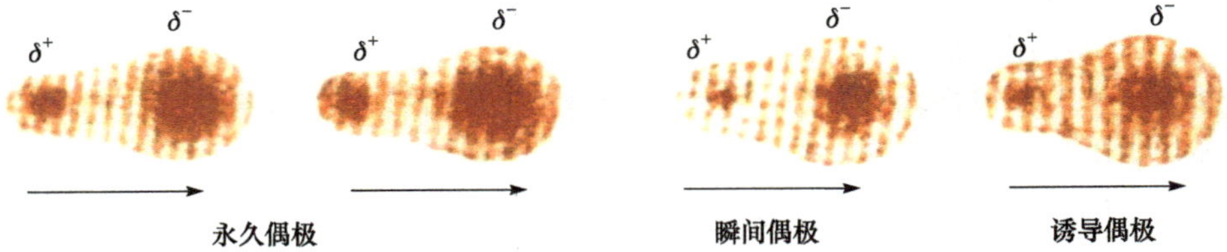

图 4-23　分子间的几种不同偶极示意图

4.4.3　价键理论的应用

经过数十年的发展，价键理论已成为确定晶体结构的有用工具。价键理论的特点体现在三个方面：① 基本概念清晰，易于使人接受；② 使鲍林电价规则[37]走向了定量化；③ 所用数据是以实例晶体结构信息即以 X 射线提供的数据为依据。

由于价键理论具有可信性及可行性，广泛应用于确定冶金材料的晶体结构及相图研究。总结起来，价键理论已应用于：轻原子位置的确定[42]；等电离子的区分(如 Al^{3+}和 Si^{4+})[43]；快速验证各种结构方案的合理性[44]；晶体结构建模；预言键的拓扑关系[45]和键长[46]；研究离子导电玻璃中的离子迁移[47]；计算有效原子价，区分金属的氧化态；可靠地给出导电的通道[48]；计算配位场中简单重叠模型的电荷系数[49]；推导价键模型的规则[50]及价键模型[51]；确定完整的晶体结构[52]。

我国的一些科学工作者在价键理论的研究与应用上做出了一些出色的工作，如碱金属和碱土金属晶体结合能的计算[53]，La 系金属结合能的计算[54]，相图的研究与计算，一些相和晶体的价电子结构分析[55-56]，铜、锌、金、银和铂、铑、铱的电子结构和物理性质[57]，晶体晶格参数和材料设计等。

4.4.4　价键理论的缺点

价键理论的最大优点是与经典的化学键概念相吻合，符合化学家的习惯，方便实用。然而，该理论也有几个明显的缺点：

(1) 价键理论是一个后验方法，即它常被用来解释、描述已知分子结构，而不常用来预测未知分子结构。

(2) 价键理论仍然依照路易斯的电子对键思想，因此不能解释单电子体系的现象，如液态氧表现出顺磁性(图 4-24)。

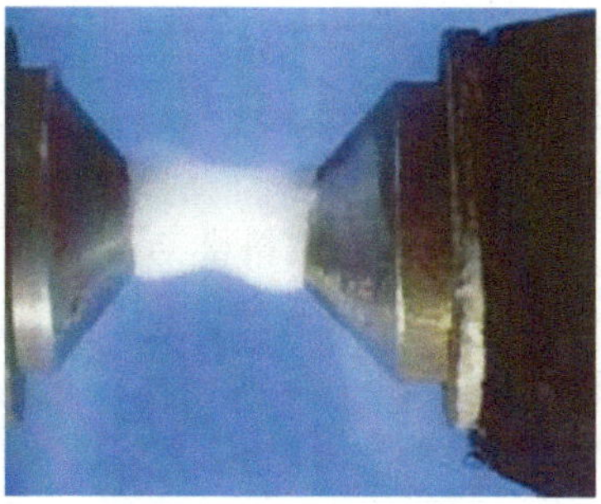

图 4-24　液态氧表现出顺磁性

4.4.5　现代价键理论研究进展

1. 化学已经成为一门真正的严密科学

理论与计算化学是一门应用量子力学和统计力学研究化学问题的化学分支学科，其飞速发展已使化学成为实验与理论并重的科学。1998 年诺贝尔化学奖颁给了科恩(W. Kohn，1923—2016)和波普(J. A. Pople，1925—2004)，以表彰他们在量子化学计算方面的贡献。颁奖公报宣称“化学已不再是单纯的实验科学了，量子化学已成为广大化学家的工具，将和实验研究结果一道来阐明分子体系的性质”。这表明化学已经成为一门真正的严密科学。同样，对于化学键理论的发展，量子化学发挥着无与伦比的作用。

我国在理论化学方面一直有良好扎实的基础，老一辈的理论化学家在配位场理论、分子轨道图形理论、价键理论等方面做了很多创新性的工作。厦门大学是国内最早开展理论与计算化学研究的院校之一，早在 20 世纪 60 年代，张乾二院士就参加了由唐敖庆院士领导的配位场理论研究小组，并获得了重要的研究成果。张乾二院士和吴玮院士课题组在价键理论方法研究方面有独特的优势和丰厚的成果[58]。

科恩

波普

唐敖庆

斯莱特

2. 价键理论研究进展

经典价键理论是指 1927 年海特勒和伦敦在处理 H_2 分子时提出的电子配对的量子化学方法，后经鲍林和斯莱特[59]等推广，而发展为适用于所有分子、固体的价键理论，其共振、杂化和离域等概念已成为现代化学理论和分子物理学的基石。

随着计算机科学与技术的飞速发展，理论化学研究者发展了一系列现代价键计算方法并将其广泛应用在各种体系的价键研究中[60-62]。在经典价键理论的基础上开展量子化学计算，进行各种理论方法应用研究就属于现代价键理论的范畴了[63-64]。

现代价键理论可以根据所采用的价键轨道的不同分为以下两类：

第一类是基于离域或者准离域的价键轨道。Goddard 等用对称群的标准投影算符构造体系的多电子函数，发展的广义价键(GVB)理论[65-66]采用轨道的强正交条件，限制不同的成键轨道相互正交。由于强正交条件的限制，GVB 理论具有相当高的计算效率，是目前应用和影响较为广泛的价键理论之一。

第二类是基于严格定域非正交轨道的计算方法[67]。这类方法的优点是价键函数可以严格对应于经典价键结构。相比于第一类现代价键理论，其优点体现在以下三点：① 由于价键轨道严格定域，价键结构可以和分子经典共振结构很好对应，相比于 CASSCF 等多组态分子轨道方法数目众多的电子组态行列式，可以用很紧凑的几个价键结构描述体系的电子结构；② 对分子体系的描述考虑了共价结构和离子结构，因此可以很方便地考察某个或某几个价键结构的能量随化学过程变化的情况；③ 从头计算价键方法保留了经典价键理论共振的概念，共振能的计算结果可以提供研究体系直观的化学成键性质描述。

有关算法改进、程序的设置和应用，特别值得推荐的是 Xiamen99[68]。Xiamen99 是一个纯粹的从头计算价键程序，可以通过该程序包使用任何形式的 VB 轨道做任何类型的 VB 计算。可以用该程序包进行 VBSCF、BOVB 和 VBCI 等计算，还可以将价键方法和一些分子轨道方法联合，如 VB-MP2、VB-DFT 等[69]。输出文件包括 VB 结构的系数和权重，以及优化的轨道和电荷截距分析。Xiamen99 为价键理论的应用研究提供了一个有效的价键计算工具，已被应用于共轭体系的电子离域问题、S_N2 反应、电子激发态等研究。

4.5 共价键的杂化轨道理论

杂化轨道理论[70]其实是鲍林完善价键理论的一部分，是他把量子力学对简单分子结构的处理推广到对复杂分子结构的处理时建立的[30]。当时鲍林做了两点重要的修正：① 为了解释 CH_4 为什么生成四个键，对价键理论进行了第一次修正，即杂化轨道理论；② 由于价键理论是一种定域键的思想，不能解释离域电子体系的现象，如苯环的成键结构，因此进行了第二次修正，即共振论。

4.5.1 问题的提出

按照价键理论的电子配对法要点，价键理论应该同样适用于多原子分子，然而，它不能解释大多数多原子分子中的键长和键角。

1. H_2O 分子中键角比 90°大 15°

O 原子含有两个未成对电子，H 原子含有一个未成对电子，因此一个 O 原子可以和两个 H 原子化合成 H_2O 分子，有两对电子偶合构成两个共价单键：

$$\mathrm{H}\!\downarrow + \uparrow\!\ddot{\underset{\cdot\cdot}{\mathrm{O}}}\!\uparrow + \mathrm{H}\!\downarrow \;=\!=\; \mathrm{H}\!-\!\ddot{\underset{\cdot\cdot}{\mathrm{O}}}\!-\!\mathrm{H} \tag{4-17}$$

O 原子的两个未成对电子是 2p 电子，假定它们是 $2p_x$ 和 $2p_y$。按照电子云的最大重叠原理，两个 H 原子最好分别沿着 x 轴和 y 轴的方向与 O 原子化合，这样 H—O—H 间的夹角应为 90°，但实际测得的数值是 105°。

H_2O 分子中键角比 90°大 15°的原因，不可能是 H 原子间的互相排斥，有人通过计算指出推斥力只能使键角增加 5°。因此，还会有其他更重要的原因。

2. NH_3 分子中键角比 90°大 17°

N 原子具有三个未成对电子，能够和三个 H 原子化合成 NH_3 分子。因为原子轨道 $2p_x$、$2p_y$、$2p_z$ 的对称轴是互相垂直的，所以三个 N—H 也应该是互相垂直的，但实际测得的键角是 107°。具有类似结构的同族化合物 PH_3、AsH_3、SbH_3 的键角分别为 93.5°、92°、91.5°，都比 90°大。

3. CH_4 分子中键角等于 104°28′

C 的基态电子结构为 $(1s)^2(2s)^2(2p_x)^1(2p_y)^1$，其中有两个未成对电子，所以能够构成两个共价单键。但是，如果把一个 2s 电子激发到 $2p_z$：

$$(1s)^2(2s)^1(2p_x)^1(2p_y)^1(2p_z)^1$$

则有四个未成对电子，可以构成四个共价单键。

从 C 原子的基态跃迁到激发态需能量为 $4.184\times96\ \mathrm{kJ\cdot mol^{-1}}$[71]，但因为在激发态可以多构成两个共价单键，由此而放出的能量比激发态需要的能量多，所以结果使体系更趋稳定。

这样虽然解释了四价碳化合物比二价碳化合物更稳定的原因，但又出现了另一个困难：因为四个未成对电子中有 3 个是 p 电子，另一个是 s 电子，所以它们构成的共价键也有不同。其中 p 电子构成的三个共价键应该是互相垂直的，而由 s 电子构成的共价键则是没有方向性的，换句话说，H 原子沿任何方向向 s 电子接近都可以构成同样强度的共价键。但是，因为 H 原子之间有排斥力，所以 s 电子构成的共价键将和其他三个键成 125°14′，这样可使与 s 电子相结合的 H 原子与其余三个 H 原子保持最大的距离。此外，p 电子的成键能力比 s 电子大，因此，四价碳化合物中应该有三个键比较稳定，另一个则较不稳定。

但是这种推测与事实相矛盾：无论是化学测定或振动转动光谱测定，还是偶极矩的测定，都证明 CH_4 分子的四个 C—H 键是完全等同的，它们的方向指向正四面体的四角，键间的夹角等于 109°28′。

上述矛盾迫使科学家假定在四价碳的化合物中，成键的轨道不是纯粹的 2s、$2p_x$、$2p_y$、$2p_z$，而可能是由它们“混合”起来重新组成的四个新轨道，其中每条新轨道都含有 1/4 s 和 3/4 p 成分。这样的新轨道称为杂化轨道，其形成过程称为杂化。如果该假设正确，那么碳的四个价键完全等同的事实就不难理解了。

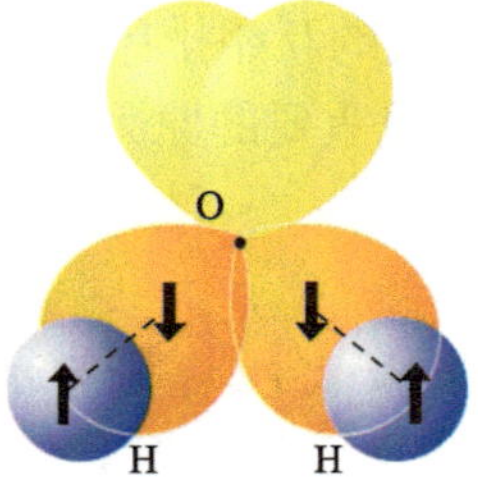

H_2O 分子的空间结构

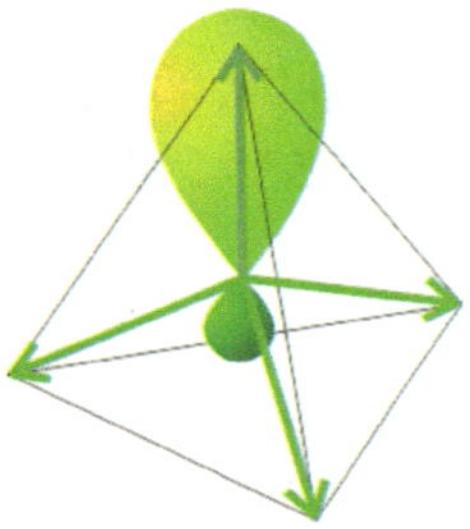
NH_3 分子的空间结构

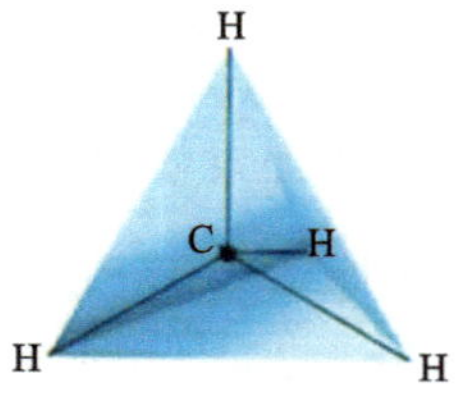

CH_4 分子的空间结构

为了使上述假设发展成为可以令人信服的理论，首先必须解决以下三个问题：

(1) 原子轨道在成键时为什么可以杂化。

(2) 原子轨道在成键时为什么需要杂化。

(3) 如果杂化理论成立，如何求得杂化轨道的对称轴之间的夹角，并从而解释分子的几何构型问题。

鲍林和斯莱特[72]在 1931 年首先提出了杂化轨道理论(hybrid orbital theory)，解决了上述三个问题。杂化轨道理论不仅可以解释甲烷分子的四面体结构，还可以解释乙烯分子的平面形结构、乙炔分子的直线形结构和其他许多分子的几何构型问题。鲍林把 d 轨道组合进去，得到 spd 杂化轨道，以解决配离子的结构问题。后来，唐敖庆提出建造一般键函数的矩阵变换法[73]，并把 f 轨道组合进去，得到 spdf 杂化轨道[74-75]，使这一理论更为完善。

4.5.2 杂化轨道理论的内容

1. 杂化轨道理论的要点

(1) 中心原子能量相近的不同轨道在外界的影响下(量子化学称为微扰)会发生杂化，形成新的轨道，称杂化原子轨道，简称杂化轨道。

(2) 参加杂化的原子轨道数目与形成的杂化轨道数目相等；不同类型的杂化轨道，其空间取向不同。

(3) 各种杂化轨道的“形状”均为葫芦形，由分布在原子核两侧的大、小叶瓣组成角度分布，比单纯的原子轨道更为集中，成分和能量(杂化后的能级相当于杂化前有关电子能级的中间值)都会发生改变，因而重叠程度也更大，更加利于成键。

2. 杂化轨道的形成

了解杂化轨道的形成就是了解量子化作用(微扰作用)对键角的影响，即回答上面的三个问题的过程。

1) 量子力学的叠位原理和简并轨道的线性组合

鲍林假设波函数 ψ_s，ψ_{p_x}，ψ_{p_y}，ψ_{p_z} 为 s 和 p 轨道的角度部分，它们是归一而且互相正交的，即

$$\int\psi_s^2 d\tau = \int\psi_{p_x}^2 d\tau = \int\psi_{p_y}^2 d\tau = \int\psi_{p_z}^2 d\tau = 1 \tag{4-18}$$

$$\int\psi_s\psi_{p_x} d\tau = \int\psi_s\psi_{p_y} d\tau = \int\psi_s\psi_{p_z} d\tau = \int\psi_{p_x}\psi_{p_y} d\tau = \int\psi_{p_x}\psi_{p_z} d\tau = \int\psi_{p_y}\psi_{p_z} d\tau = 0 \tag{4-19}$$

在这四个轨道中，三个 p 轨道是能量相同的简并轨道。

按照量子力学的叠位原理，简并状态的任何线性组合，如

$$\psi_p = c_1\psi_{p_x} + c_2\psi_{p_y} + c_3\psi_{p_z} \tag{4-20}$$

也一定是可允许的状态。通俗讲，能量相同的原子轨道可以“混合起来”组成新的轨道。当然新轨道仍是 p 轨道，只是方向改变了。但它也必须满足归一化条件，即

$$\int\psi_p^2 d\tau = \int(c_1\psi_{p_x} + c_2\psi_{p_y} + c_3\psi_{p_z})^2 d\tau = 1 \tag{4-21}$$

将式(4-18)和式(4-19)代入式(4-21)得

$$c_1^2 + c_2^2 + c_3^2 = 1 \tag{4-22}$$

p 轨道可用矢量 $\boldsymbol{\psi}_p$ 表示，其方向就是对称轴的方向，其长度 $|\psi_p|$ 即轨道角度部分沿对称轴方向的值，即 p 轨道的角度部分的最大值。p 轨道角度部分沿其他任何方向的值即为此矢量在该方向的分量(图 4-25)。用该矢量表示法，p 轨道的线性组合就可以用简单的矢量加法来处理。

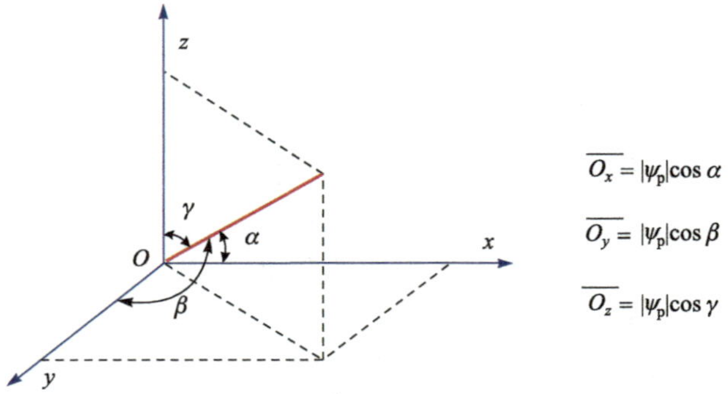

图 4-25 p 轨道矢量表示法

令 $\boldsymbol{\psi}_{\mathrm{p}}$ 的方向余弦为 $\cos\alpha$、$\cos\beta$、$\cos\gamma$，则 $\boldsymbol{\psi}_{\mathrm{p}}$ 沿 x、y、z 的分量分别为 $|\psi_{\mathrm{p}}|\cos\alpha$、$|\psi_{\mathrm{p}}|\cos\beta$、$|\psi_{\mathrm{p}}|\cos\gamma$。又令 $\boldsymbol{i}$、$\boldsymbol{j}$、$\boldsymbol{k}$ 分别为 x、y、z 轴的单位矢量，则

$$\boldsymbol{\psi}_{\mathrm{p}} = \boldsymbol{i}|\psi_{\mathrm{p}}|\cos\alpha + \boldsymbol{j}|\psi_{\mathrm{p}}|\cos\beta + \boldsymbol{k}|\psi_{\mathrm{p}}|\cos\gamma$$

但

$$\boldsymbol{i}|\psi_{\mathrm{p}}| = \boldsymbol{\psi}_{\mathrm{p}_x}, \quad \boldsymbol{j}|\psi_{\mathrm{p}}| = \boldsymbol{\psi}_{\mathrm{p}_y}, \quad \boldsymbol{k}|\psi_{\mathrm{p}}| = \boldsymbol{\psi}_{\mathrm{p}_z}$$

所以

$$\boldsymbol{\psi}_{\mathrm{p}} = \boldsymbol{\psi}_{\mathrm{p}_x}\cos\alpha + \boldsymbol{\psi}_{\mathrm{p}_y}\cos\beta + \boldsymbol{\psi}_{\mathrm{p}_z}\cos\gamma \tag{4-23}$$

因为方向余弦满足下列关系式

$$\cos^2\alpha + \cos^2\beta + \cos^2\gamma = 1 \tag{4-24}$$

所以式(4-23)中的线性组合系数是满足归一条件的。

比较式(4-20)和式(4-23)，同时注意式(4-22)和式(4-24)，可知系数 c_1、c_2、c_3 就是 ψ_{p} 沿 x、y、z 轴的方向余弦。

2) 能量不同的原子轨道为什么可以杂化

已知在孤立的原子中，由于各轨道的能量不同，如 s 轨道比主量子数相同的 p 轨道的能量稍低，是不可能进行“混合”组成新轨道的。

但是，在分子中的“原子”情况就不同了。由于共价键的形成改变了原子的状态，其受到的微扰作用力大于原轨道能量，本来不是简并的 s 轨道和 p 轨道也就可以“混合”起来组成新的轨道。这种新轨道中有 s 成分也有 p 成分，与原 s 轨道或 p 轨道不同。

3) 原子轨道为什么需要杂化

原子轨道为什么需要杂化？因为原子轨道杂化以后可使成键能力增加，使生成的分子更加稳定。

已知状态函数在角度分布上的最大值可以作为它的成键能力 f 的度量。例如，以 s 轨道的成键能力为 1，则 p 轨道的成键能力为 $\sqrt{3}$，即 $f_s=1$，$f_p=\sqrt{3}$。

sp 杂化轨道的一般形式为

$$\psi = a\psi_s + b\psi_p \tag{4-25}$$

因为 ψ_p 可以是 ψ_{p_x}、ψ_{p_y}、ψ_{p_z} 的任何线性组合，所以式(4-25)所表示的实际上是 ψ_s 与 ψ_{p_x}、ψ_{p_y}、ψ_{p_z} 四个轨道的任何线性组合，即 ψ 是 sp 杂化轨道的一般形式。

杂化轨道 ψ 也要满足归一条件，即

$$\int \psi^2 \mathrm{d}\tau = \int (a\psi_s + b\psi_p)^2 \mathrm{d}\tau = a^2 + b^2 = 1 \tag{4-26}$$

式中，a^2 为杂化轨道 ψ 中的 s 成分，以 α 表示；b^2 为杂化轨道 ψ 中的 p 成分，以 β 表示。因此可得

$$\alpha + \beta = 1 \text{ 或 } \beta = 1 - \alpha \tag{4-27}$$

代入式(4-26)中，得

$$\psi = \sqrt{\alpha}\psi_s + \sqrt{1-\alpha}\psi_p \tag{4-28}$$

由式(4-28)可知 ψ 在对称轴上有最大值，即 $\sqrt{\alpha} f_s + \sqrt{1-\alpha} f_p$。这就是它的成键能力，即

$$f = \sqrt{\alpha} f_s + \sqrt{1-\alpha} f_p = \sqrt{\alpha} + \sqrt{3(1-\alpha)} \tag{4-29}$$

从表 4-9 中可以看出，当杂化轨道的 s 成分在 0 与 3/4 之间时，它的成键能力比纯粹的 p 轨道大。

表 4-9 sp 杂化轨道的 s 成分与成键能力的关系

α	$f=\sqrt{\alpha}+\sqrt{3(1-\alpha)}$	α	$f=\sqrt{\alpha}+\sqrt{3(1-\alpha)}$
0	$\sqrt{3}=1.732=f_p$	1/2	1.933
1/4	2(最大)	3/4	$\sqrt{3}=1.732$
1/3	1.991	1	$1=f_s$

4) 两个杂化轨道间的夹角

令 ψ_i 和 ψ_j 为两个杂化轨道，α_i 和 α_j 分别为它们所含的 s 成分，则由式(4-28)可得

$$\left.\begin{aligned}\psi_i &= \sqrt{\alpha_i}\psi_s + \sqrt{1-\alpha_i}\psi_{p_i} \\ \psi_j &= \sqrt{\alpha_j}\psi_s + \sqrt{1-\alpha_j}\psi_{p_j}\end{aligned}\right\} \tag{4-30}$$

从 ψ_i 和 ψ_j 的正交条件可得

$$\sqrt{\alpha_i\alpha_j} + \sqrt{(1-\alpha_i)(1-\alpha_j)}\int\psi_{p_i}\psi_{p_j}\mathrm{d}\tau = 0 \tag{4-31}$$

如果 ψ_{p_i} 和 ψ_{p_j} 间的夹角是 θ_{ij} (这也是 ψ_i 和 ψ_j 间的夹角)，那么 ψ_{p_i} 沿 p_i 轴的分量将是 $\left|\psi_{p_i}\right|\cos\theta_{ij}$ ，所以

$$\int\psi_{p_i}\psi_{p_j}\mathrm{d}\tau = \cos\theta_{ij}\int\psi_{p_i}^2\mathrm{d}\tau = \cos\theta_{ij} \tag{4-32}$$

由式(4-31)和式(4-32)得两个杂化轨道之间夹角的余弦为

$$\cos\theta_{ij} = -\sqrt{\frac{\alpha_i\alpha_j}{(1-\alpha_i)(1-\alpha_j)}} \tag{4-33}$$

式(4-33)也适用于未杂化的 p 轨道，因为 p 轨道只是式(4-30)中的 $\alpha=0$ 的极限情况。

3. 杂化轨道的方式

1) sp 杂化

一个 s 轨道和一个 p 轨道(如 p_x)可以组成几个归一而又互相正交的杂化轨道？由式(4-29)可知，满足归一条件的 sp 杂化轨道可能有 n 个：

$$\left.\begin{aligned}\psi_1 &= \sqrt{\alpha_1}\psi_s + \sqrt{1-\alpha_1}\psi_{p_x} \\ \psi_2 &= \sqrt{\alpha_2}\psi_s + \sqrt{1-\alpha_2}\psi_{p_x} \\ \psi_3 &= \sqrt{\alpha_3}\psi_s + \sqrt{1-\alpha_3}\psi_{p_x}\end{aligned}\right\} \tag{4-34}$$

这些轨道之间还必须满足正交条件，即

$$\begin{aligned}\int\psi_1\psi_2\mathrm{d}\tau &= \int(\sqrt{\alpha_1}\psi_s + \sqrt{1-\alpha_1}\psi_{p_x})(\sqrt{\alpha_2}\psi_s + \sqrt{1-\alpha_2}\psi_{p_x})\mathrm{d}\tau \\ &= \int\sqrt{\alpha_1\alpha_2} + \sqrt{(1-\alpha_1)(1-\alpha_2)} = 0\end{aligned} \tag{4-35}$$

$$\int\psi_1\psi_3\mathrm{d}\tau = \sqrt{\alpha_1\alpha_3} + \sqrt{(1-\alpha_1)(1-\alpha_3)} = 0 \tag{4-36}$$

由式(4-35)得 $\alpha_1 = 1-\alpha_2$，由式(4-36)得 $\alpha_1 = 1-\alpha_3$，所以 $\alpha_2 = \alpha_3$，或者 $\psi_2 = \psi_3$，因此满足正交归一条件的 sp 杂化轨道只有两个，即 ψ_1 和 ψ_2：

$$\left.\begin{aligned}\psi_1 &= \sqrt{\alpha_1}\psi_s + \sqrt{1-\alpha_1}\psi_{p_x} \\ \psi_2 &= \sqrt{\alpha_2}\psi_s + \sqrt{1-\alpha_2}\psi_{p_x}\end{aligned}\right\} \tag{4-37}$$

考虑 ψ_1 和 ψ_2 的成键能力 f_1 和 f_2 随 α 而变化的情形。从图 4-26 可以看出：

当 α=0.25 时，f_1=2，为极大值，此时 $f_2=\sqrt{3}$；

当 α=0.75 时，$f_1=\sqrt{3}$，此时 f_2=2，为极大值；

而 $\frac{1}{2}(f_1+f_2)$ 就是 f_1 和 f_2 的平均值，在 α=0.5 时最大，即 ψ_1 和 ψ_2 的 s 成分相同时最大，此时

$$f_{sp}=\frac{1}{2}(f_1+f_2)=f_1=f_2=\sqrt{\frac{1}{2}}+\sqrt{\frac{3}{2}}=1.933$$

而

$$\left.\begin{aligned}\psi_1&=\frac{1}{\sqrt{2}}(\psi_s+\psi_p)\\ \psi_2&=\frac{1}{\sqrt{2}}(\psi_s-\psi_p)\end{aligned}\right\} \tag{4-38}$$

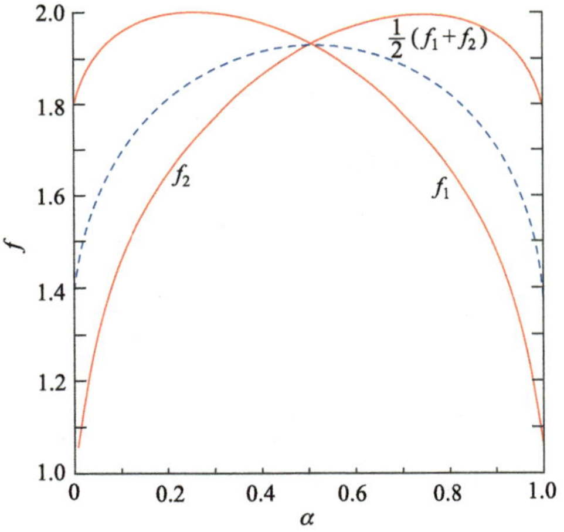

图 4-26　sp 杂化轨道的成键能力

由以上内容可以得到：

(1) 两个原子轨道线性组合可以构成而且只能构成两个正交归一的杂化轨道。

(2) 为了使平均成键能力最大，每个杂化轨道中的 s 成分必须相等，这时的 p 成分也必然相等，成键能力也相等。这样的轨道称为等性轨道，其电子云分布完全相同，所不同的只是空间取向。

(3) 用类似的方法可以证明，上述结论同样适用于 sp^2 及 sp^3 杂化轨道。

显然，从图 4-27 中也可以看出原子轨道杂化的原因。杂化后，无柄哑铃状的 p 电子云变成“葫芦状”，一头大，一头小。与葫芦状轨道配对(成键)的电子云，如果从大头方向接近，就可以得到最大程度的重叠，结果是成键能力增大。

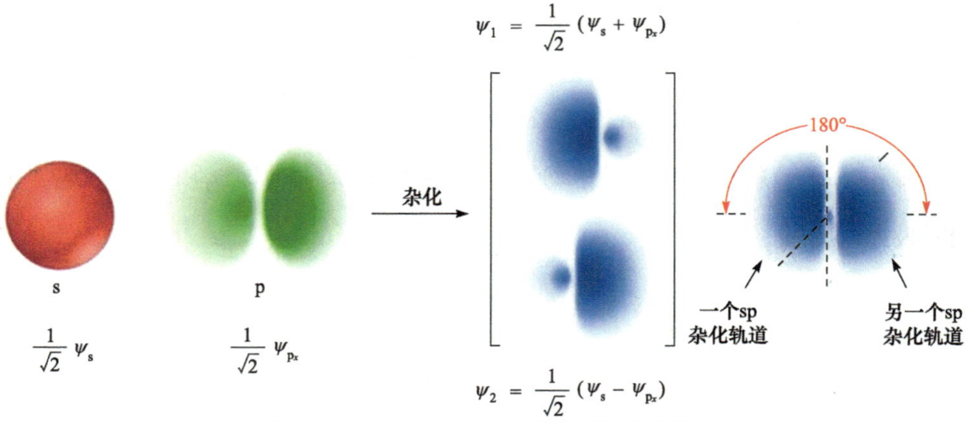

图 4-27　$\psi_s, \psi_{p_x}, \psi_1$ 和 ψ_2 的电子云分布图

等性轨道之间夹角的余弦可在式(4-33)中令 $\alpha_j = \alpha_i$ 求得，如将 θ 及 α 的下角注略去，则

$$\cos\theta = -\frac{\alpha}{1-\alpha} \tag{4-39}$$

等性轨道间的夹角与 s 成分的关系见表 4-10。

表 4-10　等性轨道间的夹角与 s 成分的关系

α	θ	α	θ
0	90°	1/3	120°
1/4	109°28′	1/2	180°

可用图 4-28 表示 sp 杂化轨道的形成过程和结果，图中以 BeH_2 的成键为例。其中，另外两个未杂化的 p 轨道与 sp 杂化轨道垂直。

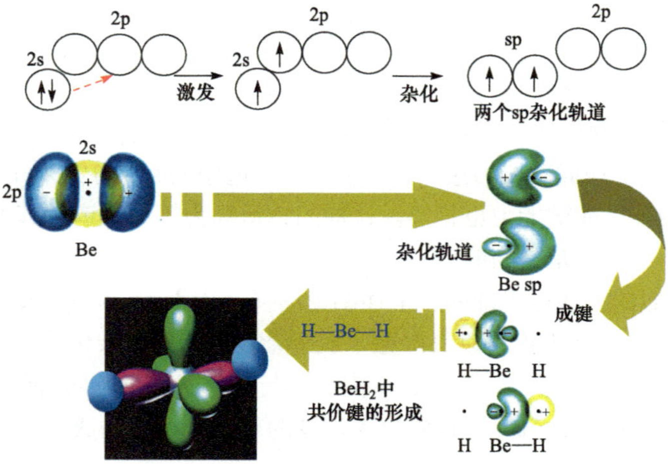

图 4-28　sp 杂化方式的图示

2) sp^2 杂化

由一个 s 轨道和两个 p 轨道(如 p_x 和 p_y)杂化而成，可得三个正交归一的 sp^2 轨道。同样，为使它们的平均成键能力最大，必须含有相同的成分，即 1/3 的 s 和 2/3 的 p。由表 4-10 可知两轨道夹角为 120°，称为正三角形杂化轨道(图 4-29)。由表 4-9 知其成键能力 $f=1.991$。

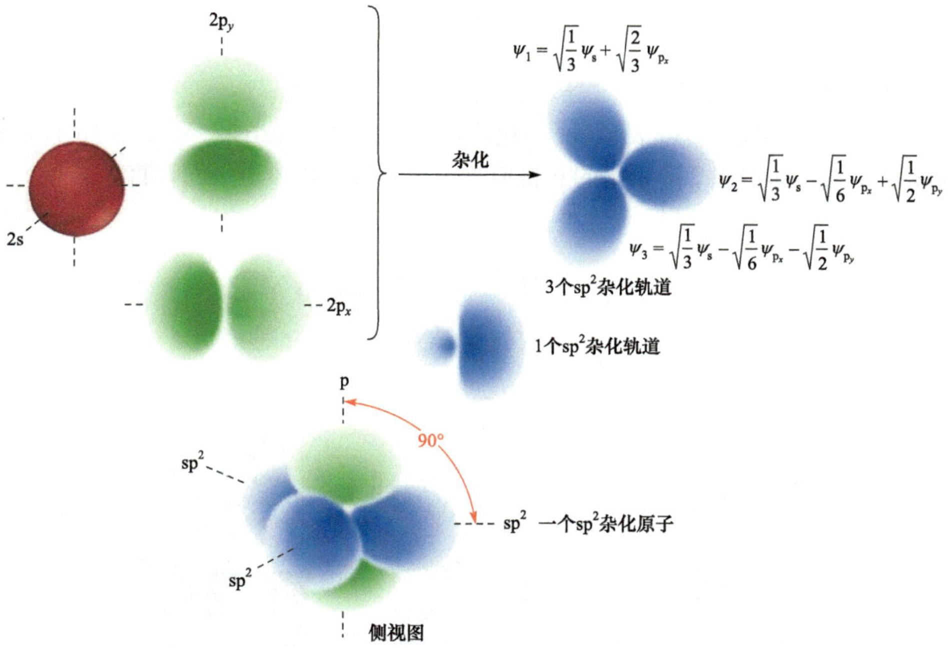

图 4-29　$\psi_s, \psi_{p_x}, \psi_{p_y}, \psi_1, \psi_2$ 和 ψ_3 的电子云分布图

sp^2 杂化轨道可以写成

$$\left.\begin{aligned}\psi_1&=\sqrt{\frac{1}{3}}\psi_s+\sqrt{\frac{2}{3}}\psi_{p_1}\\ \psi_2&=\sqrt{\frac{1}{3}}\psi_s+\sqrt{\frac{2}{3}}\psi_{p_2}\quad \theta_{12}=120^\circ\\ \psi_3&=\sqrt{\frac{1}{3}}\psi_s+\sqrt{\frac{2}{3}}\psi_{p_3}\quad \theta_{13}=-120^\circ\end{aligned}\right\}\tag{4-40}$$

如令 $\psi_{p_1}=\psi_{p_x}$

$$\left.\begin{aligned}\psi_{p_2}&=\cos\theta_{12}\psi_{p_x}+\sin\theta_{12}\psi_{p_y}=-\frac{1}{2}\psi_{p_x}+\frac{\sqrt{3}}{2}\psi_{p_y}\\ \psi_{p_3}&=\cos\theta_{13}\psi_{p_x}+\sin\theta_{13}\psi_{p_y}=-\frac{1}{2}\psi_{p_x}-\frac{\sqrt{3}}{2}\psi_{p_y}\end{aligned}\right\}\tag{4-41}$$

将式(4-41)代入式(4-40)得

$$\left.\begin{aligned}\psi_1&=\sqrt{\frac{1}{3}}\psi_s+\sqrt{\frac{2}{3}}\psi_{p_x}\\ \psi_2&=\sqrt{\frac{1}{3}}\psi_s-\sqrt{\frac{1}{6}}\psi_{p_x}+\sqrt{\frac{1}{2}}\psi_{p_y}\\ \psi_3&=\sqrt{\frac{1}{3}}\psi_s-\sqrt{\frac{1}{6}}\psi_{p_x}-\sqrt{\frac{1}{2}}\psi_{p_y}\end{aligned}\right\}\qquad(4\text{-}42)$$

可以验证式(4-42)所示的三条轨道是正交而且归一的。

类似的，可用图 4-30 表示 sp^2 杂化轨道的形成过程和结果，图中以 BCl_3 分子的成键为例。其中一个未杂化的 p 轨道与正三角形杂化轨道平面垂直。

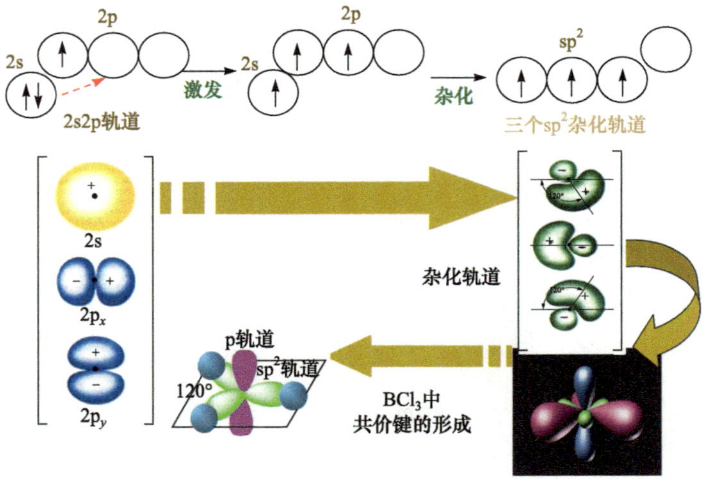

图 4-30　sp^2 杂化方式的图示

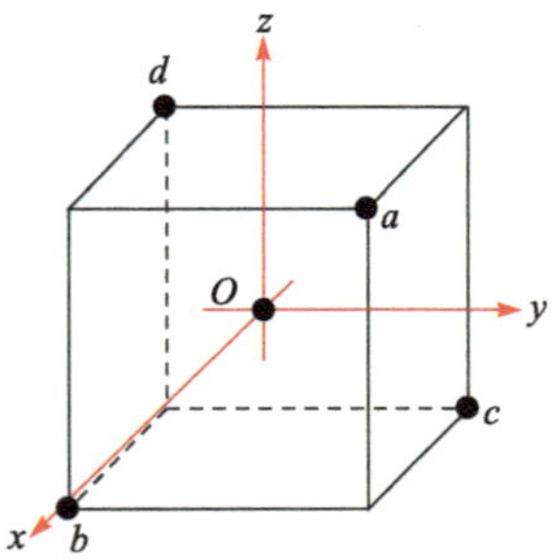

图 4-31　sp^3 轨道的空间配布

3) sp^3 杂化

一个 s 轨道和三个 p 轨道杂化而成，可得四个正交归一的 sp^3 轨道。同样，为使它们的平均成键能力最大，必须含有相同的成分，即 1/4 的 s 和 3/4 的 p。由表 4-10 知其两轨道夹角为 109°28′，称为正四面体杂化轨道。由表 4-9 知其成键能力 $f = 2$。

sp^3 杂化轨道可以写成

$$\psi_i=\frac{1}{2}\psi_s+\frac{\sqrt{3}}{2}\psi_{p_i},\cos\theta_{ij}=-\frac{1}{3}\qquad(4\text{-}43)$$

$i\neq j,\quad i、j=1,2,3,4$

sp^3 杂化轨道随着选择坐标轴方向的不同可用不同的一组函数表示。例如，选择图 4-31 的坐标，则四个 sp^3 杂化轨道可表示为图 4-32 中所示的四个方程式，可以验证四条轨道是正交而且归一的。

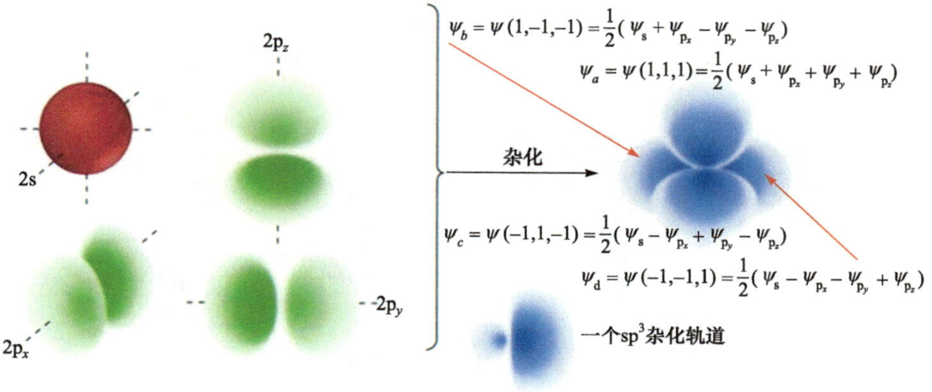

图 4-32 $\psi_s, \psi_{p_x}, \psi_{p_y}, \psi_{p_z} \psi_a, \psi_b, \psi_c$ 和 ψ_d 的电子云分布

可用图 4-33 表示 sp^3 杂化轨道的形成过程和结果，图中以 CH_4 分子的成键为例。

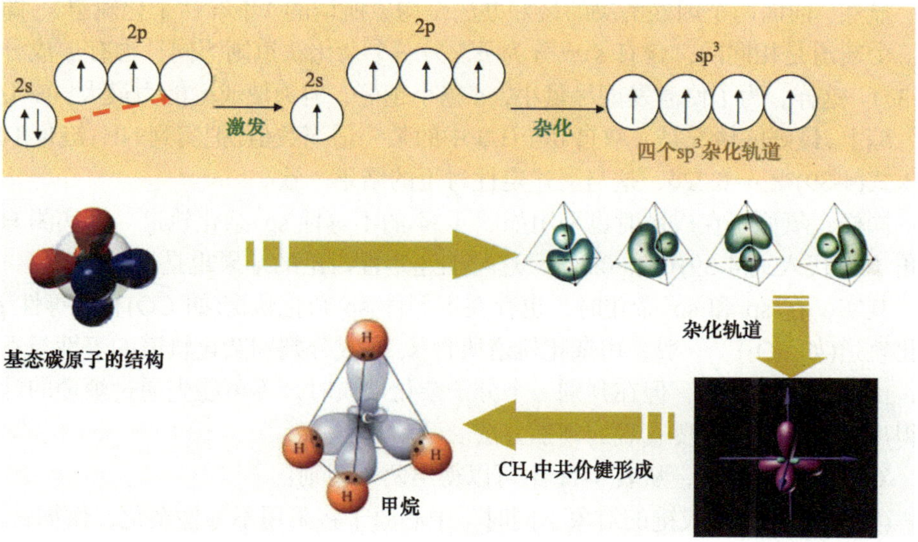

图 4-33 sp^3 杂化方式的图示

4) 不等性 sp 杂化

杂化轨道的建立是为了增加成键能力。但是，上面讲的是杂化轨道的空间取向，不是化合物的结构。在化合物中，这些轨道可能被孤对电子填充，如 N 原子进行 sp^3 杂化形成的 NH_3 分子中，有一对孤对电子，NH_3 的空间结构是三角锥形(正

四面体的一个顶点是孤对电子，电子是“看不见”的，如图 4-34)。再如，O 原子进行 sp^3 杂化形成的 H_2O 分子中，有两对孤对电子，H_2O 的空间结构是角形(正四面体的两个顶点是孤对电子)。这与不含有孤对电子的原子硼、碳等原子是不同的。

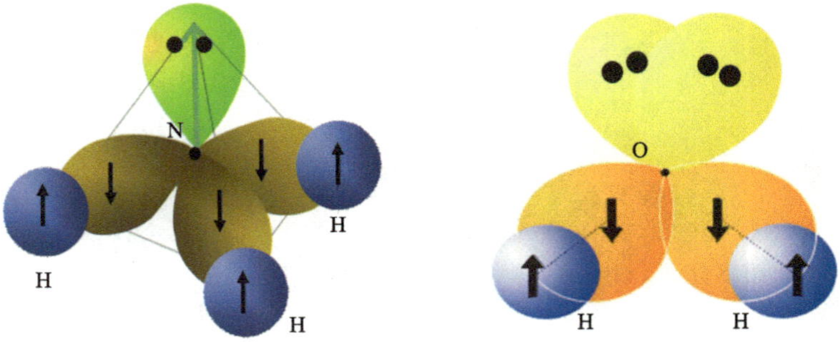

(a) NH_3　　(b) H_2O

图 4-34　sp^3 不等性杂化

因此，为了使成键能力增大，原子轨道必须杂化。为了避免 s 电子的激发增加的能量，原子轨道最好不要杂化，即在成键轨道中 α=0。H 原子之间有斥力，为了减少斥力，NH_3 最好采用平面结构，即相当于 α=1/3。

显然，前面两个因素解决的最好办法是构成所谓的“不等性杂化轨道”，即其中三个轨道是相同的，含有 s 成分为 α，另一个杂化轨道则不同，含有 s 成分为 $(1-3\alpha)$。这样，为了使激发能尽量小，α 越小越好，但为使成键能力最大，α=1/4。

综上，最好的情况是 α 取自 0 至 1/3 中的某一适当数值。把实测 NH_3 键角 107° 代入式(4-39)得 α=0.226，这与上述定性讨论的结果一致。

同样，氧原子在成键时也采用如图 4-34 的不等性 sp^3 杂化轨道。把实测 H_2O 键角 105°代入式(4-39)得 α=0.206，这与上述定性讨论的结果也是一致的。

其实，在 sp 和 sp^2 杂化时，也存在不等性 sp 杂化轨道(如 CO)和不等性 sp^2 杂化轨道(如 SO_2)。一般，用杂化轨道所含 s、p 成分判别杂化轨道的等性与不等性，虽然抓住了实质，但在判别一个分子杂化性质时，不可能先通过烦琐的计算再得出结论，这就需要直观的判别方法。

对于不等性杂化，从表 4-11 中可以得出两个规则：

(1) 与杂化轨道成键的对象不同时，中心原子将采用不等性杂化，例如：

$CHCl_3$	$COCl_2$	$H_2C=CH_2$	$HC\equiv CBF_2$
sp^3	sp^2	sp^2	sp

(2) 与杂化轨道成键的对象虽然相同，但若中心杂化轨道所处环境不同，它们所含 s、p 成分也将不同。

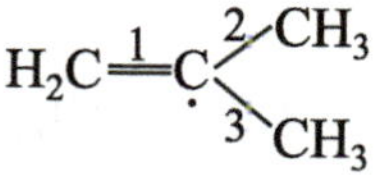

I

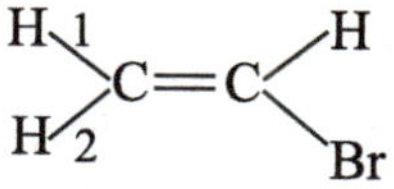

Ⅱ

分子Ⅰ中心碳原子三个 sp^2 杂化轨道分别与三个碳原子形成 σ 键，但键 1 与键 2、键 3 所处环境不同，因此中心原子形成键 1 的杂化轨道与形成键 2、键 3 的杂化轨道所含 s、p 成分不同，即中心原子进行了 sp^2 不等杂化。同理分子Ⅱ中，由于键 1、键 2 所处的空间位置不同，中心碳原子形成键 1 的杂化轨道与形成键 2 的杂化轨道并不是完全等同的。

表 4-11 一些化合物分子中心原子的杂化类型

化学式	结构式	键角	s 成分	p 成分	杂化类型
CH_4	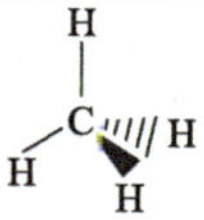	∠HCH=109°28′	0.25	0.75	sp^3 等性
NH_4^+	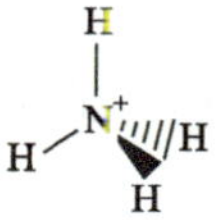	∠HNH=109.5°	0.25	0.75	sp^3 等性
BF_3	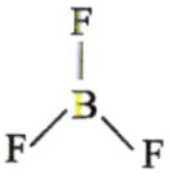	∠FBF=120°	0.33	0.67	sp^2 等性
CO_2	O=C=O	∠OCO=180°	0.5	0.5	sp 等性
C_3H_4	H_2C=C=CH_2	∠CCC=180°	0.5	0.5	sp 等性
CH_3Cl	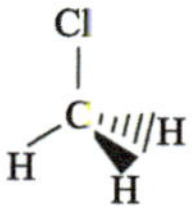	∠HCH=110.75° ∠HCCl=108.35°	0.26(H) 0.22(Cl)	0.74(H) 0.78(Cl)	sp^3 不等性
CHF_2Cl	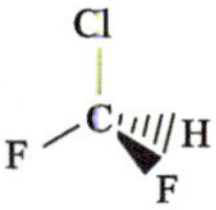	∠FCF=108.8° ∠ClCF=110.5° ∠ClCH=110.8°	0.24(F) 0.25(H) 0.27(Cl)	0.76(F) 0.75(H) 0.73(Cl)	sp^3 不等性
NH_3	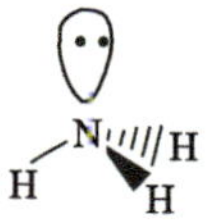	∠HNH=107.8°	0.23(H) 0.31()	0.77(H) 0.69()	sp^3 不等性
C_2H_4	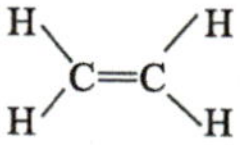	∠HCC=121.7° ∠HCH=116.6°	0.31(H) 0.38(C)	0.69(H) 0.62(C)	sp^2 不等性
C_2H_2	H—C≡C—H	∠HCC=180°	0.44(H) 0.56(C)	0.56(H) 0.44(C)	sp 不等性

5) spd 杂化

为了构成有效的杂化轨道，原来的轨道能级必须相差不大。例如，对于过渡元素，$(n-1)$d 轨道的能级和 ns 及 np 的能级很近似，它们可以构成 dsp 杂化轨道；对于 p 区元素，ns、np 和 nd 的能级比较近似，它们可以构成 spd 杂化轨道。

Hultgren[76]从杂化轨道互相正交的关系得知等性 dsp 杂化轨道之间的夹角应遵循：

$$\alpha+\beta\cos\theta+\gamma\left(\frac{3}{2}\cos^2\theta-\frac{1}{2}\right)=0 \tag{4-44}$$

式中，α、β 和 γ 依次表示杂化轨道的 s、p 和 d 成分，显然

$$\alpha+\beta+\gamma=1 \tag{4-45}$$

s、p 和 d 轨道的成键能力分别等于1、$\sqrt{3}$和$\sqrt{5}$，因此杂化轨道的成键能力为

$$f=\sqrt{\alpha}+\sqrt{3\beta}+\sqrt{5\gamma} \tag{4-46}$$

配位数等于 6 的 d^2sp^3 杂化轨道，由 2 个 d、1 个 s 和 3 个 p 轨道组合而成，其特点是 6 个 sp^3d 杂化轨道指向正八面体的 6 个顶点，相邻的夹角是 90°。其中每个轨道的 s、p 和 d 成分依次等于

$$\alpha=\frac{1}{6},\beta=\frac{3}{6}=\frac{1}{2},\gamma=\frac{2}{6}=\frac{1}{3} \tag{4-47}$$

所以

$$\psi_{d^2sp^3}=\frac{1}{\sqrt{6}}\psi_s+\frac{1}{\sqrt{2}}\psi_p+\frac{1}{\sqrt{3}}\psi_d \tag{4-48}$$

d^2sp^3 杂化轨道的电子云如图 4-35 所示。

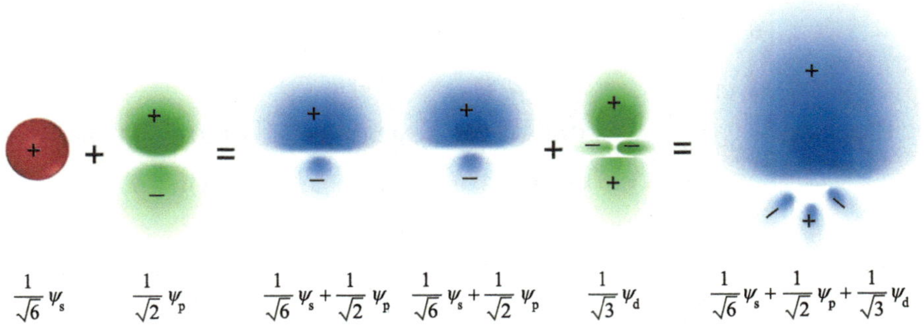

图 4-35 d^2sp^3 杂化轨道的电子云图

将式(4-47)代入式(4-46)得 f=2.923，所以 d^2sp^3 是成键能力很强的杂化轨道。将式(4-47)代入式(4-44)并求解，得 θ=90°或 180°(图 4-36)，因此 d^2sp^3 杂化轨道也称正八面体杂化轨道。sp^3d^2 杂化轨道也是正八面体杂化轨道，其几何构型和成键

能力与 d^2sp^3 不加以区分。

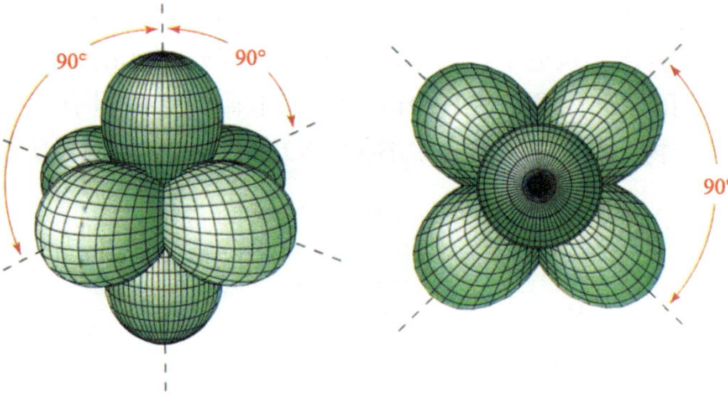

图 4-36　d^2sp^3 杂化轨道

配位数等于 4 的 dsp^2 杂化轨道由 1 个 d、1 个 s 和 2 个 p 轨道组合而成，其中每个轨道的 s、p 和 d 成分依次等于

$$\alpha = \frac{1}{4}, \beta = \frac{1}{2}, \gamma = \frac{1}{4} \tag{4-49}$$

所以

$$\psi_{dsp^2} = \frac{1}{2}\psi_s + \frac{1}{\sqrt{2}}\psi_p + \frac{1}{2}\psi_d \tag{4-50}$$

它的极坐标图的定性形状和 d^2sp^3 相似。

经计算得 f=2.694，所以 dsp^2 杂化轨道的成键能力比 d^2sp^3 稍弱，但比 sp^3 的强。其 θ=90°或 180°，所以 dsp^2 杂化轨道的四个键指向平面四方形的四个角。

唐敖庆和孙聚昌等推广了 Hultgren 的夹角公式[74-75]，使之适用于包含 f 轨道的杂化轨道，其结果如下：

对于等性的 fdsp 杂化轨道而言，如 s、p、d 和 f 的成分依次为 α、β、γ 和 δ，则夹角符合：

$$\alpha + \beta\cos\theta + \gamma\left(\frac{3}{2}\cos^2\theta - \frac{1}{2}\right) + \delta\left(\frac{5}{2}\cos^3\theta - \frac{3}{2}\cos\theta\right) = 0 \tag{4-51}$$

对于不等性的 fdsp 杂化轨道而言，如第一组轨道的成分为 α、β、γ 和 δ，第二组轨道的成分为 α'、β'、γ'和 δ'，则

$$\sqrt{\alpha\alpha'} + \sqrt{\beta\beta'}\cos\theta + \sqrt{\gamma\gamma'}\left(\frac{3}{2}\cos^2\theta - \frac{1}{2}\right) + \sqrt{\delta\delta'}\left(\frac{5}{2}\cos^3\theta - \frac{3}{2}\cos\theta\right) = 0 \tag{4-52}$$

成键能力为

$$f = \sqrt{\alpha} + \sqrt{3\beta} + \sqrt{5\gamma} + \sqrt{7\delta} \tag{4-53}$$

在 $UO_2(NO_3)_3^-$ 中，U 原子可能用 $f^2d^3sp^2$ 不等性杂化轨道，其中第一组杂化轨道共 2 个，成分是 fd^ns^{1-n}，构型是直线形；第二组杂化轨道共 6 个，成分是 $fd^{3-n}s^np^2$，构型则是与第一组杂化轨道垂直的平面六角形，如图 4-37(a)所示。在原子能燃铀的提炼过程中，用磷酸三丁酯[$(C_4H_9O)_3PO$]来萃取硝酸铀酰具有十分重要的意义。它们形成的络合物[$UO_2(NO_3)_2$] · 2$(C_4H_9O)_3PO$ 具有如图 4-37(b)所示的结构。

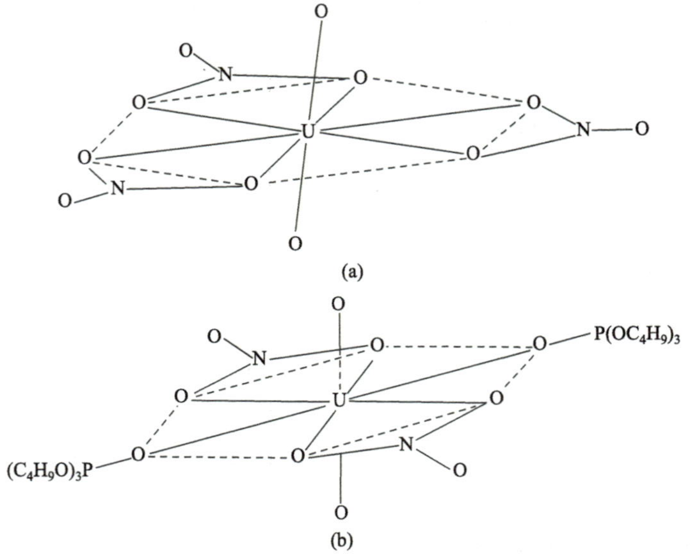

图 4-37 $UO_2(NO_3)_3^-$ 的结构(a)和[$UO_2(NO_3)_2$] · 2$(C_4H_9O)_3PO$ 的结构(b)

此外，将 d、f、g 等空轨道引入杂化轨道，讨论分子内旋势垒和过渡元素配合物的结构获得了满意的结果[77]。这种将非价层轨道用于扩展杂化基函数的方法对于杂化理论定量化具有重要意义。

4.5.3 杂化轨道理论的应用

杂化轨道概念原本是为了解释简单的化学系统而开发的，后来被广泛应用，至今它仍是一种解释有机化合物结构的有效理论。

解释简单分子和离子的立体结构仍是其主要应用(图 4-38)。有机反应可按共价键的断裂方式分为离子型反应和自由基反应两大类型，共价键异裂产生碳正离子和碳负离子，均裂产生自由基。碳正离子、碳负离子、自由基是反应的中间体。因此，分析它们的结构和稳定性对反应机理的研究尤为重要。许多原子在组成分子时的杂化状态对一个有机化合物的性质，如酸性和碱性的影响都很大。此外，由上面的分析可以求得杂化轨道中参与的分子轨道，如对 sp^2 杂化轨道为

$$\Phi_k = c_{k_1}\Phi_{\mathrm{s}} + c_{k_2}\Phi_{\mathrm{p}_x} + c_{k_3}\Phi_{\mathrm{p}_y}$$

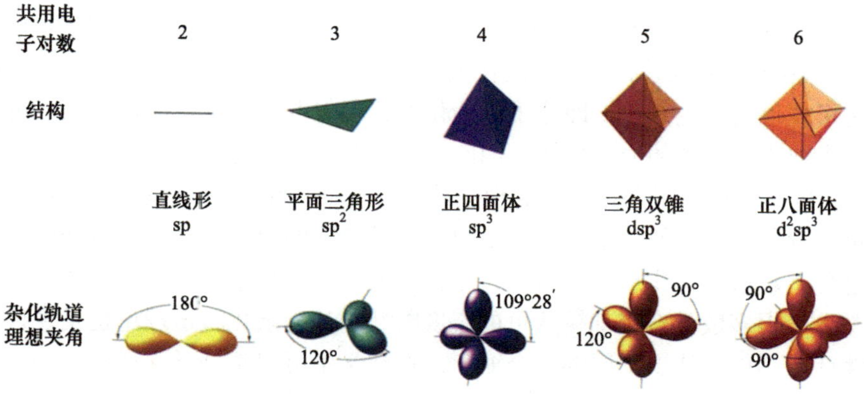

图 4-38 常见简单分子和离子的结构和杂化轨道间的夹角

4.5.4 杂化轨道理论的讨论

1. 杂化轨道理论可否预测?

SF_6 中心 S 原子轨道的杂化形式一直被认为是 sp^3d^2，但是量子化学计算结果表明并非如此，事实上，中心原子的 d 轨道并未参与成键，因此 SF_6 也并非所谓“超价”化合物。为什么杂化轨道理论的预言会出现问题?虽然杂化轨道理论给出了路易斯结构的量子力学解释，但在教学中讲授的价键理论是从已知分子结构出发来判断中心原子轨道的杂化形式，基本上是一种经验性的判断，而不是通过更严格的理论计算做出预测(价键理论的程序化一直落后于分子轨道理论的程序化)，因此出现问题在所难免。

要想完全避免上述误用，根本的解决办法是通过理论计算进行判断，目前理论化学中已经有方便的算法来完成这项任务。虽然 20 世纪初杂化轨道理论逐渐被分子轨道理论代替，但是用杂化轨道代替部分原子轨道去构造分子轨道有时能使分子轨道法的计算简化。因此，在分子轨道理论中也常用到杂化轨道，并取得了长足发展[78-79]。例如，杂化轨道的构造方法中的群论方法[80-81]、最大重叠原理[82]、自然杂化轨道法[83]和其他以分子轨道为基础构造杂化轨道的方法[84]等。其中最大重叠杂化轨道不仅能满足正交化条件，而且能较定量地考虑到配体轨道的作用，已经得到广泛应用。

以自然杂化轨道法为例。它是 20 世纪 80 年代出现的一类新的理论方法，即自然键轨道方法(natural bond orbital method，简称 NBO 法)以及其他相关自然轨道方法。这类方法通过引入单电子密度算符简化对多电子体系的描述。NBO 法从 NAO(natural atomic orbital)开始组建分子轨道：首先用 NAO 组成 NHO(natural hybrid orbital)，然后用 NHO 组成 NBO。由于 NBO 由自然杂化轨道组成，因此可以很方便地通过计算得到分子中的杂化轨道形式。例如，根据 NBO 计算结果，乙烷中 C 原子的自然杂化轨道为 $sp^{2.36}$；甲胺中 C 原子的自然杂化轨道为 $sp^{3.61}$，N 原子为 $sp^{2.24}$。可以看到，即使同在碳四面体体系中，随分子不同，C 原子的具体杂化形式也会发生变化，即原子的杂化形式不仅取决于配位原子数或成键电子对数，也取决于具体的分子环境。因此，自然杂化轨道是对杂化轨道理论的进一步完善，进一步巩固了杂化概念的理论基础。按照 Weinhold 的说法[85]，化学键是一种重叠现象。这里的“重叠”是指原子轨道之间的组合，从这一点来讲，杂化轨道是分子轨道的简化形式。所以，尽管有人提出“是杂化轨道该退休的时候了吗？”[86]，大多数教育家却持认可的态度[87-91]，认为杂化轨道理论也是现代化学从感性认识到理性认识发展的一个缩影，在教学中可以帮助学生理解和领会化学理论随时代不断演进和完善的过程，进而加深对化学学科的领悟。

2. 杂化轨道理论与价层电子对互斥理论的比较研究

杂化轨道理论是以量子力学为理论基础的，因此，它能解释几乎所有无机分子的空间构型，并对键强、键能、键角及键的稳定性都能做出合理的解释。它是一种通俗易懂而又应用广泛的理论，特别是在有机化学中。价层电子对互斥理论是定性理论，与杂化轨道理论相比，它只能对分子的空间构型作定性描述，而不能对分子的成键原理、键强、键角、键的稳定性作相应说明，但该理论抓住了价层电子对间斥力的大小比较，它的很多预测有惊人的准确性，与杂化轨道理论得出的结果几乎一致。两种理论遵循了共同的准则，即稳定的分子构型是平衡时能量最低的分子。两种理论都是教学和科研中不可或缺的化学键理论。同时必须强调，化学实验技术如衍射和分子光谱技术的发展，也加深了人们对分子结构和化学键的认识。任何一个分子的准确几何构型只能通过实验测定，而不能凭借理论生搬硬套，因为任何理论都有一定的适用范围，理论只能是在正确实验的基础上对实验结果做出的准确、合理的解释和推断。在化学发展的历史中，理论与实验互为补充、相互促进，使化学原理不断丰富和发展。

历史事件回顾

3　杂化材料简介

一、概念

材料可分为金属材料、无机非金属材料、有机高分子材料和复合材料等。将不同种类的材料通过一定的工艺方法制成复合材料，可使它保留原有组分的优点，克服缺点，并显示出一些新的性能。无机-有机杂化材料(inorganic-organic hybrid material)综合了无机材料和有机材料的优良特性，是继单组分材料、复合材料和梯度材料之后的第四代材料[92]，是无机化学、有机化学、介观物理与材料科学等多学科渗透交叉的结果。这种材料通过材料功能的复合，实现材料性能的互补与优化，在光、电、热、磁、催化、机械、生物、医学、环保等领域展现出广阔的应用前景[93]，掀起了新一轮的材料革命[94-95]。

1984 年，Schmidt[96]首先提出了无机-有机杂化材料的概念，当时认为有机相可以是塑料、纤维、橡胶等高分子材料，无机相可以是金属、氧化物、陶瓷、半导体等。

二、无机-有机杂化材料的特点

(1) 无机-有机杂化材料最大的特点是解决了单一无机和有机材料的某些缺点。例如，无机材料具有高强度、高刚性、高硬度、光/电/磁功能材料长期稳定和使用寿命长的优点，但加工成型较为困难，而有机高分子易于成型、加工，但其结构长期稳定性较差。因此，杂化材料兼具两者的优点，或者显示出一些新的性能。通常无机部分提供机械强度且分布在整个材料中，而有机部分则和无机构块连接。

(2) 无机-有机杂化材料可以在较大范围内调整原材料比例、合成工艺或方法，有效构筑所需性能的杂化材料。例如，罗军华团队[97]构筑了一例二维三层无机-有机杂化双轴铁电体。该化合物中，无机八面体的扭曲和有机阳离子的有序化协同诱导了铁电自发极化，同时，独特的对称性破缺使其具有四个等效极化方向。基于其双轴特性，该化合物的光伏效应可以在多个方向之间相互转换，为进一步拓展对无机-有机杂化多轴铁电体光伏性能的研究提供了一种新的策略。

(3) 无机-有机杂化材料具有明显的结构特点，材料界面面积很大，界面相互作用强且界面相对模糊，微区尺寸为纳米级，甚至可达分子级复合，可以令设计者"为所欲为地想象，得到性能意想不到的材料"。

三、无机-有机杂化材料的基本制备方法

无机-有机杂化材料的制备方法很多，分类不尽相同，主要方法有以下几种。

1) 溶胶-凝胶法(sol-gel method)

1846 年，法国化学家埃贝尔曼(J. J. Ebelmen，1814—1852)将 $SiCl_4$ 与乙醇混合，发现在湿空气中发生水解并形成了凝胶，从而开创了溶胶-凝胶法的新纪元。其基本原理是，将烷氧基金属或金属醇盐等前驱体在一定条件下水解缩合成溶胶(sol)，然后经溶剂挥发或加热等处理，使溶液或溶胶转化为空间网状结构的无机

氧化物凝胶(gel)，其中包括体系混合、凝胶化、陈化及干燥等过程[98]。由于前驱体水解缩聚形成的溶胶胶粒的粒径处于纳米级范围，同时在前驱体形成的溶胶中可以很方便地加入有机单体或聚合物，如果有机相与无机相之间的相容性和分散性很好，即可制得性能优良的纳米级无机-有机杂化材料。例如，Maharjan 等[99]利用溶胶-凝胶法在有机硅氧烷基体中合成了稳定的银纳米粒子(图 4-39)，研究发现纳米粒子在 527 nm 处的非线性光学响应随着输入能量的增加而急剧增加。采用溶胶-凝胶法在铝合金表面制备了纯 SiO_2 和无机-有机杂化 SiO_2 涂层，因涂层更致密均匀、颗粒直径更小、与基体结合力增强，从而使涂层的耐蚀性能更佳[100]。

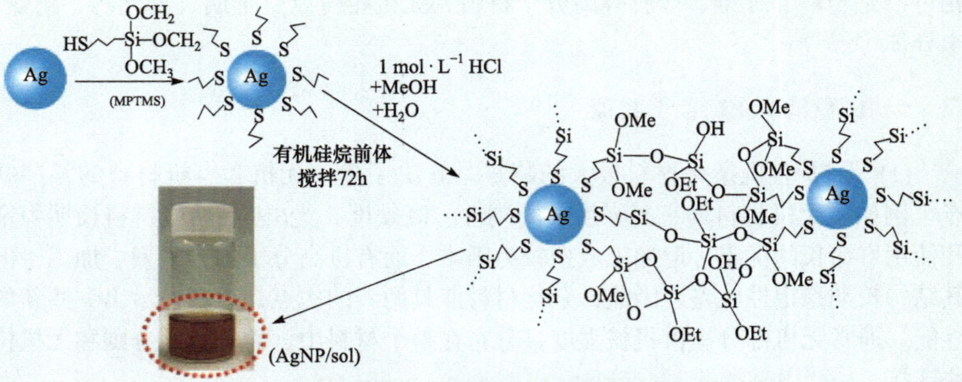

图 4-39 有机硅氧烷基体合成银纳米粒子的合成方案示意图

2) 插层复合法(intercalation compound method)

该法是指将有机聚合物插进有典型层状结构的无机化合物(如硅酸类黏土、磷酸盐类、石墨、金属氧化物、二硫化物等)中，进而破坏无机物片层结构，并使其均匀分散在无机物基体中，从而实现有机高分子与无机物在纳米尺度上的复合(图 4-40)[101]。

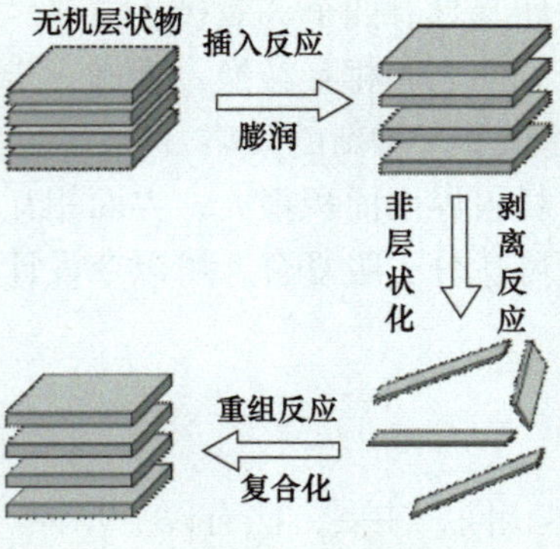

图 4-40 插层化合物的制备反应示意图(一)

例如，在 $MoTe_2$ 和 WTe_2 单晶样品插入离子液体的有机阳离子，可制备出层间距可调、性质稳定且超导增强的无机-有机复合样品[102](图 4-41)。这种离子液体插层方法把离子液体对层状材料的调控进一步拓展到对层间耦合作用的调控，通过制备有机阳离子-无机层状材料，实现对材料拓扑及超导性质的调控，并且得到的复合材料具有比单层样品更好的稳定性。插层后的 $MoTe_2$ 样品层间距增大，层间耦合作用弱。通过插层方法，使 $MoTe_2$ 样品的超导转变温度从 0.25 K 提高到了 7 K，与单层 $MoTe_2$ 的最高超导转变温度 8 K 接近。

插层后的 WTe_2 样品的超导转变温度提高到了 2.3 K，是具有量子自旋霍尔效应的单层 WTe_2 超导转变温度 0.82 K 的 2.8 倍。

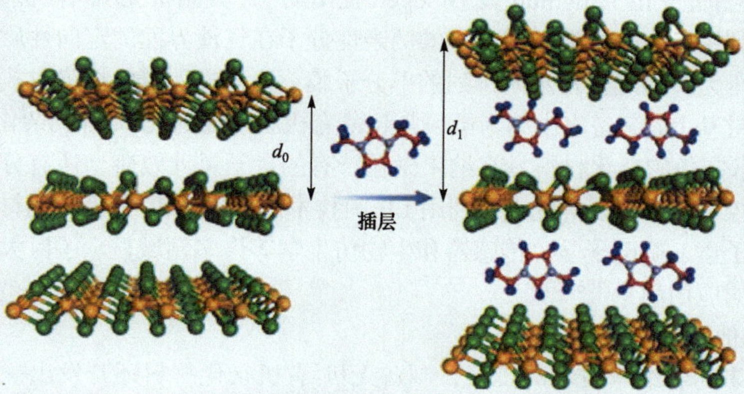

图 4-41 插层化合物的制备反应示意图[102](二)

3) 纳米微粒直接分散法(direct dispersion of nanoparticles method)

该法是将无机纳米微粒直接分散于有机聚合物基质中来制备无机-有机杂化材料。在纳米微粒直接分散法中，纳米粒子与材料的合成是分步进行的，故可控制纳米粒子的形态、尺寸，以获得分散均匀、窄分布、小微粒的杂化材料。但无机纳米粒子的化学活性较高，分散过程中存在纳米粒子的团聚，导致纳米粒子分散不均匀，故在共混分散前需要对无机纳米粒子进行表面处理，或者在共混分散时加入分散剂，以保持纳米粒子在基质中的均匀分散。例如，将黑磷(BP)分散于聚乙烯醇(PVA)，不仅复合材料在空气中的稳定性增加，其强度、韧性和模量均增加，最大拉伸强度是纯 PVA 薄膜的 1.9 倍[103]。

4) 纳米微粒原位生成法(*in situ* formation of nanoparticles method)

该法是将聚合物基质与可溶性无机分子溶于适当溶剂中，通过某种反应在聚合物中生成无机相纳米微粒[104]。例如，可以用该方法制备硫化物半导体纳米微粒与聚合物复合的杂化材料，研究体系主要包括 CdS、PbS、ZnS 与苯乙烯-甲基丙烯酸等，其制备方法包括金属离子在单体或聚合物的溶液中分散、与 H_2S 反应生成相应的硫化物、单体聚合和溶剂的挥发等几个步骤。所制备出的杂化材料具有良好的非线性光学响应等特性，广泛应用于红外、微波、太阳能等领域。

5) 前驱体法(precursor method)

该方法是选择金属有机化合物作为前驱体，然后将前驱体混入聚合物基质中，通过化学或热还原等方法将前驱体还原成金属或生成硫化物等，即可制得无机-有机杂化材料。Watkins 等[105]以二甲基环辛二烯铂为金属有机前驱体，将其溶于超临界二氧化碳中，并注入聚合物基质 4-甲基-1-戊烯中成为溶胀基质，再通过化学或热还原将前驱体还原为金属，减压除去溶剂，即可得无机-有机杂化材料。

6) LB 膜技术(LB film technique)

LB 膜首先是由 Langmuir 及 Blodgett 提出的[24]，其制备无机-有机杂化材料的原理是：利用具有疏水端和亲水端的两亲性分子在气液界面的定向性质，在侧向施加一定压力，形成紧密定向排列的单分子膜，再通过一定的挂膜方式均匀地转移到固定衬基上，制备出由纳米微粒与超薄有机膜形成的无机-有机杂化材料。用 LB 膜技术制备的杂化材料具有纳米微粒特有的量子尺寸效应，还有分子层次性和膜厚可控、易于组装等优点。利用 LB 膜技术制得的无机-有机杂化材料在材料学、光电子学、微电子学、传感器和生物仿生学等许多领域显示了巨大的理论价值和广阔的应用前景[106-107]。

7) 其他技术

近年来随着纳米技术的发展，制备无机-有机杂化材料还开发出一些其他特殊的方法，如分子沉淀法、自组装法、电解聚合法、声化学合成法、微波辐照法等。

无机-有机杂化纳米材料因具有优异的力学性能、热学性能、电学性能、光学性能而引起广泛关注。它们被广泛应用于结构材料、涂层材料、催化材料、光学材料、电学材料、磁性材料、生物材料和化学传感器等[108-111]。

4.6 共价键的分子轨道理论

4.6.1 问题的提出

价键理论从处理氢分子开始到 1931 年杂化轨道理论的提出，解释了不少分子结构的实验结果，但也有无法解释的现象。

(1) 实验测得氧分子具有顺磁性，其磁矩为 $2.62\times10^{-23}\ A \cdot m^2$。若按价键理论，氧分子具有两对共用电子，是反磁性的，磁矩为零，这显然与实验事实相矛盾。

(2) 无法解释奇电子分子或离子如 H_2^+、NO、NO_2 等的存在。例如

物种	键长/pm	键能/($kJ \cdot mol^{-1}$)
H_2^+	106	268
He_2^+	108	299

(3) 无法解释大 π 键的生成和许多有机共轭分子的结构。

(4) 无法解释 O_3 中的 O—O 键长处于单键与双键之间。

(5) 无法解释 He_2、Be_2、Ne_2 等的不存在。

由于价键理论遇到诸如此类的困难，分子轨道理论才被重视而得到发展。

4.6.2 分子轨道理论简介

1. 分子轨道理论的提出

分子轨道理论(molecular orbital theory)简称 MO 理论，是处理双原子分子及多原子分子结构的一种有效的近似方法，是化学键理论的重要内容[112-115]。它与价键理论不同，后者着重于用原子轨道的重组杂化成键理解化学，而前者则注重于对分子轨道的理解，即认为分子中的电子围绕整个分子运动。

1926～1935 年，在讨论分子特别是双原子分子的光谱时，密立根和洪德分别对分子中的电子状态进行分类，得出选择分子中电子量子数的规律，提出了分子轨道理论[32, 116-118]。因此，最初分子轨道理论被称为洪德-密立根理论。轨道一词的概念是在 1932 年首先被密立根提出的。到了 1933 年，分子轨道理论已经被广泛接受，并且被认为是一个有效且有用的理论[119]。分子轨道理论认为，电子是在整个分子中运动，而不是定域化的。他们还提出能级相关图和成键、反键轨道等重要概念。

2. 休克尔分子轨道理论(HMO)

HMO 理论是德国化学家休克尔于 1931～1932 年提出的[120]。它的基本思想是，把电子间的双电子相互作用近似地用单电子的平均位场代替，得到分子体系的单电子运动方程：

$$H\psi = \varepsilon\psi \tag{4-54}$$

式中，H 为分子中单电子的哈密顿算子；ψ 为单电子波函数，即分子轨道；ε 为相对应的分子轨道能量。分子轨道 ψ 写为原子轨道 ϕ_i 的线性组合：

$$\psi = \sum_i C_i \phi_i \tag{4-55}$$

将式(4-55)代入式(4-54)，利用变分法就可以得到关于分子轨道能量 ε 的久期方程式。HMO 理论的成功之处还在于对久期方程式的进一步简化。对于有机共轭分子，把原子核、内层电子和 σ 电子看成分子骨架，只考虑外部的 π 电子，取共轭原子的 p 原子轨道作基函数。

HMO 理论可以很好地解释环状共轭分子的稳定性、预言共轭分子的化学反应活性。

后来，莱纳德-琼斯(E. J. Lennard-Jones，1894—1954)、库尔森(C. A. Coulson，1910—1974)和热拉-希金斯(H. C. Longuet-Higgins，1923—2004)等对 HMO 理论又做了重要发展[121-123]。

3. 前线轨道理论

福井谦一认为 HOMO 决定分子的给电子能力，而 LUMO 决定分子的得电子能力。就计算 HOMO 上的电荷密度分布而言，预言分子的反应活性，有时会比其他方法好(表 4-12)。图 4-42 为萤蒽的结构式。

表 4-12　各种方法预测的萤蒽的活泼位置

方法	最活泼位置	次活泼位置
电荷密度	8 或 2	
定域能	3 或 7	
前线轨道	3	8
实验	3	8

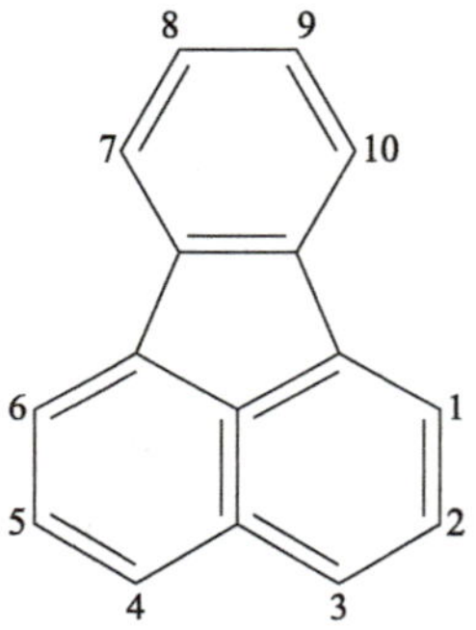

图 4-42　萤蒽的结构式

接着，福井谦一采用了微扰理论的处理方法、负积分的表示方法，定义了超离域度等概念。提出“扇形图”等理论，使分子轨道理论具备了必要的理论基础[124-125]。

20 世纪 60 年代，该理论在解释饱和化合物的反应性即有机分子的致癌等方面发挥了很大作用，另外理论本身也取得了很大的突破。1964 年，福井谦一发现了轨道位相与反应有很重要的关系，从而使特定轨道的对称性与立体选择结合起来，解释了有机化学中普遍存在的立体选择性现象等[126]。

20 世纪 70 年代，福井谦一等开拓了求反应最短途的新领域[127]，即建立化学反应途径的极限反应坐标理论(简称 IRC)，提出化学反应的相互作用前线轨道理论(简称 IFO)，使前线轨道理论进一步定量化，还非经验性地讨论了化学反应速率等问题。

1981 年福井谦一因提出直观化的前线轨道理论而获得诺贝尔化学奖。

4. 分子轨道对称守恒原理

伍德沃德首先从实验中发现某些有机反应很有规律性，如电环化、环加成和 σ 迁移等反应在加热和加光时，得到的产物具有很强的选择性。1965 年，伍德沃德与霍夫曼提出的分子轨道对称守恒原理[128]，解释了这些实验规律，并成功地指导了某些有机分子(如维生素 B_{12})的合成。霍夫曼因此而获得了 1981 年诺贝尔化学奖。对称守恒原理发展成为讨论基元化学反应可能性的重要规则，已成功地用于指导复杂有机化合物的合成。

目前，分子轨道对称守恒原理在国际上有三种学派：①能量相关理论；②前线轨道理论[120]；③Möbius 结构理论[129]。唐敖庆对他们进行了深刻分析[130]，认为各有优缺点。

休克尔

密立根

哈特里

福克

罗特汉

5. Hartree-Fock-Roothaan(HFR)方程

1951 年，罗特汉(C. C. J. Roothaan，1918—2019)在 Hartree-Fock 方程[哈特里(D. R. Hartree，1897—1958)、福克(V. A. Fock，1898—1974)]的基础上[131]，把分子轨道写成原子轨道的线性组合，得到 Roothaan 方程[132]，波普等对其作了重要简化[133]。1950 年，Boys 用高斯函数研究原子轨道，解决了多中心积分的问题。从 Hartree-Fock-Roothaan 方程出发，应用高斯函数，是今天广为应用的自洽场分子轨道理论的基础，即从头计算(ab initio)方法的基础，在量子化学的研究中占有重要地位。从头计算方法的结果已相当好，有的已达到实验精度以内。表 4-13 给出了键长计算的例子。

表 4-13　理论的和实验的键长　　(单位：pm)

键	分子	键长			
		STO-3G	4-31G	最好计算	实验
C≡C	C_2H_2	116.8	119.0	120.5	120.3
C═C	C_2H_4	130.6	131.6	—	133.0
C—C	C_2H_6	153.8	152.9	153.1	153.1
C≡N	HCN	115.3	114.0	—	115.4

注：STO-3G 和 4-31G 是两种从头计算方法。

6. 唐敖庆对理论计算的贡献

中国量子化学之父唐敖庆对计算化学做出了突出贡献，取得了一系列杰出的研究成果。

唐敖庆以自己的教学和科研实践，通过高分子物理化学学术讨论班和物质结构学术讨论班，为国家培养了一批高水平的学术带头人。

唐敖庆对分子轨道对称守恒原理进行了新发展[130]。在仔细分析、评价了国际上三个学派的理论之后，他建立了自己的理论：① 根据分子在化学反应中的运动图像，把原子间的相互作用用反应坐标的函数表示，用分子轨道理论导出电环化、环加成和 σ 键迁移反应中分子轨道变化的理论计算公式，从而得到了这些反应所遵守的全部经验规律，也得到了活化能的定量数值，这是从量子化学求活化能的一条新途径；② 以往分子轨道对称守恒原理只适用于具有某种对称性的基元反应，把它推广到不具有对称性的反应类型；③ 对分子轨道理论提出一种新的计算方法，用这种方法讨论同系分子的性质非常有效。

简单分子轨道理论的一大优点是它常可以对同系列的化合物做出一般性理论处理，得出结构与性能的概括性结论，为化学工作者在研究问题时提供理论启示。分子轨道图形理论的建立又把理论方法推进到了新水平，从反映结构本性的分子图出发，简易直观地推算本征多项式和分子轨道，再联系结构与性能的关系。它的优点是：物理图像清晰，将烦琐的运算步骤同割断键或去掉局部链段的直观过程相联系。唐敖庆研究组对此进行了发展[134]，并写出了第一部专著[135]。

7. 分子轨道理论和价键理论的比较

价键理论和分子轨道理论是处理分子结构的两种近似方法，它们都建立在量子力学基础之上，采用变分法(或微扰法)处理分子体系，从处理的结果中揭示化学键本质。把这两种理论加以对比，不难看出两者各有优缺点。

价键理论简明直观，价键概念突出，在描述分子的几何构型方面有其独到之处，容易被人们所掌握。但是价键理论把成键局限于两个相邻原子之间构成定域键，而且严格限定只有自旋方向相反的两个电子配对才能成键，这就使得它的应用范围比较狭窄，对许多分子的结构和性能不能给出确切的解释。

分子轨道理论恰好克服了价键理论的缺点，提出分子轨道的概念，把分子中电子的分布统筹安排，使分子具有整体性，这样成键就可以不局限于两个相邻原子之间，即还可以构成非定域键。另外，该理论把成键条件放宽，认为单电子进入分子轨道后，只要分子体系的总能量得以降低也可以成键，因此应用范围比较宽，能阐明一些价键理论不能解释的问题。但是分子轨道理论价键概念不明显，计算方法比较复杂，不易被一般学习者运用和掌握，而且在描述分子的几何构型方面也不够直观。

价键理论对于分子定态的性质(键长、键角等)的解释和分子轨道理论相近，而分子轨道理论在研究和电子激发相关的性质(分子颜色、光电子能谱等)时更为有效。由于电子计算机的应用，分子轨道理论发展很快，应用也越来越广泛，同时价键理论也在不断改进和演变。这两种理论各自取长补短，相辅相成，在新的更为成熟的分子结构理论尚未正式创立之前，无论对价键理论还是分子轨道理论，均不可偏废。

8. 分子轨道理论的发展与展望

分子轨道理论发展到现在已经有了很大的进展，尤其是在计算机技术发展迅速的今天，量子化学模拟已经成为化学研究和化工生产必不可少的方法。

目前，分子轨道理论已经突破了在解释某些理论现象以及反应机理中的瓶颈，在很多方面已和实际应用联系，如选矿、分子器件的制造、光材料的制备、纳米材料的产生、药物作用等方面。

今后，分子轨道理论本身的发展可以致力于改善算法、提高计算能力、减小模拟计算所用的时间等。另外，还可以专注于提高精度、发展新的算法，从而实现对于更大的分子、更大的体系的精度更高的计算和模拟。

4.6.3 分子轨道理论的基本要点

从上面的介绍可知，分子轨道理论是从最简单的分子体系氢分子离子(H_2^+)的量子力学近似处理入手的。从处理氢分子离子这个单电子体系过程中引出分子轨道的一系列重要结论，再近似运用于多电子分子，因而用分子轨道法处理多电子分子问题是近似的近似。为此，分子轨道理论只能作为定性了解分子结构和联系化学性质的一种手段。

1. 基本要点

分子轨道法有 3 个基本要点：

(1) 分子轨道由原子轨道线性组合(LCAO)而成。例如：

$$A + B \longrightarrow AB \begin{cases} \psi_{\mathrm{I}} = C_a\psi_A + C_b\psi_B \\ \psi_{\mathrm{II}} = C_a\psi_A - C_b\psi_B \end{cases}$$

(2) n 个原子轨道线性组合成 n 个分子轨道。

(3) 每个分子轨道有相应的能量，它是处于该轨道中的电子在原子核和其余电子形成的势场中运动的动能和势能之和，称为轨道能。

这些要点都可以从氢分子离子线性变分法处理的结果获得[136]。

图 4-43 表示氢分子离子(H_2^+)的坐标。图中 A、B 代表两个原子核，r_A、r_B 分别代表电子离两个核的距离，R 代表两原子核间的距离。这个电子可以当作在两个固定的氢原子核所产生的势场中运动(由于电子质量比原子核小得多，运动速度也比原子核快得多，可将核看成静止不动)。这个体系的哈密顿算符为

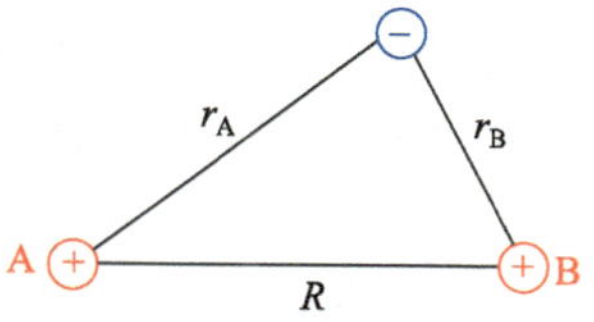

图 4-43 氢分子离子(H_2^+)的坐标

$$H = -\underbrace{\frac{h^2}{8\pi^2 m}}_{\text{电子的动能}}\nabla^2 - \underbrace{\frac{e^2}{r_A} - \frac{e^2}{r_B}}_{\text{电子与核间的吸引能}} + \underbrace{\frac{e^2}{R}}_{\text{核间排斥能}} \tag{4-56}$$

体系的薛定谔方程为

$$H\psi = E\psi \tag{4-57}$$

这时，如果知道该体系的某一精确波函数ψ，即可求出体系的能量。以ψ乘以式(4-57)的两边，得

$$\psi H\psi = E\psi^2 \tag{4-58}$$

对微体积 dτ 积分得

$$\int \psi H\psi \mathrm{d}\tau = E\psi^2\mathrm{d}\tau = E\int \psi^2 \mathrm{d}\tau$$

所以

$$E = \frac{\int \psi H\psi \mathrm{d}\tau}{\int \psi^2 \mathrm{d}\tau} \tag{4-59}$$

若基态波函数为ψ_0，则相应的基态能量为 E_0。使用线性变分法可以在不解出薛定谔方程式的情况下得到体系的近似基态能量。

量子力学可以证明，如果用任意一个满足合格条件(单值、连续、有限)的函数f(又称试探变分函数)作为H_2^+体系的近似解，代入式(4-59)算得的能量为近似能量ε，则ε必大于等于基态能量E_0。

$$\varepsilon = \frac{\int fHf\mathrm{d}\tau}{\int f^2\mathrm{d}\tau} \geqslant E_0 \tag{4-60}$$

变分函数f中除了包含电子的坐标变量以外，还包含若干个未定参数c_1、c_2、c_3、…、c_n。变分函数原则上可以任选，其参数选得越多，得到的结果越正确，但计算也越繁杂。通常根据体系的物理状态选择适当的变分函数，以期使用比较少的参数，经过不太复杂的计算，而得到较为满意的结果。对于H_2^+体系变分函数的选择，考虑到该体系的唯一的电子既不能完全属于 A 核，又不能完全属于 B 核，它只能在整个体系中运动(假定单电子在两核产生的势场中运动)，因此，可选变分函数f使它是原子轨道ϕ_A和ϕ_B的线性组合：

$$f = c_1\phi_A + c_2\phi_B \tag{4-61}$$

将式(4-61)代入式(4-60)，经变分法确定使ε值最低的参数c_1、c_2值，这个近似能量值就一定比较接近真实的基态能量值E_0，则试探变分函数f也就近乎等于基态

真实波函数 ψ 。式(4-61)就是 H_2^+ 的单电子波函数，它的运动状态也称为分子轨道。

经过严格的数学处理，可以得到

$$c_1 = \sqrt{\frac{1}{2+2S_{AB}}}, \quad c_2 = \sqrt{\frac{1}{2+2S_{AB}}} \tag{4-62}$$

式中，S_{AB} 为重叠积分，代表两个原子轨道重叠程度，其值也与核间距 R 有关，通常在 0.2～0.3。

$$\psi_1 = \sqrt{\frac{1}{2+2S_{AB}}}(\phi_A + \phi_B), \quad \psi_2 = \sqrt{\frac{1}{2-2S_{AB}}}(\phi_A - \phi_B) \tag{4-63}$$

$$E_1 = \frac{\alpha+\beta}{1+S_{AB}}, \quad E_2 = \frac{\alpha-\beta}{1-S_{AB}} \tag{4-64}$$

式中，α 为库仑积分，也称 α 积分，代表 H_2^+ 体系中电子与核、核与核之间的吸力和斥力，其值与核间距 R 的大小有关；β 为交换积分，也常称 β 积分，其值与两个原子轨道重叠程度有关，因而也与核间距 R 的大小有关。

2. 分子轨道成键原则

不同的原子轨道要有效组成分子轨道必须满足一定的条件，即能量近似(energy approximation)、轨道最大重叠(maximum overlap of orbits)、对称性匹配(symmetry matching)三个条件。其中前两条决定成键的效率，后一条决定是否能成键，是首要的。

1) 能量近似

由氢分子离子(H_2^+)是能量相同的两个原子轨道组成 2 个分子轨道可知，对所有同核双原子分子都可以认为是能量等同的原子轨道组成相应的分子轨道。例如，2 个锂原子(a 和 b)组成锂分子(Li_2)，由于 Li 原子中的 1 s 轨道能量为−99.1 eV，2s 轨道能量为−5.7 eV，相差悬殊，因此形成 Li_2 分子不可能是一个 Li 原子的 1s 轨道和另一个 Li 原子的 2s 轨道的组合，而必须将能量等同的两个 1s 轨道和两个 2s 轨道各自分别进行线性组合形成 4 个分子轨道 (不必将 4 个轨道统一进行线性组合)：

$$\psi_1 = c_1(\phi_{1sa} + \phi_{1sb})$$
$$\psi_2 = c_2(\phi_{1sa} - \phi_{1sb})$$
$$\psi_3 = c_3(\phi_{2sa} + \phi_{2sb})$$
$$\psi_4 = c_4(\phi_{2sa} - \phi_{2sb})$$

与 4 个分子轨道相对应的分子轨道能量为 E_1、E_2、E_3、E_4(图 4-44)。

从图 4-44 可见，σ_{1s} 和 σ_{1s}^* 两个分子轨道的能量低于或高于原子轨道 1s 的数

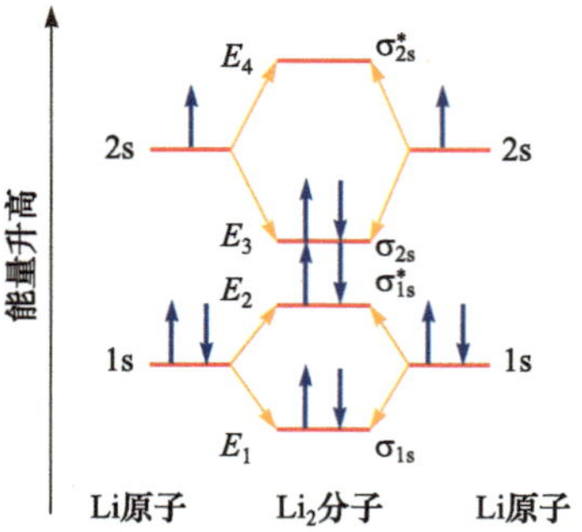

图 4-44　**Li_2的分子轨道能级图**

值基本相等，当 4 个电子充满这两个分子轨道时，总能量几乎没有变化，因而它们对成键效应没有贡献，称为非键分子轨道(nonbonding orbital)。因此，在处理复杂的分子时，只需考虑原子的最外层电子即价电子的相互作用，不必考虑内层电子的贡献，从而使问题大为简化。为此锂分子的分子轨道表示式可以改写为

$$Li_2[KK(\sigma_{2s})^2]$$

这种表示方式也称为分子的电子构型。

2) 轨道最大重叠

原子轨道有效组成分子轨道，不仅要考虑它们能量是否相近，还要考虑它们是否产生重叠，以及如何能产生最大重叠。这是因为只有当两个原子的重叠区较大时才能产生 β 的绝对值较大的效果。β 的绝对值越大，成键轨道相对于原子轨道的能量降低也越显著，从而电子转入此分子轨道的成键效应也越强。例如 p_z 和 s，或 p_z 和 p_z 原子轨道，当它们的能量相近且沿 z 轴方向靠近时，可以产生最大的重叠[图 4-45(a)(b)]，而 p_z 和 p_x 轨道相互靠近时难以形成重叠，因此不能组成分子轨道[图 4-45(c)]。有时原子轨道的重叠区虽不小，如 p_x(或 p_y)与 s，却不能组合成分子轨道[图 4-45(d)]，因为两重叠区的值相等但符号相反，重叠积分等于零，这显然与原子轨道的对称性有关。

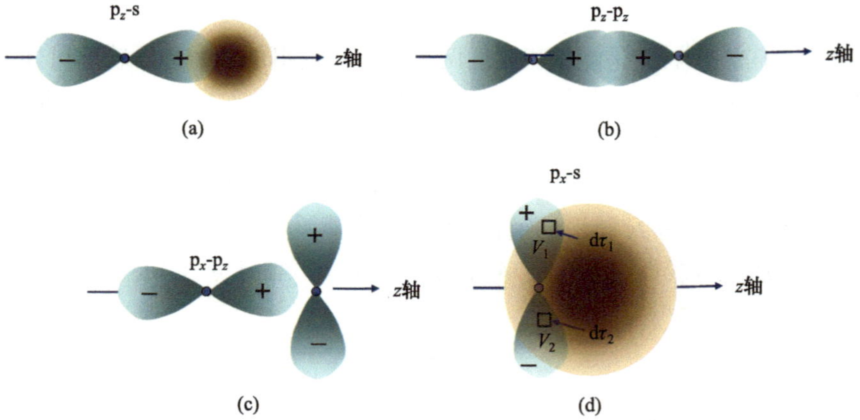

图 4-45　原子轨道的重叠

3) 对称性匹配

因为原子轨道都有一定的对称性，一些能量相近或等同的原子轨道为了有效组成分子轨道，其轨道类型和重叠方向必须对称匹配，使成键轨道都是原子轨道

同号区域相重叠，重叠积分 S 不等于零(或交换积分 β 不等于零)。这种必须具有相同对称性才能使 S 不等于零(或 β 不等于零)的条件称为对称性匹配条件。一些原子轨道的重叠积分 S 等于零(或 β 等于零)，则不能有效地组成分子轨道，无实际成键效应。

图 4-46 反映了轨道有效重叠必须符合对称性匹配条件，由于对称性匹配分子轨道有成键、反键之分，这正是电子有波动性的表现。波的叠加必须考虑位相的正、负号，不妨把这种符号粗略地理解为“位相”。两个原子轨道重叠相加可以认为是位相相同，轨道最大重叠，组成成键分子轨道；两个原子轨道重叠相减可以认为是位相相反，处排斥态，组成反键分子轨道。从图 4-46 中还可以看到：σ 分子轨道的特征是沿键轴呈圆柱形对称，没有节面；π 分子轨道的特征是通过键轴的平面呈反对称，有一个通过键轴的节平面。自然，当两个 d 轨道面对面重叠时，可以产生具有两个通过键轴的节面的分子轨道，它对两个节面都呈反对称，这种轨道称为 δ 轨道，不太常见。

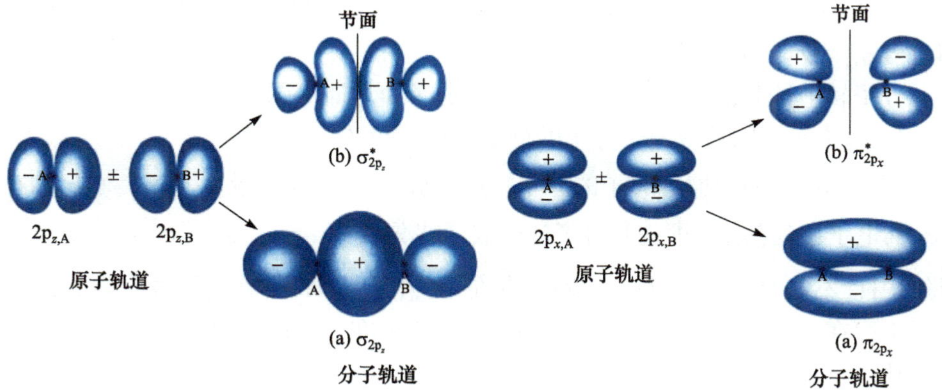

图 4-46　几种分子轨道示意图

分子轨道类似于原子轨道情况，节面的数目越多，能量越高，由于 σ 轨道无节面、π 轨道一个节面、δ 轨道两个节面，分子轨道的能量次序是 $\delta > \pi > \sigma$。

3. 处理分子轨道的方法

处理分子轨道的方法与处理原子轨道相似：首先把分子中的原子核按一定空间配置排列，确定分子轨道的数目和能级，再由原子算出可用来填充这些轨道的电子数，最后按一定规则将电子填入分子轨道，像写原子的电子组态那样写出分子的电子组态。电子填入分子轨道时服从以下规则：

(1) 能量最低原理：尽先占据能量最低的轨道，低能级轨道填满后才进入能级较高的轨道。

(2) 泡利不相容原理：每条分子轨道最多只能填入 2 个自旋相反的电子。

(3) 洪德规则：分布到等价分子轨道时总是尽可能分占轨道。

4. 分子轨道的能级图

由于 S_{AB} 比 1 小得多，可忽略不计，因此 H_2^+ 的轨道能为

$$E_1 \approx \alpha + \beta$$

$$E_2 \approx \alpha - \beta$$

已知 $\alpha \approx E_H$、β 为负值，则

$$E_1 \approx E_H - |\beta|$$

$$E_2 \approx E_H + |\beta|$$

能量下降 $|\beta|$ 值的轨道称为成键分子轨道(bonding molecular orbital)，用符号 σ_{1s} 表示；能量上升 $|\beta|$ 值的轨道称为反键分子轨道(antibonding molecular orbital)，用符号 σ_{1s}^* 表示。能量关系见图 4-47。

分子轨道按其能量高低次序排列而得分子轨道能级图。

1) 第 1 周期同核双原子分子的分子轨道能级图

第 1 周期同核双原子分子的分子轨道能级如图 4-48 所示。将 H_2^+、H_2、H_2^-、He_2 的电子排列其中，即得其分子轨道表示式分别为：σ_{1s}^1、σ_{1s}^2、$\sigma_{1s}^2\sigma_{1s}^{*1}$、$\sigma_{1s}^2\sigma_{1s}^{*2}$。显然，$H_2^+$ 不如 H_2 稳定，只能以瞬态存在于气相中，H_2^- 的稳定性也会降低；He_2 分子不存在，分子轨道理论的这一判断，与 He 在气态以单原子分子存在的事实相一致。

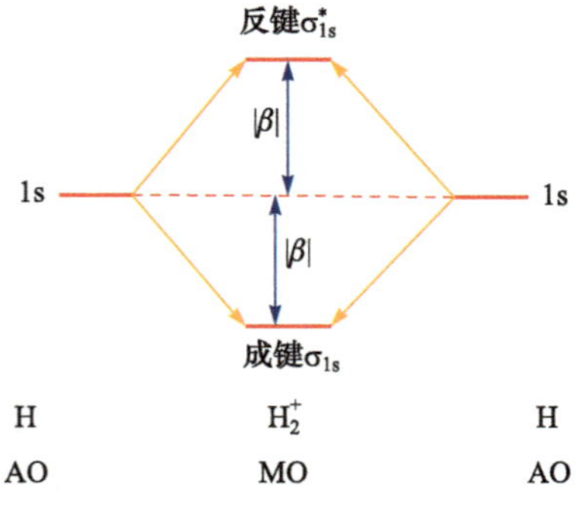

图 4-47 H_2^+ 的分子轨道能级图

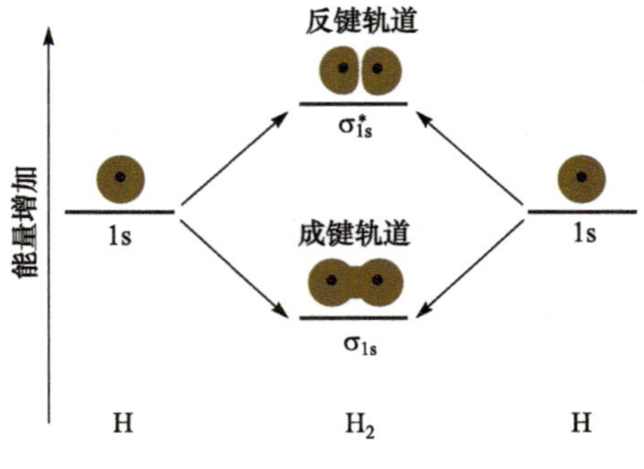

图 4-48 第 1 周期同核双原子分子的分子轨道能级图

2) 第 2 周期同核双原子分子的分子轨道能级图

第 2 周期同核双原子分子原子轨道和分子轨道的能量关系如图 4-49 所示。

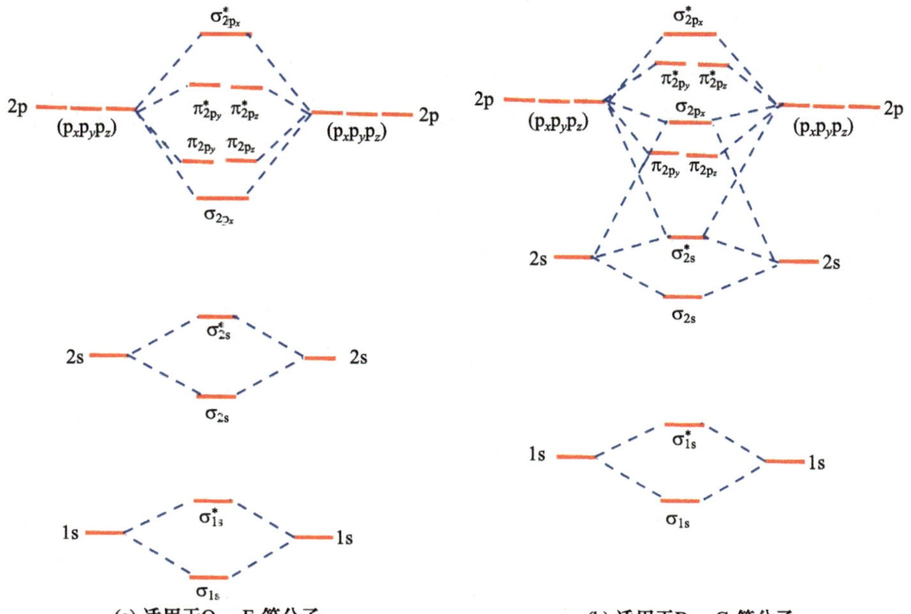

图 4-49　第 2 周期同核双原子分子的原子轨道和分子轨道的能量关系

图 4-49(a)适于O_2、F_2等分子，图 4-49(b)适于B_2、C_2等分子。因此，分子轨道的能级高低可表示为

$$\sigma_{1s}<\sigma_{1s}^*<\sigma_{2s}<\sigma_{2s}^*<\sigma_{2p_x}<\begin{matrix}\pi_{2p_y}\\ \pi_{2p_z}\end{matrix}<\begin{matrix}\pi_{2p_y}^*\\ \pi_{2p_z}^*\end{matrix}<\sigma_{2p_x}^*$$

或

$$\sigma_{1s}<\sigma_{1s}^*<\sigma_{2s}<\sigma_{2s}^*<\begin{matrix}\pi_{2p_y}\\ \pi_{2p_z}\end{matrix}<\sigma_{2p_x}<\begin{matrix}\pi_{2p_y}^*\\ \pi_{2p_z}^*\end{matrix}<\sigma_{2p_x}^*$$

比较后可以发现，σ_{2p_x}和π_{2p_y}、π_{2p_z}的能级顺序有颠倒现象。这是由于 B、C、N、O、F 各原子中的 2s 和 2p 轨道能量差逐个递增，原子轨道之间的相互作用越来越小(这种作用也可以理解为轨道杂化)。对 O、F 来说可以不考虑原子轨道与原子轨道之间的相互影响，而 B、C 和 N 因 2s 和 2p 轨道能量差小(表 4-14)，它们之间的相互作用不能忽视。比较严格的处理应当同时考虑对称性允许的 2s、$2p_z$组成的 4 个能量不同的 σ 分子轨道(形成分子的 2 个原子共有 2 个 2s 和 2 个$2p_z$原子轨道，因而可组成 4 个 σ 分子轨道)，见图 4-49(b)，其中σ_{2s}能级下降，$\sigma_{2p_z}^*$升高；σ_{2s}^*能级降低(接近于 2s 原子轨道能级)，σ_{2p_z}升高

(更接近 $2p_z$ 原子轨道能级)，致使 σ_{2p_x} 的能级高于 π_{2p_y} 、π_{2p_z}。量子力学的一个原理就是能量接近的波函数之间混合程度最强。因此，随着 s 和 p 能级距离的增大，分子轨道越来越接近纯 s 轨道和 p 轨道的性质；反之，分子轨道中含有的混合成分就越多。

对于同核双原子分子的这两种分子轨道符号有以下两种表示：

以组成的原子轨道表示 σ_{1s} σ^*_{1s} σ_{2s} σ^*_{2s} σ_{2p} π_{2p_y} π_{2p_x} $\pi^*_{2p_y}$ $\pi^*_{2p_x}$ σ^*_{2p}

以键轴中心的对称性表示 $1\sigma_g$ $1\sigma_u$ $2\sigma_g$ $2\sigma_u$ $3\sigma_g$ $1\pi_u$ $1\pi_g$ $3\sigma_u$

表 4-14　一些元素的原子轨道能级数据　　(单位：eV)

元素	1s	2s	2p	$\Delta E_{2p\text{-}2s}$
H	−18.6			
Li	−64.9	−5.4		
B	−197.20	−14.01	−5.71	8.30
C	−293.76	−19.45	−10.74	8.71
N	−406.00	−25.57	−12.92	12.65
O	−542.64	−32.37	−15.91	16.46
F	−696.32	−40.12	−18.68	21.49

因此，第 2 周期元素双原子分子的电子组态可表示如下：

Li_2　$\sigma_{1s}^2\sigma_{1s}^{*2}\sigma_{2s}^2$

Be_2　$\sigma_{1s}^2\sigma_{1s}^{*2}\sigma_{2s}^2\sigma_{2s}^{*2}$

B_2　$\sigma_{1s}^2\sigma_{1s}^{*2}\sigma_{2s}^2\sigma_{2s}^{*2}\pi_{2p_y}^1\pi_{2p_z}^1$

C_2　$\sigma_{1s}^2\sigma_{1s}^{*2}\sigma_{2s}^2\sigma_{2s}^{*2}\pi_{2p_y}^2\pi_{2p_z}^2$

N_2　$\sigma_{1s}^2\sigma_{1s}^{*2}\sigma_{2s}^2\sigma_{2s}^{*2}\pi_{2p_y}^2\pi_{2p_z}^2\sigma_{2p_x}^2$

O_2　$\sigma_{1s}^2\sigma_{1s}^{*2}\sigma_{2s}^2\sigma_{2s}^{*2}\sigma_{2p_x}^2\pi_{2p_y}^2\pi_{2p_z}^2\pi_{2p_y}^{*1}\pi_{2p_z}^{*1}$

F_2　$\sigma_{1s}^2\sigma_{1s}^{*2}\sigma_{2s}^2\sigma_{2s}^{*2}\sigma_{2p_x}^2\pi_{2p_y}^2\pi_{2p_z}^2\pi_{2p_y}^{*2}\pi_{2p_z}^{*2}$

Ne_2　$\sigma_{1s}^2\sigma_{1s}^{*2}\sigma_{2s}^2\sigma_{2s}^{*2}\sigma_{2p_x}^2\pi_{2p_y}^2\pi_{2p_z}^2\pi_{2p_y}^{*2}\pi_{2p_z}^{*2}\sigma_{2p_x}^{*2}$

它们的双原子分子的分子轨道及电子填充如图 4-50 所示。

这里需要说明的是，分子轨道能级的更直接的实验描述是由紫外光电子能谱完成的。该方法的原理是用硬紫外光即高能紫外光(最常用的是能量为 21.2 eV 的

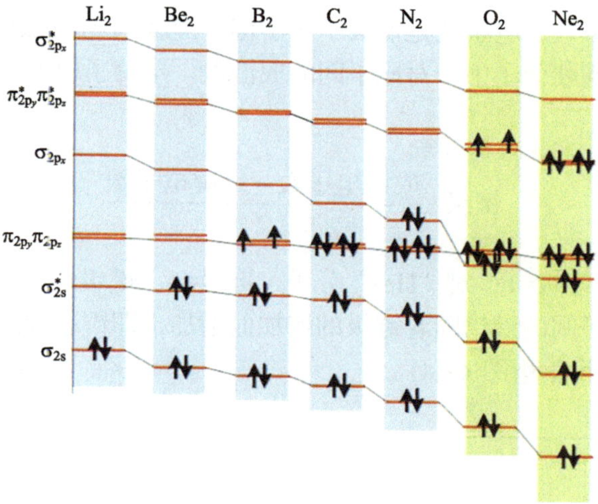

图 4-50 第 2 周期元素双原子分子的分子轨道及电子填充

紫外光)照射样品并导致其发射光电子，然后测定光电子的动能。频率为 ν 的光子能量为 $h\nu$，如果它从分子中击出一个电离能为 I 的电子，测光电子的动能 E_k 为

$$E_k = h\nu - I \tag{4-65}$$

电子当初所在的能量越低即被束缚得越紧，其电离能就越大，被击出后其动能就越小(图 4-51)。由于光电子能谱上的峰对应于从分子不同能级上发射出来的光电子的动能，因此能够给出分子轨道能级图的具体图像。图 4-52 为 N_2 的紫外光电子能谱。可以看出，光电子显示一系列分立的电离能峰(能量分别接近于 15.6、16.7 和 18.8 eV)，这一事实强烈暗示分子中电子排布的壳层结构。

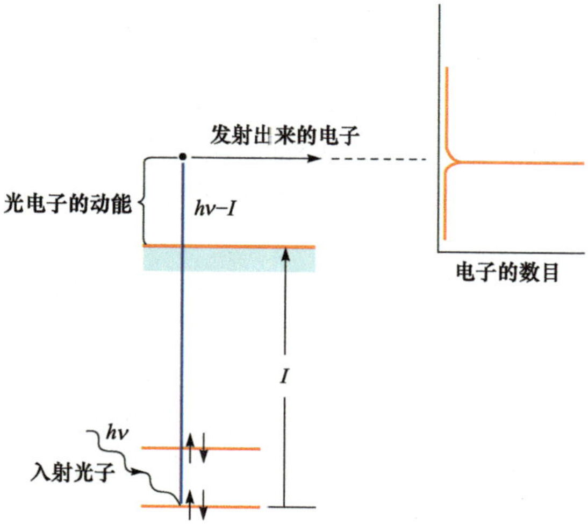

图 4-51 紫外光电子能谱实验

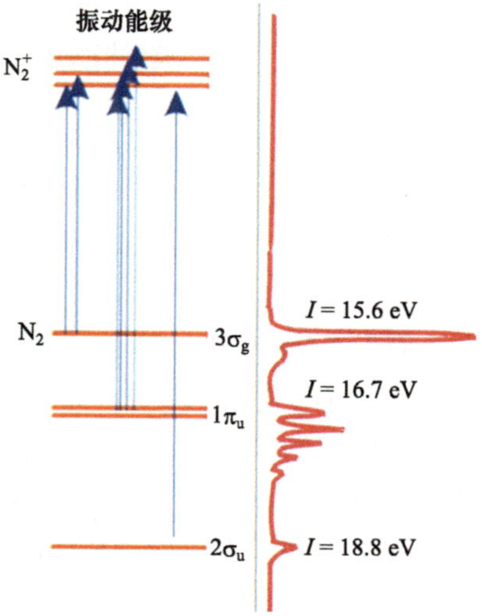

图 4-52 N_2 的紫外光电子能谱

分子轨道中填入了电子就是形成了化学键。键级(bond order)又称键序，是指从分子轨道角度判断分子中一对原子间的成键数。按分子轨道理论，可按下述公式计算键级：

$$键级=\frac{成键电子数-反键电子数}{2}$$

对 H_2 分子，键级=1；对“He_2”分子，键级=0。键级还有可能是分数。

两个特定原子间的键焓随着键级的增加而增加，即键越强(图 4-53)，而键长随着键级的增加而缩短(图 4-54)。

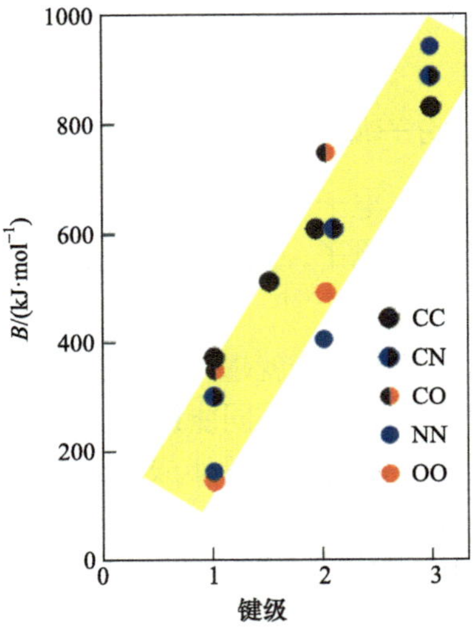

图 4-53　键级-键强相关图

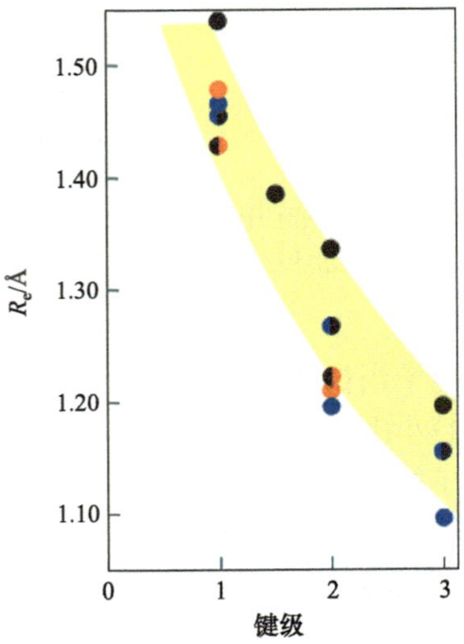

图 4-54　键级-键长相关图

与“He_2”分子不存在的道理一样，第 2 周期元素双原子分子中，“Be_2”和“Ne_2”的键级为 0，表明两个 Be 原子或两个 Ne 原子间不形成化学键。与预期的结果相同，迄今尚未检出 He_2 分子和 Be_2 分子，这是分子轨道成功的一个表现。

周玉芬等[137]通过基于量子化学或密度泛函理论的 Gaussian 03 计算软件，计算、绘制并分析了 O_2(图 4-55)、F_2(图 4-56)、N_2(图 4-57)的分子轨道能级图，将学生较难理解的内容定量、直观地呈现出来，形象地解释了分子轨道成键原则与电子填充原则等分子轨道理论中的重难点，可加深学生对分子轨道理论的理解。第 1 和第 2 周期元素双原子分子(离子)的某些性质见表 4-15。O_2 有磁性是分子轨道成功的又一表现。

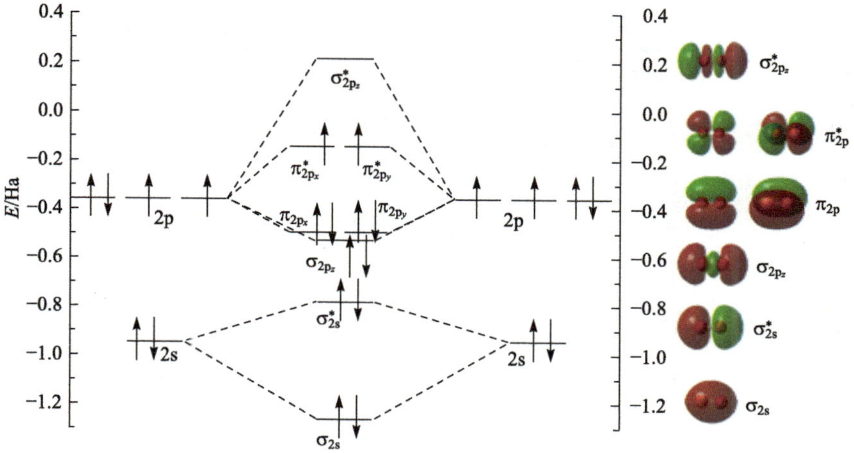

图 4-55 O_2 的分子轨道能级图、轨道形状和电子排布

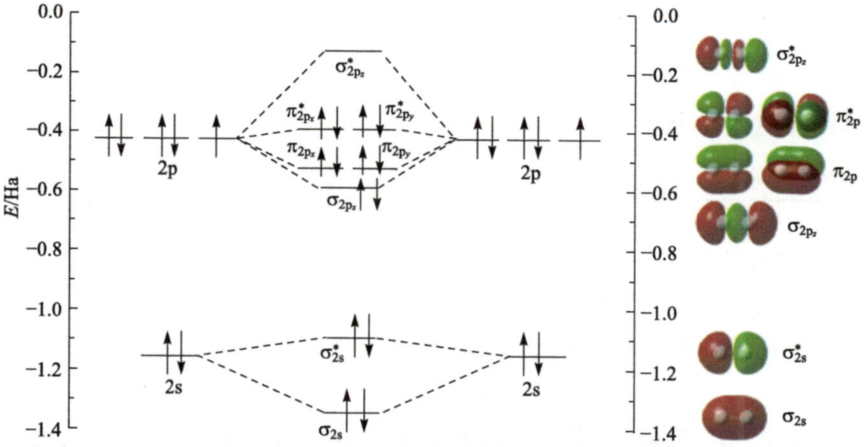

图 4-56 F_2 的分子轨道能级图、轨道形状和电子排布

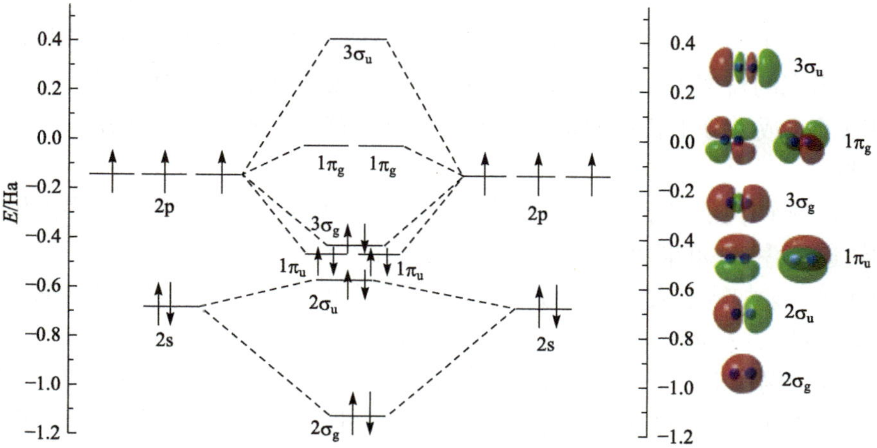

图 4-57 N_2 的分子轨道能级图、轨道形状和电子排布

表 4-15　第 1 和第 2 周期元素双原子分子(离子)的某些性质

物种	电子总数	键级	键长/pm	键的离解能/(kJ · mol^{-1})	磁性
H_2	2	1	74	436	无
“He_2”	4	0	—	—	—
Li_2	6	1	267	111	无
“Be_2”	8	0	—	—	—
B_2	10	1	159	295	有
C_2	12	2	124	593	无
N_2	14	3	109	946	无
O_2^+	15	2.5	112	641	有
O_2	16	2	121	498	有
O_2^-	17	1.5	130	398	有
F_2	18	1	141	158	无
“Ne_2”	20	0	—	—	—

3) 异核双原子分子或离子的分子轨道能级图

与同核双原子分子不同，异核双原子分子中每个原子轨道对分子轨道的贡献不相等，而每条分子轨道的形式仍与同核双原子分子相似：

$$\psi = c_A\phi(A) + c_B\phi(B) + \cdots$$

未写出来的轨道包括能形成 σ 和 π 键的对称匹配的所有其他轨道，但它们的贡献较写出的这两条轨道小得多。不同于同核物种的是，系数 c_A 和 c_B 的量值不再相等。$c_A^2 > c_B^2$ 时，分子轨道主要由 ϕ(A)组成，该轨道上的电子在原子 A 附近比在原子 B 附近出现的概率大；$c_B^2 > c_A^2$ 时，情况恰好相反。通常的情况如下，电负性较大的原子对成键分子轨道的贡献较大，电负性较小的原子对反键分子轨道的贡献大些。

异核分子中由不同原子的轨道重叠引起的能级降低不如同核分子中由相同能级的轨道重叠引起的能级下降显著，然而这并不意味着 AB 键必然弱于 AA 键，因为其他因素如轨道大小、接近程度等也是重要的。例如，N_2 的等电子物种 CO 的键焓(1070 kJ · mol^{-1})就大于 N_2 的键焓(946 kJ · mol^{-1})。

作为实例讨论一个简单的异核双原子分子 HF。H 和 F 的电负性和原子轨道能量见表 4-16。按成键原则，从表 4-16 中数据可知，用于形成分子轨道的价轨道应是 H 的 1s 轨道与 F 的 $2p_z$ 轨道(图 4-58)。

表 4-16　**H 和 F 的电负性和原子轨道能量**

元素	H	F		
电负性	2.1	4.0		
电子层结构	1s	$1s^2$	$2s^2$	$2p^5$
AO 的能量/eV	−13.6	−696.32	−40.12	−18.63

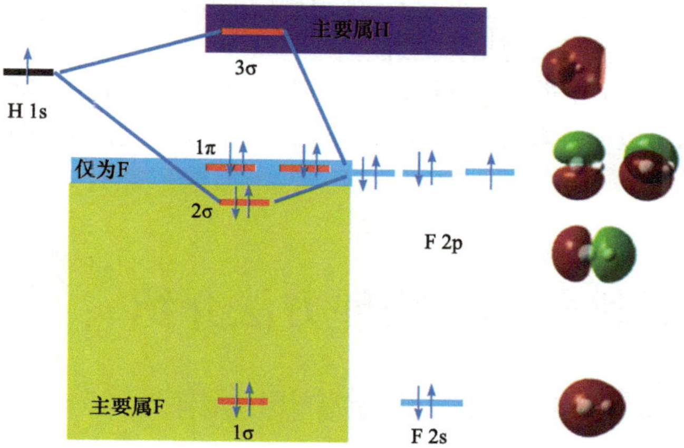

图 4-58　HF 的分子轨道能级图

类似可以画出 CO 和 ICl 的分子轨道能级图(图 4-59 和图 4-60)。

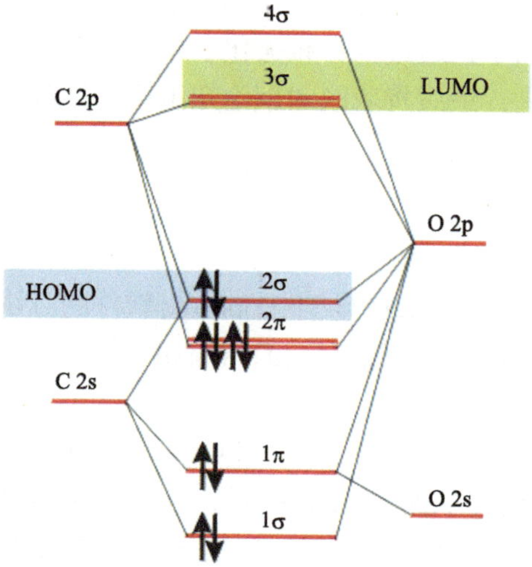

图 4-59　CO 的分子轨道能级图

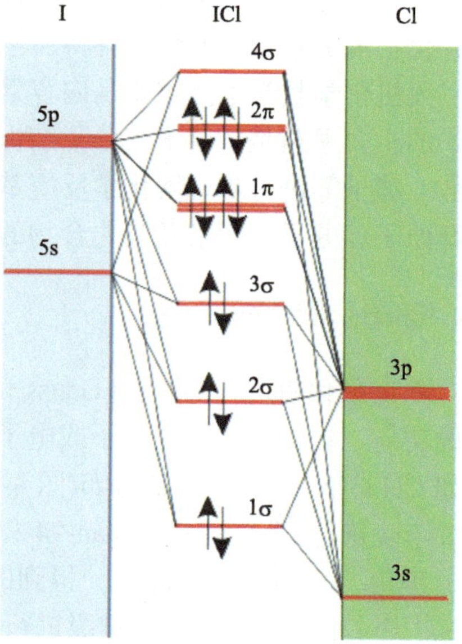

图 4-60　ICl 的分子轨道能级图

思考题

4-1 阅读文献"Shaik S, Danovich D, Hiberty P C. Valence bond theory-its birth, struggles with molecular orbital theory, its present state and future prospects. Molecules, 2021, 26: 1624"，谈谈对价键理论和分子轨道理论发展现状的理解。

4-2 作为现代化学键理论之一，价键理论为分子电子结构性质和化学反应机理提供了直观的化学图像。然而，分子轨道理论的出现是不是显得价键理论再无其重要性了？查阅文献，写出你的理解。

4-3 试通过分子轨道理论分析C_2^-存在的可能性。讨论Li_2C_2和CaC_2的形成，并解释为什么可以通过电石气(乙炔)与 CuCl 的反应进行乙炔的定性鉴定。

研究无机化学的物理方法介绍

1 计算化学在无机化学中的应用

计算化学是用量子力学原理研究原子、分子和晶体的电子层结构，研究化学键理论、分子间作用力、化学反应理论，各种光谱、波谱和电子能谱理论，以及无机和有机化合物、生物大分子和各种功能材料的结构和性能关系的科学。利用计算化学能更好地研究化学各科所学的知识，深入了解微观世界。

无机化学教学难点主要是内容繁多和概念抽象。将计算化学应用到无机化学教学的主要思路是从原子、分子结构基础入手，通过计算相关化学反应的热力学参数、能量等进一步理解化学反应基本原理，最后将获取的理论知识用于理解和解释原子、分子、元素及其化合物的性质与结构[138]。

一、物质结构方面的应用

刘晓东和胡宗球[139]通过Gauss view5.0采用B3LYP/6-31G opt freq软件的三维成像功能，自由旋转缩放分子或电子的空间构型，观察它们的结构和能量大小。例如CH_3CHO的原子电荷分布(图 4-61)。

李晓艳等[140]采用 Gaussian-94 程序包的 B3LYP 方法，对N_2O_4分子的所有键长、键角、二面角进行优化，得到的稳定构型如图 4-62(a)所示；利用键级定义方法[141]对相邻两原子间的键级进行计算，原子净电荷及 N—N 键级如图 4-62(b)所示。

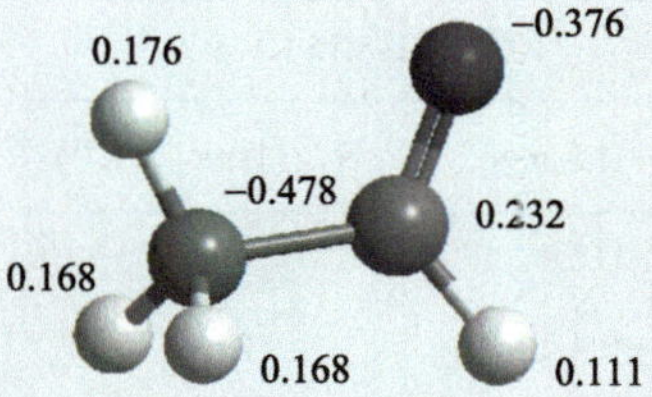

图 4-61 CH_3CHO 的原子电荷分布

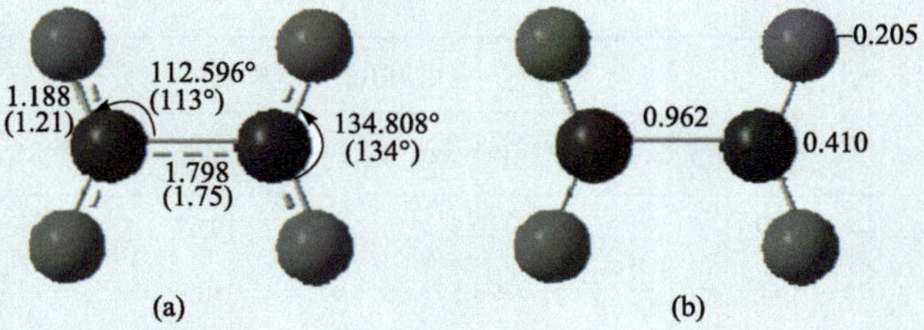

图 4-62 计算得到的 N_2O_4 分子的结构(a)、原子净电荷及 N—N 键级(b)

目前，本科生已经可以接触到计算化学的内容。通过输入分子对称性等信息，可以输出简并分子轨道的形状[142]。例如，苯分子的 6 个 π 轨道共四个能级，节面为 1 和 2 的分子轨道分别有两个简并能级(图 4-63)。

二、热力学数据计算的应用

表 4-17 列出了几种单质和化合物的标准生成焓和标准熵实验值与计算值的比较[143-145]，可以看出计算值在热力学数据计算方面取得了很好的结果。

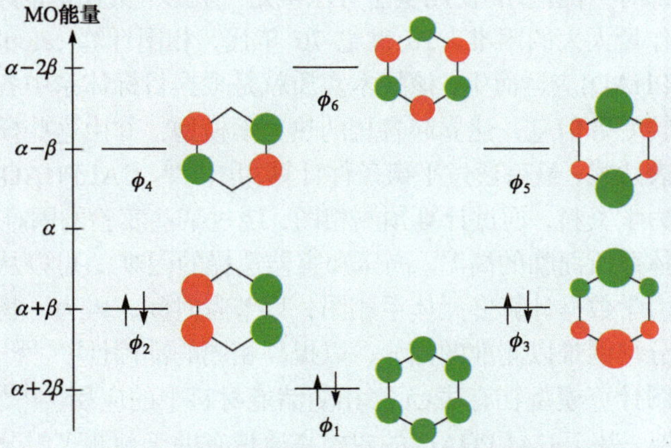

图 4-63 苯分子的 π 轨道能量和形状

表 4-17 单质和化合物的标准生成焓和标准熵

物质	实验值(298.15 K)		计算值(298.15 K)	
	$\Delta_f H_m^\ominus$ / (kJ·mol^{-1})	$S_m^\ominus$ / (J·mol^{-1}·K^{-1})	$\Delta_f H_m^\ominus$ / (kJ·mol^{-1})	$S_m^\ominus$ / (J·mol^{-1}·K^{-1})
H_2	0	130.7	—	130
N_2	0	191.6	—	191.4
F_2	0	202.8	—	201.9

续表

物质	实验值(298.15 K)		计算值(298.15 K)	
	$\Delta_f H_m^\ominus$ / (kJ · mol^{-1})	$S_m^\ominus$ / (J · mol^{-1} · K^{-1})	$\Delta_f H_m^\ominus$ / (kJ · mol^{-1})	$S_m^\ominus$ / (J · mol^{-1} · K^{-1})
CO	−110.5	197.7	−117.8	197.3
CO_2	−393.5	213.8	−404.2	213.6
CH_4	−74.6	186.4	−77.7	186
HF	−273.3	173.8	276.7	173.5
HCN	−131.7	201	−131.7	201.4
NH_3	−45.9	192.8	−45.1	192.7
PH_3	8.4	210.2	8.4	209.8

三、在计算相图中的应用

相图是相平衡体系的几何图示，在新材料开发、钢铁冶金、应用化学、生命科学等领域中都有广泛应用。使用实验方法测定三元以上的相图时面临体系复杂、难度增加、工作量太大的困难。20 世纪 70 年代，相图计算(calculation of phase diagram，CALPHAD)应运而生，该技术实质就是根据目标体系中各组分的晶体结构和化学有序转变等信息，建立起各相的热力学模型，并由这些模型构筑各相的吉布斯自由能表达式，最后通过平衡条件计算相图[146]。CALPHAD 方法使人们能够从组分的热力学资料，通过计算预测相图，绕过某些实验的困难(如高温、高压以及强腐蚀性体系所面临的高温、高压和容器选择的困难)；可以从低组分体系相图及相应的热力学数据计算多元体系相图，以节省时间、人力、物力，或由实验容易测准的部分预测难以测准的部分，以提高相图的准确性[147-148]。

论文《相图计算模型在有序-无序相变储能材料中的应用》[149]说明了相图计算的步骤。此外，基于 CALPHAD 的建模高通量有助于预测多组分相变材料系统的组成、相变、性质关系。

第一步，在数据库中收集并建立 PG-TRIS- AMPL-NPG 多组分体系热力学和热物理数据库。

第二步，建立计算模型，包括对感兴趣的性质(类型、温度、过渡焓、相变过程中的过渡摩尔体积)的高通量计算。

第三步，以热力学数据库和实验数据计算反应焓变。

第四步，分析、处理得到 PG-TRIS-AMPL 三元体系中不变反应的相图，得到多组分 PG-TRIS-AMPL 系统中液相线表面的投影(图 4-64)。

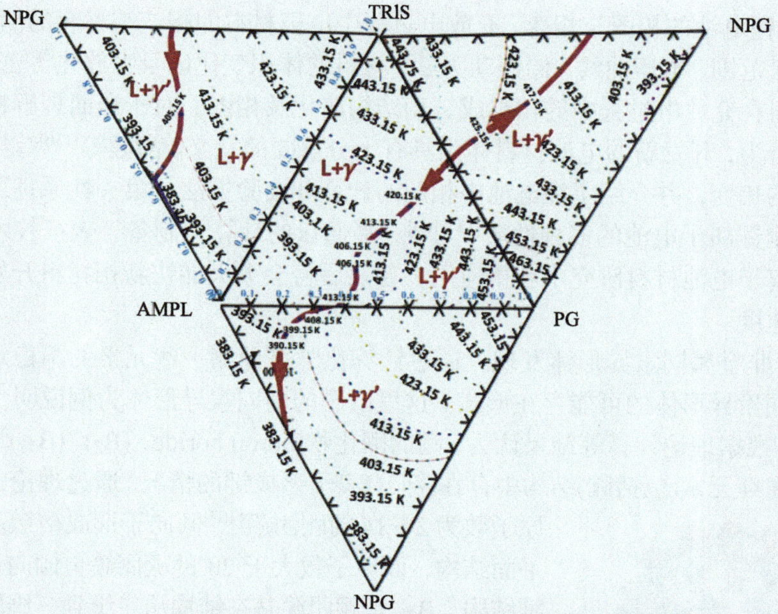

图 4-64 多组分 PG-TRIS-AMPL 系统中液相线表面的投影

如此，完成了 PG-TRIS-AMPL 三元体系的计算相图。这个框架已经被证明是加速先进相变材料设计的有效计算方法。它有利于相变储能材料的设计和实验验证，克服了制备的盲目性。

计算相图的发展和应用都十分迅速，特别是在现代先进材料的研究中彰显威力。例如，对于冶金材料工业[147]和盐湖体系[150-151]研究，将第一性原理和实验结果相结合，为 CALPHAD 的发展带来了新的机遇和动力。

四、在其他领域的应用

(1) 分子轨道法研究浮选药剂理论。矿物浮选工艺取得突破性进展的关键在于高效螯合选矿药剂的精准构建。我国工程院院士王淀佐从事分子轨道法对浮选药剂的理论研究[152-153]，认为对于阐明浮选药剂与矿物的作用机理，特别是解释药剂的结构与性能的关系，分子轨道法的应用是很有前途的。

王淀佐

(2) 理论预测下超导材料的制备。制备高温超导材料一直是超导科学家的追求。2019 年，科学家在理论计算基础上预测出硫化氢在高压下的 T_c 可达 250 K[154]，2020 年在 230 GPa、250 K(−23℃)温度下实现 LaH_{10}(氢化镧)的超导性，与计算结果一致[155]。

(3) 锂电池的相图与相变。充放电过程中电极材料的相变与材料的储锂机制、储锂容量范围、电压曲线、储锂动力学、材料的体积变化以及吸放热等密切相关。获得材料在充放电过程中的相组成、相结构演化及相图，对于全面理解材料及其充放电行为，开发新的电池材料体系具有十分重要的意义。高健等[156]综述了脱嵌锂引起的相变，并介绍了锂电池中相图的计算和实验方法。第一性原理可以广泛用于预测锂离子电池的多种性质[157-160]。高通量的计算、制备、表征技术已经开始在锂离子电池材料研究中获得应用，普及后将会大大加快新相材料开发及相图绘制的速度。

(4) 非金属同素异形体发现。通过计算化学可预测一些元素的不稳定态和介稳态的同素异形体的可能存在形式。这里以硼的新同素异形体为例说明。Oganov等[161-162]根据理论计算等结果认为，硼的硼化物[boron boride，$(B_2)^{\delta+}(B_{12})^{\delta-}$]是首次发现的在纯元素(包括硼)结构中存在(部分)离子型成键的情况。通过理论计算发现原子数为2～14的硼团簇[163]倾向于形成褶皱起伏的准平面结构，而原子数大于20的硼团簇更倾向于形成三维结构，B_{20}是硼团簇基态结构从二维到三维转变的临界尺寸[164]。当原子个数继续增大时，会形成类似C_{60}的空心笼状团簇结构。例如，2007年，Szwacki等[165]经计算预言了一种新型的硼富勒烯结构B_{80}，80个硼原子形成12个五边形和20个六边形，但每个六边形中心各有一个额外的硼原子(图4-65)。

图4-65 B_{80}空心笼状团簇

参考文献

[1] Saltzman M D. J Chem Educ, 1984, 61(2): 119.

[2] Lewis G N. J Am Chem Soc, 1916, 38(4): 275.

[3] Pauling L. Chemtech, 1983, 13(6): 334.

[4] Kohler Jr R E. His Stud Phys Sci, 1971, 3: 343.

[5] Lewis G N. Valence and the Structure of Atoms and Molecules. New York: Chemical Catalog Com, 1923.

[6] Sidgwick N V, Powell H M. Proc R Soc London, 1940, 176(965): 153.

[7] Gillespie R J, Nyholm R S. Quart Rev, 1957, 11(4): 339.

[8] Gillespie R J, Bytheway I, Dewitte R S, et al. Inorg Chem, 1994, 33(10): 2115.

[9] Gillespie R J, Robinson E A. Chem Soc Rev, 2005, 34(5): 396.

[10] Gillespie R J. J Chem Educ. 1970, 47(1): 18.

[11] Gillespie R J. Molecular Geometry. London: Van Nostrand Reinhold, 1972.

[12] 严成华. 化学通报, 1977, (4): 60.

[13] Pauli W. Z Phys, 1925, 31(1): 765.

[14] 杨文昭. 化学通报, 1983, (3): 42.
[15] Wells A F. Structural Inorganic Chemistry. Oxford: Clarendon Press, 1975.
[16] 张毓海, 陆庆玮. 化学教育, 1985, 6(5): 31.
[17] 张晨曦, 王雪峰. 大学化学, 2012, 27(4): 79.
[18] 陈慧兰, 余宝源. 理论无机化学. 北京: 高等教育出版社, 1989.
[19] Landis C R, Cleveland T, Firman T K. Science, 1996, 272(5259): 182.
[20] Wang X, Andrews L. J Am Chem Soc, 2002, 124(20): 5636.
[21] Kang S K, Tang H, Albright T A. J Am Chem Soc, 1993, 115(5): 1971.
[22] Landis C R, Firman T K, Root D M, et al. J Am Chem Soc, 1998, 120(8): 1842.
[23] Greenwood N N, Earnshaw A. Preface to the First Edition-Chemistry of the Elements. Oxford: Butterworth-Heinemann, 1997.
[24] Bellert D, Breckenridge W H. J Chem Phys, 2001, 114(7): 2871.
[25] Pauling L. Proc Natl Acad Sci U S A, 1928, 14(4): 359.
[26] Heisenberg W. Z Phys, 1926, 38(6-7): 411.
[27] Mehra J, Rechenberg H. The Historical Development of Quantum Theory. Vol. 1. Part 2. New York: Springer-Verlag, 1982.
[28] Heitler W H. Z Phys 1927, 46(1-2): 47.
[29] 托马斯 · 哈格. 鲍林: 20 世纪的科学怪杰. 上海: 复旦大学出版社, 1999.
[30] Pauling L. The Nature of the Chemical Bond. Ithaca: Cornell University Press, 1939.
[31] 鲍林. 化学键的本质. 卢嘉锡, 黄耀曾, 曾广植, 等译. 上海: 上海科学技术出版社, 1960.
[32] Hund F. Allgemeine Quantenmechanik des Atom-Und Molekelbaues. Heidelberg: Springer Berlin Heidelberg, 1933.
[33] Miessler G L, Tarr D A. Inorganic Chemistry. Englewood: Prentice-Hall, 1999.
[34] Gagliardi L, Roos B O. Nature, 2005,433(7028): 848.
[35] Yang Q, Chen S, Xie G, et al. J Hazard Mater, 2011, 197: 199.
[36] Pauling L. J Am Chem Soc, 1929, 51(10): 2868.
[37] Schomaker V, Stevenson D P. J Am Chem Soc, 1941, 63(1): 37.
[38] 科顿, 威尔金森. 高等无机化学. 北京: 人民教育出版社, 1980.
[39] 廖代正, 朱志昂. 化学通报, 1981, (7): 51.
[40] Lippert E. Angew Chem Int Ed, 2010, 72(16): 602.
[41] 金松寿. 量子化学基础及其应用. 上海: 上海科技出版社, 1982.
[42] Waltersson K. Acta Crystallogr A, 2014, 34(6): 901.
[43] Adams S, Ehses K H, Spilker J. Acta Crystallogr B, 2010, 49(6): 958.
[44] Santoro A, Sora I N, Huang Q. J Solid State Chem, 2000, 151(2): 245.
[45] Urusov V S. Z Kristallogr. 2003, 218(11): 709.
[46] Hunter B A, Howard C J, Kim D J. J Solid State Chem, 1999, 146(2): 363.
[47] Adams S, Swenson J. Phys Rev Lett, 2000, 84(84): 4144.
[48] Liebau F. Z Kristallogr Cryst Mater, 2000, 215(7): 381.
[49] Albuquerque R Q, Rocha G B, Malta O L, et al. Chem Phys Lett, 2000, 331(5): 519.
[50] Preiser C, Lösel J, Brown I D, et al. Acta Crystallogr B, 2010, 55(5): 698.

[51] Urusov V S. Acta Crystallogr B, 2010, 51(5): 641.
[52] Santoro A, Sora I N, Huang Q. J Solid State Chem, 1999, 143(1): 69.
[53] 吕振家, 王绍铿. 科学通报, 1979, 24(16): 742.
[54] 徐万东, 张瑞林, 余瑞璜. 中国科学 A, 1988, (3): 101.
[55] 余瑞璜. 吉林大学自然科学学报, 1979, (04): 54.
[56] 张瑞林, 吴尚才, 余瑞璜. 中国科学 A, 1988, (02): 197.
[57] 彭红建, 谢佑卿, 陶辉锦. 中国有色金属学报, 2006, 16(1): 106.
[58] 苏培峰, 谭凯, 吴安安, 等. 厦门大学学报, 2011, 50(2): 311.
[59] Slater J C. Phys Rev, 1931, 38(6): 1109.
[60] Cooper D L, Gerratt J, Raimondi M, et al. J Chem Phys, 1987, 87(3): 1666.
[61] Shaik S, Hiberty P C. Valence Bond Theory, Its History, Fundamentals, and Applications: A primer. New York: Wiley-VCH, 2004.
[62] Shaik S S, Hiberty P C. A Chemist's Guide to Valence Bond Theory. Hoboken: John Wiley & Sons, 2008.
[63] 苏培峰, 吴玮. 化学进展, 2012, 24(6): 1001.
[64] 吴玮, 宋凌春, 莫亦荣, 等. 厦门大学学报(自然科学版), 2001, 40(2): 338.
[65] Bobrowicz F W, Goddard W A Ⅲ. The Self-consistent Field Equations for Generalized Valence Bond and Open-shell Hartree—Fock Wave Functions. NewYork: Plenum Press, 1977.
[66] Goddard W A I, Harding L B. Ann Rev Phys Chem, 1978, 29(1): 363.
[67] Wei W, Peifeng S, Sason S, et al. Chem Rev, 2011, 111(11): 7557.
[68] Wu W, Wu A, Mo Y, et al. Int J Quantum Chem, 2015, 67(5): 287.
[69] Wu W, Shaik S. Chem Phys Lett, 1999, 301(1-2): 37.
[70] 徐光宪. 物质结构. 北京: 人民教育出版社, 1961.
[71] Shenstone A G. Phys Rev, 1947, 7(19): 3675.
[72] Slater J C. Phys Rev, 1931, 37(37): 481.
[73] 唐敖庆. 分子轨道图形理论. 北京: 科学出版社, 1980.
[74] 唐敖庆, 戴树珊. 东北人民大学自然科学学报, 1956, (2): 220.
[75] 孙聚昌. 西北大学学报(自然科学版), 1958, (1): 67.
[76] Hultgren R. Phys Rev, 1932, 40(6): 891.
[77] Pauling L. Proc Natl Acad Sci U S A, 1958, 44(2): 211.
[78] Maksić Z B, Orville-Thomas W J. Pauling's Legacy: Theoretical Modelling of Chemical Bond. Amsterdam: Elsevier, 1999.
[79] 曹阳. 化学通报, 1985, (10): 5.
[80] Kimball G E. J Chem Phys, 1940, 8(2): 188.
[81] 张乾二. 多面体分子轨道. 北京: 科学出版社, 1987.
[82] Murrell J N. J Chem Phys, 1960, 32(3): 767.
[83] Foster J P, Weinhold F J. J Am Chem Soc, 1980, 102(24): 7211.
[84] Kutzelnigg W. J Mol Struct, 1988, 181(1): 33.
[85] Weinhold F. J Chem Educ, 1999, 76(76): 1141.
[86] Grushow A. J Chem Educ, 2011, 88(7): 860.

[87] Simons J. J Chem Educ, 1992, 69: 522.
[88] Mosher M D, Ojha S. J Chem Educ, 1998, 75(7): 888.
[89] Purser G H. J Chem Educ, 2001, 78(7): 981.
[90] Gillespie R J. J Chem Educ, 2004, 81(3): 298.
[91] Smith J G. Organic Chemistry. New York: McGraw-Hill, 2010.
[92] 吴璧耀. 无机-有机杂化材料及应用. 北京: 化学工业出版社, 2005.
[93] Judeinstein P, Sanchez C. J Mater Chem, 1996, 6(4): 511.
[94] Kagan C R, Mitzi D B, Dimitrakopoulos C D. Science, 1999, 286(5441): 945.
[95] Asefa T, MacLachlan M J, Coombs N, et al. Nature, 1999, 402(6764): 867.
[96] Schmidt H. J Non-Cryst Solids, 1985, 73(1): 681.
[97] Wang S, Liu X, Li L, et al. J Am Chem Soc, 2019, 141(19): 7693.
[98] Hench L L, West J K. Chem Rev, 1990, 90(1): 33.
[99] Maharjan S, Liao K S, Wang A J, et al. Chem Phys, 2020, 532: 110610.
[100] 张欣, 巨东英, 李建辉, 等. 材料保护, 2019, 52(07): 12.
[101] Oriakhi C O, Lerner M M. Mater Res Bull, 1995, 30(6): 723.
[102] Zhang H, Rousuli A, Shen S, et al. Science Bulletin, 2020, 65(3): 188.
[103] Ni H, Liu X, Cheng Q. J Mater Chem, A 2018, 6(16): 7142.
[104] 李强, 林薇薇, 宋春芳. 材料科学与工程, 2002, (01): 107.
[105] Watkins J J, McCarthy T. J Chem Mater, 1995, 7(11): 1991.
[106] Blodgett K B, Langmuir I. Phys Rev, 1937, 51(11): 964.
[107] Fendler J H. Chem Rev, 1987, 87(5): 877.
[108] 耿丽娜, 洪钏, 吴燕, 等. 化学世界, 2011, 52(11): 699.
[109] 郑佳鑫, 解增旗. 中国材料进展, 2019, 38(05): 426.
[110] 相恒学, 王世超, 成艳华, 等. 中国科学: 技术科学, 2014, 44(11): 1137.
[111] 徐真武, 剪明明, 徐键, 等. 材料导报, 2011, 25(15): 31.
[112] Daintith J. A Dictionary of Chemistry. New York: Oxford University Press, 2004.
[113] 波普尔 J A, 贝弗里奇 D L. 分子轨道近似方法理论. 北京: 科学出版社, 1976.
[114] 孙家钟, 何福城. 定性分子轨道理论. 长春: 吉林大学出版社, 1999.
[115] 王志中, 李向东. 半经验分子轨道理论与实践. 北京: 科学出版社, 1981.
[116] Hund F. Z Phys, 1926, 36(9-10): 657.
[117] Mulliken R S. Rev Mod Phys, 1931, 3(1): 89.
[118] Mulliken R S. Int J Quantum Chem, 1967, 1(1): 103.
[119] Hall G G. Adv Quantum Chem, 1991, 22: 1.
[120] Hückel E. Z Phys, 1931, 72(5-6): 310.
[121] Coulson C A. Proc R Soc London A, 1939, 169(938): 413.
[122] Coulson C A, Longuet-Higgins H C. Proc R Soc Med, 1947, 191(1024): 39.
[123] Coulson C A, Longuet-Higgins H C. Proc R Soc London, 1948, 193(1035): 447.
[124] Fukui K, Yonezawa T, Shingu H. J Chem Phys, 1952, 20(10): 1653.
[125] Fukui K, Yonezawa T, Nagata C, et al. J Chem Phys, 1954, 22(8): 1433.
[126] Fukui K. Bull Chem Soc Jpn, 1966, 39(3): 498.

[127] Fukui K. J Phys Chem, 1970, 74: 4161.
[128] Woodward R B, Hoffmann R. J Am Chem Soc, 1965, 87(2): 395.
[129] Dewar M J S. Angew Chem Int Ed, 1971, 10(11): 761.
[130] 唐敖庆. 中国科学, 1975, (Z1): 101.
[131] Fock V. Z Phys, 1930, 61(1-2): 126.
[132] Roothaan C C J. Rev Mod Phys, 1951, 23(2): 69.
[133] Brickstock A, Pople J A. Trans Faraday Soc, 1954, 50(50): 901.
[134] 唐敖庆, 江元生. 中国科学, 1977, 7(3): 218.
[135] 唐敖庆, 江元生, 鄢国森. 分子轨道图形理论. 北京: 科学出版社, 1980.
[136] 华东化工学院无机化学教研组. 无机化学教学参考书. 第一册. 北京: 高等教育出版社, 1983.
[137] 周玉芬, 杨艳菊, 滕波涛. 大学化学, 2017, 32(10): 61.
[138] 艾玥洁. 大学化学, 2020, 35(8): 122.
[139] 刘晓东, 胡宗球. 大学化学, 2006, 21(5): 34.
[140] 李晓艳, 曾艳丽, 孟令鹏, 等. 大学化学, 2006, 21(1): 58.
[141] 周公度, 李奇, 刘若庄. 化学通报, 1988, (1): 9.
[142] Nagaoka S, Kokubo T, Teramae H, et al. J Chem Educ, 2018, 95(9): 1579.
[143] Ochterski J W, Petersson G A, Wiberg K B. J Am Chem Soc, 1995, 117(45): 11299.
[144] Curtiss L A, Raghavachari K, Redfern P C, et al. J Chem Phys, 1997, 106(3): 1063.
[145] Watson L, Eisenstein O. J Chem Educ, 2002, 79(10): 1269.
[146] 李一为, 常可可, 王培生, 等. 粉末冶金材料科学与工程, 2012, 17(01): 1.
[147] 乔芝郁, 许志宏, 刘洪霖. 冶金和材料计算物理化学. 北京: 冶金工业出版社, 1999.
[148] 徐祖耀. 材料热力学. 北京: 高等教育出版社, 2009.
[149] Shi R. Thermochim Acta, 2020, 683: 178461.
[150] 牛自得, 程芳琴. 水盐体系相图及其应用. 天津: 天津大学出版社, 2002.
[151] 邓天龙, 周桓, 陈侠. 水盐体系相图及其应用. 北京: 化学工业出版社, 2013.
[152] 王淀佐, 姚国成. 中国工程科学, 2011, 13(3): 4.
[153] 王淀佐. 有色金属(冶炼部分), 1978, (8): 34.
[154] Somayazulu M, Ahart M, Mishra A, et al. Phys Rev Lett, 2019, 122(2): 027001.
[155] Errea I, Belli F, Monacelli L, et al. Nature, 2020, 578: 66.
[156] 高健, 吕迎春, 李泓. 储能科学与技术, 2013, (4): 383.
[157] Aydinol M K, Kohan A F, Ceder G. J Power Sources, 1997, 68(2): 664.
[158] Van der Ven A. J Electrochem Soc, 1998, 145(6): 2149.
[159] Morgan D, Ven A, Ceder G. Electrochem Solid-State Lett, 2004, 7: A30.
[160] Maxisch T, Fei Z, Ceder G. Phys Rev B, 2006, 73(10): 104301.
[161] Oganov A R, Chen J, Gatti C, et al. Nature, 2009, 457(7231): 863.
[162] Oganov A R, Solozhenko V L, Gatti C, et al. J Superhard Mater, 2011, 33(6): 363.
[163] Boustani I. Phys Rev B, 1997, 55(24): 16426.
[164] Kiran B, Bulusu S, Zhai H J, et al. Proc Natl Acad Sci USA, 2005, 102(4): 961.
[165] Szwacki N G, Sadrzadeh A, Yakobson B I. Phys Rev Lett, 2007, 98(16): 166804.

第5章

金属键理论

周期表中 4/5 的元素为金属元素，除汞之外的其他金属室温下都是固体。金属和许多合金显示出离子型物质和共价型物质所不具备的某些特征，如具有金属光泽、优良的导电导热性、富有延展性等。金属的特性是由金属内部原子间(紧密堆积)结合力的特殊性质决定的。对于纯金属，将金属中自由电子与金属正离子间的作用力称为金属键(metallic bond)，正是这种作用力将金属原子“胶合”起来形成金属晶体。

5.1 金属键理论简介

人们并不是一开始就认识到金属键的特点，在量子力学建立以后，金属键理论才得到了迅速发展，近代发展起来的金属键理论多种多样，概括起来主要有以下几种[1-2]。

(1) 自由电子理论，也称改性共价键理论。此自由电子理论不同于古典自由电子论，能解决一些古典自由电子论所遇到的矛盾，至今仍不失其价值。该理论认为，金属中的价电子基本上是自由电子，可以在整个晶体中运动，受到离子的周期场和其他电子的平均电场的作用。由这种假设出发可以解释为什么有的晶体是导体，有的晶体是绝缘体。该理论首先由斯塔特(M. J. O. Strutt，1903—1992)[3]提出，由布洛赫(F. Bloch，1905—1983)[4]、布里渊(L. Brillouin，1889—1969)[5]等所发展，后来被维格纳(E. P. Wigner，1902—1995)和塞茨(F. Seitz，1848—1918)[6]用于计算几种简单金属的结合能，再后来被斯莱特[7-8]、斯通达(E. C. Stoner，1899—1968)[9]、沃尔法斯(E. P. Wohlfarth，1924—1988)[10]、弗里德尔(J. Friedel，1921—2014)[11]等用来研究铁磁性。

(2) 极性模型理论。该理论把金属状态作为对应于中和原子及正负离子的各种分布的共振重叠[12-15]。该理论所用的方法是多电子，主要考虑原子之间的耦合作用与关联作用。由于数学计算比较复杂，目前除了对铁磁性理论的计算有些结果外，其他很少有定量计算，而且该理论所依据的模型对金属不够全面。

(3) s-d 模型理论。一部分学者[16-17]假设 4s 电子成为金属中的自由电子，而 3d 电子仍都束缚在各个原子上；另一部分学者如鲍林[18]则认为 3d 电子不完全束缚在原子上，而是有一部分成为自由电子。

(4) 价键理论。主要由鲍林[19]提倡，他吸收了各方面的理论，但主要应用了由 s、p、d 态杂化而成的价键概念。该理论明确地使用了定向价键概念。

5.1.1 自由电子理论

该理论把金属晶体视为一个三维势箱，电子在其中运动时势能处处相等，设此势能为零，其薛定谔方程为

$$\nabla^2\psi + \frac{8\pi^2 m}{h^2}E\psi=0 \tag{5-1}$$

解式(5-1)，得到描述电子运动状态(4 指定态)的波函数和能量分别如下:

$$\psi(x,y,z)=\left(\frac{8}{l^3}\right)^{1/2}\sin\left(\frac{n_x\pi x}{l}\right)\sin\left(\frac{n_y\pi y}{l}\right)\sin\left(\frac{n_z\pi z}{l}\right) \tag{5-2}$$

$$E=(n_x^2+n_y^2+n_z^2)\frac{h^2}{8ml^2} \tag{5-3}$$

式中，l 为势箱边长(设为立方体)；n_x，n_y 和 n_z 分别为三个量子数，取值都是正整数。

由式(5-2)和式(5-3)可以看出，有些运动状态不同的电子(n_x，n_y 和 n_z 的组合不同，ψ 不同) 其能量 E 相同，即简并的。这些简并能级值随势箱边长 l 的增大而降低。对于金属晶体来说，由于 l 可大到宏观的程度，其能级是很低的。当形成金属键时，电子由原子能级进入晶体能级，体系的能量下降很大，从而形成一种强烈的吸引作用，这就是该理论对金属键本质的概括性说明。

这种理论的成键模型虽然过于简单，但用来定性解释金属的大多数特征十分成功。自由电子不受某种具有特征能量和方向的键的束缚，因而能吸收并重新发射很宽波长范围的光线，从而使金属不透明且具金属光泽。自由电子在外电场影响下定向流动形成电流，使金属具有良好的导电性。金属的导热性也与自由电子有关，运动中的自由电子与金属离子通过碰撞而交换能量，进而将能量从一个部

位迅速传至另一部位。与离子型和共价型物质不同，外力作用于金属晶体时，正离子间发生的滑动不会导致键的断裂，使金属表现出良好的延性和展性，从而便于进行机械加工。金属具有较高的沸点和气化热，表明金属正离子不那么容易跳出“电子海”(图 5-1)。一般说来，价电子越多，金属的熔点、沸点也越高，这是因为更多的电子“下海”后增强了金属键。价电子多的金属其硬度和密度通常也较大。

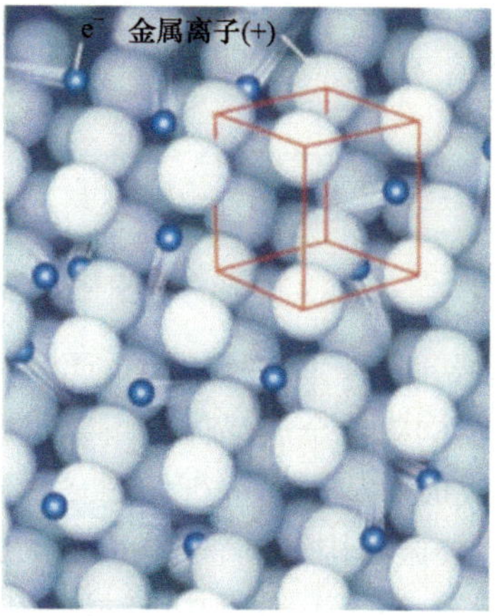

图 5-1 金属的“电子海”模型

但是，正因为所用的模型简单，没有适当考虑由电子的排斥而引起的位置上的关联作用，没有明确的键的概念，金属键是如何形成的以及金属晶体结构类型的问题都没有很好地加以考虑。因此，尽管电子理论发展了很多定量计算，能阐明很多问题，但其实质仍然是一种比较粗糙的理论，有很大的局限性，不能全面地说明金属的性质。例如，金属在熔化后，其晶格的周期性虽受到了破坏，但其电导性并无多大的变化，半导体在熔化时也是如此，这是该理论所不能说明的，因为该理论是由周期场推得的，可见固体导电性的本质并不取决于周期场。

5.1.2 金属的价键理论

1. 鲍林的金属共振价键理论

鲍林从 1938 年起[19]应用化学键理论中的思想研究金属键，并研究了能带理论没有接触到的一些问题，如金属中原子间力的性质，金属晶体结构类型，金属密度和内部结构中原子间距离等。他首先恢复了戈尔德施米特在 1926 年提出的金属键本质上是共价键的基本观点，并在这个观点的基础上，提出了他的共振价键理论。但是，他简单地把金属键的本质视为共价键是不确切的。

鲍林的金属共振价键理论实质是他的共振论在金属键理论中的推广和发展。例如，他虽然认为氢分子量化处理的两个状态具有相同的能量，却认为它们是两种“结构”，认为 H_2 分子是在这两种状态之间不断转变(图 5-2)，并把这种转变现象称为电子共振。他还认为正因为存在这种共振效应，产生了共振能，大大增加了结合能，才使两个氢原子稳定地结合成氢分子。人们已知 H_2 分子中共价键的形成，显然，鲍林把 H_2 分子简单地理解为两个氢原子机械叠加，并认为键的形成主要取决于两个电子在两个氢原子之间的“共振”是不对的。

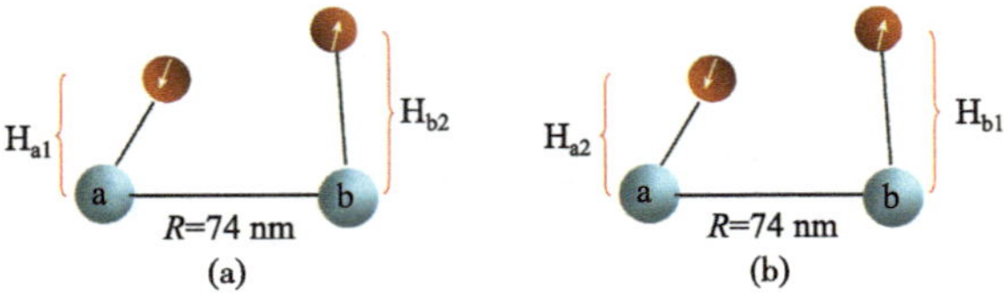

图 5-2　氢分子量化处理的两种状态

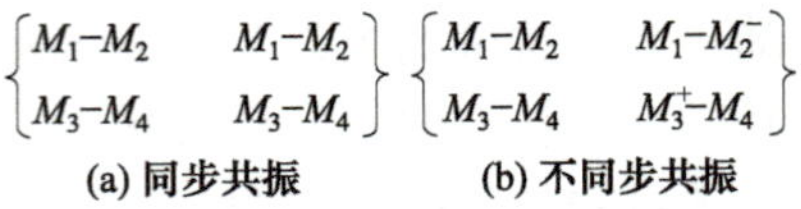

图 5-3　鲍林认为金属中的振动

同样，鲍林认为金属中的情况可以这样描绘：对于一个假想的二维平面正方结构单价金属晶体，可以进行如图 5-3(a)所示的同步共振，也完全有可能通过生成成对离子而进行如图 5-3(b)所示的不同步共振。这样的不同步共振大大增加了“共振结构”的个数，因而大大增加了平均结合能。但不同步共振要求生成成对离子。为了不违背共价键饱和性的限制，需要在能够生成为阴离子的原子上空出一个原子轨道来接受不同步共振结构中阴离子上多出来的一个键。他将这个空出来的轨道称为金属轨道。他认为，在电子贫乏的金属中，一定有多余的原子轨道允许原子所能生成的价键在围绕着它的位置上进行同步和不同步共振。他将这样的共振称为枢纽式共振。简单来说，鲍林认为金属键就是靠这种“共振”形成的。由此可见，鲍林把金属当成是双原子分子的机械叠加和共振，也就是把金属键当成是由共价键的共振形成的，因而认为金属键的本质是共价键，这是不正确的。例如，当众多锂分子互相接近而形成金属时，由于强烈的相互作用，分子的结构发生了根本的变化而形成一个新的整体，此时不可能一对电子仍属于一对原子而不受相邻其他原子的影响。事实上，锂分子的核间距为 267 nm，当形成金属时，最近邻两原子间的距离则为 304 nm，它们固有的键已发生了根本的变化，不再是共价键了。

分析该理论有瑕疵的另一个例子是，休谟-罗斯里(W. Hume-Rothery，1899—1968)等曾用鲍林的共价键观点解释过渡金属在Ⅵ族出现结合能极大的现象。对配位数为 12 的结构(面心立方与密集六方)，他们算出外层电子个数为 6 时，电子在这 12 对原子间可能产生的分布方式数最多，也就是共振结构数最多，因此贡献的共振能最多，结合能最大。他们设配位数为 12，每个原子有 n 个电子，这 n 个电子在 12 对原子间的各种可能分布而形成的共振结构数为

$$N = \frac{12!}{(12-n)!n!} \tag{5-4}$$

当 n=6 时，N 为极大。对于体心立方结构，其最近邻为 8，次近邻为 14，用同样方法算得 n=4 及 n=7 时，N 为极大，他们认为最近邻与次近邻的原子间距相差不大，故取其中间值，则 n 约为 6 时，N 为极大。实际上，过渡金属Ⅵ族的结合能最大，主要因它们形成金属时能参加成键的价电子数最多，有 6 个。其他族

的元素形成金属时参加成键的电子数小于 6，故结合能较小。

总之，鲍林解释金属结合力的观点就是金属结合起源于相邻原子间价电子所形成的共价键，可以把这种键看成是未饱和的共价键，因此金属一般价电子少，配位数高，由于电子不够全面供应，金属原子不足以在所有相邻原子间形成共价键，只有轮流和周围的原子形成单电子结合和双电子结合的共价键，因此可认为是未饱和的共价键。鲍林认为这种键是无序分布，每个原子平均只参与一个结合键，而电子在这些键中共振，使能量降低，晶体的稳定性提高。因此，金属被认为是金属的不同原子之间形成一个电子和两个电子共价结合的各种结构，而金属键就是在这些所有不同结构之间的电子共振。

2. Engel-Brewer 的金属价键理论

Engel 和 Brewer[20]修正和发展了鲍林的金属价键理论，不仅把金属原子的价电子结构与金属及其合金的键合能关联起来，而且与金属的晶体结构关联起来。其理论可归纳为以下两条规则。

(1) 金属或合金的键合能取决于每个原子能够键合的未成对电子的平均数。如果由于增加电子所放出的键合能能够补偿所需的激发能，则具有较多未成对电子的激发电子组态比基态电子组态更为重要(图 5-4)。图 5-4 中能量关系式如式(5-5)所示

$$E_{sub} = E_{bond} - E_{prom} \tag{5-5}$$

式中，E_{sub} 为升华能；E_{bond} 为键合能；E_{prom} 为激发能。

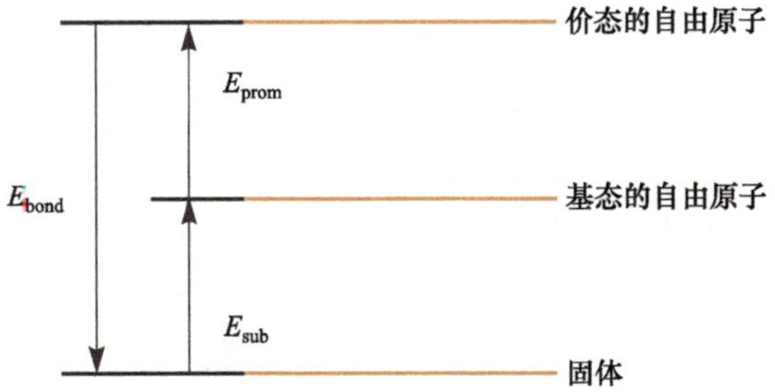

图 5-4 能量关系的玻恩-哈伯循环

(2) 金属的晶体结构取决于键合的每个原子的 s 和 p 轨道波函数的平均数，也就是取决于其“准备好键合”的原子的未成对的 s 和 p 电子平均数。当键合的 s 和 p 电子数之和少于或等于 1.5 时，出现体心立方晶体结构(bcc)；当键合的 s 和 p 电子数之和在 1.7～2.1 之间时，出现六方密堆晶体结构(hcp)；当键合的 s 和 p 电子数之和在 2.5～3.0 时，出现立方密堆晶体结构(ccp)；当键合的 s 和 p 电子

数之和接近于 4 时，出现非金属的金刚石结构。Brewer 根据金属升华能的实验值和不同价态能级相对基态能级激发能的实验值，结合式(5-5)确定了金属的价电子组态[21]，得出用 Engel-Brewer 规则说明金属晶体结构的周期性基本是成功的。

3. 金属材料价键理论的发展与应用

由于价键理论多用于金属固体或晶体材料，因而其不同理论的发展和应用十分活跃。除了上面介绍的两种理论之外，还有应用极广的 Hume-Rothery 电子浓度理论[22]和 1978 年余瑞璜在能带理论和鲍林金属价键理论研究基础上创建的固体与分子经验电子理论(empirical electron theory of solid and molecule)或余氏理论[23-24]。这里不再赘述，请读者参考相关文献。

5.1.3 金属键的能带理论

金属键的能带理论(energy band theory of metallic bond)是利用量子力学观点来说明金属键的形成。因此，能带理论也称为金属键的量子力学模型。即将小分子分子轨道理论应用于金属固体(无限数目的原子构成的聚集体)，金属中实际组成了一个具有一定能量范围的连续能带(图 5-5)。能带之间常由带隙分开，带隙是指没有任何轨道存在的能量区间。因此，形象地称为金属键的能带理论[25]。

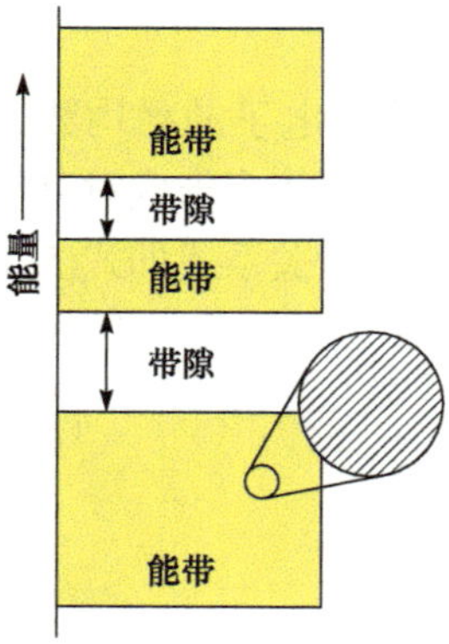

图 5-5 金属能带示意图

1. 金属键能带理论的要点

(1) 金属元素原子的价电子数少，空的原子轨道数多，其电离能、电子亲和能较低，一般容易给出电子而难以获得电子，另外金属晶体是由同种原子组成的最紧密堆积结构，配位数大，通常是 12 或 8。这些决定了金属晶体中原子的价电子是离域的而为整个晶体所共有。金属键没有方向性和饱和性，导致金属原子最大限度地重叠而组成紧密堆积结构，使体系能量降低而稳定[26]。

(2) 根据分子轨道理论，两个原子相互键合时，它们的能量相近、对称性相同的原子轨道通过线性组合可形成两个分子轨道，其中一个是能量低于原子轨道的成键分子轨道，另一个是能量高于原子轨道的反键分子轨道。如果 3 个原子互相键合，它们的原子轨道可组成相应的 3 个分子轨道，中间一条为非键轨道。以此类推，每增加一个原子就多形成一条原子轨道。键合的原子数目越多，组成相应的分子轨道数目也越多。由此可以推断，当 N 个原子组成晶体时，N 个原子轨道就会组合成 N 个分子轨道，其中有 $N/2$ 个成键轨道和 $N/2$ 个反键轨道(图 5-6)。

图 5-6　N个原子轨道组合成N个分子轨道

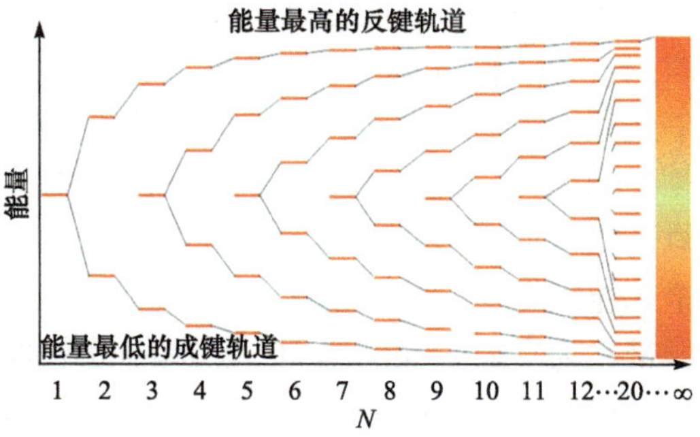

图 5-7　N个原子结合成键时形成的分子轨道能量

(3) 在狭窄的能量区间内分子轨道如此之多，轨道之间的能级差必然很小，实际上形成了几乎连续的能带。然而，不论形成分子轨道的原子轨道有多少，轨道能级只能在有限范围内分布(图 5-7)。这意味着相邻原子轨道能级之间的间隔随着 N 值趋于无限而逐渐趋于零，否则轨道的能级的分布范围就不可能是有限的，即能带是由一定数量但近乎连续的许多能级组成的。N 个分子轨道必须被挤满在能带的顶与底之间，而能带的底与顶之间的能量差约为 418.4 kJ。例如，设 1 cm^3 金属样品中有 10^{22} 个原子，则在 418.4 kJ 能带中给出 10^{22} 个分子轨道，因此分子轨道之间每个间隔的平均能量为 4.184×10^{-22} kJ · mol^{-1}，可见能带中相邻分子轨道能级之间的差值很小。由于相同原子轨道之间相互微扰是原子核之间距离的函数，原子核之间距离越小，则微扰作用越大，能带宽度越大；当原子核间距离一定时，主量子数 n 越大，原子轨道之间的相互微扰越大，能带宽度也越大，禁带宽度变小。能带宽度由两个因素决定：配位数和重叠积分 J。积分 J 的数值同波函数重叠程度有关，重叠程度越大，J 的数值也越大，能带越宽[27]。对于内层电子，波函数重叠程度小，J 值也小，能带比较空。主量子数 n 大，电子波函数重叠程度也大，J 值也大，能带比较宽。同时随着原子核间距离缩小，波函数重叠程度变大，能带宽度变大，禁带宽度变小，最终允许能带重叠。对于体心立方晶格有

$$能带宽度=能带顶能量-能带底能量= 16\ J$$

(4) 在晶体中，相同能级的原子轨道组合成相同的能带。例如，图 5-6 表示由 s 轨道组成相应的 s 带，如果有合用的 p 轨道，则组成相应的 p 带(图 5-8)。原子的内层轨道原已充满电子，受核的束缚较强，不参与成键，因此通常可不考虑原子的内层轨道组成的能带。每种能带中容纳的电子数目有最高限额，这与原子结构的电子排列规则一致，也遵循构造原理，按能量由低到高的顺序，首先填满低能带中的能级，然后填充高能带中的能级。

由于 p 轨道的能量高于同一价层的 s 轨道，s 带和 p 带之间往往会出现带隙[图 5-9(a)]。实际上，这种带隙是否存在取决于原子中 s 轨道与 p 轨道的能量间隔及原子间相互作用的强度。如果 s 带和 p 带较宽且 s 和 p 两种原子轨道的能级相近(实际往往是这样)，两个带就重叠在一起[图 5-9(b)]。与 s 带和 p 带相似，d 轨道相互重叠形成 d 带。一组连续状态的分子轨道称为一个能带(energy band)，全部能级完全被电子填满的能带称为满带(filled band)，全部能级未被电子填充的能带称为空带(empty band)，如果能带中的能级没有完全被电子填满，即只有部分能级被电子填充的能带称为导带(conduction band)。两个相邻能带之间的不重叠区域表示相邻能带之间的能量差，称为禁带或禁区(forbidden energy gap)。如果原子的价层中相邻轨道的能量很接近，或形成杂化轨道，则晶体中相应的相邻能带会相互重叠或形成杂化能带而具有导带结构[28]。

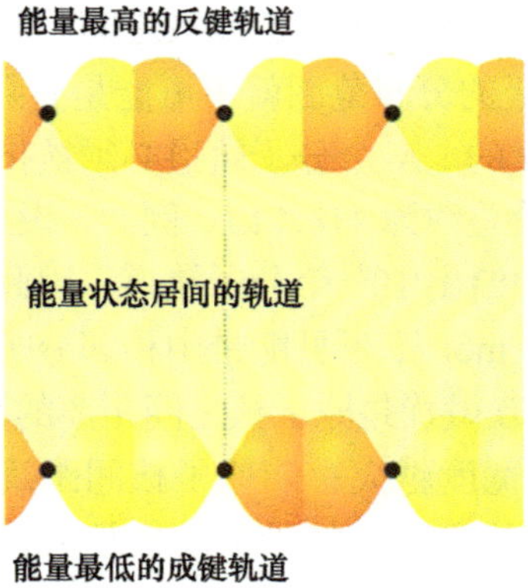

图 5-8　一维固体的 p 能带示意图

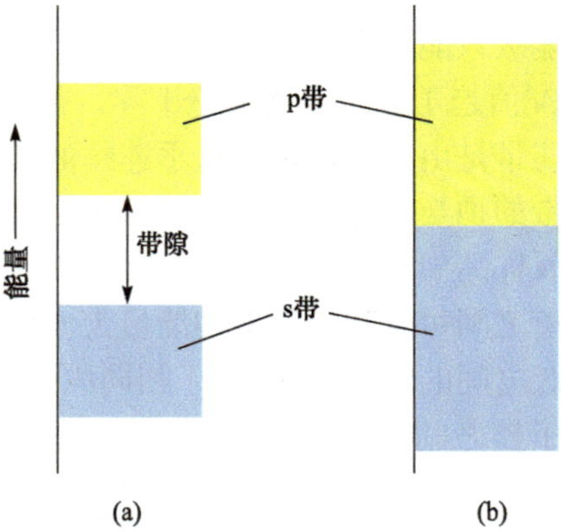

图 5-9　s 带和 p 带之间有带隙和无带隙

(5) 晶体的能带中电子填充的情况和相邻能带之间的能量差ΔE，即禁带的宽窄决定物质究竟是导体、绝缘体还是半导体[29]。一般，凡是一种物质的晶体中具有导带结构，或满带与空带之间的ΔE值很小，且能相互重叠形成导带，在外电场的作用下，导带中的电子获得能量做定向运动而呈导电性，这种物质就是导体；凡是一种物质的晶体中没有导带结构，其满带与空带之间的ΔE值又很大，在外电场的作用下，满带中的电子没有足够的能量传送到空带，结果晶体不呈现导电性，这种物质就是绝缘体；介于导体与绝缘体之间的是半导体。半导体的满带与空带之间的ΔE值较小，在外界能量(电、光或热)的作用下，满带中的部分电子被激发而跃迁到空带，这时满带不满、空带不空，形成导带，电子在导带中做定向运动，便呈现导电性。当外加能量消除时，又恢复原来的能带结构，导电性也随之消失，这种物质就是半导体。与绝缘体比较，半导体晶体中的能带都是满带和空带结构，它们的主要差别是禁带的宽度不同。通常半导体的禁带宽度约为 1 eV。一般以电

阻率约等于 $10^{10}\ \Omega\cdot cm$ 作为区分半导体和绝缘体的实际标准。半导体与金属导体都可形成导带结构，它们的重要区别是半导体的电导率随温度的升高而增大，金属导体的电导率一般随温度的升高而减小(图 5-10)。

金属的电导率在室温下通常高于半导体，但不要将此作为区分两种导电体的判据。绝缘体是一种电导率极低的物质，然而又像半导体一样，在可以测量的范围内其电导率也随温度的升高而升高。因而有时不必将绝缘体单独看作一大类。

2. 费米能级

金属键不同于共价键分子轨道上的电子排布，金属中的电子除了服从能量最低原理、泡利不相容原理和洪德规则外，还遵循统计规律，即费米-狄拉克统计[30]。

在 T=0 K 时将电子按照构造原理填入能带的能级，如果每个原子只提供一个 s 电子，则最低的 $N/2$ 个能级被占领。T=0 K 时最高被占轨道的能级称为费米能级，它大致位于能带中部(图 5-11)。费米能级是一个重要能级，它等于固体内电子的电化学势，费米能与平衡过程中电子转移相关。

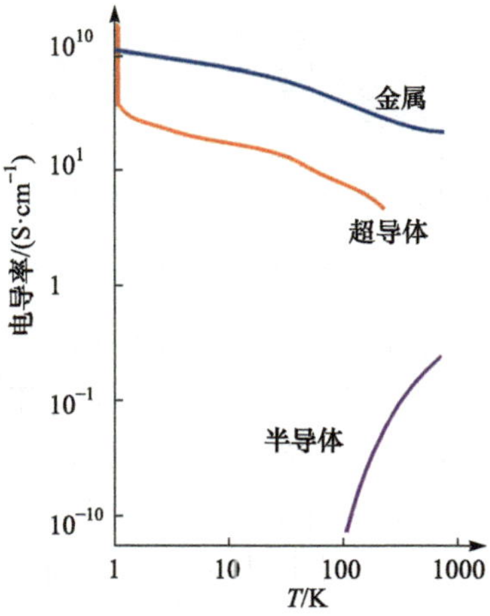

图 5-10 物质的电导率-温度关系曲线

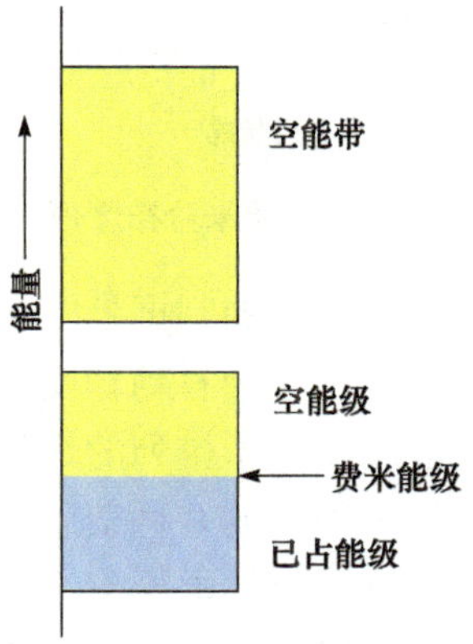

图 5-11 金属的费米能级的位置

温度高于 0 K 时，电子容易布居在较高能级上，这是因为这些能级本来与最高被占能级很接近。轨道布居(P)由费米-狄拉克分布决定，它是玻尔兹曼分布的一种形式，但考虑了热激发的影响和泡利不相容原理的限制，其形式为

$$P=\frac{1}{e^{(E-E_F)/kT}+1} \tag{5-6}$$

式中，E_F 为费米能，即 $P=1/2$ 时能级上的能量。费米能与温度有关，T=0 K 时就等于费米能级的能量。费米能随温度升高而升至费米能级之上，这是因为电子

开始占据较高的能态从而使 $P=1/2$ 的能级的能量也升高(图 5-12)。

对远高于费米能的能级而言，分母中的 1 可以忽略，费米-狄拉克分布就类似于玻尔兹曼分布，随温度升高呈指数衰减：

$$P \approx e^{-(E-E_F)/kT} \tag{5-7}$$

如果能带未完全充满，接近费米面的电子则易于被提至附近的空能级，从而可以相对自由地在固体中运动，这种物质就是电导体。不妨将能带中的各个轨道看成驻波。驻波可视为沿相反方向运动的行波的叠加。没有外加电位差时两个方向的行波是简并的(具有相等的能量)，从而以相同的布居达到费米能级[图 5-13(a)]；存在外加电位差时两个相反方向运动的电子能量不再相等[图 5-13(b)]。这时向某一个方向运动的电子数超过相反方向运动的电子数，即电流通过固体。

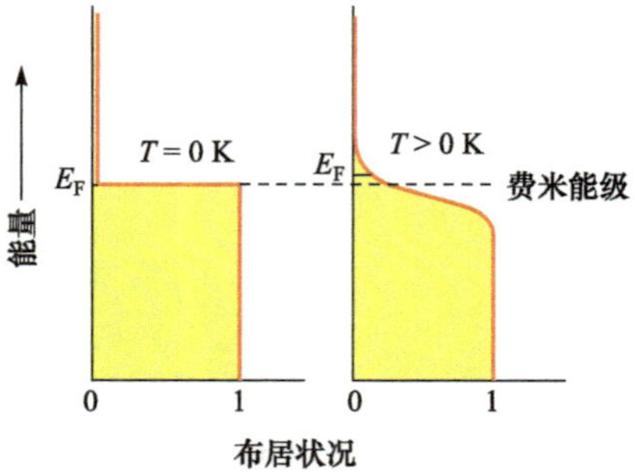

图 5-12　费米分布图形

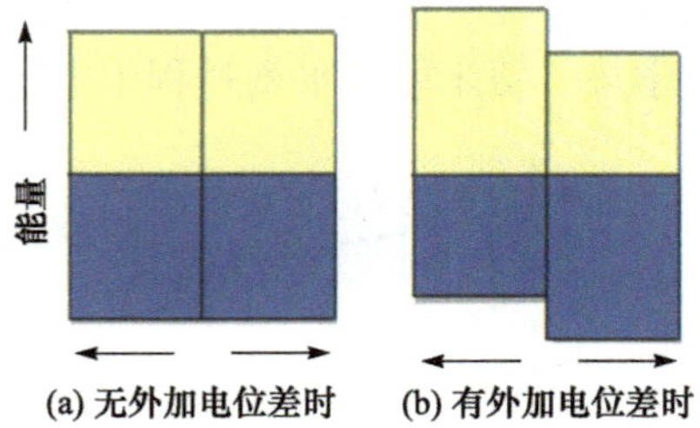

图 5-13　能带的另一种表示方法

前面所述金属的判据是电导率随温度的升高而减小。电导率由电子的玻尔兹曼分布所支配，则会看到相反的情况。然而，只要意识到导带中电子平滑流过固体的能力取决于原子排列的均匀性，就不难理解：某一位置上剧烈震动的原子等价于扰乱轨道秩序的一种杂质，这种扰乱削弱了电子从固体一端流向另一端的能力，所以 $T>0$ K 时的电导率小于 $T=0$ K 时的电导率。如果把电子看成是固体中的一种波，也可以说电子波被“杂质”(原子振动)所“散射”。这种载流子散射随温度上升引起的晶格振动加剧，这就说明为什么金属电导率随温度上升而下降。

3. 态密度

能带中某点的每单位能量范围内的能级数称为态密度 ρ 。能带中各处的态密度并不均匀。例如，一维固体中中心部位的轨道较边缘部位稀(图 5-7)。三维固体中态密度的变化正好相反，能带中心部位的态密度最大，而边缘部位则比较稀疏(图 5-14)。这种现象与原子轨道形成特定线性组合时有多少种方式有关。完全以成键方式组合的分子轨道(能带下缘)和完全以反键方式组合的分子轨道(能带上缘)都只有一种方式，而形成能带中部那些分子轨道(原子沿三维方向排列)的组合却有许多种。

带隙中不存在能级，所以此处的态密度为零。在某些特殊情况下满带与空带有可能恰好相接，但结合处的态密度仍然为零(图 5-15)。这类固体称为半金属。半金属中只有少数充当载流子的电子，因而金属性导电能力比较弱。例如，石墨在平行于碳原子层的方向上是半金属。

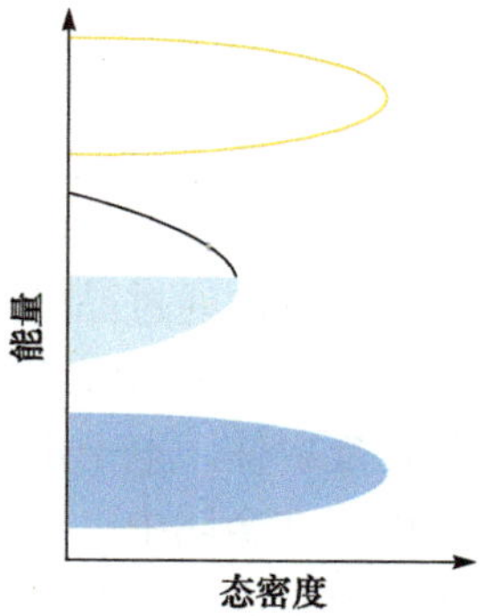

图 5-14　三维金属中典型的态密度

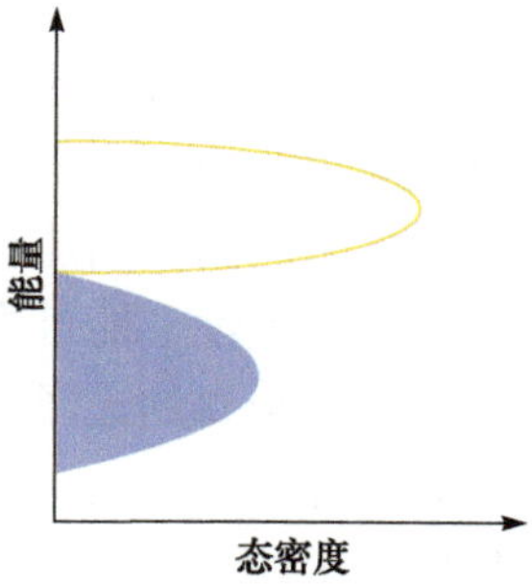

图 5-15　半金属典型的态密度

4. 金属键能带理论的证明

利用与研究离散状态分子大体相同的方法，可从光电子能谱获得能带存在及其态密度图的实验证据。离散分子的态密度由一系列相互远离的尖峰组成，每个尖峰对应于分立轨道的能量，在光谱上表现为代表分离电离能的光子能峰。对固体而言，通过 X 射线发射谱带也能获得类似信息。受到电子轰击的原子从其内部闭壳层放出电子，价带中的电子落入该内层空穴而产生 X 射线(图 5-16)。由于价电子可能来自能带中的任何被占能级，因而产生的 X 射线通常具有多种频率。价

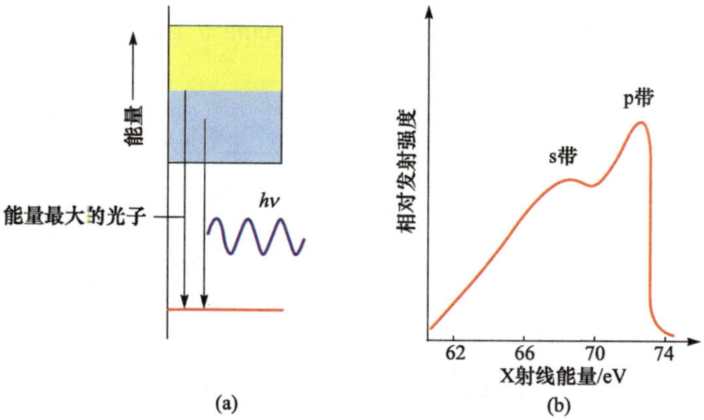

图 5-16　X 射线发射谱带的形成(a)和典型实例铝(b)

带中能量彼此接近的状态数较多时得到强发射信号；反之则较弱，即 X 射线发射带的形状是带中各处态密度不同的一种反映。然而，强度与态密度之间并不具有严格的对应关系，因为像任何电磁辐射一样，X 射线发射强度也与选择定则和跃迁概率有关。X 射线发射带能够给出被占能带中态密度信息，而未占能带的类似信息则来自 X 射线吸收数据。

5. 金属键能带理论的应用

1) 对金属一般物性的解释

能带理论能很好地解释金属的共同物理性质。向金属施以外加电场时，导带中的电子会在能带内向较高能级跃迁，并沿着外加电场方向通过晶格产生运动，这解释了金属的导电性。能带中的电子可以吸收光能，并且能将吸收的能量又发射出来，这解释了金属的光泽和金属是辐射能的优良反射体。电子也可以传输热能，表明金属有导热性。给金属晶体施加应力时，由于在金属中电子是离域的，即不属于任何一个原子而属于金属整体，某处的金属键被破坏，在另一处又可以形成金属键，因此机械加工不会破坏金属结构，而仅能改变金属的外形，这就是金属有延性、展性、可塑性等共同的机械加工性能的原因。金属原子对于形成能带所提供的不成对价电子越多，金属键就越强，反映在物理性质上熔点和沸点就越高，密度和硬度越大。

2) 对金属元素导电性的解释

金属或有导带存在或者有重叠带，都会在外电场的作用下发生导电。

(1) 锂和铍。它们的原子的价电子结构特征分别是 $2s^1$ 和 $2s^2$，还有空的 2p 轨道。当 N 个 Li 原子或 Be 原子组成晶体时，它们的价层中 2s 和 2p 轨道将分别组合成相应的 2s 和 2p 能带。不同的是 Li 晶体中 Li 原子之间的核间隔大(309.8 nm)，它的价层轨道是由 2 个分裂的 2s 带和 2p 带构成[图 5-17(a)]；Be 晶体中 Be 原子之间的核间隔小(224.6 nm)，它的价层轨道形成的能带是由 2s 和 2p 相互重叠的 sp 重叠带[图 5-17(b)]。

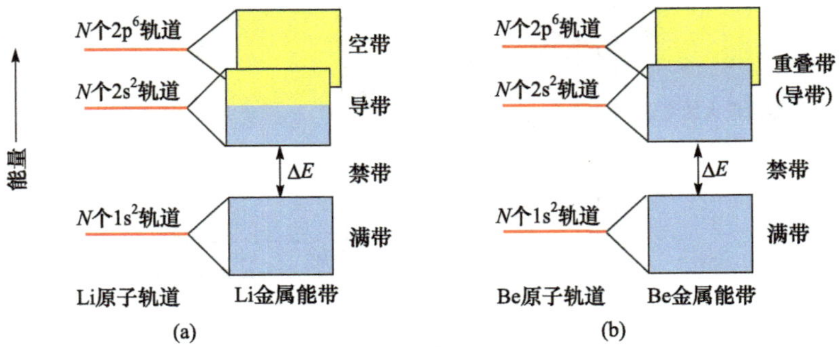

图 5-17　金属 Li 的能带(a)和金属 Be 的能带(b)

Li 晶体中 N 个 Li 原子只有 N 个价电子，只能填充 2s 能带中的 $N/2$ 个分子轨道，还有 $N/2$ 个分子轨道是空的，因此 2s 能带是半满的导带。在外电场的作用下，2s 导带中的电子获得能量做定向运动而具有导电性，所以 Li 是金属导体。

Be 晶体中 N 个 Be 原子有 $2N$ 个价电子，如果填充 2s 能带，则是满带。由于 2s 满带能与 2p 空带相互重叠而形成 sp 重叠带，因此有 $4N$ 个分子轨道，其中只有 $N/4$ 个轨道被 $2N$ 个价电子所填充，这个 sp 重叠带是导带，所以 Be 是金属导体。

这种分析结果可用于解释第 1、第 2 列其他金属导电性。

(2) 对第 14 列元素的单质晶体导电性的解释。

周期系第 14 列元素碳、硅、锗、锡和铅的原子都有相同的价电子层结构 (ns^2np^2)和相同的价电子数(4)。在它们的单质晶体中，碳(金刚石)、硅、锗、锡和铅原子的核间距离随原子半径的增大而依次增大，其能带结构和相邻能带之间的能量差会发生变化。对于核间距离较小的碳(金刚石)、硅、锗和锡来说，价层轨道形成 sp^3 杂化轨道，并分裂为能量较低的 sp^3 成键带和能量较高的 sp^3 反键带(图 5-18)。成键带和反键带之间的禁带(ΔE)分别为金刚石～7 eV、硅 1.11 eV、锗 0.72 eV、白锡～0.1 eV。

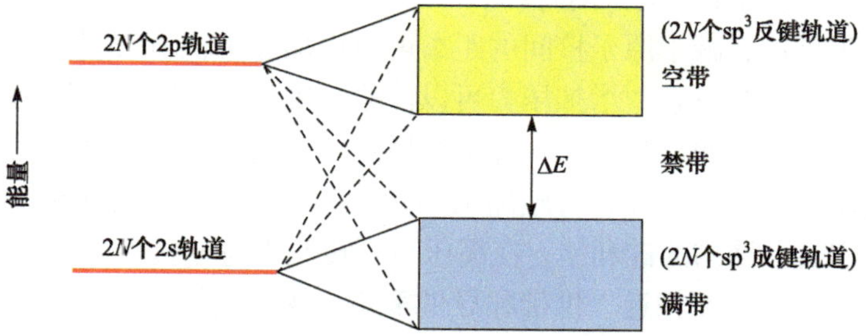

图 5-18　sp^3 杂化轨道形成杂化能带示意图

如图 5-18 所示，在 N 个上述元素原子组成的晶体的能带中，应有 $4N$ 个 sp^3 杂化轨道，总共可容纳 $8N$ 个价电子。但是实际上 N 个上述元素原子只有 $4N$ 个价电子，全部电子刚好填满 sp^3 成键带的能级中形成满带，在它上面的反键带则为空带。

白锡晶体的满带与空带之间的ΔE 值很小，室温时外加少许能量就可使价电子由满带跃迁至空带而具有导带结构，所以白锡是金属。

锗和硅晶体的能带结构类似白锡，但ΔE 值依次增大，常温下价电子不易被激发由满带传送到空带，所以电导率都比较小。随着温度升高或在电场的作用下，更多的价电子被激发而跃迁，电导率显著增大，所以锗和硅都是典型的半导体。

碳(金刚石) 晶体的能带结构也和锗、硅相似，由于ΔE 值很大，在普通条件下，满带中的电子很难跃迁到空带，所以金刚石是典型的绝缘体。

铅的价层原子轨道能相互重叠形成 6sp 重叠带，晶体中的 $4N$ 个价电子不可能完全填满重叠带的 $4N$ 个轨道，具有导带结构，所以铅是金属导体。

(3) 对其他元素单质晶体和离子晶体导电性的解释。

铜、银、金都具有$(n-1)d^{10}ns^1$电子层结构，晶体中 d 轨道可与 s 轨道重叠形成导带。另外，晶体结构较紧密，密度较大，导带中的能级很多，能级差很小，价电子容易流动，因此铜分族的导电、导热和可塑性最好。

稀有气体元素的原子具有全满的电子层结构。形成固态晶体后，对应的能带都是满带，满带中的电子无法跃迁而形成导带，所以其固态晶体是绝缘体。

固态离子晶体与之类似，不具有离域的价电子和导带结构，所以是绝缘体。例如在 NaCl 晶体中，N 个 Cl^- 彼此几乎接触，其 3s 和 3p 价轨道与邻近 Cl^- 价轨道重叠形成包括 $4N$ 个能级的一条狭窄能带。各个 Na^+之间也形成一条能带。氯的电负性远大于钠，以致其能带大大低于钠的能带，其带隙高达 7eV。用来填充能带的 $8N$ 个电子全部进入并填满能级较低的氯能带而使钠能带空置。带隙大，室温下 $kT \approx 0.03$ eV，所以电子不易激发至钠能带。

(4) 对金属性与压力关系的解释。

根据能带理论，减小原子核间的距离可以增加分子轨道之间的相互作用，使能带变宽，导致带的重叠。增加压力可以使原子之间距离减小，波函数交叠程度增加，能带变宽，从而能带重叠，导电性增强。碲就是一个很好的例子，它的导电性随压力增大而急剧升高，每施加 1.2×10^9 kPa 压力，可使导电性增加 100 倍。室温时，金刚石型结构的硅和锗，在高压下可转变为与金属锡(白锡)相似的结构，原子间距离由于高压而相近，价带和导带重叠，变为配位数高的晶体结构，所以出现金属性。将白磷在 1.2×10^9 kPa 压力下加热至 200℃则得黑磷。黑磷呈铁灰色，具金属光泽，密度高，有类似于石墨的片状结构，能导电。

3) 对固体半导体的解释

绝缘体和半导体的界限在于带隙的宽度(表 5-1)。绝缘体和半导体的电导率都随温度的升高而增大，所以，电导率本身并不能作为区分绝缘体与半导体的可靠判据。实际上，材料研究中用带隙和电导率作为判据时，采用的数据取决于其用途。

表 5-1　某些有代表性的带隙(298.15 K)

物质	金刚石	碳化硅	硅	锗	砷化镓	砷化铟
E/eV	5.47	3.00	1.12	0.66	1.42	0.36

本征半导体：本征半导体的带隙很小，费米-狄拉克分布使得一些电子布居在上部的空带中(图 5-19)。电子的这种在较高能级中引入载流子而在较低的能级中

留下正的空穴的分布方式可使固体产生导电性。室温下半导体的导电性通常远小于金属导体，这是因为只有极少数电子和空穴可以作为载荷子。上部能带中电子布居的类玻尔兹曼指数型温度关系可以说明半导体的电导率为什么随温度的变化而剧烈变化。

杂质半导体[25, 31]：如果能通过掺杂引入比基质元素电子更多的其他原子，就有可能增加载流子的数目。由于所需掺入的杂质浓度极低(大约每 10^9 个基质原子中有一个杂质原子)，掺杂前的母体元素必须达到极高的纯度。把高纯度的没有晶体缺陷的半导体如纯硅或锗晶体称为本征半导体，即母体元素；把在母体元素纯硅或锗晶体中掺入的痕量的能大大提高其电导率的半导体称为杂质半导体。

如果在硅晶体中掺入痕量的第 15 列元素如 As 原子，As 的价层为 $4s^24p^3$，有 5 个价电子。在晶体中 1 个 As 原子与周围的 4 个 Si 原子形成 4 个共价单键，还多出 1 个价电子。这个电子处在禁带内的束缚状态能级中，由于受核的吸引较弱，该能级离空导带较近，离满带较远，电子易在 $T > 0$ K 时被激发到空导带，对增大导电性做出贡献，称为施主能级，形成狭窄的施主能带。提供电子的杂质原子称为施主原子。这种依靠施主能级传递电子到空导带而导电的半导体称为电子型或 n 型半导体[图 5-20(a)]。掺杂的过程就是置换过程。

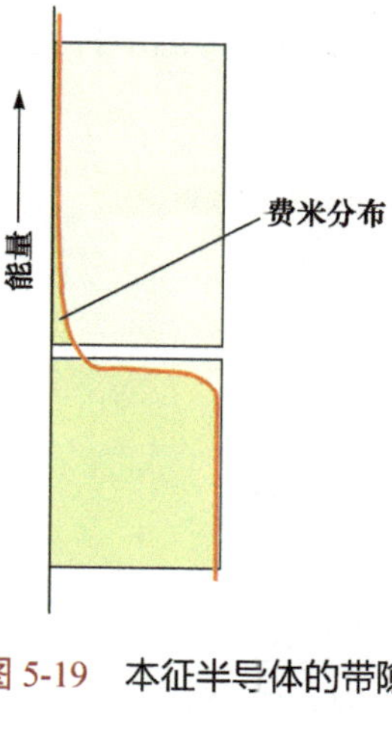

图 5-19 本征半导体的带隙

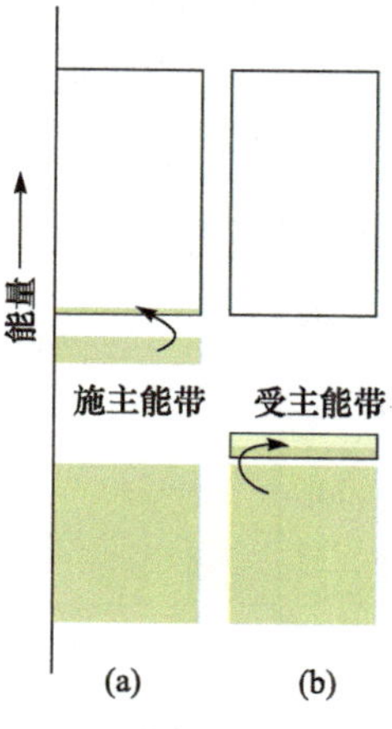

图 5-20 n 型半导体(a)和 p 型半导体(b)的能带结构

另一种置换过程是，如果在母体元素晶体中掺入痕量的第 13 列元素如 B 原子，B 的价层为 $2s^22p^1$，有 3 个价电子。在晶体中 1 个 B 原子与 4 个 Si 原子形成 4 个共价单键，还缺少 1 个价电子。这样 B 与 Si 原子间就形成 1 个空穴，空穴显正电性，可被邻近的其他 Si 原子的价电子所填充，从而导致该 B 原子处又形成新的空穴，又可被另外的 Si 原子的价电子所填充。如此逐个填充，相当于正电荷朝外电场相同的方向运动而产生宏观电流，称为空穴传导。束缚状态能级离满带较近，离空导带较远，电子是从满带传送到束缚状态的能级上，称为受主能级。杂质原子 B 称为受主原子。这种依靠空穴导电的半导体称为空穴型或 p 型半导体[图 5-20(b)]。

人们发现某些氧化态较低的 d 区金属与氧族或卤素形成的化合物(如 Cu_2O、FeO、FeS 和 CuI)是 p 型半导体。这些非化学计量化合物中的空缺等价于某些金属原子的氧化，在由氧化数较低的金属离子形成的能带中留下空穴。固体在氧气中加热时电导率增加是由于随着氧化过程的进行金属离子能带中形成了更多的空穴。

5.2 金属键的键能

5.2.1 金属键键能的概念

金属键的键能就是金属的升华焓，它是金属结合性能的重要标志，是金属材料最基本的性质之一，同时是热化学循环法中重要的基础数据之一，对于研究金属的内聚能具有重要参考价值。如图 5-21 所示，第 1 列、第 12 列金属的升华焓最低，金属钠和汞蒸气用于填充荧光灯和街灯；升华焓最高的金属处于 4d 和 5d 系列的中部，而钨的升华焓则是所有金属中最高的。金属钨在高温下挥发极慢，故用作白炽灯的灯丝材料。

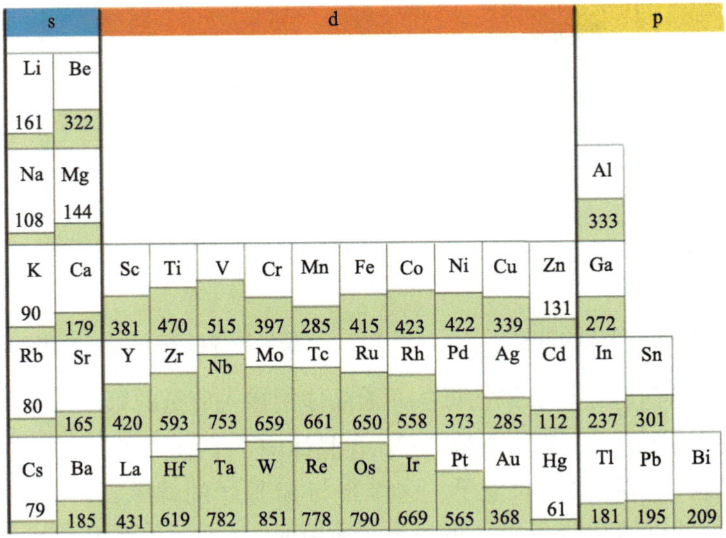

图 5-21 s 区、d 区和 p 区金属元素的升华焓(单位：$kJ \cdot mol^{-1}$)

5.2.2　金属键键能的估算

金属键能与熔点、沸点之间的关系可以这样表述：在金属中，如果金属原子与原子之间的结合力越强，即金属键越强，则固体(或液体)金属越难熔化(或气化)为液体(或气体)。金属的键能是金属原子间结合力的表征，金属键越强，金属键的键能越大。因此，金属键能越大，其熔点、沸点应越高。从这个关系出发，梅平[32]在归纳金属键能与熔点、沸点实验数据的基础上，利用已知金属的键能和熔点、沸点数据，作一元回归分析，得到键能 $E_{\mathrm{m}}(\mathrm{kJ\cdot mol^{-1}})$与熔点 $T_{\mathrm{m}}(\mathrm{K})$和沸点 $T_{\mathrm{b}}(\mathrm{K})$之间存在下面的线性关系：

$$E_{\mathrm{m}} = 0.2334T_{\mathrm{m}} - 2.160 \tag{5-8}$$

$$E_{\mathrm{m}} = 0.1451T_{\mathrm{b}} - 66.32 \tag{5-9}$$

利用式(5-8)和式(5-9)计算的 52 种已知金属的键能和部分缺乏实验值的金属的键能[32]，与实验值比较吻合。式(5-8)平均误差为 ±14.0%，式(5-9)为 ±6.50%。计算中使用了文献中的熔点、沸点实验数据[33]和键能的实验值[34]。

这种计算结果虽然尚显粗糙，但是毕竟说明了金属键的键能与其熔点、沸点的关系是明确的，对估算部分缺乏实验值的金属键能就更有用了。

5.2.3　金属键键能与熔化焓、气化焓的关系

梅平等[35]还研究了金属熔化焓 ΔH_{m} 的变化规律，总结出下面的经验公式：

$$\Delta H_{\mathrm{m}} = 0.0093026T_{\mathrm{m}} + 0.24826 \tag{5-10}$$

将式(5-8)代入式(5-10)得到金属熔化焓与键能的关系式：

$$\Delta H_{\mathrm{m}} = 0.03986E_{\mathrm{m}} + 0.3344 \tag{5-11}$$

得出金属熔化焓与键能之间存在正比关系，即金属键能越大，则熔化焓越大。

同时，提出了估算金属气化焓的经验公式[32]：

$$\Delta H_{\mathrm{V}} = 0.1339T_{\mathrm{b}} + 0.5347 \tag{5-12}$$

将式(5-9)代入式(5-12)得到金属气化焓与键能的关系式：

$$\Delta H_{\mathrm{V}} = 0.9228E_{\mathrm{m}} + 61.74 \tag{5-13}$$

得出金属气化焓与键能之间存在正比关系，即金属键能越大，则气化焓越大。

5.3 金属键的本质

从以上论述了解到金属键的几种不同理论，但是金属键的本质仍然不清楚。金属键的几种不同理论能各自部分说明金属的成键过程和金属的部分性质，但都不能完全使人信服。这就在于金属键是与离子键和共价键不同的化学键，有着本质不同，它不是双原子和可数原子的组合，而是天文数字的原子间的相互作用。

从参加成键的电子数及其电子云分布、动量分布和自旋分布深入研究固体键的形成与性质，建立有效的定量计算方法，是当前发展固体理论的一个重要任务[1]。用电子云分布的情况描述键的形成是科学的，因为电子云分布是根据电子的波函数描述的，而波函数是近代量子力学发展起来以后描述电子运动行为的最好方法。因此，使用电子云分布的概念研究键的形成是符合现代科学发展规律的。同时，电子云的分布可以设法用实验测定或用量子力学计算。

显然，金属中某一个原子的电子云变化和双原子分子中的不同，它不再是只和一个原子形成电子桥，而是同时与其周围的几个原子形成电子桥。例如锂金属是体心立方结构，它的每个原子与周围的 8 个原子形成 8 个电子桥，也就是形成 8 个键，每个键上所分配的电子并不正好是一对，因为锂是一价的，每个键上所分配的电子只有 1/8 对，价最大的第Ⅵ族金属，每个键上所分配的电子只有 6/8 对，仍然不到一对。因此，金属键与一般共价键有本质不同。用量子力学可以比较准确地算出形成键时电子云分布，比较清楚地了解形成键的本质。在此基础上，就可以探讨更复杂的键的特点和形成的规律。但电子云分布并不能给出电子的一切由波函数反映的性质，不能完全解释所观察到的一切特性。因此，建立一种寻找金属键波函数的有效方法是当务之急。这就是为什么不管是“改性共价键”，还是建立在周期场上发展起来的单电子能带理论都是比较粗糙和有很大局限性的。

原子形成晶体后原子的电子结构是揭开金属电子结构的钥匙。人们已研究出多种表述方法，如价键[36]、键长和价键电子数[37]、电子密度方法[23-24, 38]等。爱因斯坦曾说，虽然人们不断地往前迈进，但圆满的解答似乎不断地在向后退逃。因此，在科学的征途中应当永远进击。期待未来建立一个更完善的金属键理论，更深刻全面地反映金属键的本质。

历史事件回顾

4 金属材料简介

一、金属材料的概念

金属材料(metallic material)一般是指工业应用中的纯金属、合金、金属间化合物和特种金属材料[39-40]。自然界中有 70 多种纯金属，其中常见的有铁、铜、铝、锡、镍、金、银、铅、锌等。合金常指由两种或两种以上的金属或金属与非金属结合而成的具有金属特性的材料，常见合金如铁和碳所形成的钢合金，铜和锌所形成的黄铜合金等(图 5-22)。金属氧化物(如氧化铝)不属于金属材料。

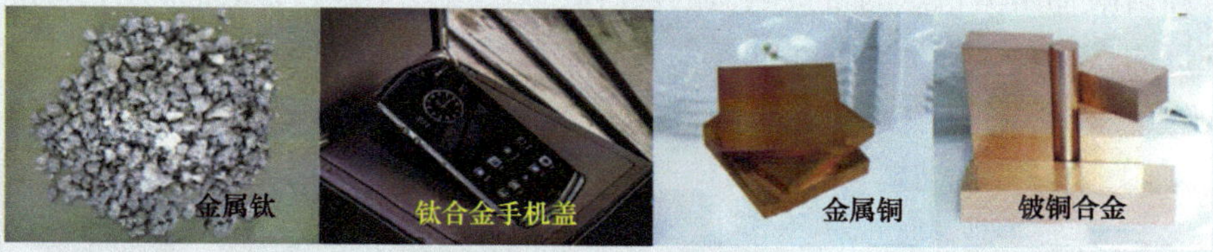

图 5-22 金属和合金

二、金属材料的基本种类

金属材料通常分为黑色金属(ferrous metal)、有色金属(nonferrous metal)和特种金属(special metal)材料。

(1) 黑色金属又称钢铁材料，包括含铁 90% 以上的工业纯铁，含碳 2%～4% 的铸铁，含碳小于 2% 的碳钢，以及各种用途的结构钢、不锈钢、耐热钢、高温合金金属材料、精密合金等。广义的黑色金属还包括铬、锰及其合金。

(2) 有色金属是指除铁、铬、锰以外的所有金属及其合金，通常分为轻金属、重金属、贵金属、半金属、稀有金属和稀土金属等。有色合金的强度和硬度一般比纯金属高，并且电阻大、电阻温度系数小。

(3) 特种金属材料包括不同用途的结构金属材料和功能金属材料。其中有通过快速冷凝工艺获得的非晶态金属材料，以及准晶、微晶、纳米晶金属材料(图 5-23)等，还有隐身、抗氢、超导、形状记忆、耐磨、减振阻尼等特殊功能合金(图 5-24)以及金属基复合材料等。

例如，航空发动机的高温部件是强的雷达散射源，严重影响了发动机和飞行器的后向隐身性能及其战场生存力[41-42]。其中采用有较好吸波性能的高温吸波涂层，使用等离子喷涂是解决问题的有效途径之一。国内西北工业大学相关团队开展了系列等离子喷涂高温吸波涂层的介电性能研究，吸收剂包括 Cr、Nb、FeCrAl、NiCrAlY、$MoSi_2$ 等金属和合金材料[43-45]。再如，镁合金作为新一代医用金属材料具有良好的生物相容性、独特的生物可降解功能和优越的综合力学性能，在可降解金属植入材料方面(包括骨替代材料及支架材料等)具有巨大应用潜力。但是，镁合金在人体内的降解速率与组织愈合速度不匹配、面临细菌的感染等，直接影响植入的成功率，这也是目前限制镁合金在临床中进一步应用的主要原因。中国科学院上海陶瓷研究所谭鹏等对镁合金材料进行改性，先通过等离子体电解氧化作用再结合聚己酸内酯(PCL)和多巴胺，显著增强镁合金的耐腐蚀性和细胞相容性，进一步通过固定聚六亚甲基双胍显著提高镁合金材料的抗菌性[46]。陕西师范大学陈亚芍课题组研究镁合金材料，先通过微弧氧化处理形成氧化镁涂层，以增强其耐腐蚀性，再通过旋涂辅助的层层组装技术，将 P(DOP-CO-DMAEMA$^+$)聚阳离子和硫酸葡聚糖稳定的带负电荷的银溶胶多层组装于镁合金表面，赋予材料优异的抗菌性能[47]。这些都是金属基复合材料研究热点。

(a) 非晶态金属材料　(b) 准晶态金属材料　(c) 微晶态金属材料　(d) 纳米金

图 5-23　一些特种金属材料

(a) 歼-20隐身材料　(b) 超导材料　(c) Ni-Ti记忆合金材料

图 5-24　一些特殊功能合金材料

三、金属材料的基本性能

(1) 工艺性能：指在加工制造过程中，机械零件的金属材料在所定的冷、热加工条件下表现出来的性能。金属材料工艺性能的好坏决定了其在制造过程中加工成型的适应能力。由于加工条件不同，要求的工艺性能不同，如铸造性能、可焊性、可锻性、热处理性能、切削加工性等。

(2) 使用性能：指在使用条件下，机械零件的金属材料表现出来的性能，包括力学性能、物理性能、化学性能等。金属材料使用性能的好坏决定了其使用范围与使用寿命。机械零件一般在常温、常压和强腐蚀性介质中使用，且在使用过程中承受不同载荷作用。金属材料在载荷作用下抵抗破坏的性能称为力学性能，也称机械性能。金属材料的力学性能是零件设计和选材的主要依据。外加载荷性质如拉伸、压缩、扭转、冲击、循环载荷等不同，对金属材料要求的力学性能也不同。常用的力学性能包括强度、塑性、硬度、冲击韧性、多次冲击抗力和疲劳极限等。以金属铼的应用为例。全球铼产量的 70% 都用于制造喷射引擎的高温合金部件[48]。由于铼是地球地壳中最稀有的元素之一，平均含量为十亿分之一[49]，已成为各国军工工业的抢手资源，是重要的战略资源。铼也是单晶叶片的主要材料，而单晶叶片是生产航天发动机必不可少的部件，其在航天发动机中所处的位置是温度最高的，一般的材料无法承受如此高的温度。

四、金属材料的基本特点

1. 疲劳

在交变载荷作用下，尽管应力水平低于材料的屈服极限，但经过长时间的应力反复循环作用，也会发生材料突然脆性断裂，这种现象称为金属材料的疲劳[50]。金属材料疲劳断裂的特点是：① 载荷应力是交变的；② 载荷的作用时间较长；③ 断裂是瞬时发生的；④ 无论是塑性材料还是脆性材料，在疲劳断裂区都是脆性的。疲劳断裂是工程上最常见、最危险的断裂形式。

金属材料的疲劳现象按条件不同可分为下列几种：① 高周疲劳：指在低应力(工作应力低于材料的屈服极限，甚至低于弹性极限)条件下，应力循环周数在 100000 以上的疲劳，是最常见的一种疲劳破坏，一般简称为疲劳。② 低周疲劳：指在高应力(工作应力接近材料的屈服极限)或高应变条件下，应力循环周数在 100000 以下的疲劳。由于交变的塑性应变在这种疲劳破坏中起主要作用，因而也称为塑性疲劳或应变疲劳。③ 热疲劳：指由温度变化所产生的热应力的反复作用所造成的疲劳破坏[51-52]。④ 腐蚀疲劳：指机器部件在交变载荷和腐蚀介质(如酸、碱、海水、活性气体等)的共同作用下所产生的疲劳破坏[53]。⑤ 接触疲劳：指机器零件的接触表面，在接触应力的反复作用下，出现麻点剥落或表面压碎剥落，从而造成机件失效破坏。

2. 塑性

塑性是指金属材料在载荷外力的作用下产生永久变形(塑性变形)而不被破坏的能力[54]。金属材料在受到拉伸时，长度和横截面积都发生变化，因此，金属的塑性可以用长度的伸长(延伸率)和断面的收缩(断面收缩率)两个指标衡量。金属材料的延伸率和断面收缩率越大，表示该材料的塑性越好，即材料能承受较大的塑性变形而不破坏。一般把延伸率大于 5% 的金属材料称为塑性材料，如低碳钢等，而把延伸率小于 5% 的金属材料称为脆性材料，如灰口铸铁等。塑性好的材料能在较大的宏观范围内产生塑性变形，在塑性变形的同时，金属材料因塑性变形而强化，从而材料的强度提高，保证了零件的安全使用。此外，塑性好的材料可以顺利地进行某些成型工艺加工，如冲压、冷弯、冷拔、校直等。因此，选择金属材料作机械零件时，必须满足一定的塑性指标。

3. 耐久性

耐久性指在设计年限内的正常养护下，金属材料能够保持正常使用并抵抗自然环境的各类侵蚀，而不需要维修和加固的性能。金属腐蚀的主要形态有：① 均匀腐蚀，金属表面的腐蚀使断面均匀变薄。常用年平均厚度减损值作为腐蚀性能的指标。钢材在大气中一般呈均匀腐蚀。② 孔蚀。金属腐蚀呈点状并形成深坑。孔蚀的产生与金属的本性及其所处介质有关。在含有氯盐的介质中易发生孔蚀。孔蚀常用最大孔深作为评定指标。管道的腐蚀多考虑孔蚀。③ 电偶腐蚀。不同金属的接触处，因具有不同电位而产生的腐蚀。④ 缝隙腐蚀。金属表面的缝隙或其他隐蔽区域常发生由不同部位间介质的组分和浓度的差异引起的局部腐蚀。⑤ 应力腐蚀。在腐蚀介质和较高拉应力共同作用下，金属表面产生腐蚀并向内扩展成微裂纹，常导致突然破断。混凝土中的高强度钢筋可能发生这种破坏。

4. 硬度

硬度指材料抵抗硬物体压入其表面的能力。它是金属材料的重要性能指标之一。一般硬度越高，耐磨性越好。常用的硬度指标有：① 布氏硬度(HB)。以一定的载荷(一般为 3000 kg)把一定大小(直径一般为 10 mm)的淬硬钢球压入材料表面并保持一段时间，去载后，负荷与其压痕面积之比即为布氏硬度值。② 洛氏硬度(HR)。当 HB>450 或者试样过小时，不能采用布氏硬度试验而改用洛氏硬度计量。用一个顶角为 120°的金刚石圆锥体或直径为 1.5875 mm / 3.175 mm /6.35 mm / 12.7 mm 的钢球，在一定载荷下压入被测材料表面，由压痕深度求出材料的硬度。根据试验材料硬度的不同，可采用不同的压头和总试验压力组成几种不同的洛氏硬度标尺，每种标尺用一个字母在洛氏硬度符号 HR 后面加以注明。③维氏硬度(HV)。以 120 kg 以内的载荷和顶角为 136°的金刚石方形锥压入器压入材料表面，用材料压痕凹坑的表面积除以载荷值即为维氏硬度值。

硬度试验是机械性能试验中最简单易行的一种试验方法。实践证明，金属材料的硬度值与强度值之间具有近似的相应关系。因为硬度值是由起始塑性变形抗力和继续塑性变形抗力决定的，材料的强度越高，塑性变形抗力越高，硬度值也就越高。

读者可参阅《常用金属材料手册》[55]获悉常用金属原料及其产品的牌号、化学成分、力学性能、特性与用途，以及常用金属产品的品种、规格、尺寸、允许偏差和质量等。

参 考 文 献

[1] 苟清泉. 科学通报, 1962, 7(6): 22.
[2] 栾芝春. 大学化学, 1986, 1(2): 28.
[3] Strutt M J O. Ann Phys-Berlin, 1928, (2): 130.
[4] Bloch F. Z Phys, 1929, 52(7-8): 555.
[5] Brillouin L. C R Hebd Seances Acad Sci, 1930, 191: 292.
[6] Wigner E P, Seitz F. Phys Rev, 1933, 43(10): 804.
[7] Slater J C. Phys Rev, 1936, 49(7): 537.
[8] Slater J C. Rev Mod Phys, 1953, 25(1): 199.
[9] Stoner E C. Proc R Soc Lond A, 1938, 165(922): 372.
[10] Wohlfarth E P. Rev Mod Phys, 1953, 25(25): 211.
[11] Friedel J. J Phys Radium, 1955, 16(11): 829.
[12] Slater J C. Phys Rev, 1930, 35(5): 509.
[13] Schubin S, Wonsowsky S. Proc R Soc Lond A, 1934, 145(854): 159.
[14] 波戈留波夫. 量子统计学. 杨棨, 译. 北京: 科学出版社, 1959.
[15] Van Vleck J H. Rev Mod Phys, 1953, 25(1): 220.
[16] Вонсовский С В. J Phys VSSR, 1996, 10: 468.
[17] Zener C, Heikes R R. Rev Mod Phys, 1953, 25(1): 191.
[18] Pauling L. Proc Nati Acad Sci USA, 1953, 39(6): 551.
[19] Pauling L. Phys Rev, 1938, 54(11): 899.
[20] Brewer L. Acta Metall, 1967, 15(3): 553.
[21] Raju S, Mohandas E, Raghunathan V S. Scripta Mater, 1996, 34(11): 1785.
[22] Hume-Rothery W, Raynor G V. Adv Phys, 1954, 3(10): 149.
[23] 张瑞林. 固体与分子经验电子理论. 长春: 吉林科学技术出版社, 1954.
[24] 余瑞璜. 科学通报, 1978, 23(4): 217.
[25] 周燕真, 吴国炘. 化学通报, 1987, (5): 55.
[26] 马亨. 大学化学. 上海: 上海科学技术出版社, 1985.
[27] 方俊鑫, 陆栋. 固体物理学. 上册. 上海: 上海科学技术出版社, 1980.
[28] 细矢治夫, 丸山有城. 结构与物性. 上海: 上海科学技术出版社, 1979.
[29] Coulson C A. 原子价. 北京: 科学出版社, 1966.
[30] Shriver D F, Atkins P W, Langford C H. 无机化学. 第 2 版. 北京: 高等教育出版社, 1997.
[31] 亚沃尔斯基, 杰特拉夫, 雷仕湛. 大学物理手册. 第三分册. 上海: 上海翻译出版公司, 1986.
[32] 梅平. 江汉大学学报, 1991, (3): 5.
[33] 萧功伟. 科学通报, 1983, 28(19): 1169.
[34] Gschneidner Jr K A. Solid State Phys, 1964, 16(12): 275.
[35] 梅平, 甘光奉, 雷秀斌, 等. 科学通报, 1989, (8): 80.
[36] Ingold C K. The Nature of the Chemical Bond and the Structure of Molecules and Crystals.

Ithaca: Cornell University Press, 1960.
[37] 李世春. 自然科学进展, 1999, (3): 229.
[38] Moruzzi V L, Janak J F, Williams A R. Calculated Electronic Properties of Metals. Oxford: Pergamon Press, 1978.
[39] 吴承建, 陈国良, 强文江. 金属材料学. 北京: 冶金工业出版社, 2009.
[40] 黄象珊. 金属材料基础. 北京: 机械工业出版社, 2013.
[41] Cheng Y L, Dai J M, Wu D J, et al. J Magn Magn Mater, 2010, 322(1): 97.
[42] Ye F, Zhang L, Yin X, et al. J Eur Ceram Soc, 2014, 34(2): 205.
[43] Zhou L, Zhou W, Luo F, et al. Surf Coat Tech, 2012, 210: 122.
[44] Wen Q, Zhou W, Su J, et al. J Alloy Compd, 2016, 666: 359.
[45] Qing Y, Zhou W, Luo F, et al. Ceramics International, 2016, 42(14): 16412.
[46] Tian P, Xu D, Liu X. Colloids Surf B, 2016, 141: 327.
[47] Zhang X, Yi J, Zhao G, et al. Surf Coat Tech, 2016, 286: 103.
[48] Naumov A V. Russ J Non-Ferr Met, 2007, 48(6): 418.
[49] Greenwood N N, Earnshaw A. Chemistry of the Elements. 2nd ed. Oxford: Butterworth -Heinemann, 1997.
[50] 杨新华, 陈传尧. 疲劳与断裂. 武汉: 华中科技大学出版社, 2018.
[51] Schijve J. Fatigue of Structures and Materials. 2nd ed. New York: Springer, 2008.
[52] Bathias C, Pineau A. Fatigue of Materials and Structures: Fundamentals. London: John Wiley & Sons, 2010.
[53] 符朝旭, 黎小锋, 罗来正. 装备环境工程, 2019, 16(07): 71.
[54] 曹阔, 冯运莉. 热加工工艺, 2019, 48(18): 5.
[55] 郑峰. 常用金属材料手册. 北京: 化学工业出版社, 2007.

第6章

原子之间的另一种作用力——氢键

与分子中原子之间存在的强作用力，即三种化学键相对应，在分子之间甚至可以说在原子之间还存在一些弱得多的作用力，人们称它们为分子间作用力，包括范德华力、氢键、次级键和超分子力。然而，发现并研究了100年之久的氢键的本质一直备受争议：长期以来这种作用力都被教科书认为是静电相互作用，但近年的研究结果又提示，氢键具有与共价键类似的一些特性。本章拟通过对这些作用力概念、差别的论述，提出“氢键是原子间的另一种作用力”的观点[1]。

6.1 氢键与分子间作用力

分子间作用力(intermolecular force)指存在于分子与分子之间或高分子化合物分子内官能团之间的作用力，简称分子间力。按传统概念主要包括范德华力(van der Waals force)和氢键(hydrogen bond)。

6.1.1 范德华力

范德华力最早是由荷兰物理学家范德华(J. D. van der Waals，1837—1923)在研究实际气体相对于理想气体状态方程的偏差时提出的。范德华力普遍存在于固、液、气态的任何微粒之间，与距离六次方成反比。根据来源不同又可分为色散力、取向力和诱导力[2]。

(1) 色散力(dispersion force)是分子的瞬时偶极间相互吸引所产生的作用力。由于分子中电子和原子核不停运动，非极性分子的电子云分布呈现有涨有落的状态，从而电子与原子核之间出现瞬时相对位移，产生瞬时偶极，分子也因而发生变形。分子中电子数越多、原子数越多、原子半径越大，分子越易变形。瞬时偶极可使其相邻的另一非极性分子产生瞬时诱导偶极，且两个瞬时偶极总采取异极相邻状态，这种随时产生的分子瞬时偶极间的作用力为色散力，因其作用能表达式与光的色散公式相似而得名：

$$E_{色}=-\frac{3}{2}\frac{I_1I_2}{I_1+I_2}\frac{\alpha_1\alpha_2}{r^6} \tag{6-1}$$

式中，I_1 和 I_2 为两个相互作用分子的电离能；α_1 和 α_2 为极化率；r 为两分子质心间距离。

虽然瞬时偶极存在短暂，但异极相邻状态此起彼伏，不断重复，因此分子间始终存在色散力。色散力不仅存在于非极性分子间，也存在于极性分子间以及极性与非极性分子间。色散力与分子的变形性有关，变形性越大，色散力越强。例如，卤素分子物理性质可以用色散力进行定性说明。F_2、Cl_2、Br_2、I_2 都是非极性分子。分子量增大，原子半径增大，电子增多，色散力增加；分子变形性增加，色散力增加。因此，卤素分子的熔点、沸点随分子量增加而迅速增高，常温下 F_2、Cl_2 是气体，Br_2 是液体，而 I_2 则是固体。

(2) 取向力(orientation force)也称为定向力，是极性分子的永久偶极间的静电引力。极性分子的正、负电荷重心不重合，分子中存在永久偶极。当极性分子相互接近时，其永久偶极间同极相斥、异极相吸，一个分子的带负电的一端和另一个分子带正电的一端接近，使极性分子按一定方向排列，并由静电引力互相吸引。当分子之间接近到一定距离时，排斥和吸引达到相对平衡，从而体系能量达到最小值。极性分子固有偶极间存在作用力是葛生(W. Keesom，1876—1956)于 1912 年首先提出的，因此取向力也称为葛生力。

取向力的本质是静电作用，取向力与分子偶极矩的平方成正比，与温度成反比，与分子间距离成反比。分子的偶极矩越大，取向力越大：

$$E_{取}=-\frac{3}{2}\frac{\mu_1^2\mu_2^2}{kTr^6} \tag{6-2}$$

式中，μ_1 和 μ_2 是两个相互作用分子的偶极矩；r 为两分子质心间距离；k 为玻尔兹曼常量；T 为热力学温度。

当温度升高时，取向力减小。因为温度升高时分子的热运动加剧，破坏了分子的有序排列，减少了取向的趋势。

(3) 诱导力(induced force)指极性分子的永久偶极与非极性分子的诱导偶极之间的静电引力。在极性分子和非极性分子之间，极性分子偶极所产生的电场对非极性分子产生影响，使非极性分子电子云变形(电子云被吸向极性分子偶极的正电的一极)，结果使非极性分子的电子云与原子核发生相对位移，本来非极性分子中的正、负电荷重心是重合的，相对位移后就不再重合，使非极性分子产生偶极。这种电荷重心的相对位移使分子产生变形而产生的偶极称为诱导偶极，以区别于极性分子中原有的永久偶极。诱导偶极和永久偶极相互吸引的作用力称为诱导力，相互作用的能量称为诱导能，偶极矩为 μ_1 的分子 1 与极化率为 α_2 的分子 2 之间的诱导能为

$$E_{诱}=-\frac{\alpha_2\mu_1^2}{r^6} \tag{6-3}$$

同样，在极性分子与极性分子之间，彼此的永久偶极也会使其临近分子因变形而产生诱导偶极，因此极性分子相互之间也存在诱导力。因此，在极性分子和非极性分子之间，以及极性分子和极性分子之间都存在诱导力。诱导力与电场强度、分子变形性有关。

(4) 在极性分子与极性分子之间，取向力、诱导力、色散力都存在。极性分子与非极性分子之间存在诱导力和色散力。非极性分子与非极性分子之间只存在色散力。这三种类型的力的比例大小取决于相互作用分子的极性和变形性。极性越大，取向力的作用越重要；变形性越大，色散力越重要；诱导力与这两种因素都有关。对于大多数分子，色散力是主要的。只有偶极矩很大的分子如水，取向力才是主要的。诱导力通常比较小。分子间的范德华力是一种永远存在于分子间的作用力，随着分子间距离的增大而迅速减小，是一种近程力，表现为分子间近距离的吸引力，作用范围只有几百皮米。作用能的大小从几焦每摩到几十焦每摩，比化学键的键能小 1～2 个数量级。一些纯物种分子间作用能的贡献见表 6-1。

表 6-1　一些纯物种分子间作用能的贡献(25℃)

分子	极化率/($10^{24}cm^3$)	偶极矩/deb	电离能/eV	作用能		
				$-E_{取}$	$-E_{诱}$	$-E_{色}$
He	0.205	0	24.5	0	0	1.49
Ne	0.39	0	25.7	0	0	7.97
Ar	1.63	0	17.5	0	0	69.5
Ke	2.46	0	14.7	0	0	129
Xe	4.0	0	12.2	0	0	273
H_2	0.81	0	14.5	0	0	11.4
N_2	1.74	0	15.8	0	0	57.2
O_2	1.57	0	13.6	0	0	39.8
Cl_2	4.60	0	12.7	0	0	321
CO	1.99	0.1	14.3	0.003	0.157	67.5
HCl	2.63	1.03	13.4	18.6	5.4	111
HBr	3.58	0.78	12.1	6.2	4.05	185
HI	5.4	0.38	10.5	0.35	1.68	370

续表

分子	极化率/($10^{24}cm^3$)	偶极矩/deb	电离能/eV	作用能		
				$-E_{取}$	$-E_{诱}$	$-E_{色}$
NH_3	2.24	1.5	11.7	84	10	70
H_2O	1.48	1.84	18	190	10	47

数据引自：Kauzmann W. 1957.Quantum Chemistry. New York: Academic Press.

6.1.2 超分子

超分子(supermolecule)最早由德国化学家沃尔夫(K. L. Wolf, 1901—1969)等于1937 年提出[3]，用以描述由氢键结合的乙酸二聚体(图 6-1)。这种六元环结构使得体系能量更低，更加稳定。目前，超分子通常是指由两种或两种以上彼此没有形成共价键结合的分子依靠分子间相互作用结合在一起，组成的复杂、有组织的聚集体，聚集体保持一定的完整性并具有明确的微观结构和宏观特性。在生物化学中，超分子指像肽及寡核苷酸等由生物分子组成的大分子配合物[4]。

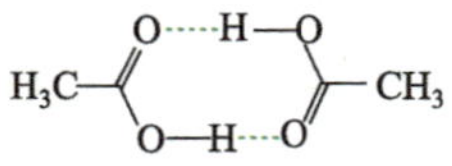

图 6-1　乙酸二聚体的结构

经典理论认为，分子是保持物质性质的最小单位，然而分子一经形成就处于分子间力的相互作用之中，这种力场不仅制约着分子的空间结构，也影响物质性质。目前，超分子化学(supramolecular chemistry)已发展为化学的一门分支，专注于分子之间的非共价键结合作用[5-6]。相较于传统化学所研究的共价键，超分子化学的研究对象是一些较弱且具可恢复性的分子间作用，如氢键、π-π 堆积、范德华力以及重叠作用等。例如，如图 6-2 所示，三硝基芴(蓝色)夹在分子镊子(红色)中，两者因芳香性重叠作用结合在一起[7]。DNA 分子图(6-3)中的 π 重叠出现在相连的核苷酸之

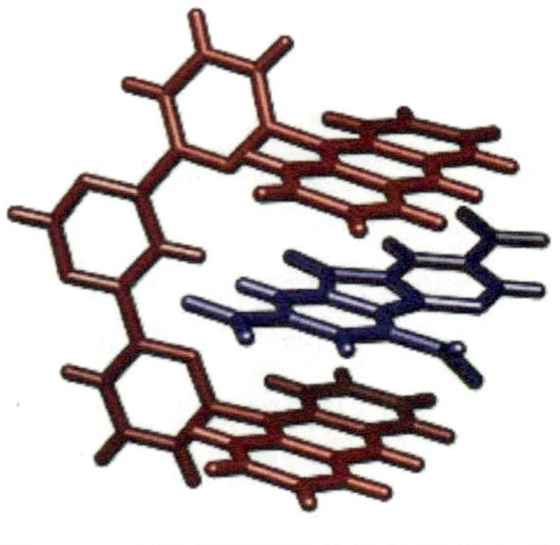

图 6-2　利用重叠形成超分子化合物

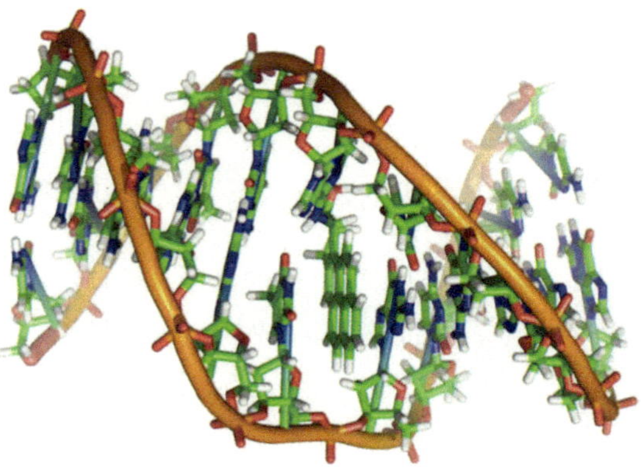

图 6-3　DNA 的双螺旋结构

间，核苷酸中含氮碱基的芳香环间的重叠作用可加强分子结构的稳定性。

1987 年诺贝尔化学奖授予美国的佩德森(C. J. Pedersen，1904—1989)、克拉姆(D. J. Cram，1919—2001)和法国的莱恩(J. M. Lehn，1939—)三位化学家，以表彰他们在超分子化学理论方面的开创性工作。

范德华　　沃尔夫　　佩德森　　克拉姆　　莱恩

6.1.3　氢键

为什么冰能浮在水面上？这便是氢键在起作用。自然界中氢键这种分子间的相互作用随处可见，DNA 双链中的碱基配对也是在氢键作用下实现的。氢键与生命和生活关系紧密(图 6-4)。

(a) 冰浮在水面上　　(b) 冰下生物存活　　(c) 冬天人们凿冰捉鱼

图 6-4　氢键与生活

1. 氢键定义的讨论

虽然氢键在超分子化学中显示了无比的威力，但从化学键研究方面来讲，它与其他分子间力相比还有许多不同。人们在认识氢键上有误区。

目前，对氢键的定义仍然停滞在最初的概念，即氢键是分子间作用力的一种，是一种永久偶极之间的作用力[8]。即便经过一些理论处理[9-10]，人们也只是认为：氢键是两个偶极子之间的三中心四电子静电作用力，氢键的本质是电性的。2011 年，国际纯粹与应用化学联合会(IUPAC)由印度科学家阿汝南(E. Arunan)领导的一个小组推荐了氢键的新定义[11]：氢键是分子间作用力的一种，是一种永久偶极之间的作用力，发生在已经以共价键与其他原子键合的氢原子与另一个原子之间(X—H···Y)，通常发生氢键作用的氢原子两边的原子(X、Y)都是电负性较强的原子。这个新定义对促进新型氢键的发展至关重要，也暗示了对氢键的认识要突破狭义定义。

鲍林对化学键的定义：如果两个原子或原子团之间的作用力强到足以形成足够稳定的、可被化学家看作独立分子物种的聚集体，它们之间就存在化学键[12-13]。氢键的键能最大接近 200 $kJ\cdot mol^{-1}$，一般为 5～30 $kJ\cdot mol^{-1}$(表 6-2)，比一般的共价键、离子键和金属键键能($10^2\ kJ\cdot mol^{-1}$ 级)小，但强于分子间力(低于 10 $kJ\cdot mol^{-1}$)。

表 6-2　几种双聚物的氢键分裂能　　(单位：$kJ\cdot mol^{-1}$)

体系	$(HF)_2$	$(H_2O)_2$	$(NH_3)_2$	$(HCl)_2$	$(H_2S)_2$
能量	29±4	22±6	19±2	9±1	7±1

2. 对氢键仅仅是分子间作用力的再认识

近年来，随着实验条件和理论水平的不断进步，人们对氢键的认识和理解也不断深入。氢键定义中，X—H⋯Y 被认为是“Y 与 X 和 H 原子形成三中心四电子键”。分子间因为氢键被连接成一个足够稳定的、可被化学家看作独立分子物种的聚集体，即氢键给体系带来了额外的稳定性。根据分子轨道理论，三中心四电子键实质是一种离域键。因此，在 KHF_2 的$[F—H\cdots F]^-$中，H 原子两边的共价成分相等，键长相同(图 6-5)。离域键型似乎属于“共价键范畴”，“分子间因为氢键被连接成一个足够稳定的、可被化学家看作独立分子物种的聚集体”似乎又符合鲍林对化学键的定义。

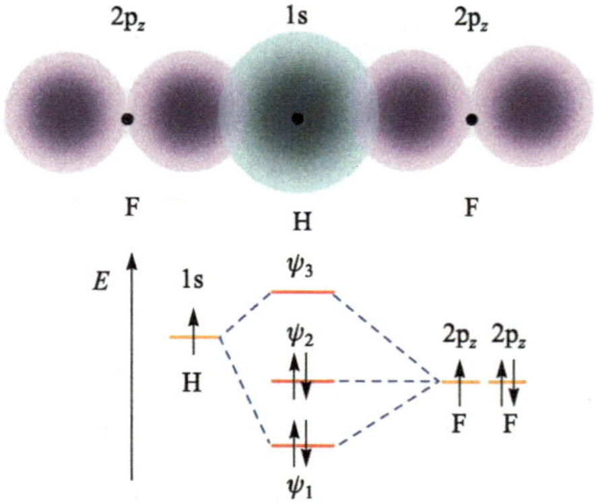

图 6-5　三中心四电子键模型及分子轨道能级图

如果把三中心四电子分子轨道模型推广到一般氢键的形成过程，也可以较好地解释一些实验事实：① 在氢键 X—H⋯Y 中，不仅要求 X、Y 的电负性大、原子半径小，还要求 Y 中有孤对电子；② 在氢键 X—H⋯Y 中，X—H 键轴的方向要尽可能与 Y 原子上孤对电子的对称轴方向一致。这可以从原子轨道组合成分子轨道的对称性一致及最大重叠原则理解。如果用单纯的静电模型描述氢键的形成，那么晶态$(HF)_n$的构型应该是直线链状结构：F—H…F—H…F—H…，因为这种构型会使氢键两边的 F 原子与 F 原子、H 原子与 H 原子之间的斥力最小，形成的氢键最稳定。但实际上$(HF)_n$ 的构型是锯齿形链状结构(图 6-6)[14]，原因同样是“为了聚集体的能量更低、更稳定”。

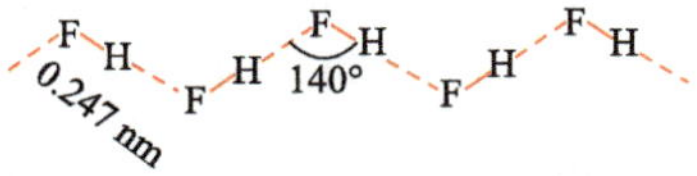

图 6-6　晶体中的$(HF)_n$无限链状结构

如图 6-7 所示液态水中完全氢键化的五分子四面体结构[15]也能说明这个观点。水分子不仅具有开放式的四面体结构，而且由氢键构成方向性很强的网络团簇。也正是这种“稳定的”网络团簇才使水具有“固定的”各种理化特性[16]。

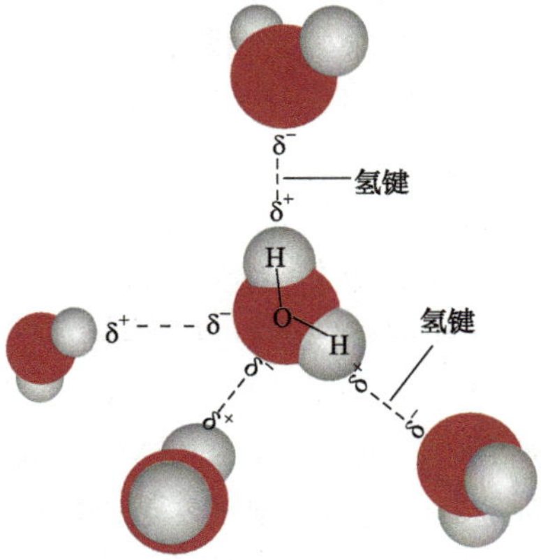

图 6-7　液态水中完全氢键化的五分子四面体结构

从以上分析，可以看出：

(1) 从作用力大小看，氢键不同于其他分子间作用力。范德华力一般认为小于 8 kJ · mol^{-1}。氢键因供体和受体原子的性质、几何形状和环境不同，一般在 25～40 kJ · mol^{-1}。曾经有一度认为最强的氢键是$[HF_2]^-$中的 FH…F^-，计算出的键能约为 169 kJ · mol^{-1}[17]。然而，用相同方法计算甲酸和氟离子间的$[HCO_2H\cdots F^-]$氢键键能，结果要比 FH…F^-的高出约 30 kJ · mol^{-1}[18]。用离子回旋共振谱法(FT-MS)得出的数据为(163±4)kJ · mol^{-1}，也与之吻合较好[19]。离子间、离子-分子间氢键键能为 40～190 kJ · mol^{-1}，与弱共价键相当。例如，X—Hg(X=F，Cl，Br，I)的单键离解能分别为～180 kJ · mol^{-1}、(92.0±9.2) kJ · mol^{-1}、74.9 kJ · mol^{-1} 和(34.69±0.96) kJ · mol^{-1}[20]。

(2) 从作用力大小看，氢键不同于超分子力。π-π 堆积是芳香化合物的一种特殊空间排布，指一种常发生在芳香环之间的弱相互作用，通常存在于相对富电子

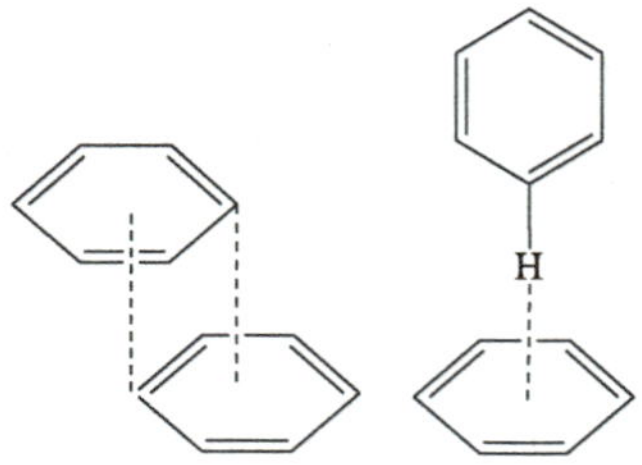

图 6-8　苯环间的 π-π 堆积

和缺电子的两个分子之间，是一种与氢键同样重要的非共价键相互作用。这是超分子力的典型代表。亨特(C. A. Hunter)等[21]经过理论计算和实验验证指出，π-π 堆积作用起源于芳香体系之间不同符号的电子云之间的吸引，一般很少出现完全相对的芳香体系的堆积，因为会产生强烈的排斥作用。常见的堆积作用分为两种(图 6-8)：错位面对面堆积作用，即 F 型堆积，两个芳香体系基本平行；边对面堆积作用，即 T 型堆积，两个芳香体系互相垂直，有研究认为后者比前者更为稳定。最常见的 π-π 堆积作用是苯环之间的堆积作用，陈小明认为它们的能量大小为 1～50 $kJ \cdot mol^{-1}$，多数在 10 $kJ \cdot mol^{-1}$左右和以下[22]。π-π 堆积的能量小于氢键键能。

(3) 氢键的方向性和饱和性(尽管数目有所扩大)不能完全用静电作用的观点解释。虽然从量子力学和键能角度来看，氢键也不同于共价键，一种新型 NMR 脉冲频率实验确实证明了 N—H···N、F—H···N、N—H···O—C、O—H···O 氢键具有一定的共价性。C—H···Se 氢键离子性不明显，共价性更强[23]。

依据这些分析结果，可以认为氢键是一种特殊的化学键。从键能方面，它更不同于其他分子间力，不仅数值接近共价键，而且具有共价键的特征轨道重叠与电荷转移，具有共价键方向性和饱和性的特点。鲍林在很早就提出了氢键的理论，指出氢键与共价键和范德华力有本质的不同[12]，认为把氢键看成是单纯的静电作用可能是不正确的观点。所谓的“氢键”在水和冰中连接水分子的标准图像可能并不完整。每个水分子中，强的共价键成键电子的波函数会部分泄露形成氢键，导致水分子间的结合[24]。1999 年 Hellemans 在评述关于水中氢键研究成果时[25]，讲到不但量子力学理论肯定了鲍林的上述观点，而且欧洲同步辐射实验室进行的康普顿散射实验[26]，也证实了这种观点的正确性(图 6-9)，即电子行为是非局域性的。

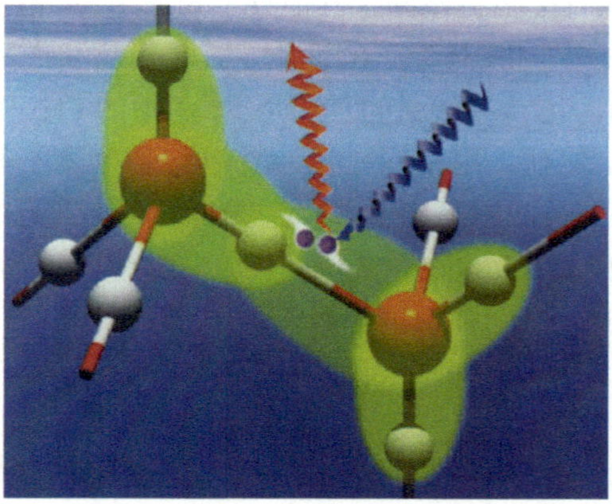
图 6-9　水中的共价键(暗绿色)扩散到分子间氢键(亮绿色)中示意图

6.2　氢键的基本内容

6.2.1　氢键的研究历史简介

氢键的研究历史大体可以分为下面几个时期。

1. 氢键概念的形成期

最早于 1823 年，法拉第(M. Faraday，1791—1867)在对氯的气态水合物的研究中发现，这类化合物的形成与水的氢键性质密不可分[27]。但是这时还没有人提出氢键的概念。在 19 世纪后半叶，人们发现许多与氢键相关的现象存在于气体、液体、固体中[28-30]。

1892 年，能斯特(W. Nernst，1864—1941)研究发现含有羟基的分子间存在弱的相互作用力[31]。1902 年，维尔纳在用主价和副价的概念解释复杂络合物分子中元素的原子价时，首先指出 NH_4Cl 成键的特殊性。他认为，NH_3 分子中氮有一个副价“储藏”着，当它与盐酸反应时，这个副价就被 HCl 分子中的氢原子所饱和。于是维尔纳把氯化铵的结构式写为[$H_3N\cdots H$]Cl[32]。汉奇(A. Hantzsch，1857—1935)于 1910 年[33]、普费弗(P. Pfeiffer，1875—1951)于 1914 年[34]继承和发展了维尔纳的理论，分别描述了分子内和分子间氢键。

1912 年，摩尔(T. S. Moore，1881—1966)和温米尔(T. F. Winmill)详细研究了氢氧化三甲基铵的弱碱性[35]，严格地区分了分子间氢键和分子内氢键的不同含义，被认为最先注意到了氢键。

1920 年，拉提麦尔(W. M. Latimer，1893—1955)和罗德布什(W. H. Rodebush，1887—1959)在一篇论述 HF、H_2O、NH_3 高沸点的文章中提到“由两个八边形所持的氢核构成一个弱键”[36]，被认为第一次明确地提出了氢键的概念。随后，哈金斯(M. L. Huggins，1897—1981，路易斯的学生)于 1922 年在一篇题为《原子结构》的文章中也提到“正电荷核在其价层中不含电子，与含有孤对电子的原子反应，可以形成弱键”[37]。

能斯特

哈金斯

拉提麦尔

1931 年，鲍林在一篇有关化学键成因的论文中讨论[H:F:H]$^+$时第一次用了氢键一词[13]。同年，哈金斯讨论氢离子和氢氧根离子在水溶液中的传导作用时，就用了“氢键”(hydrogen bond)一词[38]，但是在文章第二次校订时，他把“氢键”换成了“氢桥”(hydrogen bridge)。自此，氢键概念被正式提出。

2. 氢键概念的巩固和传播期

氢键虽然早在 20 世纪 20 年代就被提出，但一开始显然没有得到广泛的认识和接受。例如，对 $NaHF_2$(1926 年)、尿素(1928 年)、NH_4F(1930 年)和乙硫胺(1940 年)的研究，以及 20 世纪 30 年代大部分关于水与冰结构的文章中，都对氢键只字未提。

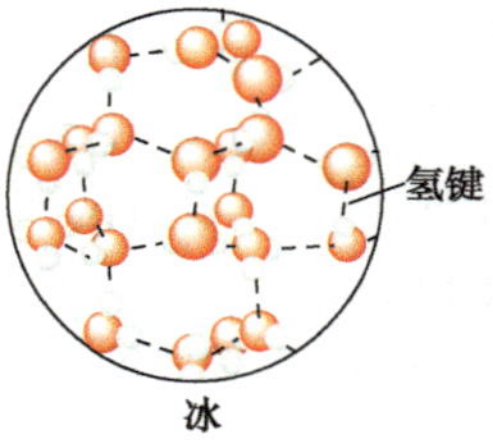

图 6-10 **冰中的氢键**

伯纳尔

1935 年关于乙二酸及一些草酸盐晶体结构分析的文章中，虽然曾提到 H 原子位于两个 O 原子的正中央，但全文也没有正式提到氢键。氢键成为广为人知的概念至少是在 1935 年以后。1935 年，伯纳尔(J. D. Bernal，1901—1971)等提出氢键的概念[39]，用来区别 O—H···O—H 和 O—H···O═C 两种氢键。

在氢键概念的巩固和传播过程中，哈金斯和鲍林起到了重要作用。1935 年，鲍林通过低温下熵变化的研究[24]，发现并提出冰中每个水分子被其他 4 个水分子包围形成氢键网络(图 6-10)。

1936 年，哈金斯发表了两篇关于氢键的文章。在讨论水与冰中的氢键的文章中他第一次用“质子跃迁”解释氢离子在水中的移动速度[40]。在另一篇关于有机物氢键的文章中，哈金斯列举了大量以 O—H、N—H 为质子给体的氢键，他还详细讨论了碳酸中的氢键和角蛋白折叠中氢键对稳定构象的影响[41]。这是一篇极有远见的文章，文章大胆预测了氢键将在生物大分子研究中占据重要地位。1943 年，哈金斯又发表了关于纤维蛋白、脂肪酸、乙二酸衍生物等的氢键的文章[42]，这些都极大地丰富了人们对氢键的认识。

1939 年，鲍林正式出版了著名的《化学键的本质》[12]。这本书把氢键的观点确定并传播开来。鲍林在书中关于氢键的观点主要有两条：① 在某种情况下，一个氢原子同时被两个电负性很强的原子所吸引，这就相当于氢原子在这两个原子间形成了一个键，称作氢键；② 一个氢原子只有一个基态 1s 轨道，所以它不能形成两个纯共价键，故氢键有很大离子成分。

自此，氢键的概念得到巩固和发展。特别是鲍林的氢键概念已成为教科书的主流观点。

3. 进一步突破的技术准备时期

随着 X 射线衍射和红外光谱分析的逐步完善，以及中子衍射和核磁共振(NMR)技术的兴起，化学家以及物理学家测出了一系列的氢键的键能、键长、键角数据，发展出了更为丰富的研究观测方法。这为后来的进一步理论研究做好了准备。其中，特别值得一提的是蛋白质 α 螺旋、β 折叠[43]和 DNA 双螺旋结构[44]的确定都依赖于 X 射线衍射技术。蛋白质结构模型的诞生标志着生物学进入了分子生物学时代，同时氢键在生命科学研究中的地位上升到了一个新的高度。

计算机技术的巨大进步使半定量的量子力学计算成为可能。尽管这一时期得到的理论计算数据都被后来更强大的计算机支持的更精确的量子计算得到的数据所替代，但是，理论计算首次作为一种独立的研究方法应用于氢键的研究中，这对氢键研究有着划时代的意义。

1957 年，第一届国际氢键大会在南斯拉夫的卢布尔雅那举行。当时人们对氢键本质的认识持两种观点：一是以库尔森为代表的认为氢键主要由静电吸引能和交换互斥能组成；二是以鲍林为代表的液态水是以氢键连接形成的笼形水合物的观点。

1960 年，皮门特尔(G. Pimentel，1922—1989)、梅克莱伦(A. McClellan，1894—1985)[45]、哈密顿(W. C. Hamilton，1932—1973)[46]和伊伯斯(J. A. Ibers，1930—)都对氢键做了详细研究。近年来，随着人们对氢键的进一步了解，德西拉尤(G. R. Desiraju，1952—)[47]又再一次提出了氢桥的概念，用来解释说明一些弱氢键与范德华力的区别。

在 20 世纪 60 年代，对氢键的研究已达到了一个成熟的阶段。

德西拉尤

4. 氢键理论发展的黄金期

随着计算机技术的快速发展，氢键的理论研究变得空前活跃。从分子轨道理论、价键理论发展而来的量子力学计算方法，增加了人们的研究手段。由计算得到的数据，与热力学和谱学得到的数据并列在一起，成为氢键研究的第三大数据来源。

为了确定氢键的本质，必须用能量分划方法将复杂的能量还原为几种基本的能量组分，并分析每一组分对总能量的贡献，从而能更好地理解复杂作用力的本质。

魏冰川等[48]详细介绍了这些方法的基本思想和原理。现有的分子间作用能量分划方法有两种主要思路：第一种是基于微扰理论的分划，即按照多体微扰理论展开分子间相互作用能，如对称性适配微扰理论方法(SAPT)[49-50]。在 SAPT 方法中，每一种分子间作用能量校正都可以归入 4 种基本物理量之一(静电、交换、诱导和色散)。第二种是基于基本物理作用的分划，也就是分步考察分子间氢键的形成过程，定义每一步的组分能量，总相互作用能即为各步能量之和。

早在 1951 年，库尔森(C. A. Coulson)等[51]就提出了能量划分的思想，这属于第一种思路。1959 年，库尔森把氢键系统 A—H···B 划分为五个状态的叠加[52]：

$$\psi_{A-H\cdots B} = a\psi_a + b\psi_b + c\psi_c + d\psi_d + e\psi_e \tag{6-4}$$

ψ_a	A—H···B	A—H 间共价键
ψ_b	A^-—H^+···B	A—H 间离子键
ψ_c	A^-—H···B^+	A···B 间电荷转移能
ψ_d	A^-—H^-···B	A—H 间离子键
ψ_e	A—H^-···B^+	H···B 间电荷转移能

他计算了 O—H···O 中 O···O 的间距为 280 pm 时的情形，静电成分 $\psi_b + \psi_d$ 占总能量的 65%，这暗示着静电相互作用可能是氢键的主要组成部分。

库尔森

诸熊奎治

1976 年，北浦和夫(K. Kitaura)和诸熊奎治(K. Morokuma，1934—2017)提出了一种能量分划方法(K-M 法)[49-50, 53]，采用了第二种思路。随后发展起来的几种能量分划方法大多沿用K-M方法的思路，并适当加以改进。

1) Kitaura-Morokuma 能量分划方法

K-M 法的理论基础是 Hartree-Fock 理论。它将分子间作用能 ΔE 分为几个部分：静电能(electro static，ES)、极化能(polarization，PL)、交换互斥能(exchange repulsion，EX)、荷移能(charge transfer，CT)以及耦合作用能(coupling，MIX)。其意义分列如下：

静电能：即所有永久电荷、偶极子、四极子之间的库仑相互作用能，包括两种方式，即吸引和排斥，这是一种最简单的作用形式。两个分子相互靠近会引起分子电子密度分布的变化，又称形变(distortion)。这一项只包括分子形变之前的静电相互作用，而把其余部分归入极化能。

极化能：包含因为诱导作用和色散作用产生的瞬间偶极、瞬间四极之间，以及瞬间偶极和永久电荷之间的作用能，是一种吸引作用。它包含了上面提到的分子形变能。

交换互斥能：两个分子之间互换电子导致的近程排斥作用，电子交换来源于泡利不相容原理的要求。

荷移能：即从一个分子的电子占据轨道迁移到另一个分子的未占据轨道的电荷(载荷子不一定是电子)转移以及由它们之间的耦合作用而引起的能量变化，数值通常不大，但对于分析氢键作用力的本质有重要意义。

耦合作用能：是对前面各项的修正，总的相互作用能ΔE 和前面 4 项总和之差，即为耦合作用，对它通常的解释是分子间相互作用的高级项。数值通常也比较小，有时甚至可以忽略。

从他们对氢键体系的分析结果(表 6-3)可以看出，氢键能量的主要来源是静电能。

表 6-3 氢键能量的 K-M 法分析结果

质子受体	质子给体	θ/(°)	氢键能量/($kJ \cdot mol^{-1}$)					
			ΔE	ES	EX	PL	CT	MIX
HF	HF	60	−31.8	−34.3	19.2	−1.7	−13.4	−1.3
H_2O	HF	6	−56.5	−79.1	44.4	−6.7	−13.0	−1.7
H_2O	HOH	0	−32.6	−43.9	25.9	−3.3	−10.0	−2.1
H_3N	HOH	0	−37.7	−58.6	37.7	−4.6	−10.0	−1.7
H_3N	HNH_2	0	−17.2	−23.8	15.1	−2.5	−5.4	−0.8

注：θ 是氢键(H…A)与质子给体(D—H)之间的夹角。

2) 限制变分空间方法

20 世纪 80 年代，巴格斯(P. S. Bagus)[54]和史蒂文斯(W. J. Stevens)[55]对 K-M 法的改进分别称为限制空间轨道变分法(CSOV)和约化变分空间自洽场法(RVSSCF)。虽然 CSOV 和 RVSSCF 的名称不同，但就原理来讲是相似的，所得结果与 K-M 法所得的数值虽有差别，但仍然表明氢键作用力的主要来源是静电能，荷移能仅占其中比较小的一部分。

3) 自然能量分划方法(NEDA)

自然键轨道方法(NBO)是由温霍尔德(F. A.Weinhold，1941—)等发展起来的一种轨道定域化方法[56-57]。由于 NBO 得到的键轨道与化学家熟悉的化学键图像非常接近，因此称为自然键轨道。

Glendening 等[58-59]将总相互作用能分解为静电能、荷移能和变形能(DEF)三项，并且做了基组重叠误差修正(BSSE)。该方法与 K-M 法的一个主要区别是：在 K-M 法中，电荷转移项中只考虑了占据轨道-未占据轨道之间的交叉项，而将占据轨道-占据轨道和未占据轨道-未占据轨道之间的相互作用归入交换互斥能中，而在 NEDA 中，后两种作用均被归入荷移能项。表 6-4 所列数据是 NEDA 对水分子氢键二聚体的计算结果，表明荷移能在氢键能中占有非常重要的地位，其贡献与静电能相当。

表 6-4 水分子二聚体氢键能量(kcal · mol^{-1})的自然能量分析与 K-M 法的数值比较[58]

NEDA*		K-M 法	
成分	贡献	成分	贡献
ΔE	−7.78	ΔE	−7.8
CT	−13.25	CT	−2.4
ES	−17.75	ES	−10.5
DEF(d)	17.20	PL	−0.6
DEF(a)	7.59	EX	6.2
BSSE(d)	−1.11	MIX	−0.5
BSSE(a)	−0.45		

*分别列出了 DEF 和 BSSE 电子给体(donor，d)和受体(acceptor，a)。

4) 块定域波函数方法(BLW)[60]

BLW 与 NEDA 有相似之处，也是利用定域化轨道的方法分划能量。但 BLW 在轨道定域化的过程中不要求所有轨道正交，只是要求各分区之间保持正交，而在各分区内部则没有限制。结果表明，在氢键体系中起主要作用的仍然是静电力。

5) 纯静电模型

经典的 K-M 法和 BLW 分划对一些典型氢键体系的计算结果说明，对于一些最常见的氢键体系，都是静电吸引能占有总能量的绝大部分，而荷移能与之相比非常小。基于这种情况，有人提出了一些氢键的纯静电模型，如定域电荷分布(LCD)模型[61]。但是也有很多实验事实不能用纯粹的静电模型解释。

因此，对于各种能量分划方法，焦点问题就是 ES 和 CT 孰重孰轻。其中，ES 代表静电相互作用，也就是“离子型”相互作用，而 CT 代表电荷转移，也就是“共价型”相互作用。这就是在 20 世纪 90 年代中期，在 *Science* 上爆发争论[62-63]的焦点：如何揭示氢键的本质。从能量分划的角度，这场争论实质上仍是 ES 和 CT 轻重之争的延续。目前，关于氢键本质的争论仍然在延续。很多化学家支持氢键的静电本质，认为无论从现有的能量分划方案还是从分子力学计算结果，都可以得出氢键基本上是一种静电相互作用的结论。但是，也有很多化学家认为，尽管在通常的中强氢键和弱氢键的情况下，氢键能量的主要贡献来自静电能，但是在某些情况下，如带电荷的氢键体系以及在冰(I_h 点群)中[64]，氢键会表现出部分共价性质；仍有许多实验事实不能用纯粹的静电模型加以解释[65]。

6.2.2 氢键的本质

从氢键的定义可知[11]，氢键是最基本的化学相互作用力之一，表示为 X—H···Y，其中 X 和 Y 表示重离子及负极性原子团，表示一个质子给体与一个受体之间的相互作用[66-70]。质子传递发生后，导致给体和受体的电荷和构型变化。如果质子传递沿氢键链进行，或与相邻氢键发生偶合，则会引起体系极性的转变，产生电荷的定向传导和分子结构的重排。

1．质子传递的能垒

氢键系统的一个重要特征是在每个氢键中存在对称性的双势阱能曲线(图 6-11)，它的两个最小值相应于质子的两个平衡位置。该双阱势[71]常用下式表示：

$$U_0(R_n)=U_0\left(1-\frac{R_n^2}{R_0^2}\right)^2 \tag{6-5}$$

式中，U_0 为势垒的高度；R_n 为从势垒顶部算起的质子位移；R_0 为局域最大和势阱最小值之间的距离(图 6-12)。

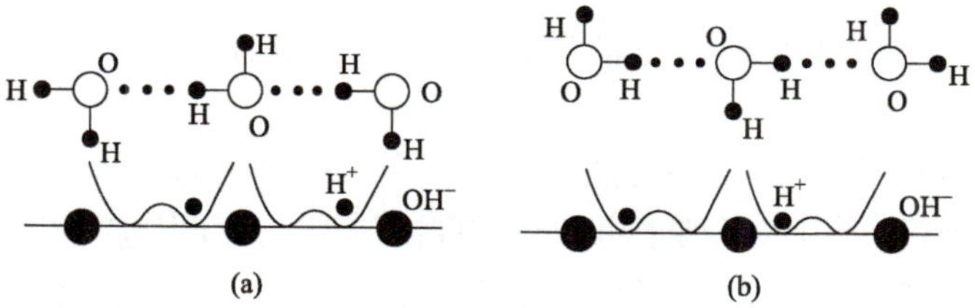

图 6-11　氢键系统的双阱势

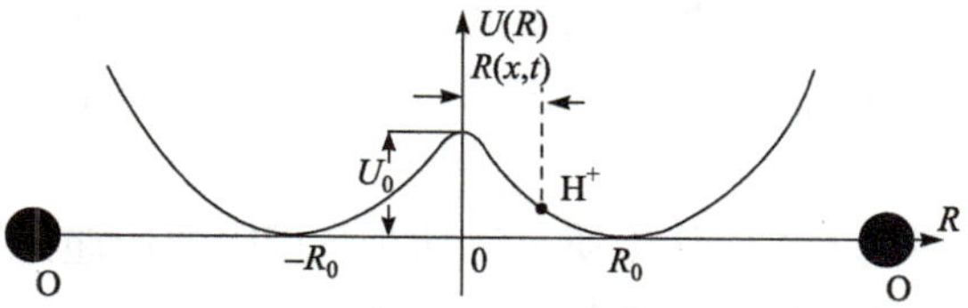

图 6-12　氢键系统中质子的位移

2．质子传递的途径及机理

质子沿氢键的传递过程可用下式表示：

$$A—H\cdots B=[AHB]=A^-\cdots H^+—B \tag{6-6}$$

随着质子从给体 A 转移到受体 B 上，氢键的势能曲线也会产生相应的变化(图 6-13)。

图 6-13 质子传递过程的势能表示

通常氢键的离解能为 10～35 kJ · mol^{-1}，但在某些情况下，氢键的断裂和生成在室温下就很容易进行。例如液态水，水中氢键实际上同时进行着快速形成和分解两个过程：一个液态水分子形成的氢键的数量随着时间和温度的变化而波动，氢键形成和转换的时间十分短暂(50～100 fs)[72]。

在单一氢键中，质子从给体原子转移到受体原子，有两种可能途径[70]：

(1) 质子隧道(proton tunneling)效应，即质子隧穿势垒到达对面的势阱，前提是对面的势阱中有合适的质子接受能级。通常认为，在低温下固体中的质子传递以质子隧道效应为主，如苯甲酸二聚体晶体中的双质子传递。

(2) 质子跃迁(proton flopping)效应，即质子通过热活化翻跃势垒进入对面的势阱。反应能否发生取决于质子传递势垒的高度，低势垒有利于反应进行。一般室温以上，体系的质子传递以质子跃迁效应为主。

在氢键链中质子的传递机理非常复杂，至今还没有统一的解释，已提出的机理如下：

(1) 孤子机理[71, 73-75]。为解释质子在膜蛋白氢键链中的高效传递性质，卡什莫日(Y. Kashimori)等[76]引入了孤子机理。该理论认为，质子传递可以用薛定谔方程的孤子解描述。孤子可使能量定域化，能稳定体系的激发态，从而保证能量传递的高效性。但由于相邻氢键的质子间偶合过小，该机理的合理性曾受到质疑[77]。

(2) Grotthuss 机理[78]。根据在水溶液中质子传递的速率高于水分子的扩散速率，认为在氢键链中质子传递分两步进行，第一步进行质子转移，第二步进行结构重排。

依据上述两种理论，人们认为质子运动在氢键中的传递会导致两类不同的缺陷，即离子缺陷和键缺陷。离子缺陷指当一个质子穿越势垒从一个势阱进入另一个势阱时，短键和长键的位置刚好交换，于是在这个局部地区将出现一类缺陷，即质子系统的压缩而出现额外正电荷即 H_3O^+的聚集，而在相邻的一侧质子系统的稀疏区域，出现额外负电荷即 OH^-的聚集。键缺陷指当质子从一端运动到接近于分子链的另一端时，质子可与氧原子形成一个共价键，同时游离出一个质子，但要使传递继续，不得不改变这个共价键的方向，恢复到原来的状态，于是才有质子的继续传递。这种共价键的转动称为键的重新定向，从而出现键缺陷。

由前面讲的质子传递可以知道，处于双阱势中的质子受到邻近重离子的弹性力作用后，以最小势能点为平衡位置而做谐振动。但要使质子从双阱势的一个势阱穿过势垒跃迁到另一个势阱中，显然还必须受到双阱势场和相邻质子与质子之间的偶极-偶极及共振等相互作用。因此，一个质子至少受到三种作用力，即共价键产生的弹性力，两邻 X 原子对它产生的双阱势以及相邻氢原子的电子云畸变产生的电偶极-偶极相互作用。因此，尽管有上述理论模型，但仍未解决根本问题。在上述模型中，质子-孤子的束缚能过小，致使孤子的稳定性差，特别在室温下的热稳定性极差。另外，几乎所有模型即使使用连续性近似也很难求解，难以得到真正的解析解。

庞小峰[79]在总结前人工作的基础上，建立起新孤子模型——新生物能量传递模型。该模型不仅考虑由质子的位移引起的相邻两个重离子的位置改变所产生的相互作用，还考虑相邻两个质子之间电磁相互作用导致的相邻重离子的状态或位置改变所产生的相互作用，这些相互作用导致质子间的相互作用和质子传递，同时它们贡献一种非线性作用，使形成的孤子的束缚能增大，稳定性增强，使所得的解可能统一解释两类缺陷的运动和相互转变，给氢键系统中质子传递一个较完整的描述。该模型的最大特点是给出了一个解析解，并可用它完整地说明质子在氢键系统中的传递。

6.2.3 氢键的研究方法

从氢键研究的历史中可以看到，随着光谱技术、核磁共振技术、X 射线和中子衍射技术，乃至后来的隧道扫描技术的发展和逐步应用，人们对氢键研究的实验手段越来越丰富，得到的氢键图像也越来越清晰。这些技术的引入导致了氢键研究方法、研究思路的第一次变革。人们从传统的“分析检测物质结构→发展理论解释物性”转变为“分析检测物质结构→从结构数据中归纳分析客观规律和解释预言物质性质”。在这次技术变革的前后，科学家处理氢键问题时的数据、语言、方法和思路都完全不同。

依赖于高性能计算机的量子力学计算，不仅为人们提供了又一种研究方法、澄清了大量长期以来争论不休的问题，而且给氢键的研究者们以全新的思路。氢键研究的进步再也不是因为测量手段的变化，而主要归功于算法的改进和计算机性能的提高。从头计算法把技术和数学给现代科学带来的便利发挥到了极致。

1. 通过物理性质研究氢键

对于液体和固体，分子间的氢键强烈地影响它们的物理性质，如熔点、沸点、熔化焓、升华焓、气化焓、黏度、偶极矩和介电常数等。分子间存在氢键使固体的熔点、熔化焓或升华焓增高，使液体的沸点和气化焓上升(图 6-14、图 6-15)。1920 年，哈金斯、拉提麦尔和罗德布什就是在研究氟化氢、水、氨的反常沸点后首先提出了氢键概念。

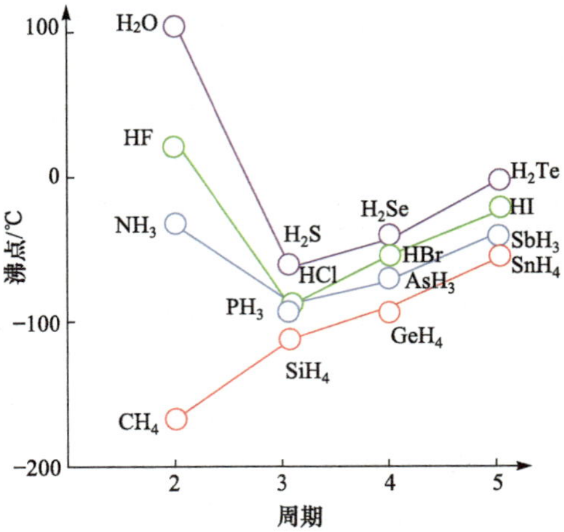

图 6-14　主族元素氢化物的沸点

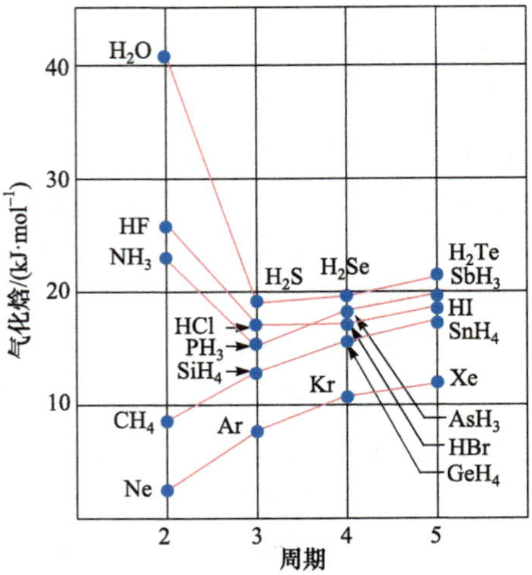

图 6-15　主族元素氢化物和稀有气体的气化焓

利用热力学数据也可以说明当 H 原子同半径较小、电负性较强的 X 和 Y 原子相结合时可以形成 X—H···Y 氢键：

$$F^- + HF \longrightarrow F—H\cdots F^- \qquad \Delta H = -155\ kJ\cdot mol^{-1}$$

$$(CH_3)_2CO + HF \longrightarrow (CH_3)_2CO\cdots HF \qquad \Delta H = -46\ kJ\cdot mol^{-1}$$

$$H_2O + HOH \longrightarrow H_2O\cdots HOH(冰) \qquad \Delta H = -25\ kJ\cdot mol^{-1}$$

这些反应的焓值都充分证实氢键在化合物中是稳定存在的，而且对化合物的结构起着十分重要的作用。

2. 通过谱学性质研究氢键

氢原子自身的特点(体积小、质量小，室温下显著的热活动性)为实验研究带来一定困难，如 X 射线晶体结构测定不能直接确定氢原子的位置。谱学和衍射手段极大地方便了氢键和质子传递的研究工作，使氢键研究进入了实验研究阶段。1935 年，X 射线晶体结构分析证明了氢键的存在，包括阿斯特伯里(W. T. Astbury，1898—1961)等用 X 射线研究头发、丝绸和羊毛结构时提出的氢键对稳定构象的影响等系列工作[80-83]以及哈金斯的大量研究[40,42]。1951 年蛋白质的 α 螺旋和 β 折叠结构的发现[43]以及 1953 年 DNA 双螺旋结构中碱基对堆积作用的确认[44]，都是用 X 射线晶体结构分析研究氢键的经典实例。

1935 年，红外光谱分析走进了氢键的研究，人们对氢键的判断不再局限于通过物质的性质和热力学数据，谱学分析逐渐成为氢键分析的主要方法。

振动光谱如红外光谱和拉曼光谱等，可以反映化学键的振动情况。例如，最早对水结构的研究利用的就是红外光谱和拉曼光谱。通常，红外光谱中有三种与氢键有关的数据，即 A—H 伸缩振动频率(ν_{A-H})、A—H 伸缩振动谱带宽度和氢键弯曲振动，包括面内弯曲振动和面外弯曲振动。诺瓦克(A. Novak)[84]通过对 44 个含氢键化合物振动光谱和晶体结构数据的比较，发现ν_{A-H}频率的位移 $\Delta\nu_{A-H}$ 与氢键 A—H…B 间距存在线性关系。利用红外光谱还可以分辨氢键的强弱(表 6-5)。

表 6-5　不同强度氢键的红外光谱

分类	ν/cm^{-1}	$R(O\cdots O)/Å$	实例
弱氢键	>3200	>2.70	H_2O(冰，水合物) R—OH(醇，酚)
中强氢键	2088～3100	2.60～2.70	R—COOH(羧酸)
强氢键	700～2700	2.40～2.60	$MH(RCOO)_2$(酸式盐)

拉曼光谱经常与红外光谱同时运用并互为补充，前者有比后者更窄的谱带和更少的谱带重叠。在低频区，拉曼光谱有自身的优势。红外光谱对氢键结构的研究有普遍意义。2000 年，瑙塔(K. Nauta)和米勒(R. E. Miller)[85]使用红外光谱对液氦中的水团簇进行了研究，发现 6 个水分子形成了环状三维结构。氢键的形成往往对红外光谱谱带位置和强度都有极明显的影响。质子供体 X—H 和质子受体 Y 形成氢键 X—H…Y，使氢原子周围力场发生变化，从而使 X—H 振动的力常数发生改变，造成 X—H 的伸缩振动频率发生红移或蓝移，振动强度也发生变化。近年来，许多学者对氢键发生红移和蓝移的本质做了大量的研究[86-89]。

中子散射对于与质子运动有关的振动方式特别敏感，因此可作为研究质子动力学的有力工具，也常被用于验证红外和拉曼光谱结果。汤姆金森(J. Tomkinson)等[90]研究了丁烯二酸氢钾[$KH(C_4H_2O_4)$]及其衍生物的不相关非弹性中子散射谱(IINS)，重新指认了低频区的$\nu_{as}(OHO)$振动(470 cm^{-1})，并证实 IINS 的结果与振动光谱结果基本一致。费拉克斯(F. Fillaux)和汤姆金森[91]对三氟乙酸酸盐[$KH(CF_3COO)_2$ 和 $CsH(CF_3COO)_2$]进行了 IINS、IR 和拉曼光谱研究，他们根据 IINS 中 200 cm^{-1} 以下出现的三个态密度谱带，认为该体系中质子传递通过热活化过程进行。

中子衍射实验可以精确地测定核的位置。对于水而言，该技术可以测定氢原子和氧原子的位置关系。利用该技术可以得到水体系中 H—H、H—O、O—O 间的径向分布函数，径向分布函数既可以用来研究物质的有序性，也可以用来描述电子的相关性[92]。图 6-16 分别表示水体系中 O—O、H—O、H—H 间的径向分布函数，表明在 250 pm <r < 330 pm、150 pm < r < 250 pm 和 180 pm < r < 300 pm 内的水分子与中心水分子形成了氢键。这说明液态水分子间存在类似冰结构的氢键，它们组成近似四面体的复杂网络，但水分子之间没有冰晶体中固定位置关系，这种网络结构处在不断解体和重构的动态变化之中[93-94]。

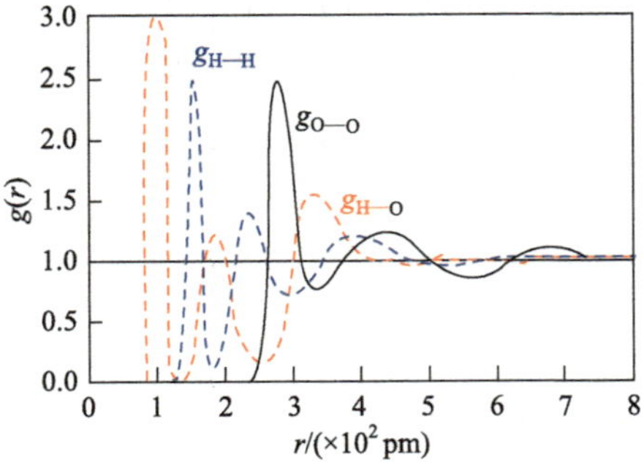

图 6-16 液态水体系径向分布函数

在早期工作中，人们已利用 ^{1}H NMR、^{2}H NMR、^{13}C NMR、^{17}O NMR、^{14}N NMR、^{19}F NMR 谱研究了不同类型的氢键体系。近年来，脉冲傅里叶变换 NMR 技术的发展，大大促进了 NMR 在氢键研究中的应用，研究重点也逐渐转向对自旋-晶格弛豫时间的观察。对蛋白溶菌酶氢/氘交换速率的 ^{1}HNMR 研究[95]，支持了蛋白质局部开链模型，同时证明这个低活化能的反应通过一个平衡步骤和一个交换步骤进行。糖类分子在分子识别中的作用已引起很多关注，对无水多晶 α-D-葡萄糖的 NMR 研究发现[96]，单糖分子层内的—OH 基团的质子可以在两个平衡位置之间往返跳跃。二聚羧酸晶体中质子传递的势垒为 4～8 kJ · mol^{-1}。对一系列二聚羧酸的脉冲 NMR 及中子散射研究表明[97]，氢键中的质子传递在低温下以隧道效应为主，在高温下则以热活化过程为主，并遵循阿伦尼乌斯速率定律。

诺瓦克(A. Novak)[84]在晶体结构和谱学研究基础上，得出氢键振动频率的位移与氢键结构数据之间的关系。杰弗里(G. A. Jeffrey)[98]归纳了多种水化物的结构，认为水分子形成的氢键链参与了酶底物-受体之间的“锁钥”相互作用。

剑桥结构数据库(Cambirdge structural database，CSD)是晶体结构分析的重要依据，它含有超过 160000 个数值，是藏量巨大的精确结晶学数据库，为研究各种类型氢键提供了极大的方便。

X 射线衍射实验及中子衍射实验可以得到水的局域结构，每个水分子的平均成键个数为 3.3 个[99]。这也就是说对于水分子而言，每个水分子都是氢键的双供体，也是氢键的双受体，即水分子上的两个氢原子都形成了氢键，在氧原子上形成了两个氢键。

3. 通过理论计算研究氢键

由于实验研究的困难性，当弄清了氢键能量的分划后，从理论上精确地计算氢键键能引起了人们的广泛兴趣[100]。对氢键的研究伴随着对质子传递和电子传递现象的探索，丰富的氢键形式对理论方法提出了更高的要求。已有多种理论方法，包括从头计算法、密度泛函理论和分子动力学方法，被广泛应用于氢键体系的研究[48]。其中几种主要方法简述如下。

1) 从头计算法

从头计算法(ab initio method)通常用于处理小分子氢键模型体系，如水合质子($H_5O_2^+$)和小分子酸碱离子对等。由于研究体系不同，所用的方法也各有特点。一般，氢键的从头计算结果对所选基组和电子相关性有敏感的依赖性。在电子相关能校正的从头计算理论结合超分子方法的研究中，把分子间总相互作用能ΔE分解为Hartree-Fock相互作用能ΔE^{FH}与电子相关效应导致的相互作用能ΔE^{COR}之和，把计算结果汇总后[101]发现，随着氢键强度的减弱，按ΔE^{COR}占ΔE的比例计算，强氢键如 H—F…H—F 和 H_2O…H—F 有 5%和 16%，中等强度氢键如 HOH…OH_2和 HOH…NH_3 分别为 24% 和 26%，较弱氢键如 NH_3…NH_3 和 H_2S…HOH 高达46%和 59%，这足以说明电子相关效应对氢键结合能的影响已不可忽略。

2) 密度泛函理论

已有多种密度泛函理论(DFT)方法用于研究氢键的结构、频率和质子传递势能面。由于 DFT 方法不要求加上电子相关，为研究较大分子如生物分子提供了可能性。标准的 DFT 方法在氢键结构的描述中有一定精确性，但不能准确反映质子传递的势垒。一些不同近似水平的 DFT 方法更适于研究氢键的能量和动态过程。巴罗内(V. Barone)等[102]用 B3LYP 等非局域 DFT 研究了 $H_5O_2^+$ 的结构、能量和质子传递，表明 DFT 方法可以得到与精确方法一致的结果。

3) 分子动力学方法

分子动力学(MD)方法不仅可直接模拟分子运动情况，也可以计算某些动力学参数。马夫里(J. Mavri)和哈慈(D. A. Hadži)[103]报道了水溶液中乙酸-甲胺之间质子传递的 MD 研究，发现在溶液中离子形式 A^-…H^+MA 比中性形式 AH…MA 更稳定[二者的自由能之差为(28±7.9) kJ · mol^{-1}]，他们认为这是因为离子形式具有更强的水-溶质相互作用。博吉斯(D. Borgis)等[104]用量子分子动力学研究了极性溶剂中的强氢键体系，发现随着溶剂偶合增加，氢键的势阱变宽，并出现较低的势垒，结果使氢键质子由“振荡”行为转变为“反应”行为(质子传递)。对水分子团簇的分子动力学研究结果也表明[105]，氢键的灵活性也为溶液中分子的重排和解离提供了有利的动力学反应途径，质子的配合运动可有效降低反应势垒。

4) 判定氢键的有效方法

在结构化学中对氢键系统内电子密度拓扑分析是一个经典的工作，贝德(R. F. Bader)提出了分子内原子(AIM)的量子理论[106-107]。随后，坡博利尔(P. L. A. Popelier)基于 AIM 理论，建议用 8 个判定准则表征氢键的性质[108-109]。利普科夫斯基(P. Lipkowski)等认为其中的 3 条判定准则是最实用的[110]，即在 X—H···Y 系统中：① 电子拓扑结构中的 H 和 Y 之间存在键鞍点；② 在键鞍点处电子密度 $\rho(X\cdots H)$值在 0.002～0.035 aμ 之间；③ 在键鞍点处电子密度的拉普拉斯量$\nabla^2\rho(X\cdots H)$值在 0.024～0.139 aμ 之间。显然，根据这一判据可以非常容易判断体系内是否存在氢键，并已经被大量的文献所采用[111]。

6.3 氢键的结构特点

研究氢键就是要揭示氢键的本质，而氢键本质的揭示，不管是实验测定，还是理论计算，都是准确得到氢键的结构参数。

6.3.1 氢键的一般特征

1. 氢键的几何参数

氢键的几何参数要考虑距离(如 R 或者 r)以及角度(如 α、β、θ 等)(图 6-17)，称为距离-角度几何定义[112]，不再使用过去简单的结构表示(图 6-18)。距离和角度的截断值大多根据径向分布函数选取，具有一定的人为性[92]。几何定义在统计分析和软件显示上存在很大的优势，很多研究者采用几何定义分析体系中的氢键(表 6-6)。此外一些学者通过计算拟合的方法得到判别是否形成氢键的距离和角度的函数关系。例如，Kumar 等[113]通过计算得出，当 $r \leqslant 2.52-0.011\psi+0.000057\psi^2$ 时可以判断形成了氢键，而 Wernet 等[114]认为当 $R\leqslant -0.00044\beta^2+330$ pm 时则形成了氢键。

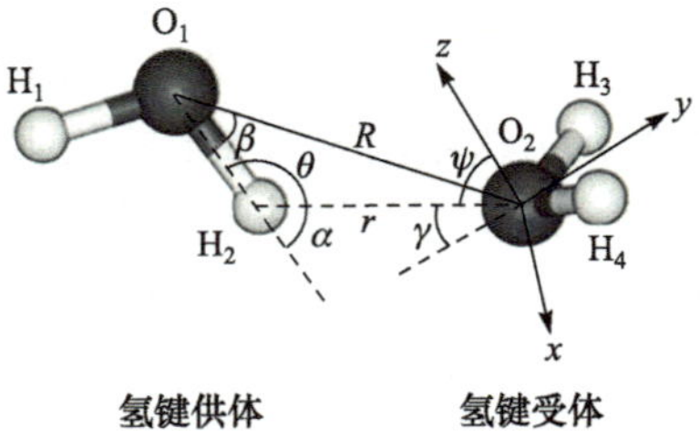

图 6-17 水二聚体的几何参数

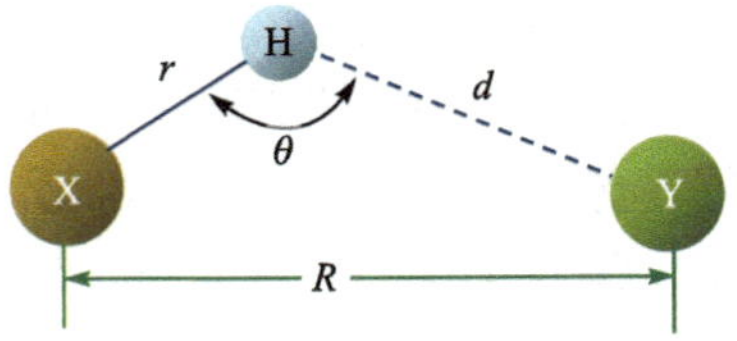

图 6-18 旧时氢键的结构参数示意图

表 6-6　氢键判别的几何定义

R/pm	r/pm	β/(°)	θ/(°)	文献
—	<245	<30	—	[115]
—	$159<r<227$	—	>140	[116]
<350	—	—	>135	[117]
<350	—	<30	—	[118]

需要说明的是，氢键的键角即 X—H···Y 夹角，往往不是严格的 180°。即使不算分叉的氢键，一对一的氢键中也有很多键角处在 150°～180°之间的情况(图 6-19)，氟化氢长链中的氢键即是一例[13]。氢键理想的结合角度取决于氢键供体的性质。实验测定了氢氟酸供体与不同受体之间的氢键键角(表 6-7)[119]。

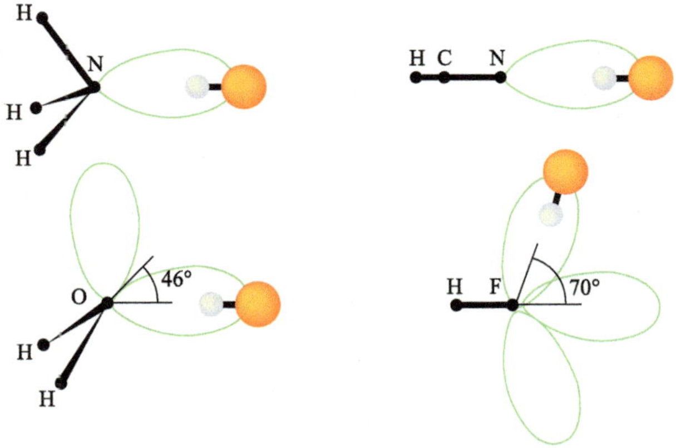

图 6-19　氢键的键角示意图

表 6-7　氢氟酸供体与不同受体之间的氢键键角

受体···供体	VSEPR 几何形状	键角/(°)
HCN···HF	直线形	180
H_2CO···HF	平面三角形	120
H_2O···HF	三角锥形	46
H_2S···HF	三角锥形	89
SO_2···HF	三角锥形	142

2. 氢键的键长

在无机化合物中，氢键存在相当普遍。例如水和水合物、酸和酸式盐、氨和氨合物、某些氢氧化物中。常见无机化合物中的氢键类型和键长如表 6-8 所示。

表 6-8　常见无机化合物中的氢键类型和键长

氢键类型	键长/pm	化合物
F—H···F	226	KHF_2
	249	HF
O—H···O	240	丁二酮肟镍 $Ni[(CH_3)_2C_2N_2O_2H]_2$
	240～255	酸式盐
	276	冰
	274	$HBr \cdot 4H_2O$ 中的 $H_9O_4^+$
	270～290	羟基化合物，水合物
O—H···F	265～272	$CuF_2 \cdot 2H_2O$，$Fe(H_2O)_6SiF_6$
O—H···Cl	292～295	$H_2O \cdot Cl$
	304	$(NH_3OH)Cl$
O—H···Br	304	$(H_7O_3)^+(H_9O_4)^+2Br^- \cdot H_2O$
O—H···N	268	$N_2H_4 \cdot CH_3OH$
	279	$N_2H_4 \cdot H_2O$
O—H···S	320	$MgS_2O_3 \cdot 6H_2O$
N—H···O	281～289	NH_4OOCH
	299～301	$CO(NH_2)_2$
N—H···F	261～282	NH_4F，$N_2H_4 \cdot 2HF$
N—H···Cl	300～311	$(CH_3)_3NHCl$，$(CH_3)_2NH_2Cl$
	320	$NH_2OH \cdot HCl$
N—H···I	346	$[(CH_3)_3NH]I$
N—H···N	294～315	NH_4N_3
	335	NH_2
Cl—H···O	—	HCl 在 $(C_2H_5)_2O$ 中
Cl—H···Cl	—	$HCl \cdot Cl^-$
C—H···N	320	HCN
C—H···O	292	$(C_2H_5)_2SO$ 在 $CHCl_3$ 中

3. 氢键的键能

氢键的牢固程度即键强度可以用键能表示。粗略而言，氢键的键能是指每拆开单位物质的量的 H···Y 键所需的能量。氢键的强度与氢键给体和受体性质、氢键的结构排列有关，还与氢键给体 X—H 中 X 原子和受体原子 Y 的配位以及其他结构效应(如协同、合作、反合作或竞争效应)及晶体的堆积有密切关系[120]。

过去，人们常把氢键分为强氢键和弱氢键两种(其强弱与元素的电负性有关)，现在通常按氢键的键能大小分为较弱、中等、较强 3 种[29](表 6-9)。但是，文献对氢键键能、弱氢键键能的范围表述不尽一致，如弱氢键的键能小于等于 30 kJ · mol^{-1}[121-122]，氢键的键能范围为 4～125 kJ · mol^{-1}[123]，氢键的键能为 8～167 kJ · mol^{-1}[124]。

表 6-9 常见氢键的气态解离能数据 (单位：kJ · mol^{-1})

较弱氢键	气态解离能	中等氢键	气态解离能	较强氢键	气态解离能
$HSH\cdots SH_2$	7	$FH\cdots FH$	29	$HOH\cdots Cl^-$	55
$NCH\cdots NCH$	16	$ClH\cdots OMe_2$	30	$HCONH_2\cdots OCHNH_2$	59
$H_2NH\cdots NH_3$	17	$FH\cdots OH_2$	38	$HCOOH\cdots OCHOH$	59
$MeOH\cdots OHMe$	19			$HOH\cdots F^-$	98
$HOH\cdots OH_2$	22			$H_2OH^+\cdots OH_2$	151
				$FH\cdots F^-$	169
				$HCO_2H\cdots F^-$	～200

目前描述氢键强度的方法有三种：① 分别以分子中能够提供质子形成氢键的质子数和能够接受质子形成氢键的原子数表示[125-127]；② 建立在实验基础上的表示方法[125]，其中应用较多的是亚伯拉罕(M. H. Abraham)[126]提出的总氢键酸度和氢键碱度；③ 用理论计算值表示，威尔逊(L. Y. Wilson)[127]建议用化合物中最正氢原子净电荷数和最低未占据分子轨道能级表示氢键酸度，用化合物中最负原子净电荷数和最高占据分子轨道能级表示氢键碱度。

6.3.2 氢键的分类

人们对氢键的认识早已突破了 X—H···Y 中的 X 和 Y 都是电负性较高、半径较小的原子如 F、O、N 等。研究者发现：C 在某些特殊的化学环境下也参与形成氢键，如 HCN 的三聚体和氢键结构，甚至氯仿中的 Cl_3C—H 也可以生成微弱氢键；$OH_2\cdots PH_2^-$、$OH_2\cdots SH^-$、$OH_2\cdots Cl^-$ 等中存在弯曲型弱氢键[128]；基团 C—H 也能够作为质子供体形成氢键[129-131]；固态蛋白质和一些小分子中没有观测到的 X—H⋯π 相互作用也被很多理论所证明[132-135]；X—H⋯π 的概念还扩展到了 C—H⋯π 相互作用[72, 136]，特别是当 C—H 基团有极性(如在芳环上)或附属于一个带正电荷的基团时，C—H⋯π 相互作用明显加强。1984 年后随着研究的深入[137]，人们开始关注其他弱氢键类型如 O—H⋯π、N—H⋯π、O—H⋯M、N—H⋯M、M—H⋯O 和 C—H⋯M(M=金属原子)的分析、合成、表征。氢键的分类可用图 6-20 表示。

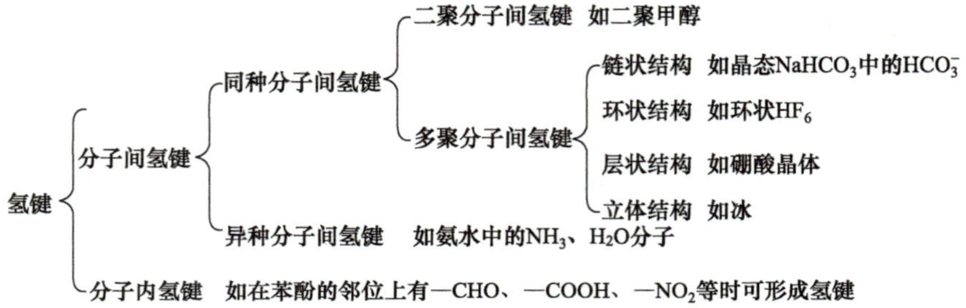

图 6-20　氢键的分类

氢键的分类[27, 124, 138-139]受到研究者的关注。前面已经介绍了氢键按存在方式分为分子内和分子间氢键，按键能强度分为弱、中、强氢键，下面主要简介一些按质子供体和质子受体分类的新型氢键。

1. 芳香氢键(X—H⋯π)

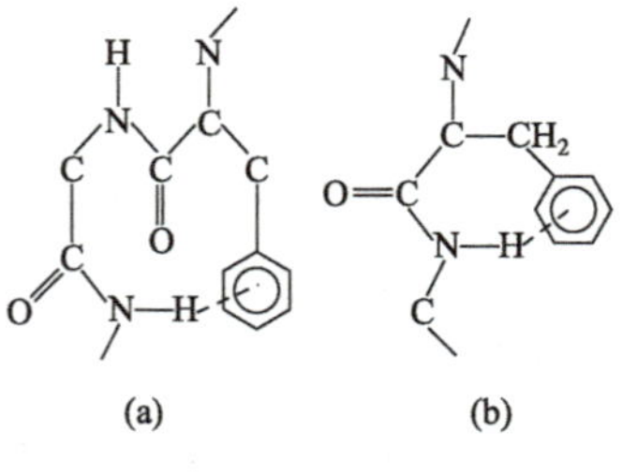

图 6-21　多肽链内部 N—H⋯π 氢键的两种不同结合方式

在 X—H⋯π 氢键中，π 键或离域 π 键体系作为质子的受体。由苯基等芳香环的离域 π 键形成的 X—H⋯π 氢键又称为芳香氢键(aromatic hydrogen bond)，多肽链中的 N—H 与水的 O—H 会和苯基形成 N—H⋯π 和 O—H⋯π 结构。根据计算，理想的 N—H⋯π 氢键的键能值约为 50.2 kJ · mol^{-1}，多肽链内部 N—H⋯π 氢键的结合方式有两种(图 6-21)[139]。

2. 金属氢键(X—H⋯M)

X—H⋯M 氢键与常规氢键类似，它在 3c-4e 体系的相互作用下，包含一个富电子的过渡金属原子，其作为质子受体。X 可以是 B、N、Si 原子，M 可以是 Se、Te、稀土和过渡金属原子。

图 6-22 示出两个具有 3c-4e X—H···M 氢键的化合物。其中图(a)为负二价离子$\{(PtCl_4)\cdot cis\text{-}[PtCl_2(NH_2Me)_2]\}^{2-}$的结构[140]，它由两个平面四方形的 Pt 的 4 配位络离子通过 N—H···Pt 和 N—H···Cl 两个氢键结合在一起，H···Pt 的距离为 226.2 pm，H···Cl 距离为 231.8 pm，N—H···Pt 的键角为 167.1°。N—H···Pt 氢键是由充满电子的 Pt 的 d_{z^2} 轨道作为质子受体直接指向 N—H 基团形成的 3c-4e 氢键体系。图(b)为 $PtBr(1\text{-}C_{10}H_6NHMe_2)(1\text{-}C_{10}H_6NMe_2)$的分子结构，N—H···Pt 氢键的键长即 N···Pt 的距离为 328 pm，N—H···Pt 的键角为 168°。

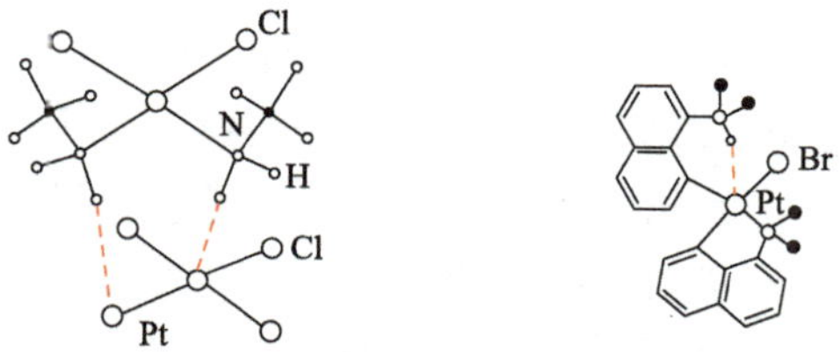

(a) $\{(PtCl_4)\cdot cis\text{-}[PtCl_2(NH_2Me)_2]\}^{2-}$　(b) $PtBr(1\text{-}C_{10}H_6NHMe_2)(1\text{-}C_{10}H_6NMe_2)$

图 6-22　含 X—H···M 氢键化合物的结构

人们对 C—H···M 氢键的研究更早[141]。例如，由烷基和不饱和烃基形成的 C—H···M 键就有多种结构形式(图 6-23)[124]。

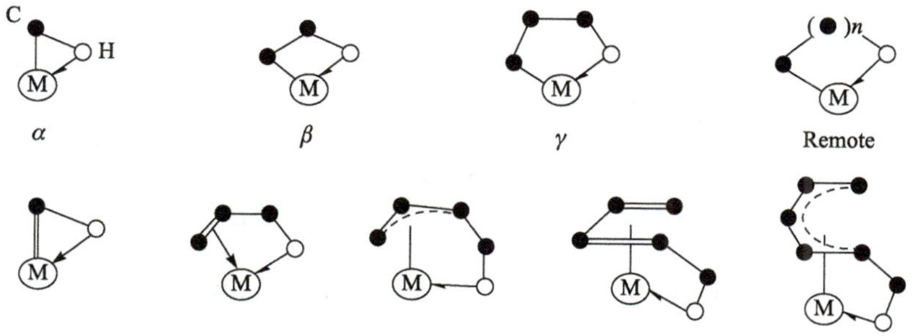

图 6-23　烷基和不饱和烃形成 C—H···M 键的结构形式

3. 双氢键

布朗(M. P. Brown)和赫塞尔廷(R. W. Heseltine)首先发现双氢键现象[142]。他们发现$(CH_3)_2NHBH_3$的红外光谱在 3300 cm^{-1} 和 3210 cm^{-1} 处有强烈吸收峰。能量较高的峰对应普通的 N—H 键振动，而能量较低的峰则对应 N—H 键与 B—H 键的结合。如果将溶液稀释，3300 cm^{-1} 处的吸收峰增强，3210 cm^{-1} 处的吸收峰则明显减弱，证明这是一种分子间相互作用。

双氢键(dihydrogen bond)是氢键的一种，是金属氢化物与—OH 或—NH 基团或其他含质子基团的相互作用。可用通式 $X—H^{-\delta}\cdots H^{+\delta}—Y$ 表示，X 的电负性低于 H，Y 的电负性高于 H，X 可为 Be、B、Al、Ga、Ir、Mo、Mn、Os、Re、Ru、W、C、Xe、Kr 等，电负性低于 H；Y 可为 F、O、N、Cl、Br、C 等，电负性高于 H。双氢键的键长一般小于 220 pm，极限可能为 270 pm，键能从几千焦每摩到几十千焦每摩不等，相当于传统分子间力能量的数量级。双氢键虽然在表观上表现为两个带相反电荷的氢原子—$H^{-\delta}\cdots H^{+\delta}$—之间的吸引作用，但把双氢键理解为带负电的 $\sigma(X—H^{-\delta})$键与带正电的 $\sigma(H^{+\delta}—Y)$键之间的吸引作用可能更接近实际情况 [143-146]。

双氢键的一些例子包括 $BH_4^-\cdots HCN$、$BH_4^-\cdots CH_4$、$LiH\cdots NH_4^+$、$LiH\cdots HCN$、$LiH\cdots HC\equiv CH$、$CH_4\cdots H—NH_3^+$ 和 $H—Be—H\cdots H—NH_3^+$ 等，其中以 $BH_4^-\cdots HCN$ 双氢键的键长 171 pm 最短，键能 75.44 $kJ\cdot mol^{-1}$ 最高，远大于水和 HF 间的氢键键能。图 6-24 和图 6-25 分别给出实验和理论计算确定的部分双氢键示意图。同一双氢键处于不同的化学环境时，即和 X 及 Y 成键的其他原子或基团对双氢键的形成有一定的影响。对于 BeH_2 与 NF_3H^+，BeH_2 与 NH_4^+，以及 BeHF 与 NH_4^+ 中的 $Be—H^{-\delta}\cdots H^{+\delta}—N$ 双氢键，两个氢原子之间的距离分别为 0.113、0.158 和 0.165 nm，键能分别为 90.4、43.1 和 32.2 $kJ\cdot mol^{-1}$[147]。BeH_2 与 NF_3H^+ 间的双氢键强于 BeH_2 与 NH_4^+ 间的双氢键，是由于 F 增强了 $H^{+\delta}—N$ 的正电性；而 BeH_2 与 NH_4^+ 间的双氢键强于 BeHF 与 NH_4^+ 间的双氢键，是由于 F 削弱了 $Be—H^{-\delta}$ 的负电性。

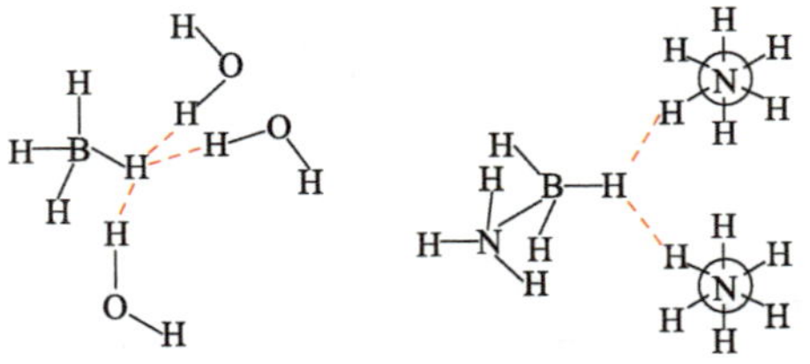

(a) $NaBH_4\cdot 3H_2O$　　(b) NH_3BH_3(N原子下面为B原子)

图 6-24　通过 X 射线和中子衍射实验所确定的一些晶体中的双氢键示意图

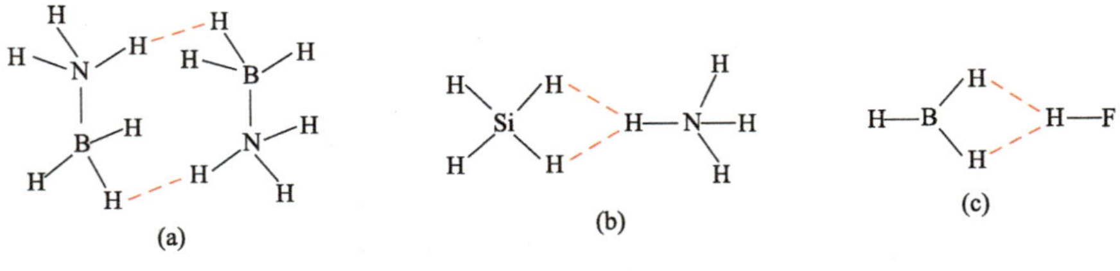

图 6-25　通过量子化学计算所确定的一些双氢键示意图

与常规氢键类似，双氢键既可存在于分子间也可存在于分子内。分子内双氢键的形成与环状结构有关，该环状结构可以是四元环、五元环和六元环，但多为六元环。有时为了便于分子内双氢键的形成，某些基团要进行必要的旋转，使构成双氢键的基团之间具有合适的取向，但这样的旋转不应有过高的能垒[148]。分子间双氢键的形成主要与 X 和 Y 的电负性有关，分子内双氢键的形成不仅与 X 和 Y 的电负性有关，而且与这两个原子的大小有关，过大的原子不利于环状结构的形成。

分叉双氢键是指一个电子给体 X—$H^{-\delta}$ 与 2 个或 3 个电子受体 $H^{+\delta}$— Y 之间，或者 2 个或 3 个电子给体 X—$H^{-\delta}$ 与一个电子受体 $H^{+\delta}$—Y 之间形成的双氢键，在表观上分叉双氢键有一个中心氢原子，目前发现的该中心氢原子的最大配位数为 4。在 $NaBH_4(H_2O)_3$ 晶体结构中，双氢键键长非常短，分别为 179、186 和 194 nm[144]。其实，无机固体化合物中的氢键结构多样，如图 6-26(c)～(n)，双氢键和分叉氢键并不少见。

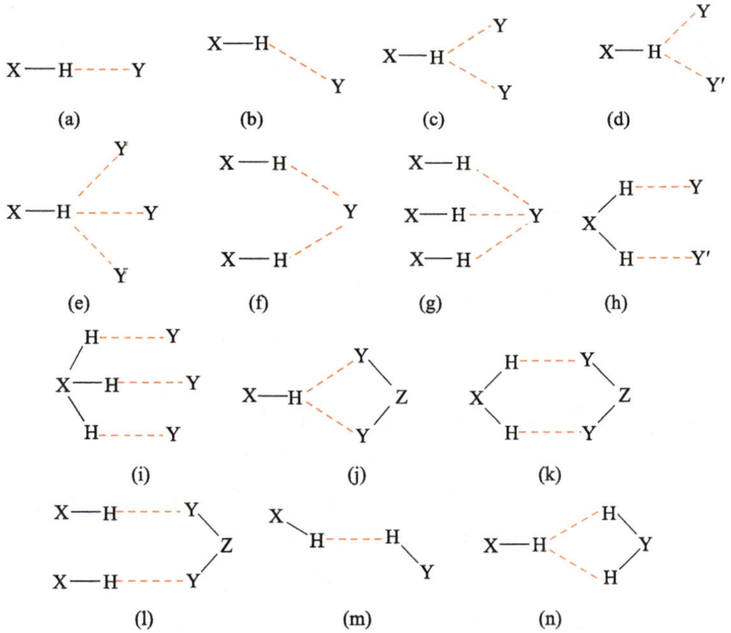

图 6-26　无机固体化合物中常见的氢键结构示意图

4. 反氢键

红外光谱是研究氢键的有力工具。虽然许多学者对氢键发生红移和蓝移的本质做了大量的研究[86-91, 95, 149-150]，但是究竟是将一些发生蓝移的氢键称为反氢键(anti-hydrogen bond)或逆氢键(inverse hydrogen-bonded)，还是称为蓝移型氢键(blue-shift hydrogen bond)，尚无定论。

Hobza 和 Havlas[89]认为：当 X—H···Y 相互作用时，因超共轭电荷密度转移，

Y 上的孤对电子或 π 电子转移到 σ*(X—H)反键轨道上，在 σ*(X—H)轨道增加的自然布居数使得 σ(X—H)键发生松弛，因而 σ(X—H)键拉长而产生红移。蓝移氢键的形成则是超共轭效应使电子密度转移到质子供体分子的其他部分，主要是非 σ*(X—H)键的其他反键轨道或其他原子上的孤对电子，导致质子供体内部发生结构重组，促使 X—H 键收缩而振动频率蓝移。阿尔布金(I. V. Alabugin)等[150]研究指出，蓝移氢键和红移氢键形成主要是由轨道间稳定化能 n(Y)→σ*(H—X)和 σ(X—H)轨道再杂化两种效应决定的。轨道间稳定化能 n(Y) → σ*(H—X) 超共轭导致 X—H 键伸长发生红移，σ(X—H) 轨道再杂化使得 X 原子杂化轨道 s 成分增加，导致 X—H 键收缩发生蓝移。很显然，当轨道间稳定化能 n(Y) → σ*(H—X) 超共轭效应占据优势时，氢键红移，相反则氢键蓝移。事实上，通过大量研究发现，轨道间稳定化能、电子密度重排、轨道再杂化和结构重组是形成氢键红移或蓝移的主要因素。

常规氢键 X—H···Y 中，H 为电子受体，Y 为电子给体；在反氢键中，H 为电子给体，而 Y 为电子受体。这就是产生反氢键的原因。同时，所谓的蓝移型氢键就是反氢键。

5. 离子氢键简介

无机化学中带结晶水的一般是阳离子，阳离子之间不会形成氢键，因为它们会彼此远离，但如果阴离子是含氧酸根，则阴离子除了与阳离子产生离子间相互作用外，还利用酸根上的 O 与结晶水中的 H 形成氢键。这样就有了离子氢键的概念[151-152]。在离子氢键中，X—H 作为质子给体，阴离子作为质子接受体[153]。在离子液体的概念出现后，离子氢键的重要作用更显现出来。

自从 1986 年塞德顿(K. R. Seddon)等提出氢键存在于[Emim]I(Emim=1-乙基-3-甲基咪唑)离子对之间，针对非共价键相互作用的讨论已经集中在氢键对离子液体性质的影响上[154]。例如，水在离子液体中的溶解度主要取决于阴离子和水之间生成了氢键，利用这一特性可以从水或有机溶剂中进行物质的分离和提取[155]；纤维素在离子液体[Bmim]Cl(Bmim=1-丁基-3-甲基咪唑)中的溶解也是通过氢键作用 [156]。强的定域且定向的氢键可影响离子液体的熔点和黏度[157]。此外，涉及离子液体的一些现象，包括低熔点、低蒸气压、热稳定性[158]以及捕获气体(CO_2 和 SO_2)[159]等，都可以通过氢键的相互作用解释。国内外已有开展离子液体混合物中氢键相互作用的实验和理论计算研究[160]。国内王键吉[161]、尉志武[162]、李浩然[163]、牟天成[164]等课题组都开展了研究工作。

在已有关于离子液体的结构与性质的研究基础上，有以下研究结果：① 氢键的平衡距离越小说明离子对相互作用力越强[165-167]。② 阴、阳离子之间电荷转移越多说明其所形成的氢键相互作用越强[168]。③ 电子密度拓扑分析(AIM)为分析阴、阳离子氢键的强弱提供了帮助，在阴、阳离子对中，键临界点的电子密度与氢键键能之间存在明确的关系，键能随着键临界点的密度变大而增强[169-172]。④ 自然键轨道分析中二阶微扰理论也为研究氢键的强弱提供了良好的基础。例如，对应于相应的孤对电子-反键轨道，二阶微扰能越大，说明其氢键越强[173]。

6. 自由基单电子氢键

某些自由基如甲基自由基也可以作为电子供体参与形成氢键，这种氢键称为单电子氢键[174-176]。杨鑫[177]等对乙烯酮 HCCO · 自由基与水分子氢键复合物进行了从头计算研究，在 MP2/aug-cc-pvdz 水平下，对二体氢键复合物 $H_2O\cdots HCCO$(Ⅰ)和 $HCCO\cdots H_2O$(Ⅱ)以及三体氢键复合物$(H_2O)_2\cdots HCCO$(Ⅲ)、$H_2O\cdots H_2O\cdots HCCO$(Ⅳ)和 $H_2O\cdots HCCO\cdots H_2O$(Ⅴ)的几何构型和相互作用能进行计算(表 6-10)，得出最稳定的是Ⅲ，这是因为 Ⅲ 中存在 3 个稳定的氢键。

表 6-10　5 种复合物未修正的相互作用能、经 BSSE 修正的相互作用能和零点能

复合物	ΔE	BSSE	ΔE^{CP}	ZVE	ΔE^{ZVE}
Ⅰ	−19.40	4.35	−15.05	3.14	−16.26
Ⅱ	−32.27	2.76	−29.51	0.79	−31.48
Ⅲ	−76.33	10.16	−66.17	10.49	−65.84
Ⅳ	−74.24	10.37	−63.87	8.90	−65.33
Ⅴ	−65.84	8.44	−57.39	7.36	−58.48

注：能量单位 $kJ \cdot mol^{-1}$。

思考题

6-1 从锂与氢的相似性讨论有无可能形成类似于氢键的锂键 X⋯Li—Y。X 和 Y 为电负性大的原子或基团。

历史事件回顾

5　氢键的应用

一、氢键的应用基础

氢键的存在非常广泛。水、醇、胺、无机酸、水合物、氨合物等在气相、固

相和超临界相中都可能存在原子间、分子间或正负离子间的氢键。

1. 小分子中的氢键

水分子之间普遍存在氢键。在液态水中，因为一个水分子的氧有两对孤对电子，每一对电子都能在另一个水分子上形成氢键。每一个水分子都与四个其他分子的 H 结合。由于难以打破这些键，水具有高沸点，而且熔点和黏度比其他没有连接氢键的类似液体高。氢键强烈影响冰的晶体结构，有助于形成一个开放的六边形晶格(图 6-10)。在相同温度下，冰的密度小于水的密度。

由于水可能与溶质质子供体和受体形成氢键，它可能竞争性地抑制溶质分子间或分子内氢键的形成。因此，溶解在水中的溶质分子之间或内部的氢键几乎总是不利于水与供体和受体之间的氢键[178]。例如，在羧酸中形成二聚体，在氟化氢中形成六聚体，即使在气相中也会出现二聚体，导致与理想气体定律的总偏差。所以，NH_3 和 HF 的沸点明显高于没有氢键的较重的类似物 PH_3 和 HCl。许多化合物的熔点、沸点、溶解度和黏度的增加可以用氢键解释。

2. 大分子中的氢键

1953 年，沃森(J. D. Watson，1928—)与克里克(F. H. Crick，1916—2004)依据富兰克林(R. E. Franklin，1920—1958)所拍摄的 X 射线衍射图及相关数据，提出了最早的核酸分子结构精确模型(图 6-27、图 6-28)，并发表于 *Nature*[44]。

沃森

克里克

富兰克林

葛斯林

威尔金斯

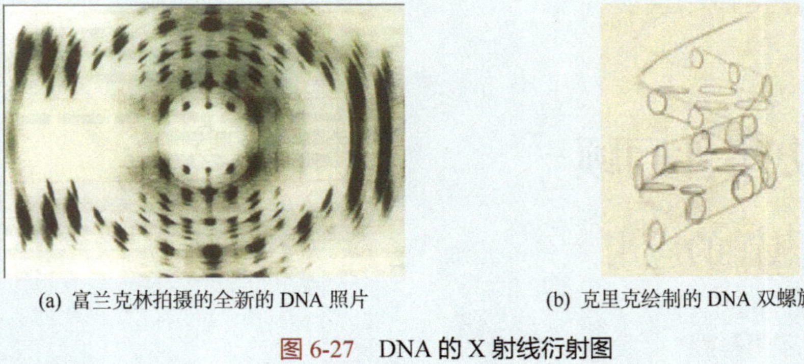

(a) 富兰克林拍摄的全新的 DNA 照片　　(b) 克里克绘制的 DNA 双螺旋结构

图 6-27　DNA 的 X 射线衍射图

图 6-28　沃森和克里克提出 DNA 的双螺旋结构学说

DNA 中两条链的碱基通过氢键配对，而氢键的饱和性和方向性使得双螺旋的碱基配对具有专一性，即 A-T(A：adenine，腺嘌呤；T：thymine，胸腺嘧啶)靠 2 个氢键配对而 C-G(C：cytosine，胞嘧啶；G：guanine，鸟嘌呤)靠 3 个氢键配对(图 6-29)。关于此模型的实验证据论文，也同时以同一主题发表于 *Nature*[179]。其中包括富兰克林与葛斯林 (R. G. Gosling，1926—2015)的论文[180]，此文所附带的 X 射线衍射图是沃森与克里克阐明脱氧核糖核酸结构的关键证据。此外，威尔金

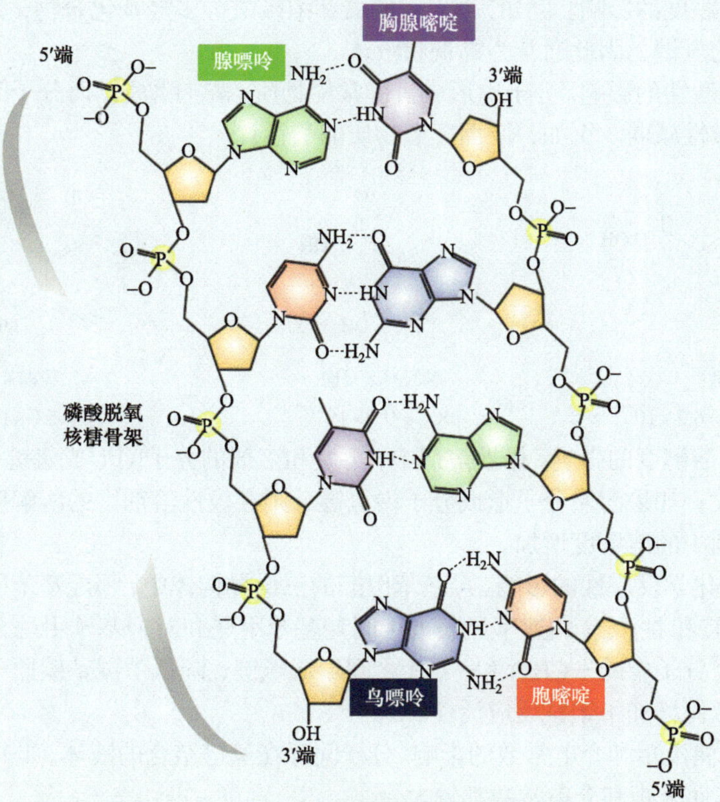

图 6-29　DNA 双螺旋碱基配对的专一性

斯(M. H. F. Wilkins，1916—2004)团队也是同期论文的发表者之一[181]。1962 年，沃森、克里克以及威尔金斯共同获得了诺贝尔生理学或医学奖。1968 年，沃森出版著作《双螺旋——发现 DNA 结构的故事》[182]。

二、氢键应用简介

氢键作为原子间的一种特殊相互作用力，在超分子化学、分子识别、晶体工程、材料化学和催化等现代化学中发挥着越来越重要的作用。人们可以通过充分运用氢键给体和氢键受体的相互作用，设计和组装各种类型的氢键分子及其阵列，进行识别、催化、信息的存储、复制及表达，制备出性能优异的功能材料。一些主要应用简介如下。

(一) 利用氢键改善物质性能

(1) 对熔点和沸点的影响。例如，当分子间存在氢键时，分子间的结合力增大，熔点和沸点升高。

(2) 对黏度的影响。例如，甘油、磷酸和浓硫酸等多羟基化合物，分子间可以形成众多的氢键，因此通常为黏稠状液体。

(3) 对酸性的影响。分子内形成氢键常使物质的酸性增强，而分子间氢键的形成使物质酸性减弱。例如，下面三个物质的酸性：

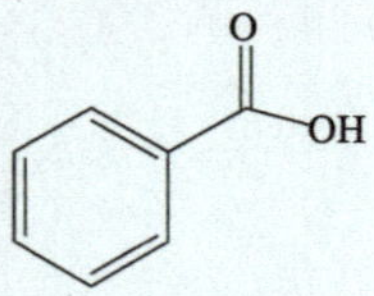

苯甲酸

$K_a^\ominus = 6.2\times10^{-12}$

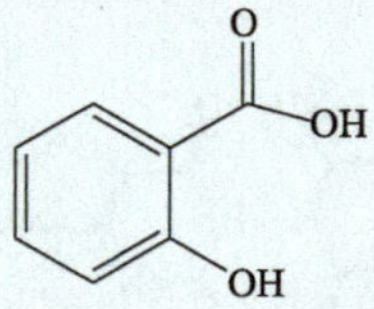

邻羟基苯甲酸

$K_a^\ominus = 9.9\times10^{-11}$

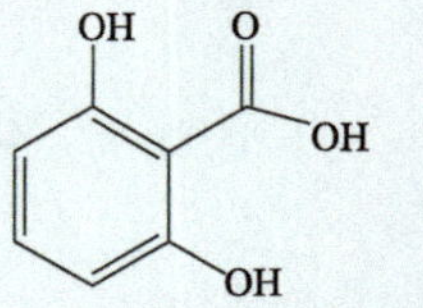

2,6-二羟基苯甲酸

$K_a^\ominus = 5.0\times10^{-9}$

(4) 对溶解度的影响。极性溶剂中，溶质和溶剂的分子间形成氢键，则溶质的溶解度增大；如果溶质分子形成分子内氢键，则在极性溶剂中的溶解度减小，在非极性溶剂中的溶解度增加。

(5) 对化学反应性的影响。羟基苯甲醛的三个异构体中，邻羟基苯甲醛与氨的衍生物(羟胺和肼)反应的速率显著大于间羟基苯甲醛和对羟基苯甲醛，原因是邻羟基苯甲醛分子中的—CHO 和—OH 之间形成氢键，降低了羰基碳原子上的电子云密度，从而增加了亲核反应活性。

(6) 对偶极矩和介电常数的影响。分子间存在氢键结合的液体，如 H_2O、HCN、HSO_3F，其偶极矩和介电常数都较大。

(7) 氢键可稳定体系结构。氢键的形成降低了相应基团的热振动，对包括配合物、生物大分子的稳定化能量高达 135 kJ · mol^{-1}[183]，因此可以利用氢键调节物质性质。

(二) 氢键在生物化学中的重要应用

生命体系是一个水溶液体系，所有的生化反应都在水中进行，而这些反应一般涉及与水分子之间的氢键。生化反应中的酶反应、生物大分子之间的相互作用等过程都涉及氢键。生命遗传物质 DNA 通过氢键形成双螺旋结构，碱基之间分别通过两个和三个氢键互补配对形成 DNA 双螺旋的基础，可以说没有氢键就没有 DNA 双链，也就没有高等生物。生物体系中蛋白质的结构和功能都与氢键密切相关。蛋白质的二级结构、三级及四级结构也与氢键有关。此外，蛋白质要行使其生理功能，也离不开氢键。因此，没有氢键，作为生命最重要表征的蛋白质就无法行使功能，也就不存在多姿多彩的生物。其他生物大分子的生理结构也都有氢键参与其中。

(三) 通过氢键进行超分子自组装

超分子自组装是指分子或分子亚单元通过非共价键弱相互作用自发组成具有某种性能的长程有序的超分子聚集体的过程。氢键因足够牢固且具有方向性、可预见性和可再现性，已成为超分子化学领域特别重要的一种非共价作用，被描述为“超分子化学中的万能作用”。通过氢键自组装制备超分子聚合物已经成为超分子化学的一个热门研究领域。这源于人们已基本研究清楚了基于氢键的超分子组装体系的缔合方式及其稳定性影响因素，为设计结构稳定、可自由调控的超分子自组装体系提供了理论基础[184]。

(四) 氢键在功能材料中的应用

氢键在超分子晶体工程中的晶体合成策略中至关重要，它能把金属的配位立体几何结构、离子电荷、价、自旋态等典型特点与有机分子特征官能团结合，从而使无机金属的电、磁、结构性质在有机分子中体现，以获取新型光、电、磁、导体、超导体或非线性光学材料。具有多维、多核结构的超分子、超离子化合物的设计与合成处于超分子化学、生物学、材料科学和分子电学的交汇点，是新型功能材料诞生的宝库。下面以分子间氢键自组装液晶材料为例进行简单介绍。

液晶是相对于固、液、气三相的物质的中间状态。它既具有液体的流动性，又保持晶体的特性。组成液晶材料的分子，其结构常是刚性环结构，末端基团有烷基、烷氧基、卤素、氨基、硝基等。液晶的各种物理性质和化学性质都由这些基团和基团之间的相互作用决定。依据氢键形成的方式，氢键组装的超分子液晶可以分为结构开放型和结构封闭型。结构开放型的超分子液晶，其自组装的分子层之间存在偶极相互作用和分子间氢键作用，形成链状、层状或簇状分子聚集体；结构封闭型的超分子液晶，其单体分子通过氢键连接形成一个分子平面层，由于氢键有饱和性，层与层之间无氢键相互作用。例如，Soberats 等[185]报道了吡咯并吡咯二酮(DPP)衍生物通过分子间四重氢键组装成结构新颖的柱状相液晶(图 6-30)，氢键方向平行于分子柱的轴向。

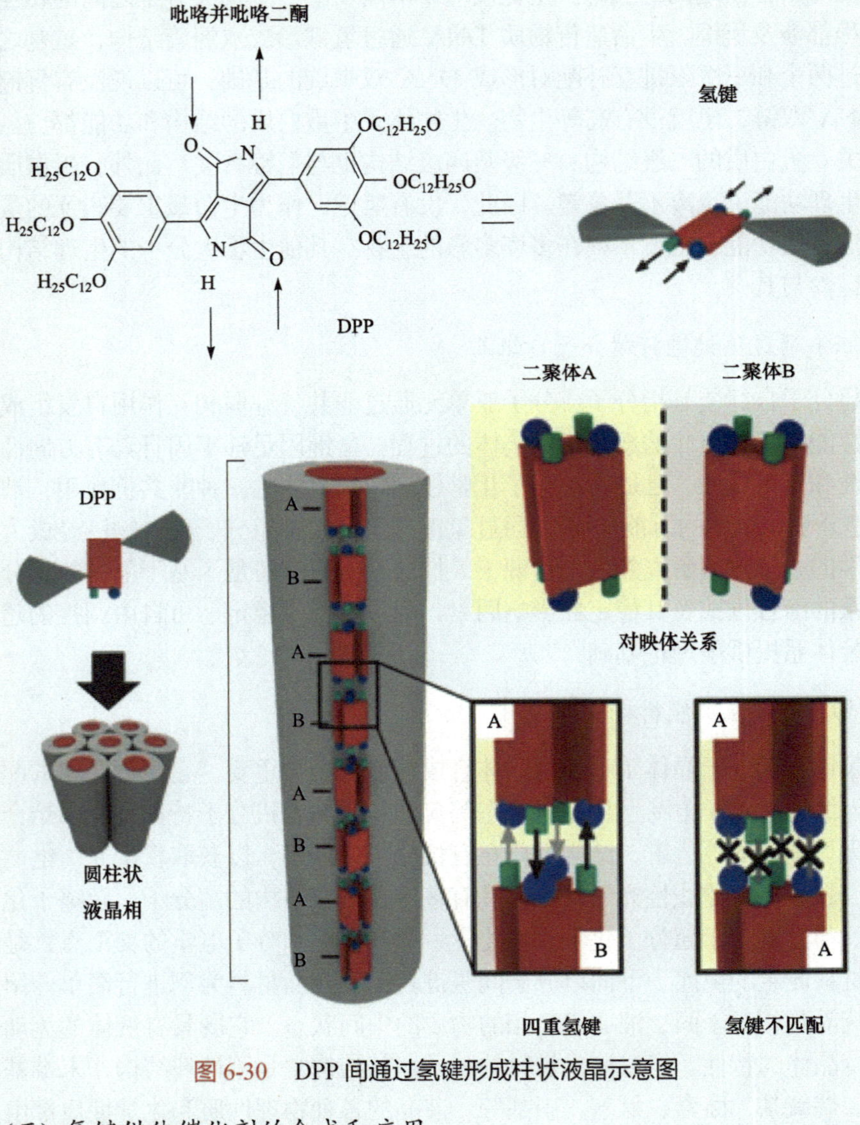

图 6-30　DPP 间通过氢键形成柱状液晶示意图

(五) 氢键供体催化剂的合成和应用

在有机催化中，借助催化剂与底物结构中的碳基、亚胺和硝基等官能团间的氢键相互作用[186]，可有效活化亲电试剂。鉴于反应条件温和、产率高、对映和非对映选择性好，基于氢键作用的不对称催化，在不对称催化反应中的应用研究引起了国内外化学家广泛的兴趣，并取得了很好的结果。氢键有机催化剂能在不对称催化反应中应用，是因为在氢键供体催化剂参与的对映选择性亲核反应中，催化剂分子可通过两组质子与电中性的亲电底物直接作用，攫取底物中的离去阴离子形成离子对中间体，或结合其他 Brønsted 酸产生共催化作用等方式促进反应进行(图 6-31)。显然，该类催化剂中质子的 Brønsted 酸性越强，所产生的非共价相互作用越大，反应适用的范围也越大。

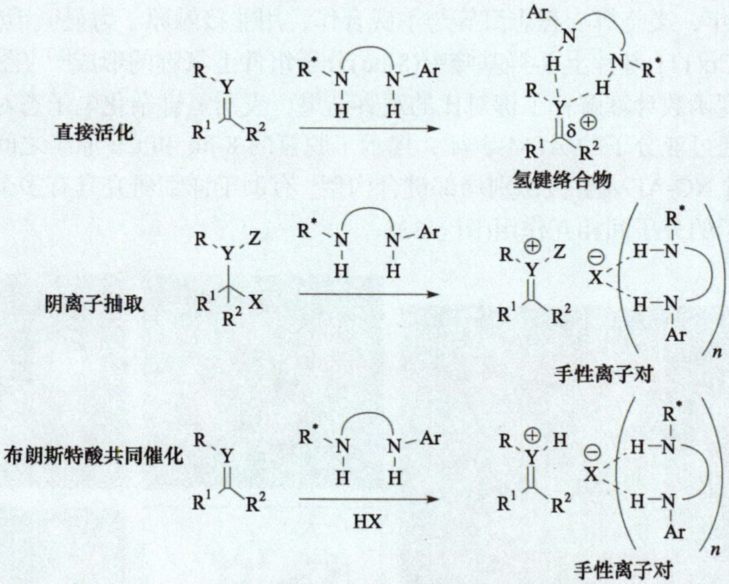

图 6-31　氢键供体催化剂的催化作用方式

雅各布森(E. N. Jacobsen)研究团队[187-190]通过手性方酰胺氢键供体催化剂与路易斯酸结合，实现了热力学稳定的缩醛参与的不对称亲核烷基化以及[4+3]对映选择性环加成反应，由此突破了氢键供体催化剂仅可用于高反应活性底物的限制，大大拓展了底物的适用范围。这种氢键供体分子与路易斯酸中的阴离子结合，进而提高路易斯酸反应活性的策略，对设计其他新型的组合催化体系具有重要的借鉴意义。我国研究者在这方面也做了许多优秀工作[191-197]，特别是林英杰和段海峰课题组提出的“多氢键相转移催化剂的合成及应用”，与含有单、双氢键供体的催化剂相比，具有多个氢键供体的催化剂有很大的潜力，该类催化剂具有较高的催化活性和较好的不对称控制[198]。

更详细的内容请阅读文献[199-200]。

6.4 氢键的研究进展

要了解氢键的真实面目，对氢键相关指标的精确测量成为关键。下面两个“看得见的氢键结构照片”事件说明氢键的研究进入新层次，这是实验技术的革新和科研人员不懈努力的结果。

6.4.1 第一张氢键照片

2013 年，裘晓辉、程志海等与季威合作，用非接触原子力显微镜(NC-AFM)研究了在 Cu(111)基片上 8-羟基喹啉(8-hq)分子组件上氢键的形成[201](图 6-32)。通过从头密度函数计算解释了键对比的观察结果，表明氢键杂化电子态对电子密度的贡献。通过亚分子的 AFM 表征，揭示了脱氢的 8-hq 和 Cu 原子之间的分子间配合。通过 NC-AFM 直接识别局部键合构型，有助于详细研究具有多个活性位点的复杂分子的分子间相互作用(图 6-33)。

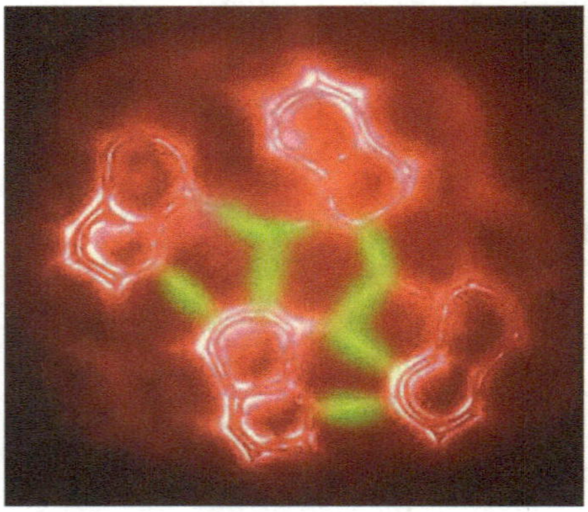

图 6-32　氢键的实空间成像

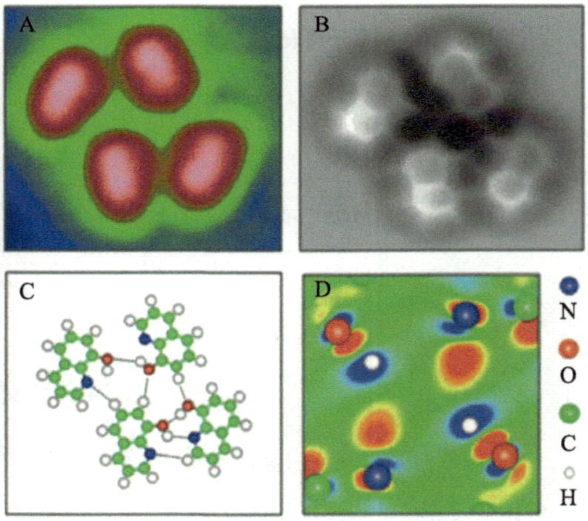

图 6-33　Cu(111)基片上 8-hq 的 AFM 测量和 DFT 计算

A. 扫描隧道显微镜下的 8-hq 分子；B. 非接触式原子力显微镜下的 8-hq 分子及分子间氢键；C. 8-hq 分子及分子间氢键的结构模型；D. 计算的电子云密度图

裘晓辉等为什么能得到氢键空间成像？原因在于他们对非接触原子力显微镜技术的升级。程志海指出：“我们成功实现氢键的观察，主要依赖于两方面的工作：第一，提高了现有仪器的性能，包括将机械噪声降低了 3～5 倍，进一步降低了电子学噪声等；第二，利用自己的一项专利技术制作了性能优良的原子力传感器，其稳定振动振幅达 1 Å，小于一个普通化学键的键长。”另外，程志海描述了一个细节：“在样品方面，选择 8-羟基喹啉主要考虑的是其在基底表面上是平面构型，有利于氢键的观察，另外，分子中共轭环外面的—OH 基团和共轭环上的 N 原子都可以形成氢键，有利于氢键的确认等。”

这项研究的意义重大。首先，开启了氢键研究的新阶段。对氢键特性的精确实验测量结果，如作用位点、键角、键长和单个氢键强度，有助于阐明氢键的本质，在原子/分子尺度上关于物质结构和性质的信息对于功能材料及药物分子的设计也具有重要意义，有助于人们实现分子间相互作用的人为控制，在此基础上设计开发特殊的分子氢键聚体，如人为设计冰结构、DNA、蛋白质等。其次，随着研究和技术的发展，大力发展 AFM 技术，扩展其能力、功能和应用范围，使其发挥更大的作用：在氢键成像基础上，有可能通过原子/分子操纵技术直接测量单个氢键的强度，证明氢键是一种与原子直接作用的力；有可能将这项技术拓展到其他体系，如 DNA、水或冰以及其他新型材料体系，成为媲美高分辨球差透射电镜的结构分析与成像技术；有可能将这项技术扩展到其他更加复杂的环境体系，如固体/液体界面、液体/气体界面等，解决一些实际问题。

裘晓辉

程志海

季威

德马尔科

托克马科夫

6.4.2 第二张氢键照片

在裘晓辉等的文章发表之后 8 个月，氢键又一次“跃然纸上”。2014 年麻省理工学院和芝加哥大学的科学家使用新开发的超速飞秒红外光源，直接“看到”被氢键连接的分子之间的协调振动。这是人类第一次观察到这种在分子水平上随处可见的化学作用。

该论文第一作者德马尔科(L. De Marco)对裘晓辉等的研究表示了钦佩：“他们非常精确地观察、测量出了氢键。那是一个美丽的实验，深刻地洞察了氢键的分子结构。”但他表示：“我们并不直接得出氢键的结构解析，我们所追踪的是氢键在 100 fs 天然尺度里的运动。在溶液里，氢键的相互作用是很重要的。”

德马尔科等在研究中使用了 *N*-甲基乙酰胺，它在有机溶液里能形成中等强度的氢键。他们用二维红外光谱直接表征氢键的结构参数，如连接的两个分子之间的距离和氢键的配置等。这些信息可以用溶质-溶剂体系内红外光谱显示出的分子间的交叉峰表示。“这就好比你‘拨动’一个分子键，从而观察这种‘拨动’如何影响到另一个分子”，托克马科夫(A. Tokmakoff)说道，“在我们的实验里，由于约束比较强，你需要同时‘拨动’氢键两端的分子。” (图 6-34)[202]

二维红外光谱(2D-IR，two-dimensional infrared spectroscopy)是一种三阶非线性超快时间分辨光谱(图 6-35)。它的信号是分子体系对一系列超快红外激光脉冲所做出的一种时域非线性响应(受激振动光子回波)在频域中的双频率轴表达。由于分子结构与其化学键的红外振动频率密切相关，二维红外光谱能提供关于复杂化学体系的超快结构动态变化、分子超快振动耦合及振动动力学，以及振动弛豫过程等信息，反映的是在飞秒至皮秒时间轴上的分子结构动态信息。又因为红外辐射的能量不会扰动室温状态下化学体系的热力学平衡，二维红外光谱极其适用于在线监测平衡态体系下的精细化学结构在皮秒时间尺度上的动态变化，如室温下水分子氢键网络的超快结构涨落，蛋白质在水中的超快构象变换，测量碳碳单键的旋转速率，单分子层的构象动态，溶剂溶质间氢键的生成与断裂，两相界面上溶剂分子的动态排布等。

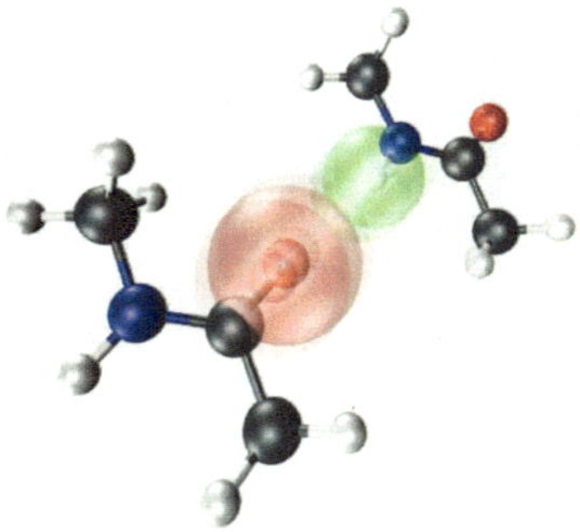

图 6-34　氢键连接的分子的振动

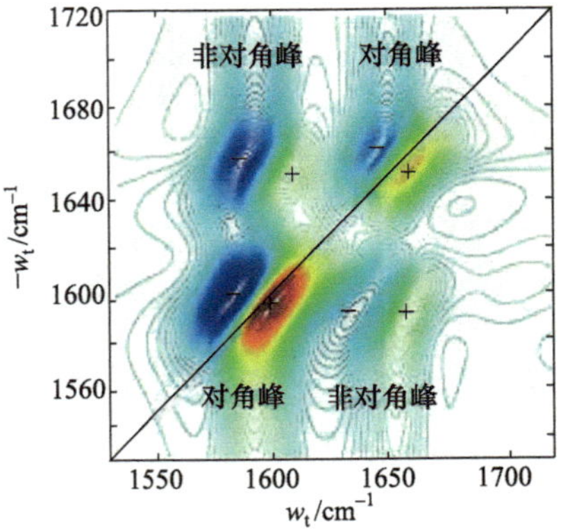

图 6-35　二维红外光谱

他们首先得到了酰胺在 1400～1800 cm^{-1} 光谱区域中 6 种不同浓度的甲基乙酰胺(NMA)的线性红外光谱，归属了自由 N—H 拉伸或 C═O 拉伸的峰值(图 6-36)，发现了随着浓度的增加与二聚体相对应的峰值，可以用其识别出较高阶的低聚物。

用同位素 D_2O 标记的拉伸峰值对应图 6-37 所示的键，彩色亮点显示在线性和非线性红外光谱中产生峰值的拉伸振动。

他们利用宽带二维红外光谱测量到了氢键对二聚甲基乙酰胺分子间振动耦合的影响(图 6-38)：除了 N—H 和 C═O 振荡器之间的强分子内耦合外，二聚化时出现的宽带二维红外光谱的交峰显示出强分子间耦合，从而改变了振动的性质。

此外，二聚化改变了分子内偶联效应，导致高频和低频模式间费米共振。当能够在光谱上把氢键的振动和系统中的其他振动区别开来时，结果就能说明氢键如何

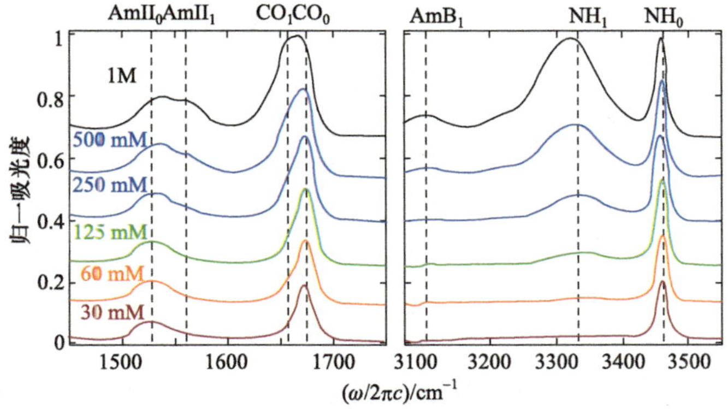

图 6-36　酰胺(1400～1800 cm^{-1}，左)和 N—H 拉伸(3050～3550 cm^{-1}，右)光谱区域中 6 种不同浓度的 NMA 的线性红外光谱

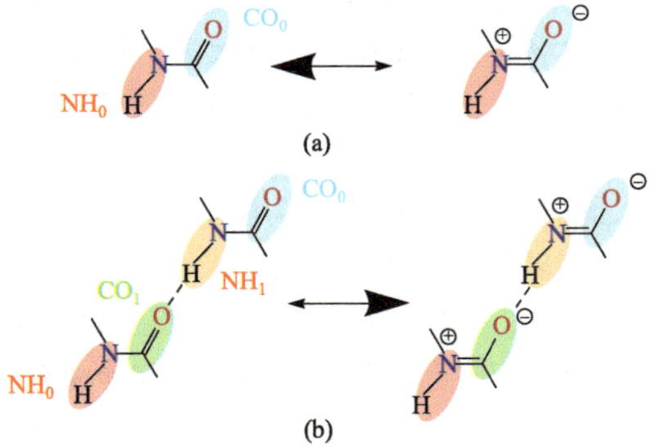

图 6-37　中性共振结构中 NMA 单体(a)和二聚体(b)的示意图

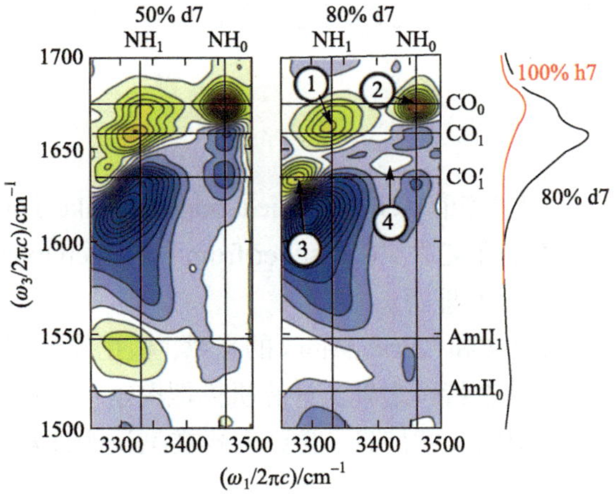

图 6-38　在二维红外光谱中观察到的各种耦合的示意图

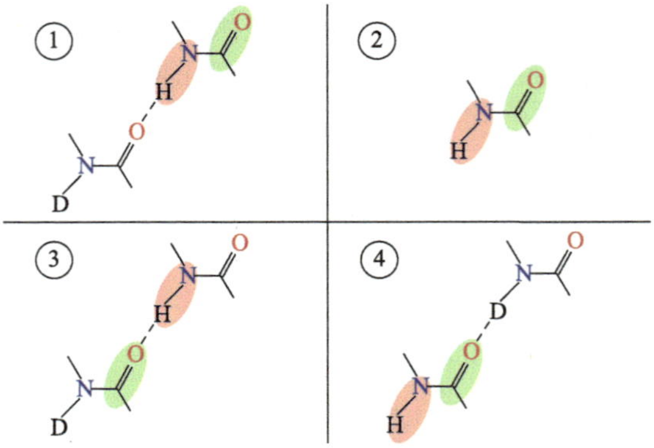

图 6-38(续)

影响分子间和分子内振动的相互作用，引起相关的核运动和酰胺基团振动结构的重大变化，从而直接表征氢键的结构参数，如连接的两个分子之间的距离和氢键的配置等。

在此之前很少有实验能够直接观测分子间相互作用，这主要是传统的各种谱学方法不能提供足够短的溶剂分子重组的时间尺度，所以在结构上表征溶质和溶剂的相关运动的能力就会有限。托克马科夫等的研究方法可以追踪到氢键在 100 fs 天然尺度里的运动。

虽然氢键的研究已取得了很大进展，但用新方法的可视化研究才刚开始，真正揭示氢键本质还需要从多种理论和实验角度入手进行研究[203]：① 加快发展超快、高分辨的实验检测手段，提高现有分析手段的空间和时间分辨率，特别是对液态水溶液中的瞬时和局域结构进行全面分析。② 改善现有从头计算法和分子动力学计算法，建立更符合氢键局域结构的力场，同时拓展其适用范围，开展针对不同形式氢键结构的计算，为实验检测手段提供计算支持和拟合指认。③ 在实验和计算结果的基础上丰富现有氢键的理论模型，构建从瞬态到平均、从局域到宏观的完整氢键结构图景。

思考题

6-2 *ScienceNews* 以“This weird chemical bond acts like a mash-up of hydrogen and covalent bonds”来评价文章“Crossover from hydrogen to chemical bonding”，根据本文内容谈谈你对此的理解。

6-3 从问题 6-2 的原文和 *ScienceNews* 的文章，根据你的理解，谈谈科学家发现的这种新型化学键有什么特别之处。计算机模拟揭示了新化学键的什么行为?

6-4 根据问题 6-2 中的文章信息，尝试查找文献说明你对目前氢键研究进展的了解。

研究无机化学的物理方法介绍

2　快谱技术简介

自 20 世纪 80 年代起，超短脉冲激光器的研究取得了突破性的进展，由最初几十纳秒的脉冲光输出，提高到了皮秒量级，进而达到了飞秒量级。相比于普通激光，超快激光的特点如下：① 激光脉冲持续时间比较短，仅仅几飞秒；② 激光脉冲的峰值功率比较高，甚至可以达到百万亿瓦；③ 激光的光谱范围比较宽，而相干长度则比较短。基于以上特点，超快激光一出现就被广泛应用于物理学、化学、生物学、材料学等领域的超快过程，形成了飞秒物理、飞秒化学、飞秒材料等一系列与超快激光相关的交叉学科，为传统学科的持续发展开辟了新的方向。

一、快谱技术的几个概念

1. 泵浦(pump)

泵浦是通过机械作用移动流体的泵。在激光器中，外部能量通常以光或电流的形式输入产生激光的媒质中，把处于基态的电子激发到较高能级的激发态，类似于水泵把水从低处抽往高处。然而，飞秒激光器作为锁模激光器比较容易受到外界环境影响，泵浦源的电压变化、环境温度和湿度的变化等都会对激光脉冲的能量产生影响。好的泵浦应注意到三种情况的控制：① 激光脉冲强度在相邻脉冲间的抖动；② 激光脉冲强度在亚秒或秒量级的起伏；③ 激光脉冲强度在长时间范围的起伏[204]。

实际上，以泵浦激光源组合的实验室中常用的时间分辨光谱技术主要有三种：飞秒荧光上转换技术[205]、飞秒时间分辨克尔技术[206-208]、飞秒瞬态吸收光谱技术[209]，后者是最常用的一种。

2. 超快光谱技术(ultrafast spectrum technology)

超快激光的脉冲持续时间非常短，可以达到 1 fs。超快光谱技术是利用一种特殊的光谱仪系统得到飞秒瞬态吸收光谱，然后通过对光谱进行分析，得到基态漂白、受激发射和激发态吸收等丰富的光物理信息，反映处于激发态的样品后续的光物理和光化学弛豫过程，同时反映同能态粒子数随延迟时间的变化。飞秒瞬态吸收光谱是研究物质激发态动力学等光物理特性的重要手段，广泛应用于功能材料的光物理过程的探测研究，包括研究物质超快过程中的能量转移、化学键的生成与断裂、电荷转移、原子价电子的电离、构型弛豫等。超快光谱技术包括飞秒时间分辨瞬态吸收光谱、纳秒时间分辨瞬态吸收光谱、纳秒时间分辨瞬态发射光谱、纳秒时间分辨共振拉曼光谱、时间分辨荧光光谱和二维红外光谱等。例如，2014 年，利用超速飞秒红外光源，直接“看到”了被氢键连接的分子之间的协调振动[202]，使人类第一次在分子水平上观察到这种化学作用。因此，超快时间分辨瞬态吸收光谱技术是一种常用的超快激光泵浦探测技术，是对物质激发态能量弛豫过程研究的有力工具。可以说，超快激光泵浦探测技术的实质就是通过改变探测光脉冲与泵浦光脉冲到达样品的时间间隔，在不同的探测光脉冲相对于泵浦光脉冲的延迟时间条件下，记录探测光通过样品后其光强度的变化情况，从而研究被激发的样品的光学参量随延迟时间变化的规律。

3. 基态漂白(ground state bleaching)

当入射光功率密度足够大时，会造成基态的电子全部被激发到激发态，而没有更多的电子吸收多余的光子，即为基态漂白效应。因为探测器探测到的是探测光光强信号，在泵浦光照射样品之后，处于基态的样品分子数减少了。假设探测光是 200 个分子，溶液中 100 个分子吸收了 100 个光子，探测器的信号是 100 个光子的信号强度。如果泵浦光激发了 50 个分子到激发态，基态只剩 50 个分子，则只能吸收 50 个光子，这时有 150 个分子到达探测器，则探测到的信号变强。

4. 弛豫过程(relaxation process)

一个宏观平衡系统由于周围环境的变化或受到外界的作用而变为非平衡状态，这个系统再从非平衡状态过渡到新的平衡态的过程称为弛豫过程。弛豫过程实质是系统中微观粒子由于相互作用而交换能量，最后达到稳定分布的过程。弛豫过程的宏观规律取决于系统中微观粒子相互作用的性质。因此，研究弛豫现象是获得这些相互作用信息的最有效的途径之一。弛豫法是测定快速反应动力学参数的一种常用实验方法，适用于半衰期小于 10^{-3} s 的反应。弛豫法以体系建立新的平衡状态为基础，其优点是可以简化速率方程。它能用线性关系表示，而与反应的级数无关。

二、超快时间分辨瞬态吸收光谱的原理

时间分辨瞬态吸收光谱探测处于激发态样品对探测光吸收后吸光度的变化量。该变化量可以反映被激发样品的弛豫过程或光化学反应。时间分辨瞬态吸收光谱的原理仍可用朗伯-比尔定律描述[210]：

$$I_{\mathrm{out}}(\lambda) = I_{\mathrm{in}}(\lambda)\mathrm{e}^{-A(\lambda)} = I_{\mathrm{in}}(\lambda)\mathrm{e}^{-\sigma(\lambda)cL} \tag{6-7}$$

式中，$A(\lambda)$为介质对光的吸收；I_{out} 为出射光强度($\mathrm{W \cdot m^{-3}}$)；I_{in} 为入射光强度($\mathrm{W \cdot m^{-3}}$)；λ为光的波长(m)；$\sigma(\lambda)$为介质对光吸收的截面($\mathrm{m^2}$)；c 为样品的浓度($\mathrm{m^{-3}}$)；L 为样品的厚度(m)(图 6-39)。

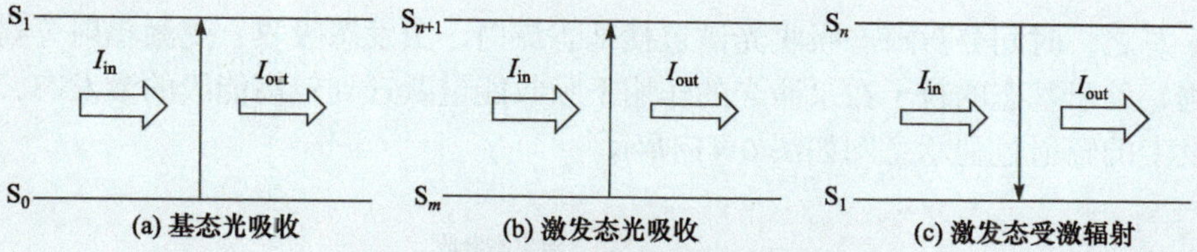

图 6-39 光吸收与受激辐射示意图

三、超快时间分辨瞬态吸收光谱的实验系统

根据以上原理可设计出一般的超快时间分辨瞬态吸收光谱的实验系统(图 6-40)。

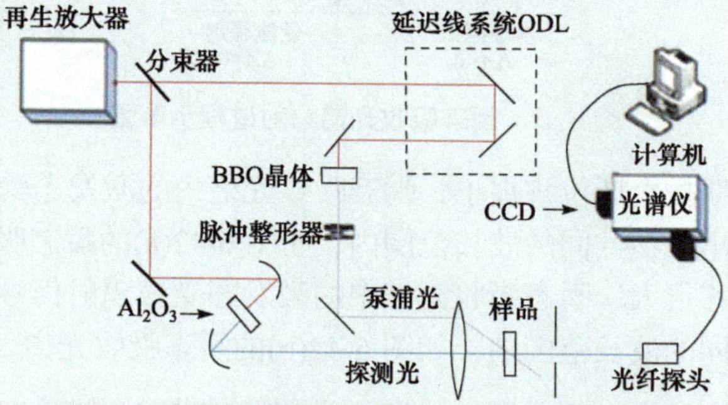

图 6-40 超快时间分辨瞬态吸收光谱的实验系统

从超快飞秒激光器系统中的再生放大器如 Spitfire 发射出波长为 800 nm 的一束超短脉冲激光，经过 1∶9 的 800 nm 分束器后分为两束激光，功率较大的 90% 的透射部分的激光束经过光学延迟系统 ODL 后被 BBO 晶体倍频到 400 nm 并作为泵浦光，泵浦光经过凸透镜中心后以一定的角度聚焦到待测样品上，把样品从基态激发到激发态。功率较小的 10% 的反射部分的激光束经过蒸馏水或 1 cm 厚的蓝宝石(Al_2O_3)后产生超连续的白光并作为探测光，探测光经过凸透镜中心后与泵浦光一起聚焦在样品的同一位置处，并确保泵浦光和探测光在空间上重合(两束光的光斑重合)和时间上重合(在时间零点处两束光的激光脉冲同时到达样品的同一个位置)，如此，从基态激发到激发态的样品分子就会对探测光进行激发态吸收。以某角度入射到样品上的泵浦光会被光阑阻挡，不会被光纤探头接收到，而携带有激发态信息的探测光则会被光纤探头接收并由光纤传送到光谱仪。白光在光谱仪上按照波长被分开，随后在 CCD 上被转换为电信号，电信号经过数据采集卡后被输送到计算机，从而完成测量数据的采集过程。在泵浦光的光路上放置一个机械快门，用来控制泵浦光的通过与阻挡，从而实现信号的采集与计算。通过调节泵浦光光路中的延迟线系统 ODL 的运动来改变探测光相对于泵浦光的延迟时间，从而得到物质的时间分辨瞬态吸收光谱。

总之，时间分辨瞬态吸收光谱包括基态漂白、激发态吸收、受激辐射等物理过程，处于基态的粒子在泵浦光的作用下吸收能量跃迁到较高能级的激发态，随后发生的辐射过程示意图如图 6-41 所示。

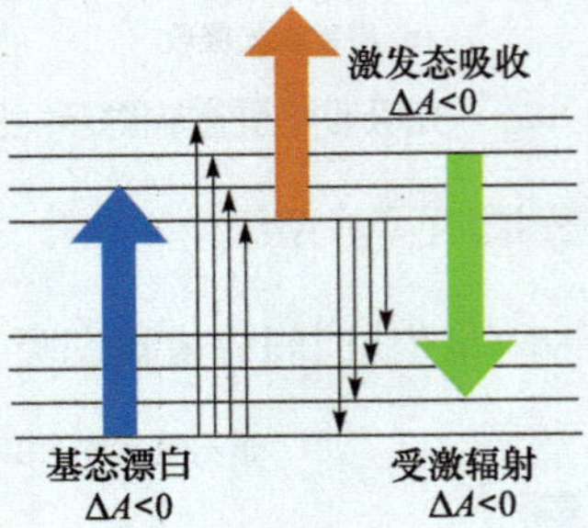

图 6-41 瞬态吸收光谱辐射过程示意图

如果物质的斯托克斯位移很小，瞬态吸收光谱中的激发态受激辐射信号和基态漂白信号可以出现在共同的波长范围内，如图 6-42(a)的瞬态吸收光谱；如果物质的斯托克斯位移很大，瞬态吸收光谱中的激发态受激辐射信号和基态漂白信号则不会出现在共同的波长范围内，如图 6-42(b)的瞬态吸收光谱。

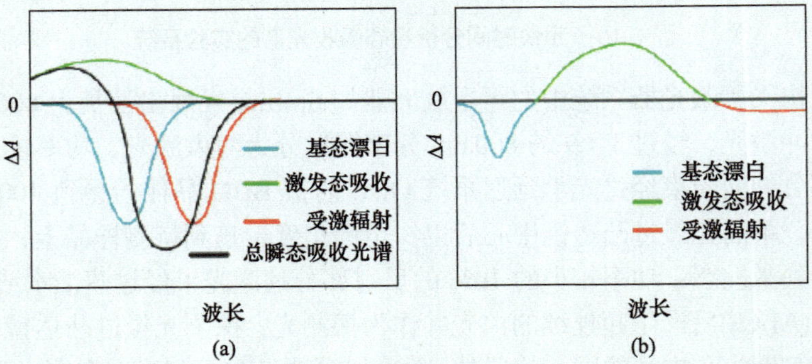

图 6-42 瞬态吸收光谱

依据超快时间分辨瞬态吸收光谱系统，通过检测超快激光对物质的作用产生的短寿命中间体和激发态对探测光的吸收变化影响，就可以分析物质的光化学和光物理过程。

超快激光泵浦探测技术现已广泛应用于化学、生物、物理、材料等领域中物质的瞬态过程探测，为传统学科的研究提供了新的方法。

参 考 文 献

[1] 李淑妮，翟全国，蒋育澄，等. 化学教育, 2019, 35(8) : 122.

[2] 周公度．无机化学丛书(第十一卷). 北京：科学出版社, 1982.
[3] Wolf K L, Frahm H, Harms H Z. Phys Chem, 1937, 36: 237.
[4] Lehninger A L. Naturwissenschaften, 1966, 53(3): 57.
[5] Lehn J M. Angew Chem Int Ed, 1988, 27(1): 89.
[6] Lehn J M. Science, 1993, 90(5): 1635.
[7] Petitjean A, Khoury R G, Kyritsakas N, et al. J Am Chem Soc, 2004, 126(21): 6637.
[8] Alcock N W. Adv Inorg Chem Radiochem, 1972, 15: 1.
[9] 刘若庄, 傅孝愿. 北京师范大学学报(自然科学版), 1956, (1): 85.
[10] Mcdowell S A C. Chem Phys Lett, 2003, 377(1): 143.
[11] Arunan E, Desiraju G R, Klein R A, et al. Pure Appl Chem, 2011, 83(8): 1637.
[12] Pauling L. The Nature of the Chemical Bond. Ithaca: Cornell University Press, 1939.
[13] Pauling L. J Am Chem Soc, 1931, 53(4): 1367.
[14] 科顿, 威尔金森. 高等无机化学.上册. 北京：人民教育出版社, 1981.
[15] Errington J R, Debenedetti P G. Nature, 2001, 409(6818): 318.
[16] Pratt L R. Chem Rev, 2002, 102(8): 2625.
[17] Emsley J. Chem Soc Rev, 1980, 9(1): 91.
[18] Emsley J, Hoyte O P A, Overill R E. Chem Commun, 1977, (7): 225.
[19] Emsley J. Polyhedron, 1985, 4(3): 489.
[20] Luo Y R. Comprehensive Handbook of Chemical Bond Energies. Bosa Roca: Taylor & Francis Inc, 2007.
[21] Hunter C A, Sanders J K M. J Am Chem Soc, 1990, 112(112): 5525.
[22] 陈小明, 蔡继文. 单晶结构分析原理与实践. 2 版. 北京：科学出版社, 2007.
[23] Iwaoka M, Tomoda S. J Am Chem Soc, 1994, 116(10): 4463.
[24] Pauling L. J Am Chem Soc, 1935, 57(12): 2680.
[25] Hellemans A. Science, 1999, 283(5402): 614.
[26] Isaacs E D, Shukla A, Platzman P M, et al. Phys Rev Lett, 1999, 82(3): 600.
[27] Faraday M. Philos T Roy Soc Lond, 1823, 113: 160.
[28] Jeffrey G A. An Introduction to Hydrogen Bonding. Oxford: Oxford University Press, 1997.
[29] Scheiner S. Hydrogen Bonding. A theoretical perspective. Oxford: Oxford University Press, 1997.
[30] Greenwood N N, Earnshaw A. Chemistry of the Elements. Oxford: Elsevier Science & Technology, 1998.
[31] Nernst W. Z Phys Chem, 1891, 8U(1): 110.
[32] Werner A. Justus Liebigs Ann Chem, 1902, 322(3): 261.
[33] Hantzsch A. Ber Deutsch Chem Ges, 1910, 43(3): 3049.
[34] Pfeiffer P. Ber Deutsch Chem Ges, 1914, 47(2): 1580.
[35] Moore T S, Winmill T F. J Chem Soc Trans, 1912, 101: 1635.
[36] Latimer W M, Rodebush W H. J Am Chem Soc, 1920, 42(7): 1419.
[37] Huggins M L. Science, 1922, 55(1426): 459.
[38] Huggins M L. J Am Chem Soc, 1931, 53(8): 3190.
[39] Bernal J D, Megaw H D. Proc Roy Soc London, 1935, 151(873): 384.

[40] Huggins M L. J Phys Chem, 1935, 40(6): 723.
[41] Huggins M L. J Org Chem, 1936, 1(5): 407.
[42] Huggins M L. Ann N Y Acad Sci, 1943, 44(4): 431.
[43] Pauling L, Corey R B, Branson H R. Proc Natl Acad Sci USA, 1951, 37(4): 205.
[44] Watson J D, Crick F H. Nature, 1953, 171(4356): 737.
[45] Pimentel G, McClellan A. The Hydrogen Bond. United States: Andesite Press, 1960.
[46] Hamilton W C. Hydrogen Bonding in Solids. New York: WA Benjamin, 1968.
[47] Desiraju G R. Acc Chem Res, 2002, 35(7): 565.
[48] 魏冰川, 刘振飞, 卞江. 大学化学, 2007, 22(1): 61.
[49] Kitaura K, Morokuma K. Int J Quantum Chem, 1976, 10(2): 325.
[50] Morokuma K. J Chem Phys, 1971, 55(3): 1236.
[51] Coulson C A, Daudel R, Robertson J M. Proc Roy Soc London, 1951, 207(1090): 306.
[52] Coulson C A. Symposium on Hydrogen Bonding. Oxford: Pergamon Press, 1959.
[53] Morokuma K. Acc Chem Res, 1977, 10(8): 294.
[54] Bagus P S, Hermann K, Bauschlicher Jr C W. J Chem Phys, 1984, 80(9): 4378.
[55] Stevens W J, Fink W H. Chem Phys Lett, 1987, 139(1): 15.
[56] Reed A E, Weinhold F. A. J Chem Phys, 1985, 83(4): 1736.
[57] Mo Y, Gao J, Peyerimhoff S D. J Chem Phys, 2000, 112(13): 5530.
[58] Glendening E D, Streitwieser A. J Chem Phys, 1994, 100(4): 2900.
[59] Glendening E D. J Am Chem Soc, 1996, 118(10): 2473.
[60] Foster J P, Weinhold F. A. J Am Chem Soc, 1980, 102(24): 7211.
[61] Remer L C, Jensen J H. J Phys Chem A, 2000, 104(40): 9266.
[62] Warshel A, Papazyan A, Kollman P A. Science, 1995, 269(5220): 102.
[63] Cleland W W, Kreevoy M M. Science, 1994, 264(5167): 1887.
[64] Gilli G, Gilli P. J Mol Struct, 2000, 552(1): 1.
[65] Hadži D, Orel B, Novak A. Spectrochim Acta A, 1973, 29(9): 1745.
[66] Zundel G. J Mol Struct, 1988, 177(2): 43.
[67] Hadi D. J Mol Struct, 1988, 177(2): 1.
[68] Joesten M D. J Chem Edu, 1982, 33(5): 37.
[69] Jeziorski B, Moszynski R, Szalewicz K. Chem Rev, 1994, 94(7): 1887.
[70] 卞江, 陈志达. 化学通报, 1997, (4): 12.
[71] Peyrard M, Flytzanis N. Phys Rev A, 1987, 36(2): 903.
[72] Taylor R, Kennard O. Acc Chem Res, 1984, 17(9): 320.
[73] Laedke E W, Spatschek K H, Jr Wilkens M, et al. Phys Rev A, 1985, 32(2): 1161.
[74] Weberpals H, Spatschek K H. Phys Rev A, 1987, 36(6): 2946.
[75] Nylund E S, Tsironis G P. Phys Rev Lett, 1991, 66(14): 1886.
[76] Kashimori Y, Kikuchi T, Nishimoto K. J Chem Phys, 1982, 77(4): 1904.
[77] Godzik A. Chem Phys Lett, 1990, 171(3): 217.
[78] Zolotaryuk A V, Peyrard M, Spatschek K H. Phys Rev E, 2000, 62(4): 5706.
[79] 庞小峰. 物理学进展, 2002, 22(2): 214.

[80] Astbury W T, Woods H J. Proc Roy Soc Biol Sci Ser B, 1934, 788(114): 314.
[81] Astbury W T, Sisson W A. Proc Roy Soc London Ser A, 1935, 150(871): 533.
[82] Astbury W T. Trans Faraday Soc, 1933, 29(140): 193.
[83] Astbury W T, Street A. Philos T Roy Soc London Ser A, 1931, 230(681-693): 75.
[84] Novak A. Struct Bonding, 1974, 177: 177.
[85] Nauta K, Miller R E. Science, 2000, 5451(287): 293.
[86] Li Q, An X, Gong B, et al. Spectrochim Acta A, 2008, 69(1): 211.
[87] Vijayakumar S, Kolandaivel P. J Mol Struct, 2005, 734(1–3): 157.
[88] Lu P, Liu G Q, Li J C. J Mol Struct Theochem, 2005, 723(1): 95.
[89] Hobza P, Havlas Z. Chem Rev, 2000, 100(11): 4253.
[90] Tomkinson J, Braid I J, Howard J, et al. Chem Phys, 1982, 64(1): 151.
[91] Fillaux F, Tomkinson J. Chem Phys, 1991, 158(1): 113.
[92] 陈静, 潘章. 化学研究与应用, 2015, 27(9): 1239.
[93] Rahman A, Stillinger F H. J Am Chem Soc, 1973, 95(24): 7943.
[94] Kusalik P G, Svishchev I M. Science, 1994, 265(5176): 1219.
[95] Thomsen N K, Poulsen F M. J Mol Biol, 1993, 234(1): 234.
[96] Latanowicz L, Reynhardt E C. Ber Buns Phys Chem, 1994, 98(6): 818.
[97] Horsewill A J, Aibout A. J Phys Condens Matter, 1989, 1(48): 9609.
[98] Jeffrey G A. J Mol Struct, 1994, 322(3): 21.
[99] Smith J D, Cappa C D, Wilson K R, et al. Science, 2004, 306(5697): 851.
[100] 王一波. 中国科学, 1995, 21(7): 673.
[101] Antonchenko V Y, Davydov A S, Zolotariuk A V. Phys Status Solidi B, 1983, 115(2): 631.
[102] Barone V, Orlandini L, Adamo C. Chem Phys Lett, 1994, 231(2-3): 295.
[103] Mavri J, Hadži D A. J Mol Struct, 1992, 270: 247.
[104] Borgis D, Tarjus G, Azzouz H. J Phys Chem, 1992, 96(8): 3188.
[105] Plummer P L M. J Mol Struct, 1990, 237(3): 47.
[106] Bader R F. J Phys Chem A, 2010, 114(28): 7431.
[107] Bader R F. Chem Rev, 1992, 23(3): 893.
[108] Popelier P L A. J Phys Chem A, 1998, 102(10): 1873.
[109] Koch U, Popelier P L A. J Phys Chem, 1995, 99(24): 9747.
[110] Lipkowski P, Grabowski S J, Robinson T L, et al. J Phys Chem A, 2004, 108(49): 10865.
[111] Parra R D, Streu K. Comput Theor Chem, 2011, 967(1): 12.
[112] Pan Z, Chen J, Lü G, et al. J Chem Phys, 2012, 136(16): 164313.
[113] Kumar R, Schmidt J R, Skinner J L. J Chem Phys, 2007, 126(20): 05B611.
[114] Wernet P, Nordlund D, Bergmann U, et al. Science, 2004, 35(31): 995.
[115] Luzar A. J Chem Phys, 2000, 113(23): 10663.
[116] Kuo I F W, Mundy C J. Science, 2004, 303(5658): 658.
[117] Todorova T, Seitsonen A P, Hutter J, et al. J Phys Chem B, 2006, 110(8): 3685.
[118] Luzar A, Chandler D. Nature, 1996, 379(6560): 55.
[119] Legon A C, Millen D J. Chem Soc Rev, 1987, 16(16): 467.

[120] 李顺利, 陈晓峰, 吴勇, 等. 化学教育, 2015, 36(10): 12.
[121] Guthrie J P. Chem Biol, 1996, 3(3): 163.
[122] Pak C, Han M L, Kim J C, et al. Struct Chem, 2005, 16(3): 187.
[123] Frey P A. Magn Reson Chem, 2010, 39(S1): S190.
[124] 周公度. 大学化学, 1999, 14(4): 8.
[125] Kamlet M J, Taft R W. J Am Chem Soc, 1976, 98(2): 377.
[126] Abraham M H. Chem Soc Rev, 1993, 22(2): 73.
[127] Wilson L Y, Famini G R. J Med Chem, 1991, 34(5): 1668.
[128] Derewenda Z S, Derewenda U, Kobos P M. J Mol Biol, 1994, 241(1): 83.
[129] Steiner T, Saenger W. J Am Chem Soc, 1993, 180(11): 4540.
[130] Desiraju G R. Acc Chem Res, 1991, 24(10): 290.
[131] Taylor R, Kennard O. J Am Chem Soc, 1982, 104(19): 5063.
[132] Malone J F, Murray C M, Charlton M H, et al. Faraday Trans, 1997, 93(19): 3429.
[133] Rodham D A, Suzuki S, Suenram R D, et al. Nature, 1993, 362(6422): 735.
[134] Suzuki S, Green P G, Bumgarner R E, et al. Science, 1992, 257(5072): 942.
[135] Jorgensen W L, Severance D L. J Am Chem Soc, 1990, 112(12): 4768.
[136] Novoa J J, Mot F. Chem Phys Lett, 2000, 318(4): 345.
[137] Dingley A J, Cordier F, Grzesiek S. Concepts Magn Reso, 2001, 12(2): 103..
[138] Alkorta I, Elguero J. Chem Soc Rev, 1998, 27(2): 163.
[139] Steiner T. Acta Crystallogr D, 1998, 54(4): 584.
[140] Brammer L, Charnock J M, Goggin P L, et al. Dalton Trans, 1991, 32(7): 1789.
[141] 陈冬玲, 刘秋田. 化学通报, 1992, (3): 20.
[142] Brown M P, Heseltine R W. Chem Commun, 1968, 23(23): 1551.
[143] Müller-Dethlefs K, Hobza P. Chem Rev, 2000, 100(1): 143.
[144] Custelcean R, Jackson J E. Chem Rev, 2001, 101(7): 1963.
[145] Crabtree R H, Eisenstein O, Sini G, et al. J Organomet Chem, 1998, 567(567): 7.
[146] 冯璐, 白福全, 吴阳, 等. 中国科学: 化学, 2012, 42(2): 194.
[147] Grabowski S J, Robinson T L, Leszczynski J. Chem Phys Lett, 2004, 386(1): 44.
[148] Palusiak M, Grabowski S J. J Mole Struct: Theochem, 2004, 674(1-3): 147.
[149] Oliveira B G, de Araújo R C M U, Ramos M N. J Mol Struct: Theochem, 2010, 944(1): 168.
[150] Alabugin I V, Manoharan M, Peabody S, et al. J Am Chem Soc, 2003, 125(19): 5973.
[151] Deakyne C A, Meot-Ner M. J Am Chem Soc, 1999, 121(7): 1546.
[152] Meot-Ner M. Chem Rev, 2005, 105(1): 213.
[153] Xantheas S S. J Am Chem Soc, 1995, 117(41): 10373.
[154] Abdulsada A A K, Greenway A M, Hitchcock P B, et al. Chem Commun, 1986, 24(24): 1753.
[155] Cammarata L, Kazarian S G, Salter P A, et al. Phys Chem Chem Phys, 2001, 3(23): 5192.
[156] Swatloski R P, Spear S K, Holbrey J D, et al. J Am Chem Soc, 2002, 124(18): 4974.
[157] Fumino K, Peppel T, Geppertrybczyńska M, et al. Phys Chem Chem Phys, 2011, 13(31): 14064.
[158] Earle M J, Esperança J M, Gilea M A, et al. Nature, 2006, 439(7078): 831.
[159] Gurkan B E, Fuente J C D L, Mindrup E M, et al. J Am Chem Soc, 2010, 132(7): 2116.

[160] Wang N N, Zhang Q G, Wu F G, et al. J Phys Chem B, 2010, 114(26): 8689.
[161] Zhu G, Gao X, Wang X, et al. J Chromatogr A, 2018, 1532: 40.
[162] Zhang Q G, Wang N N, Yu Z W. J Phys Chem B, 2010, 114(14): 4747.
[163] 张力群, 李浩然. 物理化学学报, 2010, 26(11): 2877.
[164] Cao Y, Chen Y, Sun X, et al. Phys Chem Chem Phys, 2012, 14(35): 12252.
[165] Olmo L D, López R, Vega J M G D L. Int J Quantum Chem, 2013, 113(6): 852.
[166] Estarellas C, Frontera A, Quiñonero D, et al. J Phys Chem A, 2011, 115(26): 7849.
[167] Estarellas C, Frontera A, Quiñonero D, et al. Comput Theore Chem, 2011, 975(1): 106.
[168] Kim D Y, Singh N J, Lee J W, et al. J Chem Theory Comput, 2008, 4(7): 1162.
[169] Quiñonero D, Garau C, Frontera A, et al. Chem Phys Lett, 2002, 359(5): 486.
[170] Quiñonero D, Garau C, Rotger C, et al. Angew Chem, 2002, 114(18): 3539.
[171] Alkorta I, Rozas I, José E. J Am Chem Soc, 2002, 124(29): 8593.
[172] Grabowski S J. Hydrogen Bonding: New Insights. Dordrecht: Springer, 2006.
[173] Hobza P, Špirko V, Selzle H L, et al. J Phys Chem A, 1998, 102(15): 2501.
[174] Wang Z, Zhang J, Wu J, et al. J Mole Struct: Theochem, 2007, 806(1-3): 239.
[175] King B F, Farrar T C, Weinhold F.A. J Chem Phys, 1995, 103(1): 348.
[176] Zhou Z, Qu Y, Fu A, et al. Int J Quantum Chem, 2002, 89(6): 550.
[177] 杨鑫, 唐丹, 邵宇飞. 分子科学学报, 2011, 27(2): 144.
[178] Stahl N, Jencks W P. J Am Chem Soc, 1986, 108(14): 4196.
[179] Watson J D, Crick F H C. Nature, 1953, 171(4361): 964.
[180] Franklin R E, Gosling R G. Nature, 1953, 171(4356): 740.
[181] Wilkins M H F, Stokes A R, Wilson H R. Nature, 1953, 171(4356): 738.
[182] 沃森 J D. 双螺旋: 发现 DNA 结构的故事. 刘望夷, 译. 北京: 化学工业出版社, 2009.
[183] Mautne M, Scheiner S, Yu W O. J Am Chem Soc, 1998, 120(28): 6980.
[184] Prins L J, Reinhoudt D N, Timmerman P. Angew Chem Int Ed, 2010, 40(13): 2382.
[185] Soberats B, Hecht M, Wurthner F. Angew Chem Int Ed, 2017, 56(36): 10771.
[186] Takemoto Y. Chem Pharm Bull, 2010, 58(5): 593.
[187] Taylor M S, Jacobsen E N. Angew Chem Int Ed, 2010, 45(10): 1520.
[188] Sigman M S, Jacobsen E N. J Am Chem Soc, 1998, 120(19): 4901.
[189] Sigman M S, Vachal P, Jacobsen E N. Angew Chem Int Ed, 2000, 39(7): 1279.
[190] Vachal P, Jacobsen E N. J Am Chem Soc, 2003, 34(5): 10012.
[191] 李鑫. 不同氢键供体催化转化 CO_2 与环氧化物的环加成反应. 哈尔滨: 哈尔滨工业大学, 2016.
[192] 袁佳妮. 两类新型氢键供体类双功能有机小分子催化剂的设计合成及应用. 西安: 第四军医大学, 2017.
[193] 刘斌. 新型手性方酰胺催化剂的设计合成及其在不对称催化反应中的应用. 武汉: 武汉大学, 2014.
[194] 侯文端. 多功能有机催化剂的设计、合成及催化硝基烯的 Michael/Mannich 串联反应研究. 重庆: 西南大学, 2013.
[195] 杨鸿均. 双功能氢键催化剂催化的不对称有机反应研究. 上海: 复旦大学, 2013.

[196] 戴乐. 双功能手性方酰胺催化剂促进的不对称硫代 Michael 加成反应研究. 上海: 复旦大学, 2011.
[197] 吴荣华. 手性磷酰胺催化的硝基烯的不对称 Michael 加成反应. 天津: 南开大学, 2011.
[198] Wang B, Liu Y, Sun C, et al. Org Lett, 2014, 16(24): 6432.
[199] Banik S M, Levina A, Hyde A M, et al. Science, 2017, 358(6364): 761.
[200] Inokuma T. Development of Novel Hydrogen-bond Donor Catalysts. Tokyo: Springer Science & Business Media, 2013.
[201] Zhang J, Chen P, Yuan B, et al. Science, 2013, 342(6158): 611.
[202] De Marco L, Thamer M, Reppert M, et al. J Chem Phys, 2014, 141(3).
[203] 邓耿, 尉志武. 科学通报, 2016, 61(30): 3181.
[204] 包新雷. 泵浦——探测超快光谱中弱信号检测方法研究. 哈尔滨：哈尔滨工业大学, 2016.
[205] Mataga N, Shibata Y, Chosrowjan H, et al. J Phys Chem B, 2000, 104(17): 4001.
[206] Gong Q, Li J, Zhang T, et al. Chin Phys Lett, 1998, 15(1): 30.
[207] Li J, Wang S, Yang H, et al. Chem Phys Lett, 1998, 288(2): 175.
[208] Lin G, Xicheng A. Mater Chem Phys, 2000, 63(1): 30.
[209] Kimura Y, Alfano J C, Walhout P K, et al. J Phys Chem, 1994, 98(13): 3450.
[210] Berera R, van Grondelle R, Kennis J T. Photosynth Res, 2009, 101(2-3): 105.

练 习 题

第一类：自测练习题

1. 是非题(正确的在括号中填"√"，错的填"×")(10 分)

(1) 当分子中存在单电子时该分子具有顺磁性。 (　　)

(2) 非极性分子中的化学键一定是非极性的共价键。 (　　)

(3) $BeCl_2$ 分子与 XeF_2 分子的偶极矩为零，由此可以推断 Be 原子和 Xe 原子均采用 sp 杂化轨道成键。 (　　)

(4) SiH_4 分子空间构型为正四面体，是非极性分子，其化学键也是非极性的。 (　　)

(5) 金属与非金属元素的原子间形成的化学键都是离子键。 (　　)

(6) 离子所带电荷越多、半径越小，则其电荷密度越大，离子键越强，该离子晶体的晶格能也越大。 (　　)

(7) AgF 易溶于水，AgBr 难溶于水，主要是由于 F^- 比 Br^- 难变形。 (　　)

(8) 同族元素往往有一些相似的性质。CO_2 固体是分子晶体，由于碳和硅同族，从而可推断 SiO_2 也属于分子晶体。 (　　)

(9) 由于稀有气体原子中没有单电子，它们不能形成共价键。 (　　)

(10) HF 液体的氢键键能比 H_2O 的大，而且具有一定的方向性。 (　　)

2. 选择题(选择正确答案的题号填入)(10 分)

(1) 下列分子中 C 与 O 之间键长最短的是 (　　)

A. CO　　B. CO_2　　C. CH_3OH　　D. CH_3COOH

(2) 下列分子或离子中呈反磁性的是 (　　)

A. B_2　　B. O_2　　C. CO　　D. NO

(3) ClO_3F 分子的几何构型属于 (　　)

A. 直线形　　B. 平面正方形　　C. 四面体形　　D. 平面三角形

(4) 用 VSEPR 判断下列离子或分子几何构型为三角锥形的是 ( )

A. SO_3　B. SO_3^{2-}　C. NO_3^-　D. CH_3^+

(5) 下列各对物质中分子间作用力最弱的是 ( )

A. NH_3 和 PH_3　B. He 和 Ne　C. N_2 和 O_2　D. H_2O 和 CO_2

(6) 在 NaCl 晶体中，Na^+(或 Cl^-)的最大配位数是 ( )

A. 2　B. 4　C. 6　D. 8

(7) 下列物质熔点变化顺序中正确的一组是 ( )

A. MgO>BaO> BN> $ZnCl_2$>$CdCl_2$

B. BN>MgO>BaO>$CdCl_2$>$ZnCl_2$

C. BN>MgO>BaO> $ZnCl_2$>$CdCl_2$

D. BN> BaO>MgO> $ZnCl_2$> $CdCl_2$

(8) 石英和金刚石的相似之处在于 ( )

A. 都具有四面体结构　B. 都是以离子键结合的晶体

C. 都具有非极性共价键　D. 其硬度和熔点相近

(9) 下列各组物质中熔点最高的一组是 ( )

A. NaI 和 SiI_4　B. NaI 和 SiF_4

C. NaF 和 SiF_4　D. NaF 和 SiI_4

(10) 下列各组物质沸点高低排序正确的是 ( )

A. HI>HBr>HCl>HF　B. H_2Te>H_2Se>H_2S>H_2O

C. NH_3>AsH_3>PH_3　D. CH_4>GeH_4>SiH_4

3. 填空题(20 分)

(1) ① NH_3 分子键角∠H—N—H、② CH_4 分子键角∠H—C—H、③ H_2O 分子键角∠H—O—H，按键角增加的顺序是__________。(以序号排序)

(2) 根据杂化轨道理论和价层电子对互斥理论判断下列分子或离子的中心原子杂化轨道类型及分子或离子的空间构型：① SiF_6^{2-}__________、__________；② ClF_3__________、__________；③ NO_2__________、__________。

(3) 判断下列分子是极性分子还是非极性分子：SO_2 是__________分子；BF_3 是__________分子；NF_3 是__________分子；PF_5 是__________分子。

(4) BaO，CaO，NaI，MgO，NaBr 的晶格能从大到小排列为__________。

(5) 从离子极化的观点判断，Cu^{2+}、Ag^+、Cl^-、Br^-、I^-中，极化力最大的是__________，极化率最大的是__________。

(6) O_2^+ 的分子轨道式为__________，它的键级是__________，它在磁场显__________性。

(7) 在 ZnS 晶体中，Zn^{2+} 的配位数为__________，S^{2-} 的配位数为__________。
(8) 根据离子极化理论预测 ZnS、CdS、HgS 在水中溶解度。从大到小排列顺序为__________，这是因为__________。
(9) 用离子极化理论推测：$AuCl_3$ 的热稳定性比 AuCl 的热稳定性__________；$PbCl_2$ 的热稳定性比 $PbCl_4$ 的热稳定性__________。
(10) 在液态时，每个 HF 分子可形成__________个氢键；每个 H_2O 分子可形成__________个氢键。

4. 简答题(20 分)

(1) 二甲醚($CH_3—O—CH_3$)和乙醇(CH_3CH_2OH)互为同分异构体，它们的沸点分别是−23℃和 78.5℃，为什么差别这样大？
(2) 金刚石和石墨互为同素异形体，为什么金刚石不导电，而石墨是电的良导体？
(3) 根据价层电子对互斥理论，对于离子 $IBrCl_3^-$：
① 哪个原子是中心原子？
② 计算其中心原子的价层电子对数。
③ 指出孤对电子数。
④ 画出离子的空间几何构型示意图。
⑤ 给出离子空间构型的名称。
(4) 指出 F_2O 和 H_2O 分子中氧原子的杂化轨道类型及分子的几何构型。F_2O 与 H_2O 分子比较，哪个偶极矩大？为什么？
(5) PHF_3^+ 可以画出多种共振结构式(中心原子为 P 原子，其他都是配位原子)
① 估算 PHF_3^+ 中 P—F 键的键级。
② 用鲍林的杂化轨道理论说明 PHF_3^+ 中原子间的成键情况。
(6) CF_4 和 PF_3 具有相同的电子数(42 个)，它们的分子量也相等(88)，但性质不同。例如，CF_4 m.p.−184℃，b.p.−128℃；PF_3 m.p.151.5℃，b.p.−101.5℃。再如，它们与水的作用也不同。解释并写出有关反应式。
(7) $Pd(PF_3)_2Cl_2$ 比 $Pd(NH_3)_2Cl_2$ 稳定得多，而 BF_3NH_3 比 BF_3PF_3 稳定得多，试解释。
(8) 根据卤化铜的半径数据，卤化铜应取 NaCl 晶体结构型，而事实上却取 ZnS 型，这表明卤离子与铜离子之间的化学键有什么特色？为什么？
(9) 回答下列问题。
① 为什么从 NO^+、NO 到 NO^- 键长逐渐增大？
② 为什么 NO 的第一电离能比 N_2 小得多？
(10) 已知 NO_2、CO_2、SO_2 分子中键角分别为 132°、180°、120°，判断它们的中心原子轨道的杂化类型，说明成键情况。

第二类：课后习题

1. O_2^+、O_2、O_2^- 和 O_2^{2-} 的实测键长越来越长，试用分子轨道理论解释。其中哪几种有顺磁性？为什么？
2. 比较 NO_2、NO_2^+、NO_2^- 和 NO_3^- 键角的大小。
3. 氟化氢分子之间的氢键键能比水分子之间的键能强，为什么水的熔点、沸点反而比氟化氢的熔点、沸点高？
4. 为什么邻羟基苯甲酸的熔点比间羟基苯甲酸或对羟基苯甲酸的熔点低？
5. 为什么氮和磷的单质分别以 $N_2(g)$和 $P_4(s)$的形式存在？
6. 一氧化碳分子与醛酮的羰基相比，键能较大，键长较小，偶极矩则小得多，且方向相反。试从结构角度给出解释。
7. 极性分子-极性分子、极性分子-非极性分子、非极性分子-非极性分子，其分子间的范德华力各是如何构成的？
8. 评论下列说法的正确性，并举出必要的例子。
   (1) 所有高熔点的物质都是离子型的。
   (2) 沸点随分子量的增加而升高。
   (3) 将离子型固体物质与水一起搅拌可以得到良导电性溶液。
9. 比较下列各组中两种物质的熔点高低，简单说明原因。
   (1) NH_3 和 PH_3　(2) PH_3 和 SbH_3　(3) Br_2 和 ICl
10. 试说明导致下列各组化合物间熔点差别的原因。
    (1) NaF(992℃)，MgO(2800℃)
    (2) BeO(2530℃)，MgO(2800℃)，CaO(2570℃)，SrO(2430℃)，BaO(1923℃)
    (3) NaF(992℃)，NaCl(800℃)，AgCl(455℃)
    (4) $FeCl_2$(672℃)，$FeCl_3$(282℃)
11. 试用离子极化的理论解释 Cu^+与 Na^+虽然半径相近(前者 96 pm，后者 95 pm)、电荷相同，但是 CuCl 和 NaCl 熔点相差很大(前者 425℃，后者 801℃)、水溶性相差很远(前者难溶，后者易溶)。
12. 下表中列出了 AgX 的颜色和溶解度。

化合物	AgF	AgCl	AgBr	Ag I
颜色	无色	白色	淡黄色	黄色
溶解度/($mol \cdot L^{-1}$)	易溶	1.34×10^{-5}	7.07×10^{-7}	9.11×10^{-9}

试解释为什么从 AgF 至 AgI 颜色逐渐加深、溶解度逐渐减小。

13. 试解释：NaCl 的熔点为 808℃，而 $AlCl_3$ 在 183℃就升华了。
14. 用价键理论解释为什么 $CuCl_2^-$ 是抗磁性的，而 $CuCl_4^{2-}$ 是顺磁性的。
15. 比较下列各组物质的相对热稳定性大小并定性说明原因。
    (1) Na_2CO_3 和 $NaHCO_3$　　(2) $CaCO_3$ 和 $MnCO_3$
    (3) Li_2CO_3 和 K_2CO_3　　(4) $NaNO_2$ 和 $NaNO_3$
16. 比较下列各组化合物熔点和沸点高低并简要说明原因。
    (1) CH_3CH_2OH 和 CH_3OCH_3　　(2) O_3 和 SO_2　　(3) $HgCl_2$ 和 HgI_2
17. 指出下列物质在晶体中质点间的作用力、晶体类型、熔点高低。
    (1) CaF_2　(2) BN　(3) CH_3Cl　(4) NH_3　(5) Ti　(6) Xe
18. 试用离子极化的观点排列各组化合物的熔点及溶解度(由大到小的顺序)。
    (1) $BeCl_2$，$CaCl_2$，$HgCl_2$　　(2) CaS，FeS，HgS
    (3) LiCl，KCl，CuCl
19. 乙酸和乙醇都易溶于水，由乙酸和乙醇生成的乙酸乙酯却微溶于水，为什么？
20. 下列每对化合物中哪一个在水中的溶解度可能更大些？简要说明理由。
    (1) $SrSO_4$ 和 $MgSO_4$　　(2) NaF 和 $NaBF_4$

第三类：英文选做题

1. Predict the ground-state electron configurations of the oxygen molecule, O_2, the superoxide ion, O_2^-, and the peroxide ion, O_2^{2-}.
2. Estimate the reaction enthalpy for the production of SF_6 (g) from SF_4(g) given that the mean bond enthalpies of F_2, SF_4, and SF_6 are 158, 343, and 327 kJ · mol^{-1}, respectively, at 25℃.
3. Predict the shape of the XeF_4 molecule and a hybridization scheme consistent with this prediction.
4. Which has the higher melting point, KI or CaO?
5. List the types of intermolecular forces that exist between molecules (or basic units) in each of the following species: (a) benzene (C_6H_6), (b) CH_3Cl, (c) PF_3, (d) NaCl, (e) CS_2.

参考答案

自测练习题答案

1. 是非题

(1) (√)　(2) (×)　(3) (×)　(4) (×)　(5) (×)
(6) (√)　(7) (√)　(8) (×)　(9) (×)　(10) (√)

2. 选择题

(1) (A)　(2) (C)　(3) (C)　(4) (B)　(5) (B)
(6) (C)　(7) (C)　(8) (A)　(9) (D)　(10) (C)

3. 填空题

(1) ③ < ① < ②。
(2) sp^3d^2，八面体；sp^3d，T 形；sp^2，V 形。
(3) 极性；非极性；极性；非极性。
(4) MgO > CaO > BaO > NaBr > NaI。
(5) Ag^+；I^-。
(6) $(\sigma_{1s})^2(\sigma_{1s}^*)^2(\sigma_{2s})^2(\sigma_{2s}^*)^2(\sigma_{2p_x})^2(\pi_{2p_y})^2(\pi_{2p_z})^2(\pi_{2p_y}^*)^1$；2.5；顺磁。
(7) 4；4。
(8) ZnS > CdS > HgS；Zn(Ⅱ)、Cd(Ⅱ)、Hg(Ⅱ)半径依次增大，又都是 18 e^- 型离子，都有较强的极化能力且极化能力递增，其硫化物共价性依次增强，水溶性递减。
(9) 小；大。
(10) 2；4。

4. 简答题

(1) 乙醇分子间形成氢键，所以沸点远高于分子间没有氢键的二甲醚。

(2) 由晶体结构不同造成。金刚石中 C 为 sp^3 杂化，C 原子外层的四个价电子全部配对，没有能自由运动的电子，所以不导电。石墨层内每个 C 原子为 sp^2 杂化，还有一个未参与杂化的 p 电子相互重叠形成大 π 健，所以具有导电性。

(3) ① I；② VP = 6；③ 2；④ 电子构型为正八面体；⑤ 平面四方形。

(4) 在 F_2O 和 H_2O 中 O 为不等性 sp^3 杂化成键，电子对构型是四面体形，分子为 V 形。

在 F_2O 分子中，F 电负性大于 O，偶极矩的方向是 O → F，而 O 上孤对电子的偶极矩的方向是 O →孤对电子。O → F 与 O →孤对电子的偶极方向相反，分子的偶极是两者的矢量和，因此偶极矩减小，极性减弱。在 H_2O 分子中，O—H 的偶极矩的方向是 H → O，而 O 与孤对电子间偶极矩的方向是 O →孤对电子，两者方向相同，分子的极性加强。因此，F_2O 与 H_2O 分子比较，H_2O 分子的偶极矩较大。

(5) ① 1～4/3。② P 为 sp^3 杂化，P 与 H 形成 σ 键。P 与三个 F 形成 σ 键外，F 原子的 2p 轨道上的孤对电子占有 P 原子的 3d 空轨道形成 d-p π 键。

(6) CF_4 的 C、PF_3 的 P 均为 sp^3 杂化，但 CF_4 为正四面体，为非极性分子，而 PF_3 为三角锥体，为极性分子。分子间，CF_4 只有色散力，而 PF_3 有色散力、诱导力、取向力，分子间力 $PF_3 > CF_4$，故 PF_3 的熔点、沸点高于 CF_4。

C 为第 2 周期元素，只有一个价轨道，在 CF_4 中的配位数已经饱和，C—F 键能也较大，故室温下不水解；P 为第 3 周期元素，有 9 个价轨道，在 PF_3 中，P 的配位数不饱和，它的价轨道可接受路易斯碱进攻；P 上有孤对电子，可作为路易斯碱与氢离子反应，故发生水解且反应彻底：$PF_3+3H_2O = H_3PO_3+3HF$。

(7) 因为 PF_3 中的 P 原子有 3d 空轨道，Pd^{2+} 与 PF_3 除形成 σ 配键外，还可形成 d-d 反馈键，而 Pd^{2+} 与 NH_3 只能形成 σ 配键，所以 $Pd(PF_3)_2Cl_2$ 比 $Pd(NH_3)_2Cl_2$ 稳定得多。对于 BF_3，B 原子上只有一个空轨道，而 NH_3 的路易斯碱性强于 PF_3，并且 H 原子的电负性远小于 F 原子的电负性，使 PF_3 不易给电子对，所以 BF_3NH_3 比 BF_3PF_3 稳定得多。

(8) 预计卤化铜取 NaCl 结构的前提是其中的化学键是 100%的离子键，即只考虑几何制约关系，事实上卤化铜取 ZnS 型，配位数下降，表明卤离子与铜离子之间的化学键有明显的共价键成分(这是由离子极化引起的)。

(9) ① 从 $NO \longrightarrow NO^+$ 失去 π^* 反键电子，键级增大，键长减小；从 $NO \longrightarrow NO^-$ 增加 π^* 反键电子，键级减小，键长增大。

② 第一电离能：NO 失去反键电子，而 N_2 失去的是成键电子轨道上的电子。

(10) NO_2 中 N 采取 sp^2 杂化，杂化后的三个轨道(各占据一个电子)有两个与 O 形成两个键，另一个为未成键的单电子。未成键的单电子与成键电子间的斥力较小，因而大于 120°。

CO_2 中 C 采取 sp 杂化，因此 CO_2 分子为直线形。

SO_2 中 S 采取 sp^2 杂化，由于 S 上的孤对电子中有一对占有杂化轨道，因而 SO_2 分子为 V 形。因为 S 原子半径较大，两个氧原子间斥力与 S 上的孤对电子对与成键电子的斥力相当，所以 SO_2 分子中键角恰好为 120°。

课后习题答案

1. O_2^+、O_2、O_2^- 和 O_2^{2-} 的键级依次为 2.5、2、1.5、1，所以键长越来越长。O_2^+、O_2、O_2^-中有 1、2、1 个单电子，故有顺磁性。

2.

	NO_2	NO_2^+	NO_2^-	NO_3^-
价层电子对数	(5+0)/2=2.5	(5+0−1)/2=2	(5+0+1)/2=3	(5+0+1)/2=3
键角	>120°	180°	<120°	120°

构型

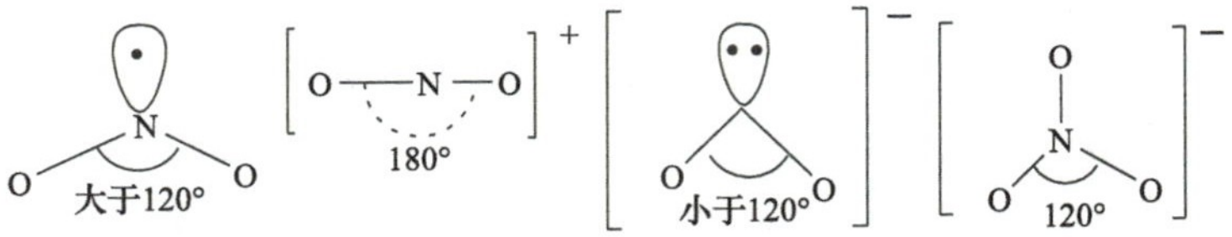

所以，键角的顺序是 $NO_2^+ > NO_2 > NO_3^- > NO_2^-$。

3. 虽然氟化氢分子之间的氢键键能比水分子之间的键能强，但是每个水分子平均可形成 2 个氢键，所以水的熔点、沸点反而比氟化氢的熔点、沸点高。

4. 邻羟基苯甲酸形成分子内氢键，而间羟基苯甲酸或对羟基苯甲酸形成分子间氢键。

5. N≡N 键能为 945 $kJ \cdot mol^{-1}$，而 P≡P 键能仅为 485 $kJ \cdot mol^{-1}$。6 条 P—P 单键形成 P_4 时更稳定，能量为 6×198=1188 $kJ \cdot mol^{-1}$。

6. CO 分子中，C 与 O 有 2 个正常共价键外，还有 1 个从 O 原子到 C 原子的配位键，这使得 C 原子带部分负电性，与 O 原子电负性大于 C 原子使其带部分负电荷大致相抵消，所以其偶极矩接近 0。由于 CO 分子中存在三键，键能较大，键长较小。

7. 根据构成范德华力的色散力、取向力、诱导力的形成机制可知：

极性分子-极性分子：色散力，取向力，诱导力。

极性分子-非极性分子：色散力，诱导力。

非极性分子-非极性分子：色散力。

8. (1) 这种说法很不全面，因为许多原子晶体的物质，如 SiO_2、SiC 等熔点都很高；此外，有一些金属如 W、Re 等熔点也都很高。

(2) 不完全正确。以色散力为主的同类型物质沸点随着分子量的增加而升高，但若还有其他作用力则情况会有不同，如 H_2O 分子间还有氢键，沸点就比 H_2S 高。

(3) 不完全正确。只有将可溶性的离子型固体物质与水一起搅拌可以得到良导电性溶液。有的离子型固体物质难溶，则不能得到良导电性溶液，如 Al_2O_3。

9. (1) $NH_3 > PH_3$。NH_3 分子间有氢键。

(2) $PH_3 < SbH_3$。都是弱极性分子，SbH_3 的分子量大，色散力较大。

(3) $Br_2 < ICl$。分子量相近，色散力相近，但 ICl 是极性分子，还有取向力和诱导力。

10. (1) 二者同为离子晶体，MgO 中离子电荷多，半径小，晶格能大，所以熔点高。

(2) BeO 中因 Be^{2+}半径小，极化力大，有一定共价性，熔点偏低；$Mg^{2+} \rightarrow Ba^{2+}$，半径递增，晶格能递减，所以熔点递减。

(3) F^- 半径比 Cl^- 小，所以 NaF 的晶格能大于 NaCl；AgCl 中因 Ag^+ 极化力较大，而 Cl 变形性较大，为共价型，所以熔点较低。

(4) Fe^{3+} 的极化力比 Fe^{2+} 的大，$FeCl_3$ 的共价性较大，而 $FeCl_2$ 则离子性较大。

11. Cu^+ 与 Na^+ 虽然电荷数相同，半径相近，但离子的电子层构型不同。Na^+ 为 $8e^-$ 型离子，Cu^+ 为 $18e^-$ 型离子，$18e^-$ 型离子由于具有较大的变形性，因而有较强的附加极化力，总的极化能力较大，因此 CuCl 的键型已由离子型过渡为共价型，而 NaCl 为离子型化合物，故 NaCl 熔点较高，水溶性较大，CuCl 则熔点低、水溶性小。

12. Ag^+ 是 $18e^-$ 型离子，$18e^-$ 型离子由于具有较大的变形性，因而有较强的附加极化力，所以总的极化能力较大，而卤离子 X^- 的变形性由 F→I 依次增大，F^-因其半径特别小，所以变形性很小，AgF 仍然是离子型化合物，因此易溶于水。随卤离子半径增大，卤离子的变形性也增大，AgCl、AgBr、AgI 均为共价型化合物，且共价性递增，所以它们难溶于水，且溶解度依次减小。随卤化银中离子极化作用的增强，相应能级发生改变，激发态和基态的能量差变小，电子激发所需要的光的能量逐渐向波长较长的方向移动，物质逐渐由无色变有色，且颜色逐渐加深，故从 AgF、AgCl、AgBr、AgI 的颜色依次出现无色、白色、淡黄色、黄色的变化。

13. 因为 Na^+是 $8e^-$ 型离子，本身变形性小，极化能力弱，所以 NaCl 是典型的离子晶体，其熔点较高。而 Al^{3+} 的半径小，电荷多，极化力较强，Cl^- 的半径较大，具有一定的变形性，由于极化，$AlCl_3$ 有较大的共价性，表现出较强的共价化合物特征，熔点较低，有升华性。

14. Cu^+ 的电子构型是 $3d^{10}$，在 $CuCl_2^-$ 中它以 sp 杂化轨道与 2 个 Cl^- 成键，没有成单电子，所以显抗磁性。Cu^{2+} 的电子构型是 $3d^9$，在 $CuCl_4^{2-}$ 中它以 sp^3 杂化轨道与 4 个 Cl^- 成键，有一个成单电子，所以显顺磁性。

15. (1) $Na_2CO_3 > NaHCO_3$。因此 H^+ 的极化能力极强，$NaHCO_3$ 热稳定性小于 Na_2CO_3。

(2) $CaCO_3 > MnCO_3$。Mn^{2+} 和 Ca^{2+} 电荷数相同，但 Mn^{2+} 的半径小于 Ca^{2+}，且 Mn^{2+} 是 9～17e^- 型离子，而 Ca^{2+} 是 8e^- 型离子，所以 Mn^{2+}的极化能力大得多。

(3) $Li_2CO_3 < K_2CO_3$。Li^+ 和 K^+ 电荷数相同，但 Li^+ 的半径比 K^+ 小得多，极化能力强得多。

(4) $NaNO_2 < NaNO_3$。两者阳离子相同，热稳定性取决于阴离子。$NaNO_2$ 中 N 原子的氧化数为+3，$NaNO_3$ 中 N 原子的氧化数为+5，N 的氧化数高的 $NaNO_3$ 中的阴离子抵抗阳离子极化的能力要强一些。此外，从阴离子空间结构看，NO_3^- 呈平面三角形，对称性较好，而 NO_2^- 呈 V 字形，对称性稍差，稳定性也是前者较好。

16. (1) $CH_3CH_2OH > CH_3OCH_3$，前者有分子间氢键，分子间作用力前者较大。

(2) $O_3 < SO_2$，后者分子的极性较大，分子的直径也较大，所以色散力后者较大。

(3) $HgCl_2 > HgI_2$，Hg^{2+} 变形性较大，有较强的极化能力，而 I^- 的变形性远大于 Cl^-，所以后者的极化作用较大，分子的共价性较大。

17.

化合物	晶体中质点间的作用力	晶体类型	熔点高低
CaF_2	离子键	离子晶体	较高
BN	共价键	原子晶体	很高
$CHCl_3$	分子间力	分子晶体	较低
NH_3	分子间力，氢键	分子晶体	较低
Ti	金属键	金属晶体	较高
Xe	色散力	分子晶体	很低

18. (1) $CaCl_2 > BeCl_2 > HgCl_2$。离子的极化力 $Ca^{2+} < Be^{2+} < Hg^{2+}$，化合物相互极化作用依次增大，共价型增大，熔点降低，溶解度减小。

(2) $CaS > FeS > HgS$。理由同上(1)。

(3) $KCl > LiCl > CuCl$。阳离子半径 $Cu^+ > Li^+$，但 Cu^+是 18e^- 型离子，所以

极化能力排序为 $Cu^+ > Li^+ > K^+$，化合物离子性顺序为 KCl > LiCl > CuCl，离子性强则熔点高。

19. 乙酸和乙醇分子中都含有羟基(—OH)，极性较大，而水中也含有羟基，所以它们在结构上相似，分子间力也类同，根据相似相溶规律，乙酸和乙醇都易溶于水。由乙酸和乙醇生成的乙酸乙酯不再含有羟基，结构上与水不再相似，极性也小得多，故微溶于水。

20. (1) 水中溶解度 $SrSO_4 < MgSO_4$。因为 Mg^{2+}半径较小，$MgSO_4$ 晶体中正、负离子半径相差较大，造成离子晶体的稳定性下降，水溶性则较大。

(2) 水中溶解度 NaF < $NaBF_4$。因为 BF_4^- 是半径较大的阴离子，所以 $NaBF_4$ 晶体中正、负离子的静电引力较小；而 NaF 中，正、负离子半径较小，静电引力较大，晶格能较大。此外，$NaBF_4$ 晶体中正、负离子的半径相差也较大，不利于晶体的稳定，也导致水溶性较大。

英文选做题答案

1. We need to determine the number of valence electrons and then populate the molecular orbitals with them in accord with the building-up principle. An O_2 molecule has 12 valence electrons. The configuration is therefore

$$O_2: (\sigma_{1s})^2 (\sigma_{1s}^*)^2 (\sigma_{2s})^2 (\sigma_{2s}^*)^2 (\sigma_{2p_x})^2 (\pi_{2p_y})^2 (\pi_{2p_z})^2 (\pi_{2p_y}^*)^1 (\pi_{2p_z}^*)^1$$

$$O_2^-: (\sigma_{1s})^2 (\sigma_{1s}^*)^2 (\sigma_{2s})^2 (\sigma_{2s}^*)^2 (\sigma_{2p_x})^2 (\pi_{2p_y})^2 (\pi_{2p_z})^2 (\pi_{2p_y}^*)^2 (\pi_{2p_z}^*)^1$$

$$O_2^{2-}: (\sigma_{1s})^2 (\sigma_{1s}^*)^2 (\sigma_{2s})^2 (\sigma_{2s}^*)^2 (\sigma_{2p_x})^2 (\pi_{2p_y})^2 (\pi_{2p_z})^2 (\pi_{2p_y}^*)^2 (\pi_{2p_z}^*)^2$$

2. The enthalpy of a reaction is equal to the difference between the sum of the bond enthalpies for broken bonds and the sum of the enthalpies of the bonds that are formed.

The reaction is

$$SF_4(g) + F_2(g) \longrightarrow SF_6(g)$$

In this reaction, 1 mol F—F bonds and 4 mol S—F bonds (in SF_4) must be broken, corresponding to an enthalpy change of 158 kJ + (4×343 kJ) = +1530 kJ. This enthalpy change is positive because energy will be used in breaking bonds. Then 6 mol S—F bonds (in SF_6) must be formed, corresponding to an enthalpy change of 6×(−327 kJ) = −1962 kJ. This enthalpy change is negative because energy is released when the bonds are formed. The net enthalpy change is therefore $\Delta H^\ominus$ = +1530 kJ−

1962 kJ= −432 kJ. Hence, the reaction is strongly exothermic. The experimental value for the reaction is −432 kJ, which is in excellent agreement with the estimated value.

3. The VSEPR notation for molecular geometry of XeF_4 is square-planar. The four pairs of bond electrons are directed to the corners of a square, and the lone pairs of electrons are found above and below the plane of the Xe and F atoms.

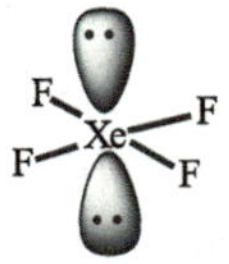

4. Ca^{2+} and O^{2-} are more highly charged than K^+ and I^-. Also, Ca^{2+} is smaller than K^+ and O^{2-} is smaller than I^-. We would expect the interionic forces in crystalline CaO to be much larger than in KI. CaO should have the higher melting point. The observed melting points are 667℃ for KI and 2590℃ for CaO.

5. (a) Dispersion forces only (because nonpolar molecules)
   (b) Dispersion forces and dipole-dipole forces
   (c) Dispersion forces and dipole-dipole forces (because molecules are polar)
   (d) Ion-ion and London forces (because it's an ionic compound)
   (e) Dispersion forces only (because nonpolar molecules)

附　　录

附录 1　常见双原子分子中的键离解能

A—B	$D_{298}^{\ominus}$/(kJ · mol^{-1})	A—B	$D_{298}^{\ominus}$/(kJ · mol^{-1})	A—B	$D_{298}^{\ominus}$/(kJ · mol^{-1})
Ag–Ag	162.9±2.9	Au–Au	226.2±0.5	Ba–Cl	439.3
Ag–Br	280.3±1.3	Au–Cl	280±13	Ba–F	580
Ag–Cl	279.1±8.4	Au–F	294.1	Ba–H	192
Ag–F	356.9±5.8	Au–H	300.5±2.6	Ba–I	321
Ag–H	202.4±9.1	Au–I	276	Ba–O	562±13.4
Ag–I	234±29	Au–O	223±21	Ba–S	418±21
Ag–O	221±21	Au–S	253.6±14.6	Be–Be	59
Ag–S	216.7±14.6	Ba–Br	359.9	Be–Br	316
Al–Al	264.3±0.5	B–B	290	Be–Cl	384
Al–Br	429.2±5.8	B–Br	390.9±0.5	Be–F	573
Al–C	267.7	B–C	448±29	Be–H	221
Al–Cl	502	B–Cl	427	Be–I	261
Al–F	675	B–F	732	Be–O	437
Al–H	288±13	B–H	345.2±2.5	Be–S	372±59
Al–I	369.9±2.1	B–I	361	Bi–Bi	204.4
Al–N	≤368±15	B–Ir	512.2±17	Bi–Br	240.2
Al–O	501.9±10.6	B–La	335±63	Bi–Cl	300.4±4.2
Al–S	332±10	B–N	377.9±8.7	Bi–F	366.5±12.5
Ar–Ar	4.91	B–Ne	3.97	Bi–H	≤283.3
As–As	385.8±10.5	B–O	809	Bi–I	186.1±5.8
As–Cl	448	B–P	347±16.7	Bi–O	337.2±12.6
As–F	410	B–Pd	351.5±16.7	Bi–S	315.5±4.6
As–H	274.0±2.9	B–Pt	477.8±16.7	Br–Br	193.859±0.120
As–I	296.6±24	B–S	577±9.2	Br–C	318.0±8.4
As–N	489±2.1	B–Se	462±14.6	Br–F	280±12
As–O	484±8	B–Si	317±12	Br–H	366.16±0.20

续表

A—B	$D^{\ominus}_{298}$/(kJ · mol^{-1})	A—B	$D^{\ominus}_{298}$/(kJ · mol^{-1})	A—B	$D^{\ominus}_{298}$/(kJ · mol^{-1})
Br—I	179.1±0.4	Cl—I	211.3±0.4	Fe—O	407.0±1.0
Br—N	280.8±21	Cl—N	333.9±9.6	Fe—S	328.9±14.6
Br—O	237.6±0.4	Cl—O	267.47±0.08	Ga—Ga	<106.4
Br—S	218±17	Cl—P	≤376	Ga—I	334±13
C—C	605.03±0.28	Cl—S	241.8	Ga—O	374±21
C—Cl	394.9±13.4	Cl—Si	416.7±6.3	Ga—P	229.7±12.6
C—F	513.8±10.0	Co—Co	<127	Gd—I	336.0
C—H	338.72±0.11	Co—F	431±63	Gd—O	715
Ca—Ca	16.52±0.11	Co—I	280±21	Gd—S	526.8±10.5
Ca—Cl	409±8.7	Co—O	397.4±8.7	Ge—I	268±25
Ca—F	529	Co—S	331	Ge—O	657.5±4.6
Ca—I	284.7±8.4	Cr—Cr	152.0±6	Ge—S	534±3
Ca—O	383.3±5.0	Cr—F	523±19	H—H	435.7799±0.0001
Ca—S	335±21	Cr—I	287.0±24.3	H—I	298.26±0.10
C—I	253.1±35.6	Cr—N	377.8±18.8	H—N	358.8±0.2
C—N	749.31±0.14	Cr—O	461±8.7	H—O	429.74±0.03
C—O	1076.63±0.06	Cr—S	331	H—P	297.0±2.1
C—P	507.5±8.8	Cs—Cs	43.919±0.010	H—S	353.57±0.30
C—S	713.3±1.2	Cs—F	517.1±7.7	Hg—Hg	8.10±0.18
C—Si	447	Cs—I	338.5±2.1	Hg—I	34.69±0.96
Cd—Cd	7.36	Cs—O	293±25	Hg—O	269
Cd—Cl	208.4	Cu—Cu	182.0±2.5	Hg—S	217.3±22.2
Cd—F	305±21	Cu—F	414	I—I	152.25±0.57
Cd—I	97.2±2.1	Cu—I	289±63	I—N	159±17
Cd—O	236±84	Cu—O	293.4±2.9	I—O	233.4±1.3
Cd—S	208.5±20.9	Cu—S	274.5±14.6	In—In	82.0±5.7
Ce—Cl	460	F—F	158.670±0.096	In—O	346±30
Ce—F	621.6	F—H	569.680±0.011	In—P	197.9±8.4
Ce—I	335.5	F—I	≤271.5	In—S	287.9±14.6
Ce—N	519±21	F—N	≤349	Ir—Ir	361±68
Ce—O	790	F—O	220	Ir—O	410.1±42.4
Ce—S	569	F—P	≤405	K—K	56.96
Cl—Cl	242.851±0.096	F—S	343.5±6.7	K—O	271.5±12.6
Cl—F	260.83	Fe—Fe	118	La—N	519±42
Cl—H	431.361±0.013	Fe—I	123	La—O	798

续表

A—B	$D^{\ominus}_{298}$/(kJ · mol^{-1})	A—B	$D^{\ominus}_{298}$/(kJ · mol^{-1})	A—B	$D^{\ominus}_{298}$/(kJ · mol^{-1})
La–S	573.4±1.7	Nd–S	471.5±14.6	Ru–Ru	193.0±19.3
La–La	244.9	Ni–Ni	204	S–S	430.03±0.03
Li–Li	105.0	Ni–O	366±30	S–Si	617±5
Li–O	340.5±6.3	Ni–S	356±21	Se–Se	330.5
Li–S	312.5±7.5	O–O	498.458±0.004	Si–Si	310
Mg–Mg	11.3	O–P	589	Sn–Sn	187.1±0.3
Mg–S	234	O–S	517.90±0.05	Ta–Ta	390±96
Mn–O	362±25	O–Si	799.6±13.4	Tb–Tb	138.8
Mn–S	301±17	Os–Os	415±77	Tb–Te	339±42
Mo–O	502	Pb–Pb	86.6±0.8	Tc–Tc	330
N–N	944.87±0.05	Pb–S	398	Ti–Ti	117.6
N–O	630.57±0.06	P–P	489.1	U–U	222±21
N–P	617.1±20.9	P–S	442±10	V–V	269.3±0.1
N–S	467±24	Pt–Pt	306.7±1.9	W–W	666
Na–Na	74.805±0.586	Rb–Rb	48.898±0.005	Yb–Yb	16.3
Na–O	270±4	Re–Re	432±30	Zn–Zn	22.2±6.3
Nb–Nb	513	Rh–Rh	235.85±0.05	Zr–Zr	298.2±0.1
Nd–O	703				

数据引自：Haynes W M, Lide D R, Bruno T J. CRC Handbook of Chemistry and Physics. 97th ed. Boca Raton: CRC Press, 2017, 9-73.

附录 2　部分物质的偶极矩

物质	分子式	μ/deb	物质	分子式	μ/deb
乙酸	$C_2H_4O_2$	1.70(3)	异氰酸	HNCO	≈1.6
乙酸酐	$C_4H_6O_3$	≈2.8	甲醇	CH_3OH	1.70(2)
氨	NH_3	1.4718(2)	*N*-甲基乙酰胺	C_3H_7NO	4.3 liq
胂	AsH_3	0.217(3)	乙酸甲酯	$C_3H_6O_2$	1.72(9)
五氟化溴	BrF_5	1.51(15)	*N*-甲基甲酰胺	C_2H_5NO	3.83(8)
乙酸丁酯	$C_6H_{12}O_2$	1.87 liq	硝酸	HNO_3	2.17(2)
一氧化碳	CO	0.10980	一氧化氮	NO	0.15872
碳酸二乙酯	$C_5H_{10}O_3$	1.10(6)	硝基苯	$C_6H_5NO_2$	4.22(8)
二甘醇	$C_4H_{10}O_3$	2.31 liq	硝基乙烷	$C_2H_5NO_2$	3.23(3)
乙醇	C_2H_6O	1.69(3)	二氧化氮	NO_2	0.316(10)
乙醇胺	C_2H_7NO	2.27 liq	三氯化氮	NCl_3	0.39(1)

续表

物质	分子式	μ/deb	物质	分子式	μ/deb
乙酸乙酯	$C_4H_8O_2$	1.78(9)	三氟化氮	NF_3	0.235(4)
甲酸	CH_2O_2	1.425(2)	三氧化二氮	N_2O_3	2.122(10)
己酸	$C_6H_{12}O_2$	1.13 liq	硝基甲烷	CH_3NO_2	3.46(2)
联胺	N_2H_4	1.75(9)	一氧化二氮	N_2O	0.16083
叠氮酸	HN_3	1.70(9)	臭氧	O_3	0.53373
溴化氢	HBr	0.8272(3)	戊酸	$C_5H_{10}O_2$	1.61 liq
氯化氢	HCl	1.1086(3)	苯酚	C_6H_6O	1.224(8)
氢氰酸	HCN	2.985188	磷化氢	PH_3	0.5740(3)
氟化氢	HF	1.826178	三氯化磷	PCl_3	0.56(2)
碘化氢	HI	0.448(1)	三氟化磷	PF_3	1.03(1)
异氢氰酸	HNC	3.05(15)	丙酸	$C_3H_6O_2$	1.75(9)
过氧化氢	H_2O_2	1.573(1)	二氧化硫	SO_2	1.63305
硫化氢	H_2S	0.97833	三氯甲烷	$CHCl_3$	1.04(2)
羟基	HO	1.655(1)	磷酸三乙酯	$C_6H_{15}O_4P$	3.12 liq
羟胺	NH_2OH	0.59(5)	三氟乙酸	$C_2HF_3O_2$	2.28(25)
次氯酸	HClO	≈1.3	水	H_2O	1.8546(40)
次氟酸	HFO	2.23(11)	咪唑	$C_3H_4N_2$	3.8(4)

数据引自：Haynes W M, Lide D R, Bruno T J. CRC Handbook of Chemistry and Physics. 97th ed. Boca Raton: CRC Press, 2017, 9-59.

注：括号里数字代表不确定度。

新化学元素周期表

原子序数 / 元素中文名称	1 氢H（电子结构 $1s^1$，元素符号 H，元素英文名称 hydrogen）
电子结构	$1s^1$
元素符号	氢H
元素英文名称	hydrogen

【说明】

- 元素的底色表示原子结构分区：蓝色为s区，黄色为d区，淡红色为p区，绿色为f区。
- 元素的符号颜色：黑色为固体，蓝色为液体，绿色为气体，红色为放射性元素。
- 族号1/ⅠA，前者为IUPAC推荐使用方法[Fluck E. Pure Appl. Chem., 1988, 60(3): 431]，后者为CAS表示法。
- 氢元素的位置采用单独放在表的上方中央[Cronyn M W. J. Chem. Edu., 2003, 80(8): 947]

1/ⅠA	2/ⅡA	3/ⅢB	4/ⅣB	5/ⅤB	6/ⅥB	7/ⅦB	8/Ⅷ	9/Ⅷ	10/Ⅷ	11/ⅠB	12/ⅡB	13/ⅢA	14/ⅣA	15/ⅤA	16/ⅥA	17/ⅦA	18/ⅧA
																	$1s^2$ 2 氦He helium
[He]$2s^1$ 3 锂Li lithium	[He]$2s^2$ 4 铍Be beryllium											[He]$2s^22p^1$ 5 硼B boron	[He]$2s^22p^2$ 6 碳C carbon	[He]$2s^22p^3$ 7 氮N nitrogen	[He]$2s^22p^4$ 8 氧O oxygen	[He]$2s^22p^5$ 9 氟F fluorine	[He]$2s^22p^6$ 10 氖Ne neon
[Ne]$3s^1$ 11 钠Na sodium	[Ne]$3s^2$ 12 镁Mg magnesium											[Ne]$3s^23p^1$ 13 铝Al aluminum	[Ne]$3s^23p^2$ 14 硅Si silicon	[Ne]$3s^23p^3$ 15 磷P phosphorus	[Ne]$3s^23p^4$ 16 硫S sulfur	[Ne]$3s^23p^5$ 17 氯Cl chlorine	[Ne]$3s^23p^6$ 18 氩Ar argon
[Ar]$4s^1$ 19 钾K potassium	[Ar]$4s^2$ 20 钙Ca calcium	[Ar]$3d^14s^2$ 21 钪Sc scandium	[Ar]$3d^24s^2$ 22 钛Ti titanium	[Ar]$3d^34s^2$ 23 钒V vanadium	[Ar]$3d^54s^1$ 24 铬Cr chromium	[Ar]$3d^54s^2$ 25 锰Mn manganese	[Ar]$3d^64s^2$ 26 铁Fe iron	[Ar]$3d^74s^2$ 27 钴Co cobalt	[Ar]$3d^84s^2$ 28 镍Ni nickel	[Ar]$3d^{10}4s^1$ 29 铜Cu copper	[Ar]$3d^{10}4s^2$ 30 锌Zn zinc	[Ar]$3d^{10}4s^24p^1$ 31 镓Ga gallium	[Ar]$3d^{10}4s^24p^2$ 32 锗Ge germanium	[Ar]$3d^{10}4s^24p^3$ 33 砷As arsenic	[Ar]$3d^{10}4s^24p^4$ 34 硒Se selenium	[Ar]$3d^{10}4s^24p^5$ 35 溴Br bromine	[Ar]$3d^{10}4s^24p^6$ 36 氪Kr krypton
[Kr]$5s^1$ 37 铷Rb rubidium	[Kr]$5s^2$ 38 锶Sr strontium	[Kr]$4d^15s^2$ 39 钇Y yttrium	[Kr]$4d^25s^2$ 40 锆Zr zirconium	[Kr]$4d^35s^2$ 41 铌Nb niobium	[Kr]$4d^55s^1$ 42 钼Mo molybdenum	[Kr]$4d^64s^2$ 43 锝Tc technetium	[Ar]$4d^75s^2$ 44 钌Ru ruthenium	[Ar]$4d^85s^2$ 45 铑Rh rhodium	[Ar]$4d^{10}$ 46 钯Pd palladium	[Ar]$4d^{10}5s^1$ 47 银Ag silver	[Ar]$4d^{10}5s^2$ 48 镉Cd cadmium	[Kr]$4d^{10}5s^25p^1$ 49 铟In indium	[Kr]$4d^{10}5s^25p^2$ 50 锡Sn tin	[Kr]$4d^{10}5s^25p^3$ 51 锑Sb antimony	[Kr]$4d^{10}5s^25p^4$ 52 碲Te tellurium	[Kr]$4d^{10}5s^25p^5$ 53 碘I iodine	[Kr]$4d^{10}5s^25p^6$ 54 氙Xe xenon
[Xe]$6s^1$ 55 铯Cs cesium	[Xe]$6s^2$ 56 钡Ba barium	镧系元素 lanthanide 57~71	[Xe]$4f^{14}5d^26s^2$ 72 铪Hf hafnium	[Xe]$4f^{14}5d^36s^2$ 73 钽Ta tantalum	[Xe]$4f^{14}5d^46s^2$ 74 钨W tungsten	[Xe]$4f^{14}5d^56s^2$ 75 铼Re rhenium	[Xe]$4f^{14}5d^66s^2$ 76 锇Os osmium	[Xe]$4f^{14}5d^76s^2$ 77 铱Ir iridium	[Xe]$4f^{14}5d^96s^1$ 78 铂Pt platinum	[Xe]$4f^{14}5d^{10}6s^1$ 79 金Au gold	[Xe]$4f^{14}5d^{10}6s^2$ 80 汞Hg mercury	[Xe]$4f^{14}5d^{10}6s^26p^1$ 81 铊Tl thallium	[Xe]$4f^{14}5d^{10}6s^26p^2$ 82 铅Pb lead	[Xe]$4f^{14}5d^{10}6s^26p^3$ 83 铋Bi bismuth	[Xe]$4f^{14}5d^{10}6s^26p^4$ 84 钋Po polonium	[Xe]$4f^{14}5d^{10}6s^26p^5$ 85 砹At astatine	[Xe]$4f^{14}5d^{10}6s^26p^6$ 86 氡Rn radon
[Rn]$7s^1$ 87 钫Fr francium	[Rn]$7s^2$ 88 镭Ra radium	锕系元素 actinide 89~103	[Rn]$5f^{14}6d^27s^2$ 104 𬬻Rf rutherfordium	[Rn]$5f^{14}6d^37s^2$ 105 𬭊Db dubnium	[Rn]$5f^{14}6d^47s^2$ 106 𬭳Sg seaborgium	[Rn]$5f^{14}6d^57s^2$ 107 𬭛Bh bohrium	[Rn]$5f^{14}6d^67s^2$ 108 𬭶Hs hassium	[Rn]$5f^{14}6d^77s^2$ 109 鿏Mt meitnerium	[Rn]$5f^{14}6d^87s^2$ 110 𫟼Ds darmstadtium	[Rn]$5f^{14}6d^97s^2$ 111 𬬭Rg roentgenium	[Rn]$5f^{14}6d^{10}7s^2$ 112 鿔Cn copernicium	[Rn]$5f^{14}6d^{10}7s^27p^1$ 113 鿭Nh nihonium	[Rn]$5f^{14}6d^{10}7s^27p^2$ 114 𫓧Fl flerovium	[Rn]$5f^{14}6d^{10}7s^28p^3$ 115 镆Mc moscovium	[Rn]$5f^{14}6d^{10}7s^27p^4$ 116 𫟷Lv livermorium	[Rn]$5f^{14}6d^{10}7s^27p^5$ 117 鿬Ts tennessine	[Rn]$5f^{14}6d^{10}7s^27p^6$ 118 鿫Og oganesson

[Xe]$4f^05d^16s^2$ 57 镧La lanthanum	[Xe]$4f^15d^16s^2$ 58 铈Ce cerium	[Xe]$4f^35d^06s^2$ 59 镨Pr protactinium	[Xe]$4f^45d^06s^2$ 60 钕Nd neodymium	[Xe]$4f^55d^06s^2$ 61 钷Pm promethium	[Xe]$4f^65d^06s^2$ 62 钐Sm samarium	[Xe]$4f^75d^06s^2$ 63 铕Eu europium	[Xe]$4f^75d^16s^2$ 64 钆Gd gadolinium	[Xe]$4f^85d^06s^2$ 65 铽Tb terbium	[Xe]$4f^{10}5d^06s^2$ 66 镝Dy dysprosium	[Xe]$4f^{11}5d^06s^2$ 67 钬Ho holmium	[Xe]$4f^{12}5d^06s^2$ 68 铒Er erbium	[Xe]$4f^{13}5d^06s^2$ 69 铥Tm thulium	[Xe]$4f^{14}5d^06s^2$ 70 镱Yb ytterbium	[Xe]$4f^{14}5d^16s^2$ 71 镥Lu lutetium
[Rn]$5f^06d^16s^2$ 89 锕Ac actinium	[Rn]$5f^06d^27s^2$ 90 钍Th thorium	[Rn]$5f^26d^17s^2$ 91 镤Pa protactinium	[Rn]$5f^36d^17s^2$ 92 铀U uranium	[Rn]$5f^46d^17s^2$ 93 镎Np neptunium	[Rn]$5f^66d^07s^2$ 94 钚Pu plutonium	[Rn]$5f^76d^07s^2$ 95 镅Am americium	[Rn]$5f^76d^17s^2$ 96 锔Cm curium	[Rn]$5f^86d^07s^2$ 97 锫Bk berkelium	[Rn]$5f^{10}6d^07s^2$ 98 锎Cf californium	[Rn]$5f^{11}6d^07s^2$ 99 锿Es einsteinium	[Rn]$5f^{12}6d^07s^2$ 100 镄Fm fermium	[Rn]$5f^{13}6d^07s^2$ 101 钔Md mendelevium	[Rn]$5f^{14}6d^07s^2$ 102 锘No nobelium	[Rn]$5f^{14}6d^17s^2$ 103 铹Lr lawrencium

高胜利 杨奇 编著

（2019年）

科学出版社